KEIN ZURÜCK MEHR VON DER

DEMOKRATIE

M. FETHULLAH
GÜLEN

Faruk Mercan / Arhan Kardas (Hgg.)
Mit einem Geleitwort von Christoph Bultmann

1. Auflage

Erschienen im Main-Donau Verlag

Herausgeber
Faruk Mercan, Arhan Kardaş

Redaktion
Arhan Kardaş

Übersetzung & Lektorat
Lenius und Tülin Hirschberger

Korrektorat
Frank Giesenberg

Coverdesign & Layout
Yavuz Aydemir

Geleitwort der deutschen Ausgabe
Christoph Bultmann

Einleitung & Kommentare für die deutsche Ausgabe
Arhan Kardaş

Einführung
Faruk Mercan

Korrespondenz:
Gerbermühlstr. 32 - 60594 Frankfurt am Main
Tel: +49 69 / 83-83-8000

ISBN: 978-3-946871-09-5

Druck: CPI books GmbH
Ulm - Deutschland

Inhalt

Geleitwort

Von Christoph Bultmann

Fethullah Gülen, der sein Wirken als muslimischer Prediger in einer Moschee in Edirne (1959) begann und in einer Moschee in Izmir (1966) fortsetzte, stammt aus einer kleinen Ortschaft in der Region von Erzurum im Osten der Türkei. Sein Weg als Prediger führte über zahlreiche weitere Moscheen, so in Edremit (1972) und Bornova (1976). Eine bemerkenswerte Einladung zu einer Predigt erhielt er anlässlich der Eröffnung der Çamlıca-Moschee in Istanbul (1986). Nach der Beendigung seiner Laufbahn als Prediger (1992) verlagerte sich seine Lehrtätigkeit durch die Gründung einer Journalisten- und Schriftsteller-Stiftung (*Gazeteciler ve Yazarlar Vakfi*, 1994) weiter in den öffentlichen Raum. Sowohl bei festlichen Einladungen zum Fastenbrechen im Ramadan als auch durch jährliche Diskussionsveranstaltungen, die seit 1998 unter dem Namen „Abant Plattform" bekannt sind, fand die Lehre des Islams, die Gülen entwickelte, eine starke gesellschaftliche Resonanz in der Türkei. Seit März 1999 lebt Gülen in Pennsylvania in den USA.[1]

Predigt und Lehre Gülens fanden durch zahlreiche Medien eine weite Verbreitung. Von Tonkassetten bis zu Videobotschaften auf einer Website im Internet, von Leitartikeln in neu gegründeten Zeitschriften über Kolumnen in einer neu gegründeten Zeitung (*Zaman*, 1986) bis zu zahlreichen, in viele Sprachen übersetzten Buchpublikationen wurden seine Gedanken zum Islam als einer Religion, die im Glaubensleben nicht durch Verflachung und Politisierung, sondern durch Vertiefung und Pluralisierung zu gestalten sei, für muslimische wie nichtmuslimische Adressatenkreise zugänglich. Für die theologische Deutung des Islams konnte Gülen dabei in der Tradition des Sufismus, und besonders in der Lehre von Said Nursi (1876–1960), einen Bezugspunkt finden; für ein modernes Verständnis der Stellung der Muslime sowohl in Gesellschaften, in denen sie eine Mehrheit, als auch in Gesellschaften, in denen sie eine Minderheit darstellten, konnte er in dem grundlegenden Konzept von Menschenrechten und Demokratie ein Fundament gewinnen. Die Dynamik, die Gülen mit seiner Predigt und Lehre unter seinen Anhängern auslöste, leitete er in erster Linie in den Bereich der Bildung. Schule und Universität sollten Orte werden, an denen Muslime ohne Horizontverengung lernen und studieren können. Diese Offenheit bedeutete auch eine neue Aufgeschlossenheit für den interreligiösen Dialog. Von den auf Deutsch oder Englisch vorliegenden Schriften Gülens lassen sich zur Frage der Theologie in erster Linie die Bände *Schlüsselkonzepte in der Praxis des Sufismus* (4 Bde., 2003–2011; engl. 1998–2010) und der Band *Reflections on the Qur'an. Commentaries on Selected Verses* (2012) empfehlen, zur Frage der gesellschaftlichen und politischen Orientierung die Bände *Hin zu einer globalen Kultur der Liebe und Toleranz* (2006) und *Was ich denke, was ich glaube* (2014). Das Buch *Hin zu einer globalen Kultur der Liebe und Toleranz* enthält eine Zusammenstellung von Texten zu zentralen

Aspekten von genau jenem „zivilen Islam", den der Herausgeber des vorliegenden Bandes, Arhan Kardaş, in seiner Einleitung als die wesentliche Alternative zum „politischen Islam" vorstellt. Das Buch ist in die sieben Kapitel „Liebe und Barmherzigkeit", „Vergebung, Toleranz und Dialog", „Der vollkommene Mensch", „Sufismus und Metaphysik", „Dschihad – Terror – Menschenrechte", „Bildung und Erziehung" und „Globale Perspektiven" gegliedert und enthält zum Beispiel ein energisches Votum zur Verteidigung der Gewissensfreiheit, wenn Gülen schreibt: „Nur wenn ihr Gewissen am Leben erhalten wird und wenn ihr Wille und ihr Bewusstsein in der Gesellschaft Akzeptanz finden, können die Menschen Menschen bleiben und sich wieder menschlichen Werten zuwenden." Die Texte des vorliegenden Bandes sind überwiegend den zahlreichen Interviews entnommen, die von Journalisten in den vergangenen 25 Jahren mit Gülen geführt worden sind. Der Titel des Bandes bezieht sich auf Gülens Rede auf der ersten Tagung der Journalisten- und Schriftsteller-Stiftung im Juni 1994.

„Die islamische Tradition bietet, wie jede andere Tradition auch, ein Reservoir, das unterschiedliche Möglichkeiten bereithält. Wie das Judentum und das Christentum ist der Islam eine Religion der Möglichkeiten." – Mit diesem Zitat der Berliner Islamwissenschaftlerin Gudrun Krämer leitete ich im Jahr 2011 das Vorwort der Herausgeber zu dem breit gefächerten Tagungsband *Die Gülen-Bewegung zwischen Predigt und Praxis* ein und fügte die Einschätzung hinzu: „Eine der vielen Möglichkeiten einer konstruktiven Entwicklung des Islams in der Gegenwart hat in der Bewegung Gestalt gewonnen, die von dem türkischen Prediger und Pragmatiker Fethullah Gülen inspiriert wurde."[2] An dieser Einschätzung ist meines Erachtens auch heute, im Jahr

2017, ohne Abstriche festzuhalten. Um es in aller Deutlichkeit zu sagen: Wer vom Gegenteil überzeugt ist oder wer Einschränkungen geltend machen möchte, muss dafür klare Argumente in Verbindung mit sauberen Quellenbelegen anführen.

Als Beispiel für eine andere der vielen Möglichkeiten einer konstruktiven Entwicklung des Islams in der Gegenwart lassen sich zum Beispiel die Schriften von Mouhanad Khorchide nennen, besonders sein Buch *Islam ist Barmherzigkeit. Grundzüge einer modernen Religion* (2012). Aus meiner Sicht ist auch anzunehmen, dass Gülen zustimmen würde, wenn Khorchide zum Gedanken der Würde des Menschen erklärt: „Die ewige Erwählung des Menschen zu Gottes Geschöpf begründet dessen Würde. Seine Erwählung gehört zum Gesamtplan der göttlichen Vorsehung. Die Barmherzigkeit Gottes garantiert die Würde des Menschen, weil sie gleichbedeutend mit der Treue Gottes zu seinem ewigen Entschluss ist, den Menschen zur Würde des Gottesdieners zu erheben. Gott bietet dem Menschen seine vervollkommnende Barmherzigkeit an, damit er sein Leben in Liebe und Barmherzigkeit zu Gott und zu seinen Mitmenschen gestalten kann.“[3]

Die Schriften Gülens sollten in einem Bezugsfeld mit anderen relevanten muslimischen Denkern gelesen werden. Nur so werden gelungene von misslungenen Akzentsetzungen unterscheidbar, nur so wird der besondere Bezug auf die Tradition des Sufismus erkennbar, nur so wird die programmatische Ausrichtung auf die Entfaltung menschlicher Begabungen durch Bildungsprozesse bewertbar. Als Mitglied einer erziehungswissenschaftlichen Fakultät vertrete ich dabei die Auffassung, dass sich nicht für „Bildung“ engagieren kann, wer nicht gebildete

Menschen zu kritischer Selbstständigkeit ermutigen will. Da es nun außer Frage steht, dass die Gülen-Bewegung – oder, im Sinne ihres Begründers eher nach dem religiösen Ideal des Dienens benannt, die „Hizmet"-Bewegung – den Schwerpunkt ihrer Initiativen im Bildungsbereich hat, d. h. von Nachhilfeeinrichtungen und Schulgründungen über Wohngemeinschaften für Studierende und Universitätsgründungen bis hin zu Medien als Kommunikationsmittel für allgemeine Zielgruppen aktiv ist, folgt daraus, dass eine kultivierte kritische Reflexionsfähigkeit zur Identität der Muslime gehört, die Gülen als einen angesehenen, geehrten Lehrer des Islams *(Hodschaefendi)* anerkennen. Wiederum: Wer vom Gegenteil überzeugt ist oder Einschränkungen geltend machen möchte, muss dafür klare Argumente in Verbindung mit geprüfter empirischer Evidenz anführen.

Die *Stiftung Dialog und Bildung* als „Ansprechpartner für Hizmet in Deutschland" hat im Juni 2017 die Initiative von Lamya Kaddor und Tarek Mohamad für einen „Ramadan-Friedensmarsch" in Köln unter dem Motto „NichtMitUns – Muslime und Freunde gegen Gewalt und Terror" unterstützt. Es wäre überraschend gewesen, wenn sie es nicht getan hätte, denn die im Aufruf erklärte Position „Wir treten ein für eine solidarische Welt, für Pluralismus innerhalb und außerhalb der Religion, gegen eine Spaltung unserer vielfältigen Gesellschaft in ‚WIR' und ‚IHR'" fügt sich stimmig in das von Gülen gelehrte Verständnis des Islams als einer Religion im Kontext einer von den Menschenrechten geprägten politischen Wirklichkeit ein.[4] Durch die Publikation der Textauswahl des vorliegenden Bandes soll über die bisher schon leicht zugänglichen Texte hinaus dieses Verständnis des Islams in einem weiter reichenden historischen Rückblick zugänglich gemacht werden.

In der Türkei hat am 15. Juli 2016 eine Putschaktion das politische und gesellschaftliche Leben in seinen Grundfesten erschüttert und einen Wirbel von Stellungnahmen ausgelöst, der hier nicht analysiert werden kann. In einem Artikel für die Zeitschrift der Hizmet-Bewegung *Die Fontäne. Zeitschrift für Kultur, Wissenschaft und Dialog* habe ich im Januar 2017 einige „Infosplitter zur Putscherhellung" zusammengetragen und möchte an dieser Stelle nur vier ergänzende Hinweise zu dem Thema geben.[5]

(1) Der Politikwissenschaftler Heinz-Jürgen Axt stellt in einem Artikel in der Zeitschrift *Südosteuropa Mitteilungen* fest: „Bis heute [Januar 2017] sind die Hintergründe und die eigentlichen Urheber des Militärputsches nicht aufgeklärt. Man scheint auch kein allzu großes Interesse daran zu haben. Präsident Erdoğan selbst hat den Putsch als ‚Geschenk des Himmels' bezeichnet, gibt er doch die Gelegenheit, nicht nur die islamische Konkurrenz der Gülen-Bewegung loszuwerden, sondern gleich alle diejenigen, die der Opposition gegen die aktuelle Regierung und den Präsidenten verdächtigt werden."[6]

(2) Der Präsident des Bundesnachrichtendienstes Bruno Kahl lässt sich in einem Interview mit drei Journalisten des Nachrichtenmagazins *Der Spiegel* für die Ausgabe vom 18. März 2017 die Frage stellen: „Erdoğan hat den Putschversuch gegen sich eindeutig der Bewegung des Predigers Fetullah Gülen zugeschrieben. [...] Steckte Gülen tatsächlich hinter dem Putsch?", um zu antworten: „Die Türkei hat auf den verschiedensten Ebenen versucht, uns davon zu überzeugen. Das ist ihr aber bislang nicht gelungen."[7]

(3) Das Europäische Parlament hat in einer Entschließung vom 6. Juli 2017 zur Situation in der Türkei erklärt: „Das Europä-

ische Parlament [...] wartet immer noch darauf, dass stichhaltige Beweise bezüglich der Urheber des Putschversuchs vorgelegt werden [...]." Die sorgfältig ausgearbeitete Entschließung enthält ebenso auch die Feststellungen: „Das Europäische Parlament [...] verurteilt die Massenentlassungen von Beamten und Polizisten, die Massenliquidierung von Medien, die Verhaftungen von Journalisten, Wissenschaftlern, Richtern, Menschenrechtsverteidigern, gewählten und nicht gewählten Amtsträgern, Mitgliedern der Sicherheitsdienste und gewöhnlichen Bürgern und die Beschlagnahmung ihres Eigentums und Vermögens und ihrer Pässe, die Schließung vieler Schulen und Universitäten und das gegen Tausende türkischer Bürger auf der Grundlage der Notstandsdekrete ohne individuelle Entscheidungen und ohne die Möglichkeit einer zeitnahen juristischen Überprüfung verhängte Reiseverbot [...]" und „Das Europäische Parlament [...] fordert die unverzügliche und bedingungslose Freilassung aller Häftlinge, die ohne Beweise für eine persönliche Beteiligung an einer Straftat festgehalten werden [...]."[8]

(4) Der Politikwissenschaftler Steven A. Cook schreibt in einem Artikel in dem Nachrichtenmagazin *Foreign Policy* vom 14. Juli 2017 über die politischen und propagandistischen Entwicklungen in der Türkei seit der Putschaktion vom 15. Juli 2016: „Bevor eine Untersuchung überhaupt beginnen konnte, legten sich türkische Regierungsfunktionäre auf eine Darstellung der Ereignisse fest, die Millionen von Türken fraglos zu akzeptieren schienen. Viele der besten und klügsten Köpfe der Türkei – sowohl im Land selbst wie im Ausland – nahmen Erdoğans Version der Ereignisse zum Nennwert, etwas, was sie nie zuvor zu tun bereit gewesen waren." Mit Bezug auf den Oppositionsführer schreibt Cook: „Kılıçdaroğlu hat eine Mitverantwortung

für den zunehmenden Autoritarismus in der Türkei: Er schenkte Erdoğan seine Unterstützung im Nachspiel zu dem Putsch und hat bis zu seinem ‚Marsch für Gerechtigkeit' [im Juni/Juli 2017] der Säuberungsaktion nur farblosen Widerstand entgegengesetzt. [...] Als er zum Abschluss des Marsches in Istanbul seine triumphale Rede hielt, schien Kılıçdaroğlu kein Interesse an Gerechtigkeit für jeden zu haben. Er nutzte die Gelegenheit dazu, über die Gülenisten auf eine ähnliche Weise herzuziehen wie Erdoğan."[9]

Diese Hinweise können nur eine Perspektive auf das Geschehen markieren. Blickt man aus dieser Perspektive auf die Berichterstattung und Kommentierung zum Thema „Die Türkei seit dem 15. Juli 2016" in den Medien, stößt man auf ein fast unüberschaubares kommunikationswissenschaftliches Studienfeld. Für Leser und Leserinnen des vorliegenden Bandes ist es meines Erachtens wichtig, sich bei der Lektüre von der Aufmerksamkeit auf die Texte, die Arhan Kardaş ausgewählt und erläutert hat, nicht ablenken zu lassen. Der schärfste Kritikpunkt in der öffentlichen Debatte über Fethullah Gülen beruht auf einer Interpretation, nach der Gülen unter seinen Anhängern nicht deswegen eine starke Resonanz finde, weil es ihm um religiöse Anliegen und Bildungsinitiativen, sondern weil es ihm um politische Anliegen gehe. Die Gülen-Bewegung sei eine Maschine zur Machtgewinnung in der Türkei (und darüber hinaus). In der Wissenschaft besteht über diese Interpretation keineswegs ein Konsens. So unterscheidet der Politikwissenschaftler Mustafa Akyol in seinem Buch *Islam without Extremes. A Muslim Case for Liberty* (2013) ausdrücklich eine islamische Bewegung wie die Gülen-Bewegung vom politischen Islamismus und hält fest: „Heute zeigt die historische Erfahrung, dass die Politik-fokussierten Islamisten falsch, und die Glaubens-fokussierten Muslime richtig gelegen haben."[10] Wer sich durch das vorliegende Buch zu einer Auseinandersetzung mit dem Denken Gülens einladen lässt, wird auch einer Diskussion über diese These besser folgen können. Doch die Diskussion hat trotz der politischen Entwicklungen in der Türkei noch nicht wirklich begonnen. Man darf gespannt sein, wohin sie führen wird. Um mit einer Sentenz von Gülen aus einem Interview mit der Journalistin Nuriye Akman von 2004 für die Zeitung *Zaman* zu schließen: „Die Wahrheit entsteht aus kontroversen Meinungen."

Erfurt, 30. September 2017

Anmerkungen

1 Von den Standardwerken zur Gülen-Bewegung kann hier nur auf M. Hakan Yavuz, *Toward an Islamic Enlightenment. The Gülen Movement*, Oxford 2013; Bekim Agai, *Zwischen Netzwerk und Diskurs. Das Bildungsnetzwerk um Fethullah Gülen (geb. 1938): Die flexible Umsetzung modernen islamischen Gedankenguts*, Hamburg (2004) 2008; Muhammed M. Akdag, *Der „Mensch des Dienstes" bei Fethullah Gülen. Nachfolger des „vollkommenen Menschen" in der islamischen Mystik?*, Frankfurt a. M. 2013; Pim Valkenberg, *Renewing Islam by Service. A Christian View of Fethullah Gülen and the Hizmet Movement*, Washington, DC, 2015, verwiesen werden. Eine Kurzdarstellung von Günter Seufert vom 01.09.2014 ist auf der Website der Bundeszentrale für politische Bildung abrufbar, vgl. http://www.bpb.de/internationales/europa/tuerkei/184979/guelen-bewegung, eine ausführlichere Darstellung aus dem Dezember 2013 auf der Website der Stiftung Wissenschaft und Politik, vgl. https://www.swp-berlin.org/fileadmin/contents/products/studien/2013_S23_srt.pdf (27.09.2017).

2 Ursula Boos-Nünning, Christoph Bultmann, Bülent Ucar (Hgg.), *Die Gülen-Bewegung zwischen Predigt und Praxis*, Münster 2011, 9; das Zitat nach Gudrun Krämer, Distanz und Nähe. Fragen einer kritischen Islamwissenschaftlerin, in: *Glanzlichter der Wissenschaft. Ein Almanach*, hg. vom Deutschen Hochschulverband, Bonn 2010, 75–79(78).

3 Mouhanad Khorchide, *Islam ist Barmherzigkeit. Grundzüge einer modernen Religion*, Freiburg 2012, 96.

4 Vgl. http://www.ramadan-friedensmarsch.de/; http://sdub.de/ (27.09.2017).

5 *Die Fontäne*, Nr. 75, Januar - Februar - März 2017, 54–61.

6 Heinz-Jürgen Axt, Türkei: Erdoğan festigt seine Macht, aber er demontiert sie auch. Das Legitimitätsdilemma eines repressiven Systems, in: *Südosteuropa Mitteilungen*, Jg. 57/1, 2017, 20–37 (21).

7 Art. „Der Putsch war nur ein Vorwand". *Spiegel*-Gespräch (mit Alfred Weinzierl, Martin Knobbe und Fidelius Schmid), *Der Spiegel* 12/2017, 38–41(40).

8 Entschließung des Europäischen Parlaments vom 6. Juli 2017 zu dem Bericht 2016 der Kommission über die Türkei (2016/2308(INI)), Abs. 9 bzw. Abs. 2: http://www.europarl.europa.eu/sides/getDoc.do?pubRef=-//EP//NONSGML+TA+P8-TA-2017-0306+0+DOC+PDF+V0//DE (27.09.2017).

9 Steven A. Cook, First, They Came for the Gulenists. Erdogan isn't the root of Turkey's troubles. It's a deep-seated cycle of repression and revenge – with no end in sight, in: *Foreign Policy*, 14. Juli 2017, zitiert nach http://foreignpolicy.com/2017/07/14/first-they-came-for-the-gulenists-turkey-coup-erdogan/ (27.09.2017; eigene Übers.).

10 Mustafa Akyol, *Islam without Extremes. A Muslim Case for Liberty*, New York 2013, 299 (eigene Übers.); vgl. auch ebd. 225 f. zur ersten Tagung der „Abant Plattform" 1998; die Abschlusserklärung dieser Tagung ist in dem Band *Turkish Islam and the Secular State. The Gülen Movement*, hg. v. M. Hakan Yavuz und John L. Esposito, New York 2003, 251–253, dokumentiert.

Einleitung

Muhammed Fethullah Gülen: Ein Botschafter der Liebe, der Belebung und der Aufklärung

Es ist schier unmöglich, sich einen umfassenden, zutreffenden Überblick über die Gedanken- und Aktionswelt sowie die Person Fethullah Gülens zu verschaffen. Über seine facettenreiche Persönlichkeit und die Bewegung um ihn wurden bereits mehrere Werke verfasst. Zu empfehlen sind besonders das Buch *Bir Portre Denemesi* (Ein Porträtversuch) von Ali Ünal und das Buch *Geleneğin Modern Çağa Tanıklığı* (Begegnung der Tradition mit der Moderne) von Enes Ergene. Aktuell ist das Buch *Die Gülen-Bewegung: Was sie ist, was sie will* von Ercan Karakoyun zu nennen, daneben zum Beispiel auch das Buch *A Dialogue of Civilizations: Gulen's Islamic Ideals and Humanistic Discourse* von Jill Carroll. Im Rahmen der Religionswissenschaft entstand in Bochum die Dissertation von Bekim Agai, *Zwischen Netzwerk und Diskurs – Das Bildungsnetzwerk um Fethullah Gülen (geb. 1938): Die flexible Umsetzung modernen islamischen Gedankengutes* (Bonner Islamstudien), in Tübingen die Dissertation von M. Mustafa Akdağ, *Der „Mensch des Dienstes" bei Fethullah Gülen: Nachfolger des „vollkommenen Menschen" in der islamischen Mystik?* Diese Dissertation ist von großer Bedeutung, da sie einen umfassenden Überblick über Gülens Werke und seine Ideale vermittelt und insgesamt das türkische Schrifttum Gülens, seine Werke und Gedanken, behandelt. Aus einer christlichen Dialogperspektive könnten zum Beispiel die Titel *Renewing Islam by Service. A Christian View of Fethullah Gülen and the Hizmet Movement* von Pim Valkenberg und *The Spirituality of Responsibility. Fethullah Gülen and Islamic Thought* von Simon Robinson genannt werden.

Meine Einleitung zu dem vorliegenden Band ist lediglich ein Versuch, Leser, denen die Person und das Denken Fethullah Gülens fremd ist, in seine vielfältige bzw. vielschichtige Ideenwelt einzuführen. Obwohl ich Gülen über 28 Jahre hinweg begleitet und mehr oder minder alle seine Audio- und Videokassetten sowie seine Schriften und Interviews verfolgt habe, stand auch ich zuweilen vor einer gewaltigen Herausforderung.

Das Hauptmotiv dieses gewagten Vorhabens lag darin, sowohl für die Mitwirkenden in der Hizmet-Bewegung als auch für unvoreingenommene Leser im deutschsprachigen Raum einen empathischen Einblick zu liefern. Seit dem sogenannten Staatsstreich im Sommer 2016 in der Türkei wird Herr Gülen in deutschsprachigen Medien hauptsächlich als Widersacher eines bestimmten Politikers wahrgenommen – eine vollkommen verzerrte Darstellung seiner Person. In diesem Buch kommt er hingegen bewusst als „Lehrmeister“[1] – wie im türkischen Sprachgebrauch: *Hodschaefendi* – vor, der ca. 70 Bände für Intellektuelle und neugierige Leser verfasst hat. Was macht einen Menschen zum Lehrmeister? Die Anzahl seiner Bücher? Der Einfluss und die intellektuelle Reichweite seiner Gedanken? Die Vorbildlichkeit seiner Person? Die Leistung Gülens in Hinsicht auf eine

1 Dem Duden zufolge ist ein Lehrmeister jemand, von dem man etwas lernt oder gelernt hat und der Vorbild ist.

tiefgründige Glaubenslehre ist nicht geringer als die von Meister Eckhart, dem mittelalterlichen Mystiker im Orden der Dominikaner, weshalb er den Titel Lehrmeister verdient.[2]

Genealogie

Der Gelehrte und Prediger Muhammed Fethullah Gülen wurde offiziell am 27. April 1941 in Pasinler, Erzurum (Türkei) als Sohn von Imam Ramiz Efendi und *Hodscha-anne*[3] Refia Hatun geboren, das tatsächliche Geburtsdatum ist jedoch der 11. November 1938.[4] Der Vater Ramiz Efendi war ein Imam und der

2 Obwohl das Hauptmotiv dieses Versuches gerechtfertigt ist, könnte es in zweierlei Hinsicht Korrekturbedarf geben. Erstens für kundige Mitwirkende in der Hizmet-Bewegung, denn sie könnten diese Ausführungen als nicht reif genug erachten. Zweitens für Außenstehende, denn sie könnten den hier vertretenen Ansatz als bewegungsinterne Perspektive einschätzen. Herr Gülen könnte es wiederum als ein Konzeptpapier ansehen. Deshalb bedarf es ohnehin der Korrektur und Ergänzung. Ich schätze mich sehr glücklich, wenn sorgfältige Leserinnen und Leser mich auf meine Fehler in dieser wohlgemeinten Einleitung aufmerksam machen.

3 *Hodscha-anne* bzw. *Hodscha-ana* sind Ehrenbezeichnungen für weibliche Gelehrte bzw. Lehrerinnen.

4 Das tatsächliche Geburtsdatum von Gülen ist der 11. November 1938. Allerdings lehnte der ultrakemalistische Registrator des Standesamtes seinen Namen „Fethullah" ab, weil er die arabische Gottesbezeichnung „Allah" enthält. Bereits am 30. Januar 1932 war mit einem Zirkular des Präsidiums für Religionsangelegenheiten in der Türkei der Gebetsruf ins Türkische übersetzt und einheitlich in der ganzen Türkei zwangsweise eingeführt worden. Im Jahre 1941 wurde das Rezitieren des Gebetsrufs auf Arabisch nicht nur als Ordnungswidrigkeit gewertet, sondern sogar strafrechtlich verfolgt. Von nun an drohte denjenigen, die den Gebetsruf auf Arabisch rezitierten, eine Haftstrafe von bis zu drei Monaten und eine Geldstrafe zwischen zehn und 200 Lira. Dies galt etwa 18 Jahre lang bis zum 16. Juli 1950. Aufgrund der Sanktionen gegenüber dem Ausdruck „Allah" etablierte sich in der offiziellen Sprache die selten verwendete türkische Bezeichnung „Tanrı" für Gott. Drei Jahre nach seiner Geburt gelang es dem Vater Gülens mit der Hilfe eines militärischen Unteroffiziers, zumindest einen Teil des geplanten Namens „Muhammed Fethullah" als „Fetullah" standesamtlich registrieren zu lassen (vgl. *Tears of Gülen*, S. 4).

Großvater Şamil Ağa war eine sehr respektierte Persönlichkeit. Der Vater von Şamil Ağa, Molla Ahmed Efendi, der Sohn von Halil Bey, war aufgrund seiner Gelehrsamkeit und seines asketischen Lebens ebenfalls sehr bekannt. Mütterlicherseits geht die Genealogie von Gülen auf Seyyid Hamza zurück; İsmail Hakkı Paşa (gest. 1897) und Mehmet Şükrü Paşa (gest. 1916, bekannt als Schukri Pascha) waren im Osmanischen Reich bekannte Generäle.[5]

Bildungsweg

Lehrmeister Gülen lernte das Rezitieren und Lesen des Korans von seiner Mutter ab dem Alter von vier Jahren – aufgrund des aggressiven Säkularismus in der Türkei der Zeit durch Unterricht im Geheimen. Seine Mutter pflegte Koraninteressierten den Koran beizubringen. Gülen lernte die arabische Sprache von seinem Vater. Er besuchte drei Jahre lang die staatliche Grundschule, die er aufgrund der Versetzung seines Vaters Ramiz als Imam nach Alvar, einem Dorf im Verwaltungsbezirk der Stadt

5 Semsinur Özdemir, *Hoca Anne ve Ailesi*, Ufuk Yayınları, Istanbul 2014, S. 19–20. Vgl.https://digitalozan.wordpress.com/2008/10/14/ismail-hakki-pasa-sukru-pasa-ve-fethullah-gulen/und http://fgulen.com/tr/turk-basininda-fethullah-gulen/fethullah-gulen-hakkinda-kose-yazilari/2008-kose-yazilari/16350-Abdullah-Aymaz-Zaman-Edirne-Mudafii-Sukru-Pasamiz. Schukri Pascha ist der Onkel von Gülens Mutter Refia Hodscha-anne. Die Mutter von Refia Hanım ist Hatice Hanım, die jüngere leibliche Schwester Schukri Paschas. Aufgrund seiner mathematischen Begabung wurde Schukri Pascha in seiner Jugend nach Potsdam geschickt und absolvierte erfolgreich die Ingenieur-Artillerieschule sowie Lehrgänge bei der Truppe. Er wurde sogar Ehrenadjutant von Kaiser Wilhelm I. Schukri Pascha ist für seine Tapferkeit und seinen Patriotismus sowie für seinen Einsatz bei der Verteidigung der Stadt Edirne gegen bulgarisch-serbische Truppen in den Balkankriegen 1911–1913 bekannt. Er gilt als „Held von Adrianopel" *(Edirne Müdafii)*. Im Kurort Hartha, in der sächsischen Stadt Tharandt, liegt ein Gedenkstein aus dem Jahr 1913 für Schukri Pascha.

Pasinler in Erzurum, unterbrechen musste. Später schloss Gülen seine grundlegende staatliche Schulausbildung mit zusätzlichen externen Prüfungen im Jahre 1954 ab.[6]

In Alvar lernte Gülen im Alter von zehn Jahren den Koran auswendig und verschönerte seine Koranrezitation durch den *tedschwīd*-Unterricht, den er von Hacı Sıdkı Efendi in Hasankale erhielt, ein Ort, der in der Nähe von Alvar liegt. Alvar war ein Wendepunkt im Leben von Fethullah Gülen, denn dort lernte er den berühmten Lehrmeister, Imam und Dichter der Naqschbandi- und Qadiri-Sufi-Orden seiner Zeit, Muhammed Lutfi Efendi (gest. 1956), bekannt als Alvarlı Efe Hazretleri, näher kennen. Lehrmeister Alvarlı Efe konnte neben seiner Muttersprache Türkisch auch Gedichte in Arabisch, Persisch und Kurdisch verfassen. Die Liebe zur Dichtung sowie zur islamischen Mystik dürfte Gülen von seinem Lehrmeister Alvarlı Efe „geerbt" haben.

Lehrmeister Alvarlı Efe hatte bereits im Jahre 1939 das Dorf Alvar verlassen und war in die Stadt Erzurum gezogen. Allerdings war Alvar der Geburtsort von Alvarlı Efe, und da er zwi-

---

6 Obwohl Gülens Lehrerin in der Grundschule von seiner Intelligenz und seinem ethischen Verhalten beeindruckt war, wurde er aufgrund der Verrichtung seines Mittagsgebets in der Unterrichtspause vom Schuldirektor im Schulkeller eingesperrt. Diese religionsfeindliche Gesinnung des Schuldirektors war ein weiterer Grund für die Unterbrechung seiner Grundschulbildung. Gülens Lehrerin Belma Özbatur schrieb in einem Brief an Gülen, nachdem sie hörte, dass er sich 1995 einer Herzkatheter-Operation unterzogen hatte: „Lieber Gelehrter Fethullah Gülen, mein Sohn ...". Dieser Brief berührte Gülen, und er antwortete daraufhin seinerseits mit einem Brief an seine Lehrerin, in dem er ihr selbstloses Engagement für die Schülerinnen und Schüler sowie ihre mütterliche Zuwendung lobte. Vgl. Mehmet Ozalp, Muhammed Fethullah Gulen, in: *Great Spiritual Leaders: Studies in leadership for a pluralist society*, hg. v. Seforosa Carroll, William W. Emilsen, Barton Books, Canberra 2014, S. 35. Vgl. ferner: http://fgulen.com/tr/turk-basininda-fethullah-gulen/fethullah-gulen-hakkinda-dizi-yazilar-dosyalar/fethullah-gulen-web-sitesi-ozel-dosyalar/12561-fgulen-com-belma-ozbatur-anlatiyor.

schen 1918 und 1939 in diesem Dorf als Imam und Sufi-Meister tätig war, pflegte er auch danach immer noch gute Kontakte zu den Dorfbewohnern. Gülens Vater Ramiz Efendi wurde nach Alvar versetzt, um die freie Stelle von Alvarlı Efe zu übernehmen. Die Familie Gülens waren Anhänger des Sufi-Lehrkreises um den Lehrmeister Alvarlı Efe.

Gülen reiste nach Erzurum, um in der Medrese der Kurşunlu Camii mit der Hilfe von Sadi Efendi, dem Enkelsohn des Lehrmeisters Alvarlı Efe, sein Arabisch zu verfeinern. Sadi Efendi, ein gut gebildeter Lehrer ohne pädagogische Kompetenzen und etwa 5 Jahre älter als Gülen, wollte Gülen in der arabischen Sprache ganz von Anfang an unterrichten.[7] Doch Gülen legte alle Prüfungen in zweieinhalb Monaten ab, u. a. über Molla Dschāmi, ein reputables Werk zur arabischen Philologie des persischen Sufis und Dichters Nureddin Abdurrahman Dschāmi – klassischer Prüfungsstoff der Medrese. Schließlich verließ er die Medrese von Kurşunlu Camii und zog in eine andere Medrese in der Nähe der Kemhan-Moschee um. Dort eignete er sich unter der Anleitung eines sehr berühmten Rechtsgelehrten, Osman Bektaş Hoca, umfassende Kenntnisse des islamischen Rechts an.[8]

Während seines Medrese-Studiums begann er im Alter von 15 oder 16 Jahren, in den Sommerferien in Alvar und Korucuk zu predigen. Als Gülen 18 Jahre alt war, im Jahre 1956, starb sein Lehrmeister Alvarlı Efe in Erzurum. Im folgenden Jahr (1957) lernte er einen Schüler des berühmten Gelehrten Bediuzzaman

---

7 Sadi Efendi soll 16 oder 17Jahre alt gewesen sein, als er ihn im Arabischen unterwies.

8 Siehe: https://www.fgulen.com/tr/fethullah-gulen-kimdir/gulen-hakkinda/fethullah-gulen-hayat-kronolojisi/3502-fgulen-com-1941-1959-Hayat-Kronolojisi.

Said Nursi (gest. 1960), Muzaffer Aslan, kennen. Er war von der Aufrichtigkeit und Bescheidenheit dieses Schülers sehr berührt und schloss sich dem Lehrkreis des *Risale-i Nur* an. Dies war ein weiterer wichtiger Wendepunkt, der mindestens so bedeutend war wie der Lehrkreis des Alvarlı Efe. Allerdings gelang es Gülen nicht Bediuzzaman Said Nursi persönlich zu begegnen. In Elazığ fand er einen spirituellen Lehrmeister des Qadiri-Sufi-Ordens, dessen *Tekye* er nach kurzer Zeit verlassen musste, weil seine Schüler Unannehmlichkeiten verursachten.

Auch die Situation an der Medrese von Kurşunlu war nicht besser. Die Studenten waren eifersüchtig auf den jungen Fethullah, weil der Lehrer Osman Bektaş Hoca ihm aufgrund seiner Intelligenz und Tugend besondere Beachtung schenkte. Das alles beunruhigte den jungen Fethullah und er sah sich gezwungen, Erzurum zu verlassen. Er wollte entweder nach Damaskus oder nach Kairo gehen, um sein religiöses Wissen zu vertiefen, allerdings ließ ihn seine Mutter nicht gehen und empfahl ihm, nach Edirne zu reisen, wo ein Verwandter von ihr, Imam Hüseyin Top Efendi, lebte.[9] Im Jahre 1957 kam er zum ersten Mal nach Edirne. Nach einer Imam-Prüfung wurde er zum zweiten Imam der Üç-Şerefeli-Moschee ernannt. Zweieinhalb Jahre hielt sich Gülen in dieser Moschee am Fensterplatz in Askese auf und widmete sich dem Studium der Schriften des *Risale-i Nur* und der Bibliothek von Edirne.[10] Im Jahre 1959 bestand Hodscha-

---

9 Siehe: http://fgulen.com/tr/fethullah-gulen-kimdir/24-fethullah-guleni-taniyanlardan/8257-huseyin-top#219. Der Urgroßvater mütterlicherseits von Imam Hüseyin Top ist Ibrahim Ağa. Gülens Urgroßvater mütterlicherseits ist Hamit Ağas leiblicher Bruder. Schukri Pascha hinterließ fünf Kinder. Vgl. http://erzurumluyum.net/?q=taxonomy/term/7595.

10 Später besuchte Gülen seinen bescheidenen Fensterplatz in dieser Moschee, die einst von Sultan Murad II. errichtet wurde. Siehe: https://www.youtube.com/watch?v=7VrEqJ-_IjE.

efendi die Aufnahmeprüfung zum Mufti und Prediger mit Auszeichnung.[11]

Prediger und Gelehrter

Im Jahre 1960 kam der damalige Vizepräsident des *Diyanet* (Präsidium für Religionsangelegenheiten), Yaşar Tunagür Hodscha, nach Edirne und lernte Gülen kennen. 1961 kam Gülen seiner Militärpflicht nach: die Grundausbildung erhielt er in Mamak (Ankara) und im Anschluss wurde er als Funker nach Iskenderun eingeteilt. Er erkrankte während dieser Zeit und erhielt drei Monate Erholungsurlaub. So ging er zurück in seine Heimat Erzurum. Nach seiner Genesung kam er wieder nach Iskenderun und hielt mit besonderer Erlaubnis an Wochenenden Predigten. Schließlich wurde er aufgrund einer seiner Predigten disziplinarisch angeklagt, später aber freigesprochen und nur mit einer Ordnungsstrafe bedacht. Im Jahre 1963 hatte er seine Militärpflicht abgeleistet und kehrte wieder nach Erzurum zurück, wo er Predigten über Mewlana Dschelaleddin Rumi hielt. Gülen war einer der Gründer des Vereins für das präventive Entgegenwirken gegen den damaligen aggressiven und religionsfeindlichen Kommunismus in Erzurum. Zudem wurde er noch Mitglied des Volkshauses[12] in Erzurum. Jene Volkshäuser wurden bereits von Mustafa Kemal Atatürk gegründet, galten aber in den Jahren von 1963 bis 1980 als Hort regierungsunabhängi-

11 Bei den Prüfungsfragen ging es u. a. um die praktische Vernunft bei Kant. Nach der Prüfung fragte ein Kollege von Gülen, was dieser Kant sei. Er fragte auf Kurdisch: „*Faqih ewa kant dschiya?*" Gülen machte ein Wortspiel mit dem Wort „Kant" und dem kurdischen „qand", welches Zuckersirup bedeutet.

12 Gülen schätzte die Arbeit in den Volkshäusern. Das Volkshaus in Erzurum wurde im Gegensatz zu vielen anderen in der damaligen Türkei von der Religion aufgeschlossenen Menschen verwaltet.

ger Bürgerinitiativen. Im Jahre 1964 kehrte Gülen nach Edirne zurück und fing an, in der Darul-Hadith-Moschee zu predigen. Im Jahre 1965 wurde er von der *Diyanet* als Hauptprediger in die Stadt Kırklareli geschickt. Nach einem Jahr (1966) wurde er nach Izmir versetzt und wurde Lehrer und Direktor an der Koranschule von Kestanepazarı (Kastanienmarkt). Im Jahre 1968 ging er zum ersten Mal als offizieller Beauftragter der *Diyanet* auf Pilgerfahrt. Als er zurückkam, wurde er von Ahmet Karakullukçu, dem ehemaligen Mufti von Izmir, empfangen. Damals gab es in Ankara Studentenwohnhäuser, in denen fromme Studenten zusammenwohnten. An diesem Abend versammelten sich einige Studenten aus der *Risale-i Nur*-Bewegung und Gülen hielt dort ein *Sohbet* (regelmäßig stattfindender, freundschaftlicher Gesprächskreis). Karakullukçu war von diesen Studenten dermaßen berührt, dass er Gülen vorschlug, selbst auch solche Studentenwohnheime zu finanzieren. Kurz nach ihrer Ankunft in Izmir mieteten sie eine Wohnung, in der einige Studenten aus dem Kreis von Gülen unterbracht wurden. Die Mietanzahlung für ein Jahr wurde von Karakullukçu geleistet.

Fünf Jahre lang wirkte Gülen als Direktor und Lehrer in Kestanepazarı (1966–1971). Währenddessen bildete sich um ihn ein kleiner Kreis von Studenten, Unternehmern und Beamten. Gülen pflegte jeden Freitag in der Moschee von Kestanepazarı zu predigen und konnte an Wochenenden aufgrund seiner besonderen Befugnis für die ganze Ägäis-Region auch in den benachbarten Städten Westanatoliens predigen. Somit predigte er nicht nur in Izmir, sondern auch in Salihli, Turgutlu, Tire, Aydın, Muğla, Manisa, Afyon, Burdur und vielen anderen Städten der Ägäis. Eine Neuerung bei diesen Predigten war die Audio-Aufzeichnung. Seine Schüler hielten die Predigten auf Tonband fest und konnten sie somit in ihren engen Kreisen weiter verwerten.

Gülen predigte eine Theologie der sozialen Verantwortung[13] des Zusammenlebens. Im Gegensatz zu anderen Predigern sprach er fast immer systematisch, bereitete sich intensiv auf seine Reden vor und kündigte das Thema der Predigt eine Woche zuvor an, damit sich seine Zuhörer darauf vorbereiten konnten. Er beschränkte sich nicht nur auf einseitiges Predigen, er stellte in der Moschee auch eine Box für Fragen aller Art auf, die er jede Woche beantwortete.[14] Dabei achtete er nicht darauf, ob die Frage religiöser Natur oder naturwissenschaftsbezogen war.[15] Izmir, eine stark säkulare Stadt, hatte nicht viele Moscheebesucher, und die Bevölkerung tendierte nicht zur Religion, weshalb Gülen in die Kaffeehäuser ging und begann, dort Vorträge zu halten. Kaffeehäuser sind zumeist der Platz für die Sozialisation der Stadtbezirke und ähneln den deutschen Kneipen oder Bars, in denen Männer gerne ihre Zeit verbringen. Durch diese ungewöhnliche Entscheidung erweiterte sich der Kreis um Gülen.

Militärputsche

Im Jahre 1971 zog Gülen von seiner Holzhütte, in der er über vier Jahre lang gelebt hatte, in eine Wohnung in Izmir um. Kurz danach kam es am 12. März 1971 zum Militärputsch, der auch als „Memorandum vom 12. März" bezeichnet wird. Gülen wurde im Rahmen eines Generalverdachtes verhaftet und nach sieben Monaten Haft wieder freigelassen. Nach seiner Freilas-

---

13 Eine seiner ersten Predigten lautete „Verantwortungsbewusstsein" (türk. *Mes'uliyet duygusu*). Dieser grundlegende Ansatz prägte alle seine Predigten von damals bis heute.

14 Seine Antworten wurden in den Audio-Publikationen *Sorular ve Çıkış Yolları* (30 Kassetten) zusammengestellt.

15 Einige Fragen („Gibt es Aliens im Weltall?") bezogen sich auf das Buch von Erich von Däniken; bei anderen Fragen ging es um das Gesetz der Thermodynamik bis hin zu philosophisch-geisteswissenschaftlichen Themen.

sung wurde ihm vier Monate lang das Predigen verboten. Im Jahre 1972 wurde er neu als Hauptprediger in die Stadt Edremit eingesetzt, wo er zwei Jahre und vier Monate verweilte. Während dieser Zeit gelang es ihm, auf privater Basis Studentenwohnheime zu etablieren. Mit seinen Studenten verbrachte er während des Sommers intensive Lese- und Meditationsmonate, etwas, was er bereits im Jahre 1969 in Buca (Izmir) ins Leben gerufen hatte. Im Jahre 1974 wurde er als Prediger von Edremit nach Manisa versetzt. Hier blieb er auch ungefähr zwei Jahre. Im Jahre 1975 begann er, wissenschaftliche Vorträge zu halten, die als „Konferenzen" bezeichnet wurden: Koran und Wissenschaft, soziale Gerechtigkeit, Darwinismus und die Goldene Generation waren einige der Themen seiner Konferenzen. Die Motivation hinter diesen Konferenzen war es, die Menschen außerhalb des Moscheekreises zu erreichen. So setzte er diese Serie fort und kam im Jahre 1977 nach Deutschland, um in Berlin, Frankfurt am Main, Hannover und München Vorträge zu verschiedenen gesellschaftsphilosophischen Themen zu halten. In jenem Jahr fing er auch an, in den großen Moscheen von Istanbul zu predigen. Zwei Jahre später begann er, Leitartikel für die Zeitschrift *Sızıntı* zu verfassen – u. a. ein Weg, um mit seinen Studentenkreisen zu kommunizieren. Das Konzept der *Sızıntı* war ihm ein Herzensanliegen, denn diese Zeitschrift für Wissenschaft und Kultur war keine Fachzeitschrift, sondern veröffentlichte Artikel aus jedem Wissenschaftszweig, sowohl geistes- als auch naturwissenschaftliche Texte.

Bereits im Jahr 1976 wurde Fethullah Gülen als Prediger nach Bornova (Izmir) entsandt. Diese Stellung hatte er bis zum nächsten Militärputsch im Jahre 1980 inne.

Im Zuge des Militärputsches vom 12. September 1980 erklärte man überall in der Türkei den Ausnahmezustand, und somit war es ihm de facto nicht mehr möglich zu predigen. Er meldete sich krank und wurde von der *Diyanet* als Prediger nach Çanakkale versetzt. Er stand auf der schwarzen Liste der Putschisten, weshalb er offiziell darum bat, in den Vorruhestand versetzt zu werden. Diesem Wunsch wurde zwar entsprochen, aber dennoch musste er vor der Regierung der Putschisten fliehen und zog bis 1986 in der Türkei von Ort zu Ort.

Im Jahre 1983 erfolgten Neuwahlen und das Volk wählte Turgut Özal als Ministerpräsidenten an die Spitze des neuen Parlaments. Der Anführer des Putsches, Kenan Evren, war mittlerweile Staatspräsident. Trotzdem war der Ausnahmezustand überall präsent, weshalb Gülen weitere drei Jahre nicht öffentlich in Erscheinung trat. Im Jahre 1986 wurde er in Burdur festgenommen. Im Laufe des langen Ermittlungsverfahrens wurde er nach Izmir gebracht. Dort wurde er wieder auf freien Fuß gesetzt, weil es sich herausstellte, dass in Izmir gar kein Haftbefehl gegen ihn vorlag.

Gesellschaftliches Engagement

Am 6. April 1986 hielt Gülen nach langer Zeit bei der Eröffnung der großen Çamlıca-Moschee (nicht zu verwechseln mit dem gleichnamigen aktuellen Moscheebauprojekt in Istanbul) während der Nacht der Himmelfahrt des Propheten Muhammeds wieder eine Rede. Dieses Ereignis markierte den Neubeginn seines gesellschaftlichen Engagements. Von nun an zeichneten seine Schüler seine Predigten in der Öffentlichkeit audiovisuell auf. Zwei Monate später ging er wieder nach Mekka auf Pilgerfahrt. Während er zur Pilgerfahrt in Mekka weilte, wurde ein Ausreiseverbot seitens der türkischen Behörden gegen ihn erlassen, was an und für sich gegenstandlos war, denn er befand sich mit Erlaubnis der Behörden im Ausland. Diese Situation bereitete ihm aber große Schwierigkeiten, und viele seiner Freunde baten ihn darum, er möge nicht mehr in die Türkei zurückkehren. Er galt nun als „flüchtig" und musste außerhalb der erlaubten Zollgebiete in die Türkei einreisen, um seine Unschuld im Zusammenhang mit einem Strafverfahren gegen einen seiner Schüler, Mehmet Özyurt, beweisen zu können. Özyurt drohten bis zu 75 Jahre Haft aufgrund seines Studiums der Schriften von Bediuzzaman Said Nursi.[16] Gülen kehrte über Syrien in die Türkei zurück und stellte sich der Kommandantur des Ausnahmezustands in Izmir. Seine Unschuld wurde festgestellt und er wurde freigelassen.

Im Juli 1988 rief er eine Fachzeitschrift für Theologie und Religion namens *Yeni Ümit* ins Leben, deren Leitartikel er verfasste. Im darauffolgenden Jahr fing er an, eine wöchentliche Serie von Predigten über das Leben des Propheten und die Philosophie der Prophetie zu halten, die über 62 Wochen (13. Januar 1989 – 16. März 1990) ohne Unterbrechung andauerte. In diesen Predigten behandelte Gülen den Propheten Muhammed im Hinblick auf seine facettenreiche Persönlichkeit. Diese Serie wurde als ein dreibändiges Literaturwerk namens *Sonsuz Nur*

16 Tragisch-komische Situation: Er reiste mit einem gültigen Pass aus der Türkei nach Mekka zur Pilgerfahrt. Während er sich in Mekka befand, erließ das Gericht einen Untersuchungsbefehl in dem oben erwähnten Fall. Die Polizei suchte ihn in der Türkei und er galt als flüchtig, weil er nicht zur Gerichtsverhandlung erschien. Wenn er bei seiner Rückkehr über ein Zollgebiet in die Türkei eingereist wäre, hätte ihm eine Verhaftung aufgrund der angeblichen Flucht gedroht. Um an der Grenze nicht verhaftet zu werden, musste er außerhalb des Zollgebietes über die syrische Grenze einreisen. Später ging er nach Izmir und stellte sich freiwillig der Kommandantur des Ausnahmezustands in Izmir. Vgl. http://gazetearsivi.milliyet.com.tr/Diyarbakir%20Dgm/.

(Das unendliche Licht) veröffentlicht – gemeint ist der Prophet Muhammed und seine Sunna.

In jenen Jahren predigte er zudem in verschiedenen Moscheen von Istanbul und Izmir. Am 16. Juni 1991 beendete er seine Predigertätigkeit. Am 21. September 1991 nahm er an dem „Symposium für die ewige prophetische Berufung" in Istanbul teil und hielt dort eine kurze Ansprache – sein letzter Auftritt vor einem großen Publikum.

Das Hauptmotiv, warum er ab 1991 keine öffentlichen Predigten mehr hielt, ist unbekannt. Einige vermuten, dass er seine Worte und Ratschläge als zu unzulänglich betrachtete, um das breite Publikum zu überzeugen. Andere wiederum vertreten die Meinung, die 50 000 bis 100 000 Menschen, die seinen Predigten in den Moscheen beiwohnten, hätten Ziel eines Terroranschlages werden können – er hätte ein Massaker an den Teilnehmern solcher Veranstaltungen befürchtet.

Treffen mit wichtigen Politikern

Im Jahre 1992 besuchte Gülen Australien. Im selben Jahr flog er in die USA und besuchte den türkischen Präsidenten Turgut Özal, der sich aufgrund einer Operation und anschließender Behandlung im Methodist Dallas Medical Center befand.[17] Turgut Özal, kurdischen Ursprungs mit einer anatolischen Religiosität, war ein visionärer Staatspräsident, der wichtige Schritte für die Integration der Türkei in den Westen und die Etablierung der

17 Siehe: https://fgulen.com/tr/fethullah-gulen-kimdir/gulen-hakkinda/fethullah-gulen-hayat-kronolojisi/3495-fgulen-com-1992-hayat-kronolojisi.

Demokratie eingeleitet hatte, dessen Ansehen allerdings durch die Korruptheit einiger seiner Familienangehörigen litt.[18]

Im Jahre 1993 verstarb Özal vermutlich aufgrund einer Vergiftung, und Gülen verfasste ein Kondolenzschreiben.[19] Zwei Monate später starb die Mutter Gülens, Refia Hodscha-anne, in Izmir und er nahm an ihrem Totengebet teil. Das war ein schweres Jahr für den Lehrmeister, verlor er doch zwei wichtige Personen in seinem Leben, die aufgrund ihrer verantwortungsvollen Haltungen positive Rahmenbedingungen für sein Wirken schufen.

Obwohl Gülen in diesen Jahren nicht in der Öffentlichkeit sprach, setzte er seine privaten *Sohbets* an seinem Aufenthaltsort in Altunizade fort, und seine Studenten zeichneten sie auf Videokassetten auf. Zuweilen ging er in das FKM (Fırat-Kulturzentrum) und hielt mit kleinen Gruppen von Studentinnen und Studenten Konferenzen ab. Diese wurden ebenfalls aufgezeichnet.[20] So gelang es ihm u. a., mit seiner Bewegung in Kontakt

---

18 Die Bekanntschaft von Gülen und Özal reicht in die Zeit vor 1980 zurück. Es wird vermutet, dass es Özal selbst war, der Gülen bei seiner Verhaftung in Burdur 1986 auf freien Fuß setzen ließ. Özal war nach dem Militärputsch von 1980 während des Ausnahmezustands stellvertretender Ministerpräsident der Türkei. Im Jahre 1982 dankte er ab und gründete die Partei ANAP. Im Jahre 1983 wurde er als vom Volk gewählter Ministerpräsident mit der Bildung einer zivilen Regierung beauftragt. Er gilt als „Demokrat" im wahrsten Sinne. Weil der Lehrmeister auch ein Verfechter der zivilen Demokratie ist, verstanden sich Özal und Gülen gut. Bei Gülens letzter Predigt vor dem Militärputsch des 12. September 1980 war auch Özal anwesend. Diese Predigt fand am 5. September 1980 statt. Es wird berichtet, dass sich Özal und Gülen in dem Imam-Zimmer der Moschee trafen. Somit geht ihre Bekanntschaft auf jeden Fall auf die Zeit vor 1980 zurück.

19 Siehe: http://www.ntv.com.tr/turkiye/ozal-zehirlendi-iddiasina-adli-tiptan-yanit,DX9xgq82zEyKsslD_2eNGg. Der Verfasser dieser Einleitung nahm persönlich am Totengebet von Turgut Özal in Ankara teil und wusste von Anfang an von Vergiftungsgerüchten, die jedoch erst zehn Jahre später wissenschaftlich bewiesen wurden.

20 *Sohbet-i Canan* (FKM Sohbetleri) (10 VCD).

zu bleiben. Es kann durchaus gesagt werden, dass er von seiner ersten Predigt an bis heute zu den Menschen spricht, auch wenn sich die „Formate" ständig änderten.

Ziviler Aktivist und öffentlicher Intellektueller

Der 29. Juni 1994 ist eines der wichtigsten Daten im Leben von M. Fethullah Gülen, denn an diesem Tag trat er als Ehrenvorsitzender der Stiftung für Journalisten und Schriftsteller *(Gazeteciler ve Yazarlar Vakfı)* im Dedeman-Hotel in Istanbul auf. Er war nun nicht mehr nur Gelehrter, Imam oder Prediger, sondern ein ziviler Aktivist, Autor und Intellektueller, der sich öffentlich für die Etablierung des anatolischen Humanismus und der zivilen Demokratie einsetzte. In jenem Jahr organisierte die Stiftung ein *Iftar*-Essen (Fastenbrechen) für die Journalisten und Schriftsteller, und Gülen hielt während dieses Essens eine kurze, aber wichtige Rede.[21]

Nach dem Tode Özals hatte sich eine Koalitionsregierung mit der Mitte-rechts-Partei DYP und der linken Partei SHP gebildet. Tansu Çiller, Parteivorsitzende der DYP, wurde die erste Ministerpräsidentin der Republik Türkei. Gülen besuchte Frau Çiller sieben Monate nach der Gründung der Stiftung für Journalisten und Schriftsteller.

Im Jahre 1995 besuchte Gülen anlässlich des Kurbanfestes noch den sozialdemokratischen Außenminister Hikmet Çetin.

---

21 Siehe: http://videos.viralvana.com/play.php?q=fethullah-gulen-gyv-%C4%B0ftar%C4%B1-1994&id=Fjjc1HhjCf8. In seiner Rede betont Gülen, dass die türkische Gesellschaft einem zerbrochenen Kristallglas gleiche, weshalb Dialog und Toleranz lebenswichtig seien. Selbst mit Christen und sogar mit Missionaren sollte man heute den Weg des Dialogs suchen und Gewalt vermeidend nur mit intellektuellen Argumenten zu überzeugen suchen.

Im selben Jahr besuchte er Bülent Ecevit, den Vorsitzenden der Demokratischen Linkspartei (DSP).

Interviews und soziales Engagement

Die Medien interessierten sich zunehmend für diesen „öffentlichen Intellektuellen" und fingen an, ihn zu unterschiedlichen Gesellschaftsthemen zu befragen.[22] Von 1994 an bis heute gibt Gülen Interviews in den Medien. Renommierte Zeitungen in der Türkei mit unterschiedlichen Weltanschauungen wie *Sabah, Hürriyet, Zaman* und *Cumhuriyet* interviewten ihn. Nicht nur die Zeitungen, auch das Fernsehen befragte ihn – sogar ein holländischer Sender. Einen Teil seiner Äußerungen in diesen Interviews kann man in diesem Buch nachlesen. Im Horizont dieses Medieninteresses stattete Gülen der Zeitung *Milliyet* einen Besuch ab und nahm als Zuschauer an traditionellen Ringsportaktivitäten in Edirne, der Stadt seines Onkels, teil. Er begleitete die Hochzeit des prominenten Fußballspielers Hakan Şükür und initiierte ein Fußballspiel, dessen Einkünfte den Waisenkindern in Bosnien gespendet wurden.

Parallel zu diesen Entwicklungen machte die Hizmet-Bewegung große Schritte in Richtung Ausland. Nach dem Zusammenbruch der Sowjetunion eröffnete die Bewegung eine erste Schule in der Autonomen Republik Nachitschewan.[23] Dieser

---

22 Das erste Interview zu seiner Biographie erschien im Jahre 1989 in der 2016 von der türkischen Regierung enteigneten und später geschlossenen Zeitung *Zaman*. Dieses Interview wurde später als ein Büchlein mit dem Titel *Küçük Dünyam* (Meine kleine Welt) herausgegeben. Viele Details aus den Interviews in der Zeitung wurden jedoch nicht mit in das Buch übernommen – da ich diese Serie in meiner Frühstudienzeit aufmerksam verfolgt habe, bin ich mit deren Inhalten bestens vertraut.

23 Siehe: http://www.shaber3.com/dunya/ilk-turk-okulunun-bu-hikayesi-ni-biliyor-muydunuz/775330.

folgten weitere Schulen in Aserbaidschan, Turkmenistan, Kasachstan, Kirgisistan und Tadschikistan sowie in vielen weiteren zentralasiatischen Gebieten und anderen Ländern der Welt.

Im Jahre 1996 fing die Stiftung für Journalisten und Schriftsteller an, Preise für Dialog und Toleranz zu vergeben. Sie wählte ungeachtet der jeweiligen Weltanschauung, religiösen Überzeugung, Geschlecht oder Ethnie die wichtigsten Multiplikatoren der Gesellschaft aus, die zu einer eindeutigen Haltung von Dialog und Toleranz beitrugen.

Gülen verrichtete als Imam und Zivilaktivist das Totengebet von berühmten Persönlichkeiten wie dem sozialdemokratischen Abgeordneten Kasım Gülek und schrieb Kondolenzschreiben an die Angehörigen der wichtigsten Akteure des zivilen und politischen Geschehens. Er gab Interviews in Zeitschriften zu den Themen Bildung, Dialog und Islam. Im selben Jahr 1996 sprach er sowohl mit einer Zeitung *(Trud)* als auch mit einem Fernsehsender *(Varna)* aus Bulgarien.

Die Hizmet-Bewegung initiierte im Jahre 1996 noch die Gründung einer Bank namens „Asya Bank". Vize-Premierministerin Tansu Çiller war bei der Eröffnungsfeier anwesend. Erdoğan – damals der Bürgermeister von Istanbul – war, wie Gülen, ebenfalls unter den Gästen.

Eines der wichtigsten Highlights dieses Jahres war die Eröffnung der Fatih-Universität in Istanbul, deren Gründung von der Hizmet-Bewegung initiiert worden war. Bei der Eröffnung waren Staatspräsident Süleyman Demirel, der Minister Riza Akçalı sowie zahlreiche andere Politiker anwesend.

Herr Gülen traf in jenem Jahr auch noch den griechisch-orthodoxen Patriarchen von Konstantinopel, Bartholomäus I. Der

Besuchswunsch war vom Patriarchat ausgegangen und Gülen war ihm gerne nachgekommen.[24]

Im folgenden Jahr, 1997, war das Interesse seitens der Medien kontinuierlich groß. Gülen wurde in diesem Jahr interviewt von

dem ultrakemalistischen Journalisten Tuncay Özkan von Kanal D,

dem linken Journalisten Yalçın Doğan von Kanal D,

der freien Journalistin Nevval Sevindi,

dem Journalisten Hakan Yavuz von der *Milliyet*,

der Journalistin Yasemin Çongar von der *Milliyet*,

dem *Time Magazine*,

dem Journalisten Ali Aslan von der *Zaman*.

Interreligiöser Dialog

Aufgrund seiner gesundheitlichen Probleme flog Gülen 1997 in die USA. Man führte eine Herzkathederuntersuchung durch. Nach der Genesung blieb er eine Weile in einer Wohnung in New Jersey und empfing dort Abraham Foxmann von der ADL (Anti-Defamation League). Später traf er in New Jersey den Kardinal der römisch-katholischen Kirche John O'Connor. Anschließend kehrte Gülen in die Türkei zurück. Er empfing in Istanbul einige Vertreter des Vatikans, darunter Monseigneur Georges Marovitch, den Vorsitzenden der türkischen Bischofskonferenz in Istanbul.

---

24 Siehe: https://fgulen.com/en/fethullah-gulens-life/dialogue-activities/repercussions-from-gulen-bartholomeos-meeting/25144-the-patriarch-and-fethullah-hodja.

Das traditionelle *Iftar*-Essen von 1997 war das Highlight des interreligiösen Dialogs. Zum ersten Mal in der Geschichte der Türkei saßen Muslime, Juden und Christen an demselben Tisch zusammen und genossen das gemeinschaftliche *Iftar*-Essen.[25] Anscheinend war das zu viel des Engagements für eine demokratische Türkei: Kaum einen Monat nach diesem historischen Fastenbrechen erklärte das türkische Militär einen postmodernen Putsch und intervenierte mit einem Memorandum des Generalstabs gegen die Regierung Necmettin Erbakan von der Wohlfahrtspartei *(Refah Partisi)*. Infolgedessen trat die Erbakan-Regierung nach vier Monaten von der Regierung zurück. Das Militär verbot die Koranschulen, forderte die Verminderung der Anzahl von Imam-Hatip-Schulen und strengte Verbote der Religiosität in der Öffentlichkeit an, beispielweise das Kopftuchverbot an den Universitäten. Diese und ähnliche Entwicklungen werden im Rahmen dieses Buches thematisiert, weil sie damals die Agenda bestimmten.

Trotz des Memorandums rissen im Jahre 1998 die Fernseh- und Zeitungsinterviews mit Gülen nicht ab. Eine vom Team des berühmten Fernsehjournalisten Mehmet Ali Birand vorbereitete Dokumentation über Gülen wurde im Show TV ausgestrahlt. Özcan Ercan von der *Milliyet* und der russische Fernsehsender ORT interviewten ihn ebenfalls. Zudem gab er während seines Besuchs im Vatikan gegenüber italienischen Zeitungen einige Statements ab.

Der Oberrabbiner der sephardischen Juden von Israel, Eliyahu Bakshi-Doron, besuchte Gülen bei der Stiftung für Journalisten und Schriftsteller in Istanbul. Gülen erhielt von vielen gemeinnützigen Einrichtungen in der Türkei Auszeichnungen.

25 Siehe die Ansprache von Ishak Haleva, dem Oberrabbiner der Juden in der Türkei: https://www.youtube.com/watch?v=fXM0GxdzUzg.

Gülen beschränkte sich nicht nur auf den interreligiösen Dialog, sondern förderte auch den intrareligiösen Dialog mit verschiedenen islamischen Strömungen wie den Aleviten. Er schickte eine Grußbotschaft an den Kongress der *Ehl-el-Beyt*, der am 26. Juni 1998 tagte.[26]

Besuch bei Papst Johannes Paul II.

Das Highlight des Jahres 1998 war zweifelsohne der Besuch beim Papst im Vatikan. Schon was im Vorfeld dieses Besuches geschah, ist erwähnenswert. Wie oben bereits angesprochen, begegneten sich Gülen und Bartholomäus I. im Jahre 1996. Gülen sprach mit ihm über die nachbarschaftlichen Beziehungen der Türkei mit Griechenland und betonte, wie sehr man auf gute Nachbarn angewiesen sei. Können wir statt in die Waffenindustrie nicht in Bildung und das Gesundheitswesen investieren und den Frieden zwischen den Nachbarstaaten pflegen? Diese und ähnliche Äußerungen Gülens stießen in benachbarten Ländern wie Bulgarien und Griechenland auf ein positives Echo.

Der damalige Chefredakteur der Zeitung *Zaman*, Abdullah Aymaz, besuchte im Rahmen seiner Dialogreisen in Athen einen Journalisten, dessen Onkel ein Priester war. Dieser Journalist war von den Aussagen des Lehrmeisters dermaßen beeindruckt, dass er Aymaz anbot, die Hizmet-Bewegung und auch Gülen allgemein bekannt zu machen. Daraufhin wurden Briefe an religiöse Würdenträger verfasst, in denen die Ziele der Hizmet-Bewegung dargelegt wurden. Ein Brief wurde an den Dalai-Lama in Hüttenberg (Österreich), ein anderer an den damaligen österreichischen Kardinal Franz König und ein weiterer an den Vatikan adressiert. Aymaz reiste am 19. März 1997 in den Vatikan und überreichte den Brief persönlich.

---

26 http://www.cumhuriyetarsivi.com/katalog/192/sayfa/1998/4/26/7.xhtml.

Daraufhin übermittelte Papst Johannes Paul II. Gülen im Januar 1998 anlässlich des Ramadan-Festes eine Grußbotschaft. Diese Grußbotschaft überbrachte eine Gesandtschaft aus Ankara, der u. a der damalige Nuntius, Erzbischof Pier Luigi Celata, angehörte. Er war von der Arbeit der Hizmet-Bewegung überzeugt und schlug ein Treffen zwischen Gülen und Papst Johannes Paul II. vor. Eine offizielle Anfrage wurde verfasst und verschickt – allerdings musste Gülen in der Zwischenzeit erneut zur Behandlung seiner Herzerkrankung in die USA reisen. Als Gülen wieder in die Türkei zurückgekehrt war, bat die katholische Vertretung in Istanbul um eine erneute Anfrage, da die erste nicht mehr aktuell sei. Gülens Studentenkreis hielt diesen Besuchswunsch jedoch geheim, da sie nicht für Unruhe sorgen wollten.

Um das Prozedere zu erleichtern, bat der Vatikan lediglich um ein Fax. Der Studentenkreis bemerkte sehr spät, dass dieses Fax auch beim türkischen Geheimdienst, dem „Tiefen Staat", gelandet war. Gerüchten zufolge beschloss der Geheimdienst, Gülen zu ermorden, noch ehe er den Papst würde besuchen können; sie hatten Bedenken, dass ein solcher Besuch einer internationalen Anerkennung der Bewegung gleichkommen könnte.

Zwei Personen aus dem Studentenkreis von Gülen besuchten den Chefredakteur der Zeitung *Hürriyet*, Ertuğrul Özkök, berichteten über den bevorstehenden Besuch Gülens im Vatikan und sagten ihm, er könne eine entsprechende Kolumne am Tag des Besuchs veröffentlichen – nicht vorher. Die Nachricht erschien jedoch noch am selben Tag und Gülen erfuhr davon, als er schon am Flughafen war. Ihm wurde schon vorab zugetragen, dass er abermals Zielscheibe des Tiefen Staates sei und auf der Mordliste stehe. Gülen hatte bereits Ministerpräsident Bülent Ecevit darauf aufmerksam gemacht, dass er mit einigen Studenten den Vatikan besuchen werde. Gülen ersuchte die Zustimmung des Staates, um als ziviler Aktivist Papst Johannes Paul II. zu besuchen, denn er wollte nicht für Unruhe sorgen.

Am Flughafen nun war Gülen ziemlich aufgebracht, dass zwei seiner Studenten – wenn auch in guter Absicht – der Zeitung *Hürriyet* gegenüber den geplanten Besuch publik gemacht hatten; nun liefen sie Gefahr, dass Gülen noch vor dem Besuch beim Papst ermordet werden würde.[27]

Am 9. Februar 1998 besuchte Gülen schließlich den Papst in seiner Residenz im Vatikan. Bei diesem Besuch unterbreitete er dem Vatikan in einem Brief, den er eigens verfasst hatte, drei wichtige konkrete Vorschläge: 1. einen Studentenaustausch zwischen dem Vatikan und türkischen Universitäten; 2. die Gründung von drei theologischen Fakultäten (Judentum, Christentum und Islam) in Harran, an der die Studenten der abrahamischen Religionen Seite an Seite studieren könnten; 3. die Schaffung von Rahmenbedingungen, um abrahamischen Religionsangehörigen den Besuch von Jerusalem ohne Visumspflicht zu ermöglichen.[28]

Gülen im Fadenkreuz des „Tiefen Staates"

Im März 1998 überlebte Akın Birdal, der Präsident des Menschenrechtsvereins IHD, nur knapp einen Mordversuch, als zwei Attentäter im Büro des IHD auf ihn schossen.[29] Der Auftragsmörder war ein Mitglied des türkischen Geheimdienstes.[30] Nach dem Mordversuch gab er in den Medien lachend an, das

27 http://www.hurriyet.com.tr/fethullah-gulen-papa-bulusmasi-39005400.

28 Vgl. http://www.hurriyet.com.tr/fethullah-hoca-papayla-gorustu-39005791.

29 Harrington, James, *(Un)abhängige Justiz: Die Gerichtsverfahren um Fethullah Gülen im Zuge der Demokratisierung der Türkei*, Frankfurt am Main 2012, S. 46.

30 http://www.hurriyet.com.tr/suikastci-mit-ten-39144400.

ursprüngliche Ziel sei Fethullah Gülen gewesen.[31] Der Studentenkreis von Gülen war daraufhin ziemlich beunruhigt, denn erst jetzt verstanden sie, dass Gülen tatsächlich in Lebensgefahr war.

Sie versuchten ihren Lehrmeister davon zu überzeugen, das Land zu verlassen und sich an einen sicheren Ort zu begeben. Er aber wollte die Türkei nicht verlassen und beharrte darauf, im Land zu bleiben. Da Gülen ihren Bitten kein Gehör schenkte, baten sie einige Personen, die Gülen besonders achtete, wie den ehemaligen Vizepräsidenten des *Diyanet*, Yaşar Tunagür, ihn zu überzeugen. Gülen weigerte sich trotzdem.

Am 21. März 1999, circa ein Jahr nach dem Mordversuch an Birdal, reiste Herr Gülen aufgrund seiner Herzkrankheit erneut in die USA. Man weiß nicht genau, ob er ahnte, dass für ihn in naher Zukunft keine Rückreise in die Türkei mehr möglich sein würde. Es wird vermutet, dass ihn der damalige Ministerpräsident Bülent Ecevit angerufen und darum gebeten habe, die Türkei zu verlassen, wenn er am Leben bleiben wolle. Anscheinend konnte ihn lediglich Ministerpräsident Bülent Ecevit überzeugen – eine zivile Autorität, die um die Gefahr des Tiefen Staates wusste.

Aufruf zur Unterwanderung?

Am 18. Juli 1999, drei Monate nach Gülens Ausreise, tauchte eine zusammengeschnittene und manipulierte Rede auf, in der er sich angeblich für die Unterwanderung des türkischen Staates ausgesprochen habe.[32] Wie bereits erwähnt, wurden die

---

31 http://www.yenisafak.com/arsiv/2000/ekim/07/dizi.html.

32 http://blog.milliyeat.com.tr/fethullah-gulen-in-bir-kaseti-ve-gulen-e-gosterilen-hosgoru/Blog/?BlogNo=445171.

Sohbets von Gülen während seines Aufenthaltes in Istanbul von seinen Studenten in aller Öffentlichkeit aufgenommen. Diese Videokassetten waren keine geheimen Aufnahmen, die unter den Studenten kursierten. Der Startschuss für den Feldzug des Tiefen Staates gegen die Bewegung fiel mit der Berichterstattung von Ali Kırca, die am 18. Juli 1999 im Fernsehsender ATV ausgestrahlt wurde und in der ein aus dem Zusammenhang gerissenes, wahllos zusammengeschnittenes 4,5-minütiges Video gezeigt wurde.[33] Gülen reagierte aus den USA in einem Interview mit Reha Muhtar auf diese Unterstellungen.[34] Er erklärte nicht nur in diesem, sondern in vielen weiteren Interviews, dass Mitbürgerinnen und Mitbürger ihren eigenen Staat gar nicht unterwandern könnten, schließlich steht verfassungsrechtlich jedem Staatsbürger ein gleichberechtigter Zugang zu öffentlichen Ämtern zu. Allerdings könnten Personen, die keine Bürger des Staates sind und nicht das Wohl des Landes, sondern ihr eigenes im Sinn haben, den türkischen Staatsapparat unterwandern.[35]

Die Hizmet-Bewegung konnte sich nun den Folgen des postmodernen Putsches nicht mehr entziehen: Das Staatssicherheitsgericht der Türkei erließ am 3. August 2000 einen Haftbefehl gegen Fethullah Gülen; es drohte ihm eine Freiheitsstrafe von bis zu zehn Jahren. Der Prozess wurde im Zuge des postmodernen Staatsstreichs vom 28. Februar 1997 eingeleitet, der zumeist Multiplikatoren der religiösen Zivilgesellschaft, wie Prof. Dr. Mahmut Esat Coşan von der Gemeinschaft von Iskenderpaşa, im Visier hatte.

---

33 Vgl. http://www.radikal.com.tr/yazarlar/oral-calislar/ali-kirca-dugmeye-ben-bastim-1081187.

34 Für Reha Muhtars Interview mit Fethullah Gülen, siehe: https://www.youtube.com/watch?v=aql5Uros6d8.

35 https://www.youtube.com/watch?v=eGJoiTDDS0U.

Gülens Leben in den USA

Mit seinem Umzug in die USA zog sich Gülen in das Retreat-Zentrum einer Stiftung zurück *(Golden Generation Retreat Center)*, deren Vorsitzender Bekir Aksoy ist. Gülen mietete ein Zimmer in dem Gebäude an und pflegte die Speisekosten seiner persönlichen Gäste aus eigener Tasche zu begleichen. Er lebt bis heute von den urheberrechtlichen Vergütungen seiner veröffentlichten 70 Werke und spendete seine Pensionsgelder aus Ansprüchen seiner Berufstätigkeit als Imam einer bedürftigen Verwandten, die ein behindertes Kind versorgen musste. Nach dem angeblichen Putsch von 2016 strich die türkische Regierung seine Rente.[36] 2015 musste er aus Sicherheitsgründen sein ehemaliges Wohngebäude verlassen und in ein neues Gebäude umziehen, das auf dem Stiftungsgelände errichtet wurde.

Gülen äußerte sich auch nach seinem Umzug in die USA weiterhin in den Medien. Am 1. Dezember 2001 fing er zudem an, auf der Webseite www.herkul.org unter dem Namen „Kırık Testi" (Zerbrochener Krug)[37] Online-*Sohbets* zu veröffentlichen.

---

36 Siehe: http://zamanamerika.com/haberler/gundem/hocaefendinin-ikamet-ettigi-vakif-arazisinde-hicbir-sahsin-hissesi-yok.

37 Dieser Name ist eine Anspielung auf eine berühmte Geschichte des großen Sufi Mewlana Dschelaleddin Rumi: Es gab in Bagdad einen Sultan, der sowohl über die Körper als auch über die Seelen herrschte. Sein reiches Volk liebte ihn dermaßen, dass es ihm jeden Tag Geschenke überbrachte. Ein armer Mann wollte den Sultan ebenfalls besuchen und ihm etwas schenken. Da er aber sehr arm war, konnte er außer einem zerbrochenen Krug, den er mit dem besten Wasser aus dem Fluss seines Dorfes füllte, nichts zum Schenken finden. Die Menschen sahen ihn mit seinem zerbrochenen Krug und machten sich über ihn lustig: „Wusstest du nicht, dass der Sultan an der Quelle dieses Wassers sitzt und der Fluss in deinem Dorf von dieser Quelle stammt? Alles gehört ihm." Der arme Mann war enttäuscht, erwiderte dann aber: „Auch wenn ich nichts habe, was ich dem Sultan schenken könnte, habe ich doch ein Herz, das mit der Liebe zu ihm erfüllt ist, um sein Vermögen an ihn als Geschenk zu geben." So ging er mit seinem zerbrochenen Krug zum Sultan, und das Verhalten dieses armen Mannes

Amerikanische Hochschulen fingen an, Interesse an seiner Person und seinen Idealen zu zeigen und in Kooperation mit Dialogvereinigungen seiner Anhänger Konferenzen zu organisieren. Im Frühjahr 2001 tagte eine internationale Konferenz an der Georgetown-Universität in Washington mit TeilnehmerInnen aus den Sozialwissenschaften. Auf der anderen Seite waren gesundheitliche Probleme und rechtliche Fragen zu bewältigen. Im Jahre 2002 musste Gülen wegen einer Herzkrankheit stationär behandelt werden. 2002 und 2003 liefen in der Türkei in Abwesenheit Strafprozesse gegen ihn.[38] 2004 wurde er erneut am Herzen operiert und bekam einen Stent gesetzt. In den Jahren 2004–2008 lebte er zurückgezogen im Retreat-Zentrum. Am 12. November 2008 beschloss das Berufungsgericht *(Yargıtay)* die Einstellung des Verfahrens in der Türkei gegen ihn und bestätigte damit ein Urteil des Staatssicherheitsgerichts.

Am 11. Oktober 2010 votierte Gülen bei dem Referendum in der Türkei, in welchem über wichtige Verfassungsänderungen abgestimmt werden sollte, für Ja. Die Regierung Erdoğan versprach eine zivile Verfassung, deren Rahmenbedingungen durch die Beteiligung verschiedener Minderheiten in der Türkei und Rücksichtnahme auf deren Wünsche geschaffen werden sollten. Die Regierung hielt ihr Versprechen nicht ein. Nachdem Erdoğan als Sieger aus der Abstimmung hervorgegangen war, festigte er seine Macht im Staatsapparat weiter.

---

gefiel dem Sultan so sehr, dass er seinem Diener befahl, den zerbrochenen Krug mit Gold zu füllen und dem armen Mann zurückzugeben. Fethullah Gülen vergleicht somit die Online-Sohbets mit dem zerbrochenen Krug dieses armen Mannes – als unvollständige, aber wohlwollende Geschenke, mit denen man besondere Gnadengaben des Schöpfers erlangen kann.

38 Für eine ausführliche Diskussion über das Gerichtsverfahren gegen Gülen siehe: Harrington, James C., *(Un)abhängige Justiz: Die Gerichtsverfahren um Fethullah Gülen im Zuge der Demokratisierung der Türkei*, Frankfurt am Main 2012.

Es bestanden seit 2006/2007 bereits Spannungen zwischen der Regierungspartei und den Freiwilligen der Bewegung, die aber nicht in die Öffentlichkeit getragen wurden. Die Freiwilligen in der Bewegung konnten sich mit ihren Vorschlägen zu den Themen Bildung, Dialog und korruptionsfreie Wirtschaft zu wenig Gehör verschaffen und waren daher unzufrieden. Die zivilgesellschaftliche Unterstützung der sogenannten Mehrheitspartei AKP seit ihrem Wahlsieg 2002 erfolgte aufgrund des Wertekatalogs der Bewegung, der u. a. auf die Etablierung der zivilen Demokratie in der Türkei und Befreiung von der Aufsicht der Armee über zivile Gemeinschaften und die Regierung zielte. Im Jahre 2013 waren nicht nur die Freiwilligen der Bewegung, sondern auch die breite Masse der Bevölkerung in der Türkei mit dem sich entwickelnden Ein-Mann-Regime unzufrieden. Infolgedessen kam es zu den Gezi-Park-Protesten. Am 6. Juni 2013 sprach sich Gülen gegen die brutale Aktion der türkischen Regierung gegenüber den Demonstranten aus. Die Regierungspartei nahm diese Äußerungen zum Anlass, nicht mehr nur geheim, sondern auch öffentlich gegen die Gülen-Bewegung vorzugehen. Sie begann mit der Schließung Gülen-naher Nachhilfeeinrichtungen, dann enteignete man die Gülen-nahe Asya Bank. Derartige Übergriffe weiteten sich Schritt für Schritt auf alle Einrichtungen der Gülen-Bewegung – vom Verlagswesen bis hin zu den Lesesälen und Universitäten sowie den Gymnasien – aus.

Zudem konfiszierte die Regierung im März 2016 die auflagenstärkste Zeitung der Türkei, *Zaman*, und stellte gegen alle ihre JournalistInnen und KolumnistInnen Haftbefehle aus. Einige konnten sich jedoch der Verhaftung entziehen. Der Gülen-nahe Fernseher Samanyolu wurde ebenfalls enteignet. Die

Regierung erklärte offensichtlich sämtlichen Sympathisanten der Bewegung den Krieg.

Gülen äußerte sich als verantwortungsbewusster Bürger im Rahmen seiner demokratischen Rechte und Freiheiten, um gegen das Unrecht vorzugehen. Er äußerte sich in vielen nationalen und internationalen Medien und betonte, dass das, was die Regierung mache, nicht mit einer Demokratie vereinbar sei. Währenddessen setzten sich die Freiwilligen der Bewegung in der Türkei auf friedlichen Demonstrationen für die zu Unrecht verhafteten Journalisten und Polizisten ein.

In der Nacht vom 15. auf den 16 Juli 2016 ereignete sich ein Putschversuch, der angeblich darauf abzielte, Erdoğans Regime zu entmachten. Die Regierung bezichtigte Gülen, er sei der Drahtzieher des sogenannten Putsches. Gülen wies diese Unterstellungen vehement zurück und erklärte, dass der sogenannte Putsch von Erdoğan selbst inszeniert worden sei, um seine zivilen Widersacher mundtot zu machen. Gleich am nächsten Tag fing die Regierung mit Entlassungen und Verhaftungen an. Ab dem 16. Juli wurden 4 463 Richter und Staatsanwälte verhaftet, 8 693 Professorinnen und Professoren entlassen, 305 Journalisten verhaftet. 3 003 Gymnasien wurden geschlossen, 127 794 Menschen aus dem Staatsdienst entlassen. 60 002 Menschen verhaftet – unter ihnen 18 000 Frauen und 668 Kinder bis zehn Jahren.[39]

Die Regierung begnügte sich nicht damit. Sie erklärte – schon durch einen Kabinettsbeschluss vom 30. Mai 2016 – eine weltweit als islamisch fundierte, zivile Bildungsbewegung anerkannte Gruppe von Menschen zu einer Terrororganisation.

39 Siehe: https://turkeypurge.com.

Die Regierung in Ankara setzte es sich zum Ziel, auch für eine Schließung der Hizmet-nahen Einrichtungen im Ausland – in ca. 160 Ländern – zu sorgen. Weder unter den verhafteten noch den zu zivilem Tod verurteilten Anhängern der Bewegung ging ein einziger Vorfall von Gewalt aus. Sie alle versuchten – und versuchen weiterhin, vor allem vor dem Europäischen Gerichtshof für Menschenrechte in Straßburg –, ihrem Recht mit demokratischen und rechtsstaatlichen Mitteln Geltung zu verschaffen.[40] Allerdings entwickelte sich die Situation immer mehr in die Gegenrichtung. Zehntausende verließen die Türkei und suchten ein menschenwürdiges Leben im Ausland. Von 2014 bis heute erlebt die Hizmet-Bewegung ein bis dato in der Türkei noch nie dagewesenes Ausmaß staatlicher Gewalt durch Propaganda, Repression und Unterdrückung. Aber auch weite Teile der Zivilgesellschaft und der Medien leiden unter den andauernden Menschenrechtsverletzungen.[41]

Gülen rief auch in dieser Situation alle Betroffenen zur Gewaltfreiheit auf. Fast alle seine Verwandten in der Türkei wurden unterdessen allein aufgrund ihrer Verwandtschaft verhaftet. Die Paranoia ging so weit, dass man Menschen verhaftete, weil sie ein T-Shirt anzogen, auf dem das englische Wort „Hero" stand. Dies sei angeblich eine Abkürzung für „Hoca-Efendi'den (Allah) Razı Olsun" (Gott möge zufrieden mit dem Lehrmeister sein). Man hat sogar Menschen verhaftet, auf deren Kfz-Kennzeichen

40 Diese Haltung beschränkt sich nicht nur auf Gülen selbst, sondern manifestiert sich auch in der gewaltfreien Haltung der Menschen in der Hizmet-Bewegung – vor allem in sehr extremen Situationen, in denen Menschrechte und -freiheiten missachtet werden. Diese Tatsachse zeigt, dass die Botschaft Gülens eines absolut gewaltfreien Aktivismus bei der Hizmet-Bewegung angekommen ist. Somit handelt es sie hierbei nicht um eine Theorie, sondern um ausgelebte Praxis im Alltag.

41 Vgl. http://kontrollierter-putsch.org/

sich die Buchstabenkombination „FG“ befand, und zog diese Kennzeichen aus dem Verkehr. Gülen äußerte sich zum Thema der Unterdrückung und zur Notwendigkeit einer Etablierung der Demokratie auf der ganzen Welt. Er missbilligte und verurteilte den Terror aufs Schärfste. Er schrieb und gab Interviews in Zeitungen und für das Fernsehen, u. a. für *Le Monde* und die *New York Times*, für das *Wall Street Journal*, für *Asharq al-Awsat*, die kurdische Zeitung *Rudaw, La Repubblica*, den *BBC*, die *Zeit*, das *ZDF*, die *Frankfurter Allgemeine Zeitung*. Auszüge aus diesen Interviews finden sich in diesem Buch.

Einführung in die Gedanken- und Aktionswelt von Fethullah Gülen

Gülen ist im Vergleich zu anderen Menschen, die die Medrese absolviert haben, im wahrsten Sinne des Wortes ein „Freigeist“. Obwohl er sich in einem sozialen Umfeld befand, das sich beinahe ausschließlich um islamische Wissenschaft und Spiritualität drehte, studierte er von Anbeginn an nicht nur islamische Wissenschafts- und Literaturgebiete. Er befasste sich mit allen ihm zur Verfügung stehenden Werken der kulturell bedeutenden Literatur von Naturwissenschaften über griechische Mythologie bis hin zu abendländischer Philosophie.

„In Gülens Büchern, Artikeln, Reden und Predigten sowie auch in den Interviews mit ihm wird deutlich, dass er die Arbeiten östlicher Denker wie Rumi, Sadi, Hafiz, Molla Dschami, Firdawsi und Anwari studiert hat, sich aber auch mit Shakespeare, Balzac, Voltaire, Rousseau, Kant, Zola, Goethe, Camus und Sartre gut auskennt; dass er Bertrand Russell, Puschkin, Tolstoi und viele andere gelesen hat; dass er auf eine Vielzahl von Quellen Bezug nimmt, beispielsweise auf Bacons Methode und Russells formale Logik; und dass er sich mit den Werken von wichtigen Eckpfeilern des westlichen Denkens und kulturellen Lebens wie Pascal, Hegel und Dante auseinandergesetzt hat. Gleichzeitig hat er sich eingehend mit den Arbeiten von bedeutenden Persönlichkeiten der klassischen türkischen Literatur beschäftigt, so zum Beispiel mit Fuzuli, Baki, Nef'i, Scheich Galip und Leyla Hanım, sowie mit modernen Autoren und Dichtern wie Namık Kemal, Şinasi, Tevfik Fikret, Mehmet Akif Ersoy, Yahya Kemal, Necip Fazıl, Nureddin Topçu, Cemil Meriç und Sezai Karakoç."[42]

Besonders hervorzuheben unter den abendländischen Philosophen und Denkern, die Gülen zitiert, sind Sokrates, Platon, Epiktet, Blaise Pascal, Spinoza, Immanuel Kant, Johann Wolfgang von Goethe, Georg Wilhelm Friedrich Hegel, Henri Bergson, Alexis Carrel, Albert Einstein, Stefan Zweig.

Die Systematik in Gülens Predigten, Sohbets und Schriften

Um einen möglichst objektiven Zugang zu seiner Gedankenwelt zu schaffen, werde ich versuchen, Gülens Aufsätze, Bücher, Predigten und *Sohbets* zu kategorisieren. Man kann sie nach selbstverschriftlichten Werken, transkribierten Werken und Interviews unterteilen.[43] Im Hinblick auf die Publikationsform können sie wiederum als Audio-Publikationen, Video-Publikationen und schriftliche Publikationen kategorisiert werden.[44] Viele Gülen-Forscher laufen Gefahr, seine Gedankenwelt

42 Çapan, Ergün, Gülens Lehrmethoden in seinem privaten Studienkreis, in: *Aus der Wissenswelt eines Intellektuellen – Fethullah Gülen*, Frankfurt am Main 2012.

43 Für ausführliche Informationen siehe: Cakir, Yasin, *Die Werke des muslimischen Denkers Fethullah Gülen. Eine strukturelle und inhaltliche Analyse.*

44 Vgl. den Anhang der Dissertation von Akdag, Muhammed Mustafa, *Der*

lediglich über die schriftlichen Publikationen zu erschließen. Daraus resultiert ein lückenhaftes und unsystematisches Bild seiner Gedankenwelt.

Gülens erstes Werk, welches unmittelbar aus seiner Feder stammt, ist *Kriterien oder Lichter auf dem Weg*. Es beinhaltet Aphorismen und Lebensweisheiten des jungen Gülen, die er sich nach seinen Lektüren notierte. Seine Aphorismen wurden erst später in der *Sızıntı* veröffentlicht und dann in einer selbstständigen Leseausgabe herausgegeben. Das Büchlein wurde in Form von Nietzsches *Ecce homo* geschrieben. Er unterteilt seine Aphorismen in vier Abschnitte:

a. Aus der Sicht der Weisheit: Themen wie Wissen, Wissenschaft, kritisches Denken, Natur, Zivilisation, Entwicklung, Freiheit, Religion, Koran, Muhammed, Sufismus, Kunst, Literatur, Philosophie und Liebe.

b. Der Mensch und sein Verhalten: Themen wie Menschsein, Menschlichkeit, Respekt für den Menschen, Toleranz und positiver Blick, Bescheidenheit, Reue, Gottesliebe, Angst und Hoffnung, Einsamkeit, Unwissen, Habgier, Lüsternheit, Lachen und Weinen.

c. Gesellschaftsethik: Themen wie Gesellschaft, Jugend, Ehe und Familie, Scheidung, Eltern, Kinderrechte, Erziehung, Beratschlagung, Wahrheit und Billigkeit, Recht und Gerechtigkeit, Republik, Politik, Wirtschaft und Sprache.

d. Aktionsperspektive: Themen wie Dienst an der Menschheit, Mensch des Dienstes, Avantgarden der Liebe, Planung, Fremdlinge, Geduld und Aufsicht sowie Dialog.[45]

Mensch des Dienstes bei Fethullah Gülen: Nachfolger des „vollkommenen Menschen" nach der islamischen Mystik?, Peter Lang, 2013.

45 Vgl. Gülen, Fethullah, *Ölçü veya Yoldaki Işıklar*, Izmir 2011 und Cakir, Ya-

Publikationen über Glauben und Religion

Wenn man sich die ersten Audio-Publikationen Gülens anhört, stellt man fest, dass er drei der wichtigsten Gebiete der Religion abzudecken versuchte: Glaube, Verantwortung und Handlung. Es ist kein Zufall, dass Gülen in seinen jungen Jahren seine ganze Energie für die Etablierung der Glaubenswahrheiten eingesetzt hat. Die ersten Video-Publikationen behandeln Themen wie die Existenz Gottes und der Engel[46], die Authentizität der heiligen Schriften[47], die Vorbildhaftigkeit der Propheten[48] sowie Themen wie das Leben nach dem Tod[49], die Auferstehung, das Jenseits und die Vorsehung Gottes[50]. Weil diese Themen in den Werken von Nursi bereits lang und breit behandelt wurden, bezieht er sich auf dieses Erbe; jedoch bleibt er nicht auf dieser Ebene, sondern plädiert für eine soziale Verantwortung. Anders als Nursi behandelt er nicht nur die Glaubensgrundsätze, sondern auch die Pfeiler des Islams, u. a. das Gebet[51], Fasten[52], Pilgerfahrt[53] und *Zekat* (läuternde Pflichtabgabe)[54] sowie die ethischen Ausstattungen[55] des „idealen bzw. universalen Menschen" *(el-insan el-kamil)*.[56]

---

sin, *Die Werke des muslimischen Denkers Fethullah Gülen. Eine strukturelle und inhaltliche Analyse*, S. 7.

46 *Melekût Âlemi* (20 Kassetten).

47 *Kur'an'dan İdrake Yansıyanlar, Kur'an'ın Altın İkliminde.*

48 *Nübüvvet* (7 Kassetten), *Sonsuz Nur* (Audio-Buch, 3 Audio-CDs).

49 *Ölüm Ötesi Hayat* (20 Kassetten).

50 *Kader* (5 Kassetten).

51 *Namaz* (20 Kassetten).

52 *Oruç* (8 Kassetten).

53 *Hac* (5 Kassetten).

54 https://fgulen.com/tr/ses-ve-video/fethullah-gulen-hitabet/1366-zekat-vaazlari/26376-zekat-vaazi-1.

55 *Gönül Dünyamızdan* (10 Kassetten), *Işığa Doğru* (10 Kassetten).

56 Ein Sufi-Konzept, das sowohl bei den sunnitischen Sufis als auch bei den Alewiten und Bektaschis maßgebliche Bedeutung hat. Sie sprechen von einem vollkommenen Menschen, der sich durch Gotteserkenntnis und

Korankommentierung

Der zweimalige Versuch Gülens, einen umfassenden Korankommentar zu verfassen, scheiterte, weil er seine Zuhörer bzw. Leser von der Sache überfordert sah. Der erste Korankommentar, der aus seiner Feder stammt, behandelt die Eröffnungssure Fatiha: *Fatiha Üzerine Mülahazalar* (Reflexionen über die Sure al-Fatiha). Sein Unterricht aus den Jahren 1974 bis 1977 über die Unnachahmlichkeit des Korans anhand der zweiten Sure des Korans, el-Baqara, wurde erst nach 40 Jahren transkribiert. Das Werk ist ziemlich kompliziert und für Laien fast unzugänglich. Es gibt noch zwei weitere transkribierte Werke von Gülen über den Koran: *Kuran'dan İdrake Yansıyanlar* (Reflexionen des Korans im Spiegel der Vernunft) und *Kuran'ın Altın İkliminde* (In der goldenen Atmosphäre des Korans). Diese zwei Bücher sind im Vergleich zu den beiden erstgenannten leichter verständlich. Gülen zufolge sollte ein idealer Korankommentar nicht von Einzelpersonen verfasst werden, sondern von einem Gremium, dessen Mitglieder Spezialisten in verschiedenen natur- und geisteswissenschaftlichen sowie theologischen Wissenschaftszweigen sind.

Sufismus

Gülen schrieb ein vierbändiges Werk über die Schlüsselkonzepte des Sufismus. Diese Bücher behandeln hinsichtlich des Glaubens und Handelns den spirituellen Teil des Islams. *Smaragdgrüne Hügel des Herzens* kann als eines der wichtigsten Werke von Fethullah Gülen betrachtet werden, da seine späteren Schriften in gewisser Weise die Themen dieses Werkes detaillieren.

Dienst am Menschen vervollkommnet und zum idealen Vorbild wird.

Gebetsbücher

Gülen ist ein unermüdlicher Gottesdiener. Seine Bittgebete veröffentlichte er unter dem Titel *Bir Kırık Dilekçe* (Eine unvollständige Bitte). Seine Redaktionsarbeit an dem dreibändigen Bittgebetsbuch von Ziyauddin Gümüşhanevi – ein bekannter Sufi und Hadith-Gelehrter des 19. Jahrhunderts – ist äußerst wichtig. Er hat sich die Mühe gemacht, all diese Bittgebete nach ihrer Authentizität, Chronologie und Gewichtigkeit neu zusammenzustellen, und veröffentlichte sie unter dem Namen *Qulub ad-Dari'a* (Die flehenden Herzen).[57] Zuletzt erschien ein *Tevhidname* (Bittgebet der Einheit) genanntes inbrünstiges Bittgebet *(munadschaat)* von ihm, in dem er Gott aufgrund der Unterdrückung seiner Bewegung um Hilfe bittet.

Pädagogik und Erziehung

Çekirdekten Çınara (Vom Samenkorn zur Platane): Dieses Buch beinhaltet pädagogische Empfehlungen zur Erziehung von Kindern und zum familiären Zusammenleben.

Gülen hat in den ersten Jahren seiner Lehrtätigkeit ein Lehrbuch über die arabische Sprache verfasst. Dieses wurde in fünf Bänden unter dem Titel *et-Tekellum* auf Arabisch publiziert.[58]

Gesellschaftsphilosophische und kulturell-ethische Bücher

In den 1980er Jahren bildete sich auch eine Gruppe von Menschen heraus, die sich um die Gedanken von Gülen herum

---

57 Vgl. Cakir, Yasin, *Die Werke des muslimischen Denkers Fethullah Gülen. Eine strukturelle und inhaltliche Analyse*, S. 8.

58 *Tekellüm 1–5* (Arapça Öğretim Seti).

zusammengetan hatten. Seine gesellschaftsphilosophischen und kulturell-ethischen Bücher und Artikel haben in erste Linie dieses Publikum als Zielgruppe. Sie wurden aber in einer allgemein zugänglichen, säkularen Sprache verfasst. In diesen Schriften spricht Gülen nicht als Prediger oder Gelehrter, sondern als ein öffentlicher Intellektueller, der Antworten zu gesellschaftlichen, kulturellen und ethischen Themen gibt.

Den seit den 1980er Jahren in seinen Leitartikeln für die Zeitschrift *Sızıntı* vertretenen holistischen Ansatz von Gott, Mensch und Universum setzt Gülen in seinem Werk *Kriterien* fort und beginnt diesmal, seine Ausführungen auch in einer säkularen Sprache zum Ausdruck zu bringen. Sie wurden detaillierter unter dem Titel *Çağ ve Nesil 1–9* (Das Zeitalter und die Generation) als Buch veröffentlicht.[59] Seine Leitartikel in der Zeitschrift *Yeni Ümit* (Neue Hoffnung) – eine zweimonatliche theologische Zeitschrift – wurden unter dem Namen *Ruhumuzun Heykelini Dikerken 1–2* (Die Statue unserer Seele) veröffentlicht. Allerdings wurde der zweite Band dieser Serie noch nicht veröffentlicht. Die Leitartikel der Literatur-Zeitschrift *Yağmur* wurden unter dem Titel *Beyan* (Das gesprochene Wort) zum Teil ins Deutsche übertragen. Gülen widmete viele dieser Schriften den Themen Menschenrechte und Freiheiten, Islam und Demokratie, Frau und ihre Stellung, Bildung und ihre Bedeutsamkeit, Liebe und Respekt gegenüber Menschen und Gedanken, Gewaltfreiheit und Friedenspädagogik.

Eines seiner wichtigsten Bücher in diesem Zusammenhang ist das Werk *Hin zur einer globalen Kultur der Liebe und Toleranz.* Da Prof. Dr. Christoph Bultmann dieses Werk schon im Geleitwort angesprochen hat, überlasse ich ihm das Wort.

---

59 Siehe: Cakir, Yasin, *Die Werke des muslimischen Denkers Fethullah Gülen, eine strukturelle und inhaltliche Analyse*, S. 8.

Dichtung

Gülen dichtet seit seiner Kindheit. Seine Gedichtsammlung wurde in dem Band *Kırık Mızrap* (Der zerbrochene Violinbogen)[60] veröffentlicht. Sein Dichtungsstil weist einen Mischcharakter von Sufi-Dichtung und moderner türkischer Dichtung auf. Einige seiner Gedichte sind von Yahya Kemal und Necip Fazıl Kısakürek inspiriert. Der Unterschied der Dichtkunst des Lehrmeisters zu der modernen Dichtung besteht darin, dass er dem Inhalt größere Bedeutung beimisst als dem Stil. Wenn er sich zwischen einem von beidem entscheiden muss, dann präferiert er zumeist den Inhalt. Für ihn ist die Dichtkunst der poetische Ausdruck der verborgenen Schönheit und Symmetrie des Universums. Sie ist der herzergreifende lächelnde Blick empfindsamer inspirierter Menschen auf das Sein. Zu diesen Menschen zählen jene, deren Herzen zu Tintenfässern geworden sind und deren Tinte der Atem des Heiligen Geistes ist.[61]

Vorworte und Aufsätze

Des Weiteren schrieb Gülen zahlreiche Vorworte für Bücher zu verschiedenen Wissenschaftsgebieten: Biologie, Wis-

---

60 *Kırık Mızrap* (Das zerbrochene Plektron). In der Sufi-Tradition werden spirituelle Gefühle, Einsichten und Inspirationen in Gedichten mittels metaphorischer Gleichnisse gedeutet. Auch Gülen bringt seine Gefühle, Gedanken und Erwartungen in Dichtungen zur Sprache. In diesem Buch wurden seine gesammelten Dichtungen veröffentlicht. Siehe Cakir, Yasin, *Die Werke des muslimischen Denkers Fethullah Gülen. Eine strukturelle und inhaltliche Analyse*, S. 8. Vermutlich ist der Titel eine Anspielung auf die berühmte Gedichtsammlung des säkularen osmanischen Dichters Tevfik Fikret, *Rubab-i Şikeste* (Die zerbrochene Violine). Eine leise Kritik an Tevfik Fikret: Nicht die Violine, sondern der Bogen ist kaputt, weshalb keine schöne Melodien mehr gespielt werden können. In diesem Zusammenhang könnte man den Titel des Buches *Kırık Mızrap* auch mit „Der zerbrochene Violinbogen“ übersetzen.

61 Siehe Gülen, Fethullah, *Perlen der Weisheit*, Frankfurt am Main 2009, S. 78.

senschaftsphilosophie, soziale Gerechtigkeit, Arbeiterrecht, Wirtschaftsethik und Philosophie. Bis heute wurden vom Lehrmeister in der türkischen Sprache 63 Werke (insg. über 70 Bände) veröffentlicht, deren Umfang ungefähr 25 000 Seiten ausmacht. Aus dem Keim der *Kriterien oder Lichter auf dem Weg* spross ein gewaltiger Schriftenbaum, dessen Äste und Blätter das ganze Leben thematisch abdecken.[62]

Leitlinien

Es würde den Rahmen dieser Einleitung sprengen, Gülens Existenz als Imam, Prediger, Lehrer, Lehrmeister, Intellektueller, Weltbürger und gesellschaftlicher Aktivist ausführlich in all ihren Facetten zu veranschaulichen. Deshalb werden wir hier nur ein Paar Grundgedanken und Leitlinien seines Wirkens sowie seiner Person darzustellen versuchen. Damit verzichte ich im gegenwärtigen Kontext auf eine Diskussion seiner Theologie[63], Philosophie oder Ethik und werde lediglich auf ein paar wichtige Grundbegriffe seiner Lehre hinweisen:

1. Attribute der individuellen Vervollkommnung
2. Die Ziele des zivilgesellschaftlichen Engagements
3. Die Mittel des zivilgesellschaftlichen Engagements

---

62 Für eine umfassende Bibliographie Gülens siehe: https://tr.wikipedia.org/wiki/Fethullah_Gülen_bibliyografyası.

63 Gülen pflegte von Kindheit an die islamischen Wissenschaften unter Berücksichtigung der Sufi-Literatur sowie der Natur- und Geisteswissenschaften zu lesen. Diese Haltung prägte auch seinen Lehrkreis: So verteilt er noch heute Bücher jeglicher Art unter seinen Studenten, damit sie diese zusammenfassen und während des Morgenunterrichts diskutieren können.

1. Attribute der individuellen Vervollkommnung

Bündnis von Herz und Vernunft: Gülens Rezeption der Wissenschaft und Religion

Gülen beschreibt zuallererst das Phänomen Religion und vergleicht seine Beschreibung dann mit der Deutung von Religion durch Max Müller, durch Immanuel Kant oder durch Klaus Michael Meyer-Abich. Dabei kommt er zu der Auffassung, dass der Zusammenprall von Religion und Wissenschaft erst dem mittelalterlichen Abendland eigen ist. Bei den Griechen und Ägyptern, in Mesopotamien, Indien und dem China der Antike könne man keine Spuren dieser Spannung erkennen. Wie man der Sanskrit-Literatur entnehmen könne, wurden in diesen Welten Astronomie, Astrologie und Mathematik bis hin zu Kosmologie im Zusammenhang von Wissenschaft, Religion und Zauberei behandelt. In China setzte sich mit dem Konfuzianismus eine Weltanschauung durch, die weniger Religion als ethische Lehre war, weshalb sie mit der chinesischen Wissenschaft nicht konkurrieren konnte. In Ägypten und Mesopotamien besaß die Religion den Charakter mythologischer Rhetorik. Obwohl diese Kulturen auf einigen Wissensgebieten fortschrittlich waren, war ihre Wissenschaft weder empirisch noch rational zu definieren. Die griechische Wissenschaft beruhte auf der ägyptischen und mesopotamischen, mit einem Unterschied soziologischer Natur: Die Griechen der Antike waren im Gegensatz zur mesopotamischen Gesellschaft individualistisch geprägt, weshalb sich in der griechischen Gesellschaft keine geschlossene soziale Schicht der Geistlichen etablierte. Die Griechen waren ähnlich wie die vorislamischen Araber eine Gesellschaft unabhängiger Dichter und Denker, sodass es zu keiner Spannung zwischen Religion und Philosophie bzw. Wissenschaft kam. Ähnlich verhielt es sich bei den Israeliten, denn das Judentum legte großen Wert auf das tägliche Leben sowie die weltlichen Ideale, nicht zuletzt das Ideal der Gerechtigkeit, und fand selbst unter den schwierigsten Umständen ganz praktische irdische Lösungen. Und auch in der Zeit des Messias, seiner Apostel und der ersten Kirchenväter hat es noch keine Spannung zwischen Wissenschaft und Religion gegeben.[64]

In seinem Aufsatz „Wissenschaft und Religion aus einer neuen Perspektive" behandelt Gülen sämtliche philosophischen, religiösen und wissenschaftlichen Entwicklungen in einem weitgespannten Überblick von den Gnostikern über Kepler, Newton, Galileo, Descartes, Spinoza, Luther, Calvin, Locke, Voltaire, d'Alembert, Diderot und Montesquieu bis hin zu Comte, Lamarck und Darwin. Er kommt zu einem ähnlichen Ergebnis wie Bediuzzaman Said Nursi und Albert Einstein: „Wissenschaft ohne Religion ist blind, Religion ohne Wissenschaft ist lahm." Das Studium des heiligen Buches Koran sowie das Studium des Buches der Natur seien vonnöten, um sich einen holistischen Blick auf die Beziehung zwischen dem Schöpfer, dem Menschen und dem Universum zu verschaffen.[65]

Bildung als ein Weg zu Freiheit und Mündigkeit

„Wenn wir die Samenkörner der Liebe nicht in die Herzen jener jungen Generationen einpflanzen, die wir durch Wis-

64 Vgl. https://fgulen.com/tr/fethullah-gulenin-butun-eserleri/diger/fethullah-gulenin-takdim-yazilari/14611-Fethullah-Gulen-Yeni-Bir-Bakis-Acisiyla-Ilim-ve-Din.

65 Vgl. https://fgulen.com/tr/fethullah-gulenin-butun-eserleri/diger/fethullah-gulenin-takdim-yazilari/14611-Fethullah-Gulen-Yeni-Bir-Bakis-Acisiyla-Ilim-ve-Din und http://www.zitate-online.de/sprueche/wissenschaftler/1682/wissenschaft-ohne-religion-ist-lahm-religion.html. Der Lehrkreis Gülens hingegen besteht überwiegend aus Theologen, weshalb das Konzept vom „Bündnis von Herz und Vernunft" in Gefahr steht zu scheitern. Sollte dieser Lehrkreis nicht durch Menschen aus den Natur- und Geisteswissenschaften bereichert werden, kann es im Laufe der Zeit dazu kommen, dass in derselben Bewegung zwei Fronten entstehen, die nicht in der Lage sein werden, sich mit der jeweils anderen zu verständigen.

senschaft, Bildung und moderne Kultur wiederzubeleben versuchen, werden diese niemals Vollkommenheit erlangen und niemals vollständig frei von der Verlockung sinnlicher Gelüste werden."[66]

Gülen spricht stets von einer konstruktiven Selbstkritik *(muhasebe)* und Selbstreflexion *(murakabe)*, sowohl im Bildungswesen als auch im ethischen Handeln.[67]

Liebe, Respekt und Toleranz als Weg zur menschlichen Vervollkommnung

Gülen schreibt in den *Kriterien*: „Die Liebe ist der direkteste und sicherste Weg zur menschlichen Vervollkommnung."[68] Nur Menschen, die vor Liebe überfließen, werden zum Aufbau der glücklichen und aufgeklärten Welt der Zukunft beitragen.[69]

---

66 Gülen, Fethullah, *Perlen der Weisheit*, Frankfurt am Main 2009, S. 26.

67 Gülen verinnerlichte den Gedanken der konstruktiven Kritik – blinde Nachahmung dagegen betrachtet er als seinen Erzfeind. Wie Max Weber in seiner Protestantischen Ethik feststellt, waren „eine auffallend große Zahl der ernstesten Bekenner des Pietismus kaufmännischer Abstammung". Siehe: http://www.wsp-kultur.uni-bremen.de/summerschool/download%20ss%202006/Max%20Weber%20-%20Die%20protestantische%20Ethik.pdf. Diese Art von Sozialisierung trifft gemeinhin auf die Multiplikatoren der Urgemeinde des Islams zu. Was aber die Gülen- bzw. Hizmet-Bewegung anbelangt, war dies nicht das dominante Gesicht der Bewegung. Gülen selbst hat wie Nursi seinen Ursprung im klassischen Gelehrtentum und stammt aus einer bescheidenen sozialen Schicht. Der Unterschied von Gülen zu Nursi besteht in erster Linie darin, dass Gülen die religiös-spirituellen *Sohbet*-Kreise auch für die Verwirklichung der säkularen Bildungsprojekte gewinnen konnte. Dabei baute er auf die im Islam vorhandenen Wirtschaftsdynamiken, die einen bildungs- und wirtschaftsbezogenen Schwung ermöglichen konnten. Die von Nursi definierten drei Erzfeinde der Muslime (Unwissen, Zwietracht und Armut) können, so Gülen, nur mit entsprechenden Mitteln bekämpft werden.

68 Siehe Gülen, Fethullah, *Perlen der Weisheit*, Frankfurt am Main 2009, S. 24.

69 Siehe Gülen, Fethullah, *Perlen der Weisheit*, Frankfurt am Main 2009, S. 119.

In den *Kriterien* sagt er zudem: „Sei so tolerant, dass dein Herz so weit wie der Ozean wird. Lasse dich vom Glauben und von der Liebe zu den Menschen inspirieren. Sorge dafür, dass kein Mensch mit Problemen dir vergeblich seine Hand entgegenstreckt. Bleibe niemandem gegenüber gleichgültig.“[70] Denn ohne Liebe ist es unmöglich, den Dienst an der Menschheit auszuüben.[71]

Leben, sodass andere belebt werden können *(Yaşatma İdeali)*

Ein von Gülen sehr oft verwendeter Begriff ist „Leben, sodass andere leben [bzw. belebt werden] können“ *(vivere pro aliis)*.[72] Wer die Menschen wahrhaft liebt, arbeitet im Dienste der Menschen und führt ein Leben, das sich zum Ziel gesetzt hat, nicht für sich selbst, sondern für andere zu leben. Die Belebungsphilosophie Gülens umfasst jeden Aspekt des Lebens und bildet einen Gegenpol zur politisierten Religion. Wer sein Leben nicht für das Wohl anderer einsetzt, kann nicht von wahrer Menschenliebe sprechen.

2. Die Ziele des zivilgesellschaftlichen Engagements

Gottes Wohlwollen im Dienst an der Menschheit *(İnsanlığa Hizmet)* suchen

Gülen schreibt in den *Kriterien*, dass das unverzichtbare Ideal seines Daseins, der Dienst an der Menschheit für Gottes

70 Siehe Gülen, Fethullah, *Perlen der Weisheit*, Frankfurt am Main 2009, S. 85.

71 *„Bir mü'min olarak kâinata 'mehd-i uhuvvet' (kardeşlik beşiği) nazarıyla bakıp, her varlıkla münasebet kurma yolunu araştırmak ve hele mutlak surette, mü'minlere karşı daima mülayim ve difüzyona açık bulunmak çok önemlidir"* (Gülen, Fethullah, *Ölçü veya Yoldaki Işıklar*, S. 207).

72 Siehe: *Die Fontäne*, Nr. 65, Frankfurt am Main 2014, Editorial.

Wohlgefallen, jede triebhafte Begierde und jedes fleischliche Gefühl übertreffe.[73] Ganz im Sinne des Hadithes *„Der beste Mensch ist jener, der den Menschen am nützlichsten ist"* versucht er, Glückseligkeit im Dienst an der Menschheit zu finden. Der Dienst, von dem hier die Rede ist, äußert sich in der religiösen und säkularen Weiterbildung, im Dialog, in der Toleranz und in humanitärer Hilfe sowie dem Engagement für das friedliche Zusammenleben auf der ganzen Welt. Das Motiv dieses Dienstes ist in erster Linie religiöser Natur, nämlich Gottes Wohlwollen zu erreichen.

Das Ziel dieses Dienstes ist Weltfrieden und Sicherheit *(Sulh-u Umumi ve Emniyet)*

Oftmals verwendet Gülen den von Thomas Michel im Hinblick auf das Bildungsengagement der Hizmet-Bewegung geprägten Begriff „Friedensinseln". Der Dienst an der Menschheit soll in erster Linie Gottes Wohlwollen erzielen; dessen Frucht wiederum sind Frieden und Sicherheit auf Erden. Auch in dieser Hinsicht hat er eine besondere Sichtweise auf den Propheten Muhammed. Für ihn ist der Prophet Muhammed die Avantgarde des Friedens sowie der Sicherheit. Die polytheistischen Araber gaben dem Propheten den Beinamen *El-Emin* (der Vertrauenswürdige, der Sichere). Ohne Sicherheit und Vertrauen kann vom Islam und dem Koran keine Rede sein. So führt der Dienst,

73 *„Allah için insanlığa hizmet mefkûremizi, nefsanî ve cismanî her arzunun üstünde tutmak; onu bütün beşerî istek ve iştihalara tercih etmek; yüce mefkûremiz adına en tahammülfersa hâdiseleri göğüsleyerek, gelecek nesillerin saadetine giden yolları açmak; maddî-mânevî bütün hazlardan sıyrılarak, yaşamayı başkalarının mutluluğu içinde ele almak; 'hizmette önde, ücrette arka saflarda bulunma' felsefesiyle makam mansıp mücadelesinden, kelepir sevdasından uzak kalmak, varlığımın vazgeçemeyeceğim gayeleridir"* (Gülen, Fethullah, *Ölçü veya Yoldaki Işıklar*, S. 212).

der aus dem Motiv des Wohlwollens Gottes hervorgeht, im weltlichen Sinne zu Frieden und Sicherheit der Menschen auf der ganzen Welt.

3. Die Mittel des zivilgesellschaftlichen Engagements

Aktive Handlung und Gewaltfreiheit *(Müspet Hareket)* sowie Gedankenaustausch *(Meşveret)*

In der Begrifflichkeit des Lehrmeisters bedeuten positive bzw. aktive Handlungen, von seinem Lebensweg felsenfest überzeugt und mit der daraus entspringenden Liebe erfüllt zu sein, ohne jedoch diejenigen zu hassen, die diesem Weg nicht folgen bzw. die ihn kritisieren.[74] Die Haltung dieses Prinzips im gesellschaftlichen Kontext manifestiert sich als Gewaltlosigkeit und nicht in reaktiven, sondern in aktiven Handlungen sowie in konstruktiver Lebensgestaltung.

Somit rät Gülen von reaktionären Haltungen und Handlungen strikt ab und schlägt eine Methode der anatolischen Humanisten wie Yunus Emre vor: *„Ohne Hände gegen den Schlag, Ohne Zunge gegen den Fluch, Nicht Übel nehmend die Ignoranz.“*[75]

Beratschlagung bzw. Gedankenaustausch ist eine *conditio sine qua non* in der Gedanken- und Aktionswelt Gülens. Im Entscheidungsprozess eines Projektes ist der Gedankenaustausch eine Notwendigkeit. Gülen schreibt in den *Kriterien*: „Entscheidungen, die unüberlegt und ohne vorherigen Gedankenaustausch getroffen wurden, führen in der Regel nicht zum Erfolg.

---

74 *„Müspet hareket, insanın, 'Benim yolum, hizmet metodum güzeldir.' duygu ve düşüncesiyle mesleğinin muhabbetiyle yaşaması ve asla gönlünde başkalarına adavete yer vermemesidir“* (Gülen, Fethullah, *Kendi İklimimiz*, Prizma 5, S. 209–213).

75 Gülen, Fethullah, *Çağ ve Nesil 1*, Izmir 2012, S. 35.

Menschen, die sich nur auf sich selbst verlassen und sich von anderen absondern bzw. deren Ansichten keine Beachtung schenken, laufen - auch wenn sie noch so große Genies sein mögen - eher Gefahr, Fehler zu machen, als jene, die ihre Meinungen zur Diskussion stellen."[76]

Ziviler Islam statt eines politischen Islams

„Ziviler Islam"[77] ist kein gängiger Begriff in unserer Gesellschaft. Gülen selbst verwendet diesen Begriff auch nicht. Allerdings weist er darauf hin, dass die Gülen-Bewegung zutreffend als eine Bewegung der Zivilgesellschaft bezeichnet wird.[78]

Die Grundzüge des zivilen Islams gehen auf den Koran und die Sunna zurück. Der zivile Islam trat aber erst im 9.–11. Jahrhundert in Transoxanien deutlich in Erscheinung; eine islamische Renaissance war die Folge.

Der zivile Islam postuliert im Gegensatz zum politischen Islam folgende Grundwerte:

1. Ziel und Zweck des zivilen Islams ist die Vervollkommnung des Menschen, sodass er Schöpfernähe erlangt. Beim politischen Islam hingegen stehen Staatlichkeit und Herrschaft im Vordergrund.

---

76 Gülen, Fethullah, *Perlen der Weisheit*, Frankfurt am Main 2009, S. 87.

77 Die Bezeichnung „ziviler Islam" kommt in einem Artikel des muslimischen Intellektuellen Ali Bulac vor, in dem er die Position der Gülen-Bewegung hinsichtlich der Rolle ihres Gründers Fethullah Gülen diskutiert: Bulaç, Ali, Ein zeitgemäßer Erneuerer in der Tradition der Ulema: Der intellektuelle Alim Fethullah Gülen, in: Hunt, Robert / Aslandoğan, Yüksel A. (Hrsg.), *Unsere Mitbürger, Muslime in der Postmoderne*, S. 108–146. Der Verfasser dieser Einleitung hingegen postuliert den zivilen Islam nicht nur als einen Gegensatz zum Staatsislam, sondern auch zum gängigen Begriff des politischen Islams.

78 Gülen, Fethullah, *Kırık Testi 2*, S. 104.

2. Der Koran gilt für den zivilen Islam als eine Lebensanweisung. Für den politischen Islam ist er aber eine Staatsverfassung.[79]

3. Der zivile Islam beschäftigt sich mit der Bildung von geistig und spirituell reifen Persönlichkeiten. Der politische Islam beschäftigt sich dagegen mit den Symbolen des Islams und seiner Präsenz in der Öffentlichkeit.

4. Der zivile Islam versteht die Umma (Gemeinschaft der Gläubigen) einschließend (inklusivistisch) und dynamisch. Der politische Islam hingegen betrachtet die Umma ausschließend (exklusivistisch) und statisch.

5. Der zivile Islam befürwortet die *absolute Gerechtigkeit* in der Gesellschaft. Für ihn darf das Recht eines Individuums nicht aufgrund eines vorgeordneten Gemeinwohls der Gesellschaft aufgeopfert werden. Der politische Islam hebt die *relative Gerechtigkeit* hervor, die zumeist die Hegemonie der Mehrheit zulässt. Er lässt sich durch das *Prinzip des geringeren Übels*[80] legitimieren.

6. Der zivile Islam betrachtet diese Welt als Haus des Dienstes *(darul-hidma)* und das Jenseits als Haus der Belohnung *(darul-udjra)*. Dabei kennt der zivile Islam keine territoriale Unterteilung der Welt, wenn es um den Dienst an der Menschheit geht. Der politische Islam hingegen teilt sie in zwei Lager ein: Haus des Friedens *(darul-islam)* und Haus des Krieges *(darul-harb)*. Somit lässt der politische Islam Raum für einen ständigen Kampf zwischen diesen beiden Polen.

---

79 Vgl. Er, Samet, Islamismus als religiöses Phänomen, in: Jan-Friedrich Bruckermann / Karsten Jung (Hrsg.), *Islamismus in der Schule – Handlungsoptionen für Pädagoginnen und Pädagogen*, Vandenhoeck & Ruprecht GmbH & Co. KG, Göttingen 2017, S. 30–40.

80 Wenn man nur zwischen zwei verbotenen Handlungen wählen kann, diejenige präferieren, die den geringeren Schaden zur Folge hätte.

7. Der zivile Islam hat die „positive bzw. konstruktive Handlung" im Fokus. Somit zielt er darauf ab, den Menschen in Körper, Geist und Herz wiederzubeleben. Für ihn steht der folgende Grundsatz des Korans im Mittelpunkt: „Wenn jemand einen Menschen wiederbelebt, dann ist es so, als ob er die gesamte Menschheit wiederbelebt hätte" (Sure El-Maide, 5:32). Der politische Islam hingegen ist zumeist auf Gewalt und Unterdrückung fixiert, womit sich seiner Auffassung nach Selbstverteidigung und die Bekehrung von Ungläubigen rechtfertigen lassen.

8. Der zivile Islam definiert Gott, Prophet und Mensch nach deren Attributen. Demzufolge ist Gott derjenige, der die Eigenschaften des Gottseins erfüllt. Das gleiche Prinzip gilt auch für die Propheten und das Muslimsein. Muslimsein ist eine attributbezogene Identität. Wenn ein Muslim die Charaktereigenschaften eines Gottesverkenners aufweist, deutet das auf Lücken in seiner Identität hin. Genauso können einem Nichtmuslim gewisse islamische Charakterzüge eigen sein. Somit sind auf den ersten Blick nicht die religiöse Überzeugung, sondern entsprechende Charaktereigenschaften maßgeblich.[81]

Es gibt weitere Dimensionen des zivilen Islams, deren Darstellung aber den Rahmen dieses Vorwortes sprengen würde.

Ein Kurzporträt der Persönlichkeit Gülens

Bescheidenheit, Respekt, Aufgeschlossenheit, Vernünftigkeit, Selbstdisziplin, Liebe und Toleranz

Gülens Bescheidenheit mag für ein abendländisches Verständnis äußerst merkwürdig anmuten. In Anlehnung an die Sufi-Tradition vergleicht er sich mal mit dem Hund *(qitmīr)* der sieben Schläfer, mal mit dem übelsten aller Gläubigen. Das Auf-

81 Vgl. Kardas, Arhan, https://www.youtube.com/watch?v=es19BKNi7MI.

blasen des menschlichen Egos sieht er als die größte Herausforderung für die Gotteserkenntnis. Diese Bescheidenheit ist nicht gespielt, sie ist Ausdruck von durchdachtem, vernunftbasiertem Verhalten. Sein Schlüsselkonzept ist die tägliche „Annullierung des Selbst“ *(Kendini Sıfırlama)*, der Kampf mit dem Ego und der Scheinheiligkeit.[82]

Gülens holistisches Konzept des Respekts umfasst drei Aspekte: Respekt gegenüber dem Schöpfer, Respekt gegenüber der Schöpfung bzw. Umwelt und Respekt gegenüber den Menschen. Dieser überwältigende Respekt spiegelt sich in der Umgebung wider und kehrt als respektvolles Verhalten wieder zu einem zurück. Es ist bekannt, dass Gülen jede/-n Besucher/-in aus Respekt siezt und versucht, ihm/ihr höchste Ehre zu erweisen.[83]

Gülen ist kein vorurteilbehafteter Mensch. Aufgrund seiner Aufgeschlossenheit und seiner positiven Einstellung kann er mit

82 Siehe das Ende dieses Buches.

83 Er erzählt in seiner Biographie, dass er in seiner Jugend in Erzurum während des Medrese-Studiums ein sehr enges Zimmer mit anderen Schülern teilte. Als es Zeit wurde zu schlafen, bemerkte er, dass er die Füße gegen einen Mitschüler ausstrecken müsste. Aus Respekt konnte er das nicht. In der anderen Richtung stand seine Bibliothek. Aus Respekt vor seinen Büchern konnte er seine Füße auch nicht in diese Richtung ausstrecken. Er wollte sich schief ins Bett legen, allerdings war diese Richtung die Richtung der Kaaba. Es blieb nur eine Möglichkeit: die Richtung seines Dorfes. Er dachte, sein Vater Ramiz Efendi könnte im Dorf sein. Aus Respekt vor seinen Eltern wollte er seine Beine auch nicht in diese Richtung ausstrecken. So saß er ein paar Nächte schlaflos auf dem Bett, bis er eine andere Lösung fand. Gülen spricht zudem davon, dass er in seinem Leben niemals seinen Eltern gegenübersitzend die Beine ausgestreckt hätte. Diese Form des Respekts eignete er sich von seinem Umfeld an. Beispielsweise erzählt er von einem vorbildhaften Naqschibandi-Scheyh namens Salih Efendi, der ebenfalls niemals seine Beine gegenüber anderen ausstreckte. Diese Art der Respekterweisung ist dem Abendland fremd. Siehe: https://fgulen.com/tr/fethullah-gulen-kimdir/gulen-hakkinda/fethullah-gulen-bir-portre-denemesi/7941-Ali-Unal-Tarihi-Arka-Zemin-Temelinde-Aile-ve-Ilk-Tahsil-Halesi-Icinde-Fethullah-Gulen.

jedem Menschen niveauvoll kommunizieren, wie aus dem oben umrissenen chronologischen Lebenslauf ersichtlich ist. Ohne diese Aufgeschlossenheit wäre die unvergessliche Szene mit Prof. Dr. Toktamış Ateş - Kolumnist der Zeitung *Cumhuriyet* und bekennender Atheist und Kemalist - nicht möglich gewesen: Gülen, ein bekennender Gläubiger, hält freundschaftlich die Hand von Prof. Ateş.[84] Das Video der historischen Begegnung Gülens mit Papst Johannes Paul II. belegt diese Aufgeschlossenheit Gülens ebenfalls anschaulich - er versucht sogar, den Papst zu umarmen.[85]

Ein weiterer Aspekt seiner Aufgeschlossenheit zeigt sich in seiner Offenheit für Neuerungen. Er ist offen für neue Gedanken und versucht, „up to date" zu sein. Trotz seines hohen Alters nutzt er täglich das Internet sowie die neuste Technik für seinen Lehrkreis. Er revidiert alte Gedanken und nimmt Stellung zu den aktuellen Entwicklungen.

Vernünftigkeit und mathematisches Denken: Obwohl Gülen im türkischen Volksmund als „der weinende Hodscha" bekannt ist, ist die Vernünftigkeit seinen Emotionen einen Schritt voraus. Gülens Projekte von Bildung bis zu interreligiösem und interkulturellem Dialog sind vernünftige Projekte, weshalb Menschen sich um dieses Gedankengut herum zusammentun. Obwohl er ein Visionär und Avantgardist ist, sind alle seine Aktionen am Prüfstein der mathematischen Verwirklichung zu testen. Trotz seiner bekannten Kühnheit ist er kein Don Quijote. Diese analytische sowie mathematische Denkkultur begleitet ihn in vielen seiner Projektvorschläge und Meinungen.

---

84 Diese freundschaftliche Geste kostete Ateş seine Stellung bei der Zeitung. Er wurde entlassen, weil er Gülens Hand hielt. Siehe: http://www.ensonhaber.com/toktamis-atesin-cumhuriyetten-ayrilisinin-perde-arkasi-2013-02-09.html.

85 https://www.youtube.com/watch?v=ga6z-WIuj80.

Gülen hat eine Alltagsroutine und eine sehr disziplinierte Lebensweise. Der Tag fängt für ihn in der Nacht beim Nachtgebet an. Er setzt seine Gebete mit dem Morgengebet und täglichen Rezitationen und Nachbittgebeten fort. Er schläft laut Angaben seiner begleitenden Studenten und Ärzte voller Zurückgezogenheit lediglich drei Stunden. Das Retreat-Zentrum richtet sich fast völlig nach seinem Tagesablauf. Gülen lässt seine Uhr weder vor noch nachstellen, weshalb es im Zentrum keine Wechsel zwischen Sommer- und Winterzeit gibt. Das Zentrum hat in sich eine eigene Uhrzeit. Diese Haltung erinnert an den Königsberger Philosophen Immanuel Kant: Alle Dorfbewohner richteten sich bei ihren Verabredungen zumeist nach seinem Tagesablauf. Gülen unterrichtet morgens zwei bis drei Stunden mit kleinen Fünf-Minuten-Pausen. Er aß nur ein- oder zweimal am Tag, bis seine Zuckerkrankheit diagnostiziert wurde. Nun isst er ganz kleine Mengen, aber mehrmals am Tag. Mit Ausnahme des Nachtgebets werden im Zentrum alle täglichen Pflichtgebete in Gemeinschaft vollzogen.[86] Bewohner sowie Gäste des Zentrums versammeln sich täglich vor dem Nachmittagsgebet zu einer gemeinsamen Gebetsrunde. Gülen hält – soweit seine Gesundheit es erlaubt – anschließend an das Nachmittagsgebet eine 45-minütige Rede.[87] Von seiner Haltung zum Essen bis hin zu seinem Schlafverhalten pflegte Gülen von Kindheit an und sein ganzes – zölibatäres – Leben hindurch diszipliniert zu leben. Die Sauberkeit seines Zimmers und Gepflegtheit seiner Kleidung sind Ergebnisse dieser Selbstdisziplin.

Liebe und Barmherzigkeit sind seine prägenden Charaktereigenschaften. Gottes-, Menschen- und Naturliebe manifestieren sich bei ihm in vielerlei Weise. Der Satz *„Liebe Gott über*

86 Es wird berichtet, dass auch die Nachtgebete auf Wunsch der Teilnehmer in Gemeinschaft verrichtet werden.

87 Für ausführliche Informationen über sein tägliches Leben im Zentrum, siehe: https://www.youtube.com/watch?v=t-FVFv_xwNU.

alles“ findet bei ihm seinen Ausdruck in Leben und Lehre. Seine unermüdliche Genauigkeit bei seinen gottesdienstlichen Handlungen trotz seines hohen Alters und seiner Herz- und Zuckerkrankheiten sind auf seine grenzenlose Gottesliebe zurückzuführen. Neben dieser Gottesliebe ist die Liebe zum Propheten Muhammed (Friede und Segen seien auf ihm) dermaßen manifest, dass es in abendländischem Sinne kaum nachzuvollziehen ist. Kaum, dass der Name des Propheten Muhammed erwähnt wird, erhebt er sich leicht und grüßt ihn voll Eifer, begleitet zumeist von Tränen der Sehnsucht. Die Liebe zum Propheten Muhammed sowie die Liebe zur ganzen Menschheit ist ein Erbe des anatolischen Islams, das am besten bei den Dichtern und Denkern Yunus Emre und Mewlana Dschelaleddin Rumi zu beobachten ist.

Anders als Yunus Emre und Rumi ist Gülen kein Sufi-Meister.[88] Denn er plädiert für keine *tariqa* (Sufi-Orden), obwohl er die Grundprinzipien des Sufismus *(tasawwuf)* sowie das islamische Konzept des *ihsān*[89] für die Wahrnehmung des Islams für unentbehrlich hält.[90] Für ihn sind die äußeren Erscheinungsformen des Sufismus eher sekundär, aber dessen Inhalt ist äußerst

---

88 Hier sei angemerkt, dass weder Yunus Emre noch Mewlana Rumi für einen bestimmten Sufi-Orden plädierten. Rumi hatte sogar eine Abneigung gegen äußere Erscheinungsformen des Sufismus. Erst sein Sohn Bahauddin Veled formte aus den Lehren von Rumi eine *tariqa*. So entstand der Sufi-Orden der Mewleviten.

89 Dieser Begriff bedeutet Wohltätigkeit bzw. Verrichtung guter Werke und steht für den Sufismus – die islamische Mystik. Er wird in dem berühmten *Ǧibrīl*-Hadith von Prophet Muhammed folgendermaßen erklärt: „Gott so zu dienen als ob du ihn sehen würdest. Auch wenn du ihn nicht siehst, gewiss, er sieht dich.“ (Vgl. Muslim, al-īmān 1, 5. Vgl. auch al-Buḫārī, al-īmān 37; at-Tirmiḏī, al-īmān 4; Abū Dāwūd, as-sunna 16) *Iḥsān* kommt von *ḥusn* – die Schönheit – und kann somit als die Feinheit bzw. die Ästhetik des Islams beschrieben werden. (Sanci, Kadir, Al Farouk Moschee – Verein der Muslime in Potsdam e. V., in: *Religionen in Potsdam*, hg. von Johann Ev. Hafner und Irene Becci, 2018.

90 Siehe: Gülen, Fethullah, *Ölçü veya Yoldaki Işıklar*, S. 40.

wichtig. Ihm zufolge erweitern Philosophie und Weisheit den Gedankenhorizont und verhelfen dem Menschen dazu, Sein und Zeit zu erkennen. Die Sufi-Lehre hingegen verschafft dem Menschen die Möglichkeit, Sein und Zeit transzendental mit Gott in Verbindung zu setzen und Gottesfreundschaft zu erlangen.[91]

Ich wünsche Herrn Gülen weiterhin ein gesundes und segensreiches Leben im vollen Einsatz im Dienst an der Menschheit. Wir erzielen für diese Arbeit lediglich das Wohlwollen des Allmächtigen Einen, mit dessen Gnade und Barmherzigkeit es uns gelingen wird, sie zu Ende zu bringen.

Zu guter Letzt noch eine kurze Anmerkung zum vorliegenden Buch:

Dank gilt Herrn Faruk Mercan, der diese Interviews in einen gesellschaftsrelevanten Zusammenhang gestellt und kategorisiert hat. Wir haben wiederum die Kapitel je nach ihrer Gewichtung in unserem *Lichterland* Europa angeordnet. Deshalb beginnt das Buch mit dem Kapitel „Grundrechte und Freiheiten". Zudem habe ich versucht, in einem Fußnotenapparat weitere Informationen zu geben, denn oftmals würden sich die Aussagen des Lehrmeisters aufgrund seines reichen Wortschatzes ohne zusätzliche Erläuterungen nicht vollständig erschließen. Bitte beachten Sie daher auch die Anmerkungen – sie sind keineswegs überflüssig.

Ferner baten wir Herrn Mercan darum, für die deutsche Leserschaft einleitende Absätze zu verfassen, damit sich Hintergründe besser erschließen. Die Besonderheit dieser Übersetzung besteht darin, dass sie unmittelbar aus der Originalsprache des

91 Siehe: Gülen, Fethullah, *Ölçü veya Yoldaki Işıklar*, S. 40.

Lehrmeisters erfolgte. Unseren geschätzten Übersetzern Lenius und Tülin Hirschberger ist es dabei gelungen, die schwierigsten Satzkonstruktionen von Gülen sehr nahe am Original zu übersetzen. Ein besonderer Dank gilt schließlich Prof. Dr. Christoph Bultmann, der einige redaktionelle Hinweise gegeben und ein Geleitwort beigesteuert hat. Des Weiteren danke ich Herrn Abdullah Kulaç, der am Anfang dieses Projektes einen wertvollen Beitrag geleistet hat. Zuletzt danke ich den Herren Ercan Karakoyun und Kadir Boyacı für ihre geschätzten Anmerkungen und ihre konstruktive Kritik am Buch sowie Herrn Giesenberg für sein aufmerksames Korrekturlesen.

Für alles, was sich als zutreffend erweist, ist dem Allbarmherzigen Allweisen Einen zu danken. Alles, was unzutreffend ist, ist meiner Unzulänglichkeit anzurechnen. Daher bitte ich meine Leserinnen und Leser um Entschuldigung und Korrektur.

Für Frieden mit Frieden!

Arhan Kardaş

Berlin, den 3. November 2017

Kein Zurück mehr von der Demokratie – M. Fethullah Gülen

Einführung

Nach dem Militärputsch vom 15. Juli 2016 in der Türkei stand Fethullah Gülen in seinem Exil in Pennsylvania (USA) führenden Medien aus aller Welt Rede und Antwort.

Auch *Die Zeit* gehörte dazu und veröffentlichte am 29. September 2016 ein Interview mit Gülen. Die Journalistin Evelyn Finger fragte: „Die Regierung Erdoğan sagt, Sie hätten im Juli den Putsch befohlen." Gülen antwortete darauf:

„Wenn sie das behaupten, sollen sie es beweisen. Ich habe den Putschversuch verurteilt, schon während er sich ereignete. Danach habe ich gefordert, dass eine internationale Kommission mit Experten aus den USA und aus Deutschland die Hintergründe untersucht. Darauf hat die Türkei nie reagiert."

Die Journalistin der *Zeit* beschrieb ihre Eindrücke von Gülens Aufenthaltsort wie folgt:

„Der angebliche Putschist erhebt sich nur mit Mühe aus seinem Sessel. Der Mann, den Erdoğan einen Terroristen nennt, ist ein alter Herr mit Arthrose. Sein Rückzugsort ist amerikanische Provinz. Das ‚Erholungs- und Gebetszentrum' in Saylorsburg, Pennsylvania, ist ein bescheidenes Gelände für maximal hundert Besucher, nicht viel besser gesichert als ein Zeltplatz. Dieser Ort macht nicht den Eindruck, die Trutzburg einer Gemeinschaft zu sein, die von Staatspräsident Erdoğan als terroristische Bewegung bezeichnet wurde. Ein weiter Raum, helle Teppiche, mattgoldene Kissen. Regalweise Korankommentare, gerahmte Ornamente."

Das vorliegende Buch thematisiert Gülens Vorstellungen und Ansichten, wie er sie in den Jahren von 1991 bis 2017 in diversen Interviews für die Printmedien und das Fernsehen sowie in persönlichen Gesprächen zum Ausdruck brachte.

Das erste Interview mit Fethullah Gülen wurde am 18. November 1991 veröffentlicht. Seit den 1950er Jahren hat sich Gülen als Geistlicher in diversen Predigten von der Kanzel der Moscheen und seit 1991 in einer Vielzahl von Zeitungen im In- und Ausland sowie in Fernseh- und Zeitschrifteninterviews zu Wort gemeldet und seine Ansichten zu Themen geäußert, die in der Türkei und der Welt aktuell kontrovers diskutiert wurden.

Es war das Jahr 1994, als Gülen den Ausspruch „Kein Zurück mehr von der Demokratie" prägte.

„Der Staat hat keinen ernstzunehmenden Plan in der Kurdenfrage." – Das sagte er 1993.

„Es gibt keine muslimischen Terroristen, genauso wenig, wie ein Terrorist Muslim sein kann. Man kann nicht Menschen töten und denken, so ins Paradies zu kommen." – Das sagte er 2001.

„Es ist gefährlich, die Religion zu politisieren, sie für politische Zwecke zu missbrauchen; dies ist aber für die Religion weitaus gefährlicher als für den Staat; es bedeutet, den Geist der Religion zu verdunkeln. Denn Religion ist die Religion eines jeden." – Das sagte er 1997.

„Die Republik und die Demokratie bilden einen geeigneten Boden für den Islam, islamisches Denken und islamisches Leben. Sie als im Widerspruch zum Islam stehend zu betrachten, ist falsch." – Das sagte er 1997.

„Die gesetzlich garantierten Grundrechte und Freiheiten zu respektieren und die sich daraus ergebenden Verantwortlichkeiten zu erfüllen, ist die grundlegende Voraussetzung des Zusammenlebens." – Das sagte er 1996.

„Heuchelei darf nicht geduldet werden. Heuchelei zu dulden, wäre fast so, als würden wir den Terror dulden. Muslime sollten niemanden täuschen." – Das sagte er 1997.

Dies sind nur ein paar Beispiele für Äußerungen Fethullah Gülens in den Medien zu aktuellen und globalen Fragen, die sich seit Anfang der 1990er Jahre stellten.

Die Ausführungen Gülens in Interviews für Zeitungen, Zeitschriften und das Fernsehen während der vergangenen 25 Jahre kann man in folgende elf Rubriken einordnen:

1. Grundrechte und Freiheiten

2. Die Moderne und der Laizismus

3. Islam und Demokratie, Scharia und Reform

4. Westliche Zivilisation und westliche Werte

5. Die Rolle der Frau

6. Toleranz, Dialog und Zusammenleben

7. Dialog mit Vertretern der Minderheiten der Türkei und ihre Rechte

8. Aleviten und Sunniten

9. Die Kurdenfrage

10. Terror und Dschihad

11. Politik

Ziel dieses Buches ist es, dem Leser die Gedanken Fethullah Gülens näherzubringen, so wie er sie in den vergangenen 25 Jahren in diversen Interviews zum Ausdruck brachte.

Es war Gülen, der 1995 sagte: „Auch ich bin ein Alevit." 22 Jahre später, als im Juni 2013 die Namensgebung der dritten Bosporus-Brücke in Istanbul – „Yavuz Sultan Selim" – für Empörung unter den alevitischen Mitbürgern sorgte, sagte er:

„Wenn wir uns daranmachen, Brücken zu bauen, sollten wir darauf achten, keine bestehenden Brücken einzureißen. Wir sollten Wege des Gemeinsamen suchen. Lasst uns Moscheen und alevitische Gebetshäuser *(Dschem-Evi)* nebeneinander errichten."

In diesem Buch werden Sie auch erfahren, in welchem Kontext Gülen das erste Mal die Feststellung „Wir brauchen eine Demokratie, die auch das Leben der Menschen im Jenseits berücksichtigt" traf und was er mit einer Demokratie meinte, die die Dimension des Jenseits einbezieht.

Seit den Anschlägen des 11. September 2001 auf das World Trade Center in New York ist der Begriff des Dschihad aus den Schlagzeilen nicht mehr wegzudenken. „Einzelpersonen können keinen Krieg erklären", sagte Gülen; und mit Bezug auf Osama bin Laden: „Ich verabscheue Bin Laden. Er befleckt das reine Antlitz des Islams."

Gülen äußerte sich vier Jahre vor den Anschlägen des 11. September in einem Interview wie folgt: „Terror führt einzig und allein ins Unglück – und am Jüngsten Tag in die Hölle."

Auch Gülens Aussagen zum Thema Frauen in der islamischen Welt und zu den Frauenrechten erregten Aufsehen. 1995 antwortete er auf Befürchtungen, alle Frauen in der Türkei würden in Zukunft gezwungen sein, Kopftuch zu tragen:

„Druck auf das Volk auszuüben ist nicht die Sache des Islams. […] Es steht jedem frei, ein Kopftuch zu tragen. Der eine richtet sich nach allen Bestimmungen des Islams zu diesem Thema; ein anderer glaubt nicht an den Islam und ist ein Atheist – auch ihm sollte man seine Ansichten und seine Art zu leben lassen."

Gülen sagte 1997 über seinen drei Jahre zuvor ins Leben gerufenen Prozess des Dialogs und der Toleranz Folgendes:

„Auch wenn gegen nichts und niemanden der Dschihad ausgerufen werden würde, sollte es doch möglich sein, einen Dschihad der Toleranz auszurufen. Ein Dschihad nicht gegen Menschen, sondern sanfter Kampf gegen negative Emotionen und finstere Leidenschaften, um die Menschen vom Guten und Schönen zu überzeugen. Wie hoch auch immer der Preis dafür sein wird – er ist es wert. […] Versöhnung, Verständigung, Zusammenschluss und Integration der Gesellschaft in den Höfen und Gärten der Moscheen sind mir lieber als Zerwürfnisse innerhalb der Moscheen."

Dieses Buch lädt Sie ein zu einer perspektivischen Reise in die Gedankenwelt des *Hodschaefendi*[1], die sich seit 25 Jahren in seinen Äußerungen zu ebendiesen Themen des Lebens widerspiegelt.

1 Gelehrter Herr bzw. Lehrmeister. Bemerkenswerterweise spricht die Journalistin Evelyn Finger von der *Zeit* Gülen in ihrem Interview mit „Mister Gülen, Hodscha Effendi" an.

1. Grundrechte und Freiheiten

Grundrechte und das Thema Freiheit sorgen zusammen mit den Menschenrechten seit jeher für Diskussionsstoff in der Türkei.

Man kann die einzelnen Aspekte folgendermaßen gruppieren:

1. Einschränkungen der Grundrechte durch den Staat
2. Hindernisse, die der Gedanken- und Meinungsfreiheit entgegenstehen
3. Die Haltung des Staates gegenüber anderen Lebensmodellen, anderen Kulturen und ethnischen Gruppen
4. Erwartungen religiöser Menschen an den Staat im Hinblick auf freie Glaubensausübung.

Es herrscht nach wie vor Unzufriedenheit unter religiösen Menschen, laizistisch ausgerichteten Menschen, unter Sozialisten und Sozialdemokraten ... Man kann nicht behaupten, es gebe heutzutage in der Türkei eine Gesellschaftsschicht, deren Menschenrechte völlig gewahrt seien.

Besonders die nun bereits seit einigen Jahren anhaltende schwere politische Krise in der Türkei hat einige Errungenschaften auf dem Gebiet der Menschenrechte wieder zunichtegemacht. Als dieses Buch in Vorbereitung war, herrschte in der Türkei der Ausnahmezustand. Das hervorstechendste Merkmal des Ausnahmezustandes ist das Außerkraftsetzen der meisten grundlegenden Menschenrechte.

Beispielsweise wurde die Dauer einer Untersuchungshaft auf dreißig Tage ausgeweitet und das Recht auf anwaltlichen Beistand eingeschränkt. Staatsbedienstete wurden ohne richterlichen Beschluss auf Geheiß des Präsidenten aus ihren Ämtern entfernt. Alle rechtlichen Wege, dagegen Widerspruch einzulegen, wurden unterbunden. Des Weiteren wurden auf Geheiß des Präsidenten Hunderte zivilgesellschaftliche Gruppierungen und Vereine geschlossen.

Meinungsfreiheit gibt es nicht mehr. Die Türkei wurde von heute auf morgen zu dem Land, in dem weltweit die meisten Journalisten im Gefängnis sind. Als dieses Buch in Vorbereitung war, stieg die Zahl der inhaftierten Journalisten auf über 250.

Aus diesem Grund haben viele bedeutende oppositionelle Journalisten und Autoren das Land verlassen. Diejenigen, die das Land nicht verlassen konnten, haben ihre Arbeit verloren oder wurden festgenommen.

Gülen wies in einem Interview für die Zeitschrift *Aksiyon* im Jahre 1996 als Vorbedingung für ein funktionierendes gesellschaftliches Zusammenleben auf die Gewährung der grundlegenden Menschenrechte hin, indem er sagte:

„Die Grundbedingung für ein Zusammenleben ist die Achtung vor den rechtlich geschützten Grundrechten und Freiheiten sowie die Erfüllung der damit verbundenen Verantwortlichkeiten." *(22. November 1996, Aksiyon)*

Auf die Frage *„Hat der Staat das Recht, die Menschenrechte und Grundfreiheiten einzuschränken?"* antwortet Gülen 1997 und äußerte sich dabei zu der Behauptung, die Verfassung sei zu weit gefasst:

„‚Die Verfassung ist uns zu weit gefasst, wir sollten sie einschränken' – vielleicht kann man über gewisse Aspekte diskutieren, aber eine Einschränkung von Menschenrechten und Grundfreiheiten kann nicht gutgeheißen werden." *(22. Juli 1997, Yeni Yüzyıl, Nevval Sevindi)*

Ich bin ein Verfechter der Gedanken- und Meinungsfreiheit

Hodschaefendi widerspricht einem „Etatismus", der Grundrechte und Freiheiten beeinträchtigt, mit den Worten:

„Dem Islam liegt das Ideal zugrunde, auf Erden Zwietracht und Bosheit ein Ende zu setzen und die Erde, die im Rahmen göttlicher Prinzipien dem freien Willen des Menschen überlassen wurde, mit den anderen Bereichen des Kosmos, in denen bereits völlige Ordnung, Gleichgewicht und Harmonie herrscht, in der gleichen Ordnung und Harmonie zu vereinen. So steht der Islam stets für Sicherheit, Wohlergehen, Frieden und somit auch für Stabilität. Es kann nicht geleugnet werden, dass der

Staat bei alledem eine wichtige Rolle erfüllt. Damit ist jedoch nicht gemeint, dass der Staat ein starres bürokratisches System darstelle, sozusagen in Form einer Faust oder einer Mauer in Erscheinung trete, so wie wir es in der Neuzeit bei faschistischen und kommunistischen Staatsstrukturen sehen. Ich möchte darauf hinweisen, dass ich mit solchen Staaten oder dem Etatismus nichts gemein habe … Ich bin ein Verfechter der Meinungsfreiheit, freier Unternehmungen, individueller Gewinne und bis zu einem gewissen Grad auch des Liberalismus." *(11. August 1997, Milliyet, Hakan Yavuz; 2. September 1997, Milliyet, Yasemin Çongar)*

Eines der sechs wegweisenden Prinzipien der neu gegründeten Republik Türkei war der Etatismus. Ziel dieses Prinzips war es, ähnlich den sozialistischen Systemen das soziale Leben und die Wirtschaft staatlich zu regulieren. Aus diesem Grund hat der Staat Milch-, Fleisch- und Kleiderfabriken gegründet. Erst die Reformen nach 1980 gewährleisteten einen Übergang zum heutigen liberalen Wirtschaftssystem. Bis dahin unterlagen ausländische Devisen Einschränkungen; Geschäftsleute, die ins Ausland reisten, durften nur in begrenztem Maß Devisen mit sich führen. Es gab daher reisende Geschäftsleute, die ausländische Währungen in ihren Strümpfen versteckten.

Der Islam legt der Kunst und der Gedankenfreiheit keine Ketten an

Hodschaefendi beantwortet die Frage nach der Sicht des Islams auf die Kunst und die Gedankenfreiheit kurz und knapp mit den Worten: „Der Islam legt der Kunst und der Gedankenfreiheit keine Ketten ans Bein." Gleichermaßen betont er, dass der Islam auch der Glaubensfreiheit keine Ketten anlege:

„Es ist undenkbar, dass der sunnitische Islam etwas gegen die Ästhetik, Kunst, Schönheit und die schönen Künste einzuwenden haben könnte. Wäre das der Fall, wie hätten sich die Zivilisationen Asiens bilden können? Zumal es jene Epoche war, in der die Hadithen auf höchstem Niveau zusammengetragen wurden, Kommentare zum Koran *(tefsir)* verfasst und die Rechtswissenschaften *(fiqh)* begründet wurden. Wenn man überhaupt davon sprechen kann, dass der Kunst und der Gedankenfreiheit Ketten angelegt werden, dann höchstens durch die Rechtswissenschaften. Blättert man jedoch ein wenig in den Geschichtsbüchern, wird man feststellen, dass in jener Epoche, in der die Rechtswissenschaften ihr höchstes Niveau erreichten, auch gleichzeitig die Ästhetik und die Gedankenfreiheit auf höchstem Niveau waren. Andalusien ist hierfür ein hervorragendes Beispiel.

Derzeit kommen Autoren, die sich mit der Historie der Wissenschaften im Islam beschäftigen, nicht umhin, ihre Verwunderung und Bewunderung zum Ausdruck zu bringen … Eine Zivilisation wurde gegründet. Eine Zivilisation, die für Toleranz, Frieden und freundschaftliche Zuneigung steht, in der sich Ästhetik, Gedankenfreiheit und Glaube vereinigt haben. Und das verbindende Element dieser Zivilisation war der Islam." *(20. August 1995, Zaman, Eyüp Can)*

Strenge im Namen der Religion schadet zuerst der Religion selbst

Hodschaefendi betont einen wichtigen Punkt: Der Islam ist im Hinblick auf die Menschenrechte keine despotische, unterdrückende Religion:

„Leider hat sich in den Köpfen einiger Menschen das Bild eines grausam wütenden Islams verankert. Wo doch der Islam den persönlichen Rechten und Freiheiten einen derart großen Raum lässt und anpassungsfähig ist … Daher zerstört die religiös unnachgiebige Haltung mancher Menschen in gewisser Weise den guten Ruf der Religion. Die religiös gutmütige und tolerante Haltung anderer und ihre Wahl des ‚leichten' Weges ebnet hingegen einen Religionsweg, der auf Dauer beschritten werden kann."[2] *(21. August 1995, Zaman, Eyüp Can)*

Gülen betont in einem Interview der Zeitung *Asharq al-Awsat* vom März 2014 die Bedeutung der grundlegenden Menschenrechte, wenn er die gemeinsamen Werte der Hizmet-Bewegung aufzählt:

„Freiheit, Menschenrechte, humaner und respektvoller Umgang, jeden so akzeptieren, wie er ist und Offenheit zum Dialog, gegen die Instrumentalisierung der Religion durch die Politik sein, das Recht achten, die Macht des Staates nicht missbrauchen, verfechten, dass von der Demokratie nicht abgekehrt werden sollte, sich dagegen aussprechen, mit Hilfe der Staatsgewalt durch Druck und Zwang Individuen und Gesellschaften umzuformen und ihnen eine Religion aufzuoktroyieren, der Zivilgesellschaft vertrauen, durch Bildung für den Frieden arbeiten, in Wort und Tat die Gunst und das Wohlgefallen des Schöpfers suchen, die Schöpfung ob des Schöpfers lieben, bemüht sein, die ethischen Werte von Menschen aller Religionen und Glaubensüberzeugungen zu stärken." *(24. März 2014, Asharq al-Awsat, Manuel Almeida)*

---

2 „[…] Gott will es für euch leichter machen, Er will es euch nicht schwer machen […]" (Sure El-Baqara, 2:185).

Jeden Menschen zu ehren bedeutet Achtung vor der Willensfreiheit

Eines der Themen, die Fethullah Gülen in seinem am 10. März 2014 in der *Financial Times* veröffentlichten Artikel betont, ist die Schaffung eines Rechtssystems, das ein Höchstmaß an demokratischen Grundrechten und Pluralismus schafft:

„Der einzige Weg, um verloren gegangenes Vertrauen der Öffentlichkeit in die Regierung und unseren beschädigten Ruf in der Welt wiederherzustellen, ist die Erneuerung einer Bindung zu einer Demokratie, die sich auf universelle Menschen- und Freiheitsrechte, das Primat des Rechts und die Rechenschaftspflicht gründet. Den Eckstein einer solchen Erneuerung muss eine von Zivilpersonen vorbereitete neue und demokratische Verfassung bilden. Die Demokratie widerspricht nicht den islamischen Prinzipien für das Staatswesen.

In der Tat können islamische ethische Ziele wie der Schutz des Lebens und die Religionsfreiheit in Demokratien mit Bürgerbeteiligung viel besser verwirklicht werden. Um das Gleichgewicht in der Gesellschaft zu wahren, ist es nötig, einige grundlegende Werte zu verinnerlichen. Ganz oben auf der Liste dieser Werte steht die Achtung vor jedweder Andersartigkeit, sei sie kulturell, sozial oder politisch. Toleranz und Respekt vor Andersartigkeit steht nicht im Widerspruch zu religiösen Gefühlen und Anschauungen.

Ganz im Gegenteil: Jeden Menschen zu ehren, ungeachtet seiner politischen Ansichten, religiösen Überzeugungen oder seiner ethnischen Herkunft bedeutet auch Achtung vor dem freien Willen, den Gott allen Menschen verliehen hat. Das Recht auf Meinungsfreiheit und freie Meinungsäußerung ist untrennbar mit der Demokratie verbunden. Mit Bedauern nehmen wir zur Kenntnis, dass die Türkei, was Transparenz und Pressefreiheit betrifft, weit hinter anderen demokratischen Ländern zurückliegt. Kritik, die ohne Verleumdung und Verunglimpfungen vorgebracht wird, mit Bereitschaft aufzunehmen, ist das Merkmal reifer Persönlichkeiten. Handelt es sich hierbei um begründete Kritik, so dient sie unserer Entwicklung und ist uns von Nutzen.“ *(10. März 2014, Financial Times)*

Nicht Glorifizierung des Staates, sondern Schutz der Menschenrechte

Die Zeitung *Asharq al-Awsat* fragte Gülen, welche Anschauung des Islams er repräsentiere. In seiner Antwort bezieht er sich auf ein System, das den individuellen Grundrechten Vorrang vor der Glorifizierung des Staates einräumt:

„Statt den Staat zu glorifizieren dem Schutz des Lebens, der Vernunft, des Eigentums, der Familie und der Religion Vorrang geben, frei entscheiden und handeln, beim Verständnis von Offenbarungen und Glaubenssätzen sowohl das übermittelte Wissen *(naql)*[3] als auch den Verstand *(aql)* und sogar gesellschaftliche Erfahrungswerte und Aufgaben nicht außer Acht lassen, die Freiheit, das Gute zu fördern und das Böse zu verbieten, seinen religiösen Überzeugungen nicht nur im privaten Umfeld, son-

3 Übermitteltes Wissen: Originelle Quellen der Religion, die man nicht selbst mittels der eigenen Vernunft erwerben kann, sondern übermittelt bekommt – wie die Offenbarungen. In der islamischen Epistemologie sind Vernunft, authentisch übermitteltes Wissen (offenbarungsbasiertes Wissen) und gesunde Wahrnehmung *(havas-i selime)* drei wichtige Quellen des Wissens. Der Lehrmeister fügt dem noch gesellschaftliche Erfahrungswerte und das Gemeinwohl hinzu.

dern auch in der Öffentlichkeit Ausdruck verleihen und ausleben, Gesetze, die Ruhe und die Sicherheit, den Frieden und die Ordnung achten, Terror und das Töten Unschuldiger als Verbrechen gegen die Menschlichkeit betrachten – all das ist in den 98 % der Religion zusammengefasst, die sich um Spiritualität, Ethik, das Jenseits, Gottesdienerschaft, Anbetung, Vervollkommnung, Toleranz, Vertretung der Werte, Liebgewinnenlassen und Vermeldung der Glückbotschaft drehen.

Nähert man sich der Thematik aus soziologischer Sicht, sieht man, dass die Auffassung des Islam, wie sie seit über tausend Jahren in Anatolien gelebt wird, eigentlich genau diesem Verständnis entspricht. Eine Denkweise, frei von Gewalt, Extremismus und Politisierung der Religion, stattdessen voller Liebe, Toleranz, gegenseitiger Akzeptanz, Demut, Bescheidenheit und weitem Herzen. Ein Verständnis des Islam, in dem das Recht im privaten wie öffentlichen Raum, Gerechtigkeit, Freiheit und Frieden Priorität besitzen. Mit anderen Worten: Das Gefüge einer allseits offenen Gesellschaft."[4] *(24. März 2014, Asharq al-Awsat, Manuel Almeida)*

Zur gleichen Zeit wurde in der Zeitung *Zaman* ein Interview veröffentlicht, in dem sich Fethullah Gülen zu seiner Forderung nach einer neuen Verfassung, die demokratische Rechte wahrt, äußert:

„Die Türkei bedarf eines neuen Klimas, um die momentan entstandene gefährliche Situation zu überwinden. Bedingung ist

---

4 Offene Gesellschaft: Ein Gesellschaftsmodell, das zuerst von Henri-Louis Bergson und später von Karl Popper entworfen wurde. Das Konzept der offenen Gesellschaft sieht sich in der Tradition des Liberalismus und betrachtet politische Freiheit und Menschenrechte als Grundgedanken eines politischen Systems. Der Lehrmeister weist auf dieses Gesellschaftsmodell hin.

eine neue Verfassung, die Grundrechte und Freiheiten garantiert. Die vermehrte Nachfrage nach einer solchen Verfassung wird die betroffenen Personen und Institutionen dazu drängen, eine den universellen Rechtsrahmen angepasste Verfassung zu konstituieren. Leider muss man feststellen, dass die Normen eines demokratischen ‚Rechtsstaates' Schaden erlitten haben. Auch eine ganze Reihe Intellektueller sind in ihren Analysen zu diesem Schluss gekommen. Eine Türkei, die sich von ihren eigenen Werten und ihrem eigenen Volk verabschiedet, steht auch in der Weltpolitik isoliert da. Heutzutage haben Individuen und die Gesellschaft Vorrang vor dem Staat. Kein Projekt, das von oben erzwungen oder aufoktroyiert wird, kann verwirklicht werden." *(21. März 2014, Zaman, Ekrem Dumanlı)*

Werden die Massen bedrängt, kommt es zu Verwerfungen

In demselben Interview benennt *Hodschaefendi* die Kriterien einer pluralistischen Gesellschaft:

„In allen Abteilungen des Staates gibt es Menschen unterschiedlichster Anschauungen. Menschen mit rechter oder linker Gesinnung, Aleviten, Sunniten, Nichtmuslime, Kurden und Türken stehen im Staatsdienst. Das Entscheidende ist, dass diese Menschen ihren Aufgaben im Rahmen der Gesetze nachkommen. Listen über Menschen anzulegen, ganz gleich welche Gesinnung sie haben, und sie ohne Anlass zu verdächtigen, ist eine Verletzung ihrer Persönlichkeitsrechte. [...]

Kommen wir zum Thema demokratische Ordnung: Wenn es Ihnen nicht gestattet ist, eine andere Meinung zu vertreten, so ist nicht einmal ein Mindestanspruch an Demokratie erfüllt. Mit Hilfe von religiösen Begriffen Herrschaftsdruck [auf das Volk] auszuüben wird enormen politischen und rechtlichen Schaden zur Folge haben ... So sehr die Stimme und das Wort der Mehrheit geschätzt und beachtet wird, so sehr sollte auch die Stimme und der Atem der Minderheit geschätzt und gewürdigt werden. [...]

Werden die Menschenmengen bedrängt, kommt es zu soziostrukturellen Erdbeben. Das ist ein Preis, der in keinem Verhältnis zur politischen Ausbeute steht." *(19.–21. März 2014, Zaman, Ekrem Dumanlı)*

Der gleiche Gedanke spiegelt sich auch in Gülens Artikel in der *Financial Times* wider:

„Alle Schichten der türkischen Gesellschaft haben das Recht, in staatlichen Institutionen repräsentiert zu werden. Leider haben seit Längerem staatliche Einrichtungen in der Türkei ihre eigenen Bürger und Beamten aufgrund deren ideologischer Einstellung diskriminiert. Demokratische Offenheit wird dafür sorgen, dass Menschen, ohne befürchten zu müssen, bestraft zu werden oder als Bedrohung wahrgenommen zu werden, ihre persönliche Meinung kundtun können." *(11. März 2014, Financial Times)*

Wer einen Menschen tötet, wird ewige Strafe erleiden

Hodschaefendi weist darauf hin, dass es im Islam keine Theokratie gebe, da man keine Geistlichkeit habe:

„Es gibt eine Reihe von Menschen, die alles ausnutzen, und so auch den Islam und die Religion missbrauchen, um eine despotische Herrschaft zu legitimieren. Das bedeutet jedoch nicht, dass der Islam auch eine despotische Seite habe. Nur wer den Islam nicht gut kennt, könnte so etwas behaupten. Bis zum heutigen Tag hat man immer wieder versucht, den Islam schlecht zu machen, indem man ihn als Theokratie bezeichnete, hat doch der Islam mit Theokratie nicht das Geringste zu tun. Denn die Theokratie ist ein Staatssystem, in dem eine Geistlichkeit auf Basis der Rechtsfindung des *Idschtihad* und des *Istinbat* regiert. Im Islam gibt es aber keine Geistlichkeit."[5] *(22. August 1995, Zaman, Eyüp Can)*

1995 wurde Gülen in einem Interview für den holländischen Fernsehsender NMO gefragt: „*Was können Sie uns zu den Menschenrechten im Islam sagen?*" Gülen nimmt in seiner Antwort Bezug auf fünf fundamentale Menschenrechte, die der Islam schützt: Schutz des Lebens, des Eigentums, der Nachkommenschaft, der Religion und des Verstandes. Er führt aus:

„Es ist bekannt, dass der Islam eine universelle Religion ist. Der Islam brachte nicht nur die Menschenrechte mit sich, sondern auch die Tierrechte. Wären wir Zeugen der freudigen Erregung des Propheten Gottes beim Anblick eines ganz aufgeregten Vogels gewesen, dessen Junge schlüpften, so vermute ich, würde niemand behaupten, es gebe noch solch ein alles umfassendes System, weder ein von Menschen erdachtes noch eines unter denen, die angeblich göttlichen Ursprungs sind. So weit und allumfassend ist es. Der Koran wertet ja auch den Angriff auf einen [einzigen] Menschen als Verbrechen gegenüber allen Menschen. Es ist ganz offensichtlich.

Aufstände gegen den Staat und das Volk – es wird getötet und mordend umhergezogen. Wenn man kein Recht dazu hat,

---

5 Hierzu ist anzumerken, dass sich in der Doktrin der Zwölfer-Schiiten im Laufe der Zeit eine Geistlichkeit entwickelt hat, die die Herrschaft beansprucht.

dann bedeutet es den Tod aller Menschen, tötete man einen einzigen. Ich habe solch eine Deutung noch in keiner Religion und in keinem modernen Rechtssystem wiedergefunden. Heute gibt es die Menschenrechte. Juristen treffen sich auf staatsübergreifenden internationalen Konferenzen. Es gibt religiöse Gruppierungen und Gesellschaften. Aber nirgendwo bin ich auf eine ähnliche Formulierung gestoßen.[6]

Warum? Weil der Umstand, einen Menschen zu töten, bedeutet, dass der Mensch getötet werden kann. Im Koran und der Sunna gibt es keine näheren Angaben zu Namen. Im Allgemeinen findet man in der Thora *(tewrat)* und den Kommentaren zur Thora Überlieferungen zu den Namen der Kinder des ehrwürdigen Adam, Kain und Abel. In unseren Quellen finden sich keine Angaben zu ihren Namen, aber es wird von diesen beiden Personen berichtet. Es wird berichtet, dass einer der beiden den anderen tötete, weil er mit seinem Anteil nicht zufrieden war. Der Koran findet offene Worte, wenn er sich dieses Themas annimmt.

Unser Prophet verfügt in einem authentisch überlieferten Hadith, dass ein Mensch, wenn er um seiner Selbst, seines Verstandes, seines Eigentums oder seiner Religion willen stürbe, als Märtyrer zählt. Und alle Anstrengungen in dieser Hinsicht zählten als Dschihad. Diese fünf Grundlagen zählen in allen

---

6 Diese Aussage ist ein Teil des Verses: „[…] Wer einen Menschen tötet – es sei denn als (vom Gesetz geforderte) Strafe für einen Mord oder dafür, dass Unheil auf Erden und Verderben angerichtet wurde – dann ist es so, als ob er die gesamte Menschheit getötet hätte; und wer ein Leben rettet, dann ist es so, als ob er der gesamten Menschheit das Leben erhalten hätte […]" (Sure El-Maide, 5:32). Obgleich der Lehrmeister ein sorgfältiger Leser der Bibel und der Upanischaden ist, muss es ihm entgangen sein, dass ein ähnlicher Ausdruck in der Mischna vorkommt.

Rechtssystemen der Welt jeweils zu den Eckpfeilern. Das trifft auch auf unsere Gesetzesbücher zu. Zuerst kommt die Religion, die Religion muss unbedingt geschützt werden.

Dann kommt der Mensch selbst – sich selbst schützen. Die Nachkommen, das Eigentum – auch dies sind schützenswerte Rechtsgüter. Daher sind der Schutz des Selbst und der Nachkommen von elementarer Bedeutung. Der Islam nähert sich den Menschenrechten aus der Sicht dieser Prinzipien. Eine solche Religion würde Menschenrechte niemals außer Acht lassen." *(19. Oktober 1995, Nederlandse Moslim Omroep [NMO], https://fgulen.com/tr/fethullah-gulenin-butun-eserleri/69-fgulen-com-turkce/basindan/Televizyon-Roportajlari/1472-NMO-NMO-Hollanda-televizyonu-ile)*

Die Charta von Medina – eine Garantie für Menschenrechte

2012 fragte der deutsche Journalist Rainer Hermann in Bezug auf die Menschenrechte: „*Wie sichern Sie im Islam die Menschenrechte?*" Fethullah Gülen erinnert in seiner Antwort an die „Charta von Medina", ein Beispiel für die Garantie der Menschenrechte zu Zeiten des Propheten:

„Der Islam kennt fünf fundamentale Prinzipien: Leben, Besitz, Religion, Vernunft, Nachkommenschaft.[7] Sie sind für die Menschenrechte maßgeblich; Koranverse, Sprüche des Propheten und nahezu alle normativen Entscheidungen stellen sie unter Schutz. Die vom Propheten erlassene Charta von Medina ist ein Beispiel.

---

7 Der Lehrmeister fügt zu diesen fünf Grundrechten auch noch die Freiheit hinzu.

Dort sieht man die Verantwortung, die Rechte und Freiheiten von Muslimen und von Nichtmuslimen. Der Islam hat jedes dieser fünf Prinzipien als wichtiges Prinzip deklariert. Die islamische Normenlehre und das Leben der Muslime haben sich um diese Prinzipien organisiert." *(6. Dezember 2012, Frankfurter Allgemeine Zeitung, Rainer Hermann)*

Politologen, Soziologen und islamische Gelehrte bezeichnen die Charta von Medina als die erste Menschenrechtsdeklaration in der Geschichte des Islams. Die Charta von Medina war zu Zeiten des Propheten Muhammed in den ersten Jahren des Islams eine Vereinbarung zwischen den Muslimen von Medina und der nichtmuslimischen [polytheistischen und jüdischen] Bevölkerung. Dieses Dokument gewährte allen Bewohnern von Medina grundlegende Menschenrechte und die Sicherheit von Leben und Besitz.

Hodschaefendi weist in diesem Interview ferner darauf hin, dass Menschenrechte gemeinsame Werte des Islams und der Demokratie darstellen:

„Werte und Prinzipien, die der Islam wie auch die Demokratie akzeptieren, sind Beratung, Gerechtigkeit, Religionsfreiheit, der Schutz der Rechte von Individuen und Minderheiten, das Recht eines Volkes zur Wahl seiner Regierung, die Verantwortung der Regierenden für ihre Tätigkeiten und die Unzulässigkeit der Gewaltherrschaft einer Minderheit oder Mehrheit über den jeweils anderen." *(6. Dezember 2012, Frankfurter Allgemeine Zeitung, Rainer Hermann)*

In der Zeitschrift *The Atlantic* [bis 2007 offiziell *The Atlantic Monthly*] fragte Jamie Tarabay 2013 Fethullah Gülen:

„Sie haben schon früher gesagt, dass es für einen Muslim keinen Bedarf für eine andere Regierungsform gebe, wenn er sich als Muslim in einer Demokratie echter Meinungsfreiheit erfreue. Können Sie ein Beispiel für eingeschränkte Meinungsfreiheit für Muslime geben? Und was sollten Muslime in einer solchen Situation tun?"

Hodschaefendi bezieht sich in seiner Antwort auf Erlebnisse aus seiner Kindheit:

„Bis in die 1950er Jahre gab es für Muslime auf der ganzen Welt, auch in der Türkei, keine echte Religionsfreiheit. Sogar die individuellen gottesdienstlichen Handlungen wurden reglementiert und die Menschen waren gezwungen, ihren Gottesdienst im Geheimen zu vollziehen. Als ich sechs Jahre alt war und zur Grundschule ging, wurde ich vom Schuldirektor zur Strafe in den Keller eingeschlossen, weil ich in der Pause zwischen zwei Unterrichtsstunden das rituelle Gebet verrichtete.[8]

Diese Art Unterdrückung gab es wirklich. Auf der anderen Seite wehren sich heute manche Muslime mit Selbstmordattentaten gegen Unterdrückung. Die Religion verurteilt es, mit Gewalt auf Unterdrückung zu reagieren. In manchen Gegenden werden heutzutage Muslime unterdrückt, woanders sind es Christen. Manche Dinge brauchen Zeit. Die ganze Menschheit sollte es lernen, friedlich aufeinander zuzugehen. Dieses Ziel kann man aber nur nach einer langen Phase der Rehabilitation der Gesellschaft erreichen. Werden wir das schaffen? So weit wie möglich ja; für das, was wir nicht erreichen, bekommen wir den Lohn unserer guten Intention." *(The Atlantic, August 2013, Jamie Tarabay)*

---

8 Siehe Fußnote 6 in der Einleitung dieses Buches.

Glaubensüberzeugungen und Lebensstile können nicht aufoktroyiert werden

Gibt es im Islam wirklich Raum für Pluralismus? Garantiert er Glaubensfreiheit für Juden und Christen? Oder befielt der Islam, über Nichtmuslime zu gebieten? *Hodschaefendi* verweist in seiner Antwort auf diese Fragen Rainer Hermanns darauf, dass im Islam niemandem ein Glaubenssystem aufoktroyiert und niemand aufgrund seiner religiösen Identität verachtet oder gedemütigt werde:

„Im Kern des Islams bestehen Prinzipien wie: Jeden in seiner Grundeinstellung akzeptieren; gewährleisten, dass jeder die Rechte und Freiheiten vor dem Gesetz als gleicher Bürger genießen kann, solange die Rechte und Freiheiten anderer nicht beschnitten werden; gewährleisten, dass ein bestimmtes Glaubenssystem oder eine bestimmte Lebensweise nicht durch die Politik aufgezwungen wird; gewährleisten, dass niemand wegen ethnischer, kultureller, religiöser oder ähnlicher Gründe gedemütigt und erniedrigt wird; es gibt das Prinzip, dass keiner einer Ungleichbehandlung bzw. Diskriminierung ausgesetzt werden darf.

Die Glaubensfreiheit ist in der muslimischen Religion ein Prinzip. Ich will das mit einem Beispiel aus der islamischen Geschichte verdeutlichen. Als der ehrenwerte Prophet zum Auszug von Mekka nach Medina rief, hatte es in Medina neben Arabern jüdische Stämme und einige Christen gegeben. Die damals polytheistischen Araber zeigten den Juden und Christen gegenüber Respekt, weil diese sich auf eine göttliche Offenbarung bezogen. Manche Mütter, deren Kinder todkrank waren, schworen sogar bei Gott, dass sie ihre Kinder, wenn sie überlebten, zur Erziehung an Juden oder Christen geben würden.[9] So gab es, als der Prophet nach Medina auszog, Araber, die Juden oder Christen geworden waren. Als die Väter und Mütter dieser Kinder Muslime wurden, wollten sie ihre Kinder zwingen, ebenfalls Muslime zu werden. Daraufhin wurde ein Koranvers herabgesandt, der besagt, dass es in den Fragen der Religion keinen Zwang geben dürfe, dass die Religion ein göttliches Angebot sei, dass die Menschen dieses Angebot nur mit ihrem freien Willen akzeptieren oder ablehnen sollten. Der Vers 2:256 untersagte also, den Kindern Zwang anzutun. Das islamische Prinzip ist, die Freiheit der Glaubensausübung – der Muslime wie der Nichtmuslime – unter Schutz zu stellen. Die jedoch unterschiedlichen Umsetzungen in der Geschichte müssen in ihrem eigenen historischen Kontext gesehen werden. Jedes Ereignis muss innerhalb seiner politischen, sozialen und wirtschaftlichen Bedingungen und Umstände bewertet werden. […]

Aspekte für den Pluralismus und die Akzeptanz des anderen sind die Gleichheit des Menschen vor dem Gesetz, die Glaubensfreiheit, die Erziehung und Unterrichtung im Glauben. Diese Prinzipien gelten, solange sie die Rechte anderer nicht beschneiden. Wenn einige Verse des gesegneten Korans dem auf den ersten Blick entgegengesetzt scheinen, muss man die Offenbarungsanlässe dieser Verse genau im jeweiligen Kontext ansehen. Entscheidend ist, dass sich diese Verse nicht verallgemeinernd gegen Einzelpersonen oder Gruppen richten, sondern gegen ihre Haltung und ihr Verhalten. Die islamische Religion hat ihre Beziehung zu Christen, Juden und Polytheisten nicht auf Glaubensunterschieden aufgebaut, sondern auf deren Hal-

9 Es wird überliefert, dass selbst der zweite Kalif Umar einen Bruder hatte, der zum jüdischen Schriftgelehrten wurde.

tung und Verhalten. Bereits der Koran und die Sunna haben die Prinzipien des Zusammenlebens entworfen.“ *(6. Dezember 2012, Frankfurter Allgemeine Zeitung, Rainer Hermann)*

Die Privatsphäre und Würde eines Menschen stehen unter Schutz, die persönliche Immunität ist unantastbar

Joe Lauria vom Wall Street Journal führte im Mai 2010 ein Gespräch mit Fethullah Gülen und befragte ihn zu wichtigen Themen wie dem Beitrag der Hizmet-Bewegung zur Demokratie, der Rolle der Privatsphäre in einer Demokratie, den Persönlichkeitsrechten in einem demokratischen System und wie sie zur Gleichberechtigung anderer Individuen sowie zur Privatsphäre stehen.

Ein Teil dieses Gespräches wurde am 4. Juni 2010 im *Wall Street Journal* veröffentlicht. Auf die Frage *„Welchen Beitrag leisten Sie selbst und ihre Anhänger zum Demokratisierungsprozess in der Türkei?“* antwortet er wie folgt:

„Ich bin niemand, der Anhänger hätte. Einige teilen meine Ansichten, andere nicht. Ich pflege und pflegte keine Beziehung zu irgendwelchen politisch motivierten Bewegungen. Ich äußere mich lediglich als türkischer Staatsbürger, wenn ich in der Öffentlichkeit befragt werde und ich zu dem Thema etwas beizutragen habe. Ich habe schon des Öfteren zum Ausdruck gebracht, dass es von der Demokratie kein Zurück mehr gibt.“

Als Antwort auf die Frage *„Welche Rolle spielt die Privatsphäre in einem demokratischen Staat?“* weist Gülen darauf hin, dass niemand ohne offenkundige Beweise vom Staat beschattet werden sollte, denn im Islam gibt es eine Privatsphäre, die jeder schützen sollte:

„Der Islam verbietet es, zu spotten, herabzusetzen und zu fluchen sowie mit der Selbstachtung und der Würde eines Menschen zu spielen. Ebenso verbietet er es, Menschen zu verdächtigen, ihnen nachzuspionieren und schlecht über sie zu reden. Der Islam unterbindet es ferner, menschliche Schwächen, Makel und Geheimnisse zu enthüllen und in aller Öffentlichkeit preiszugeben. Es gibt eine Privatsphäre, die es zu respektieren und vor Spioniererei zu schützen gilt. Niemand darf ohne einen konkreten Grund oder aufgrund eines unbegründeten Verdachts unter Beobachtung gestellt werden."

Hodschaefendi zitiert einen Hadith und erklärt, dass die Menschen vor dem Gesetz so gleich wie die Zähne eines Kammes seien; dies spiegele sich auch in der einheitlichen Kleidung der muslimischen Pilger in Mekka wider, bei der es keinen Unterschied zwischen Hautfarbe und Nationalität gibt:

„Ungleichheit vor dem Gesetz ist nicht gerecht. Gott gebietet allen Menschen im Gebet vor Ihn zu treten, ohne Unterschiede im Hinblick auf Hautfarbe, Rasse, Stellung oder Status zu machen. Daher kleiden sich muslimische Pilger allesamt gleich. Unser Prophet Muhammed verfügte, dass alle Menschen (vor dem Gesetz) so gleich wie die Zähne eines Kammes seien; des Weiteren sagt er: ‚Ihr alle seid Nachkommen Adams, wie Adam aus dem Erdboden erschaffen. Ihr Menschen, verhaltet euch wie Brüder!' Der Islam versichert den Menschen den Schutz des Lebens, des Wohnraums und der Privatsphäre. Er verbietet unter allen Umständen die Immunität des Individuums zu verletzen und die Intimität des familiären Umfelds zu missachten.

Der Koran sagt [sinngemäß]: Oh ihr, die ihr glaubt! Vermeidet häufigen Argwohn, denn mancher Argwohn ist eine schwere Sünde. Und spioniert nicht und sprecht nicht schlecht über einander (Sure El-Hudschurat, 49:12). Mit diesem Vers wurde es untersagt, die Schwächen der Menschen auszukundschaften, ihre Fehler offenzulegen, ihre Sünden zu enthüllen und die Geheimnisse des Privatlebens öffentlich zu machen. Gläubige werden davor gewarnt, spionierend Jagd auf die Mängel, Fehler, Unzulänglichkeiten und Sünden anderer zu machen, ihre Schwachstellen zu suchen, unbestätigte Informationen als absolute Wahrheit hinzustellen, andere einer Straftat zu bezichtigen und zu versuchen, Dinge, die Gott verhüllt hat, in übergroßem Eifer aufzudecken.

Leider werden diese sensiblen Leitlinien unserer Religion nicht beachtet und es werden weder wirksame Maßnahmen ergriffen noch starke Sanktionen verhängt." *(4. Juni 2010, The Wall Street Journal, Joe Lauria)*

Wir sind Enkel einer militaristischen Nation, individuelle Identität erfordert Anstrengung

Eine fundamentale Kritik, die in Bezug auf den Islam und orientalische Gesellschaften geäußert wird, ist, dass der Individualismus und unabhängiges Denken nicht weit entwickelt seien. *Hodschaefendi* trifft in einem Interview der New Yorker Journalistin und Autorin Nevval Sevindi hierzu wichtige Feststellungen. Gülen nennt einen Hauptgrund dafür, dass freies Denken und die individuelle Identität in diesen Gesellschaften nicht sehr ausgeprägt sind: „Weil wir Enkel einer militäristischen Nation sind." Sofern es keine Frage der Genetik ist, sollte es nach Gülens Meinung möglich sein, dies zu überwinden; allerdings weist er darauf hin, dass große Anstrengungen nötig seien, um eine persönliche Identität zu gewinnen – das „individuelle Erblühen“:

„Es ist nicht ganz einfach, die Gewohnheiten von Menschen zu ändern. Menschen ziehen sich gerne ohne groß nachzudenken in etwas zurück. Individuelles Erblühen ist sehr schwer herbeizuführen. Es erfordert große Anstrengung. Sich zurückzuziehen ist dagegen ganz leicht – und das ziehen wir zumeist vor. […]

Ich frage, weil es mich interessiert: Inwieweit besitzen wir in der türkischen Gesellschaft, ich und andere – diejenigen, die unsere Bewegung unterstützen mit eingeschlossen –, die Fähigkeit und die Neigung, in dieser Richtung auf die Schnelle einen Gedanken zu entwickeln? Wir sind halt Enkel einer militaristischen Nation. Das haben wir von unseren Ahnen. Ich habe sogar hin und wieder gegenüber Freunden, die etwas von Genetik verstehen, meine Bedenken zu diesem Thema geäußert und sie gefragt: Vererben sich Eigenarten einer Nation, wird das genetisch weitergegeben? Das hatte mich wirklich interessiert. Ich habe aber keine zufriedenstellende Antwort erhalten.

Jedoch kann immer von solch einer Vererbung gesprochen werden. Das spiegelt sich im Parlament anders wider als in staatlichen Behörden; im Militär äußert sich diese Vererbung wieder ganz anders. […] Andere Teile der Gesellschaft stehen im Rahmen ihrer Möglichkeiten unter dem Einfluss der gleichen Neigung. Wenn es sich hier jedoch nicht um eine Sache der Genetik handelte, dann sollte man sie meiner Meinung nach einreißen. Mit anderen Worten: freier und ungezwungener zu denken, eine individuelle Identität zu gewinnen – das ist sehr wichtig.“ *(27. Juli 1997, Yeni Yüzyıl, Nevval Sevindi)*

In dem gleichen Interview erinnert Gülen daran, dass auch im Islam Wert auf persönliche Entwicklung und Selbstverwirklichung gelegt werde, indem er besonders darauf hinweist, dass der Koran jedes Individuum förmlich als eine „Gattung" für sich betrachtet:

„Der eigentliche Ursprung der Philosophie des Existenzialismus, der auf die Weltkriege folgte, in Zeiten universeller Krisen, in denen die Nationen in diese und jene Abenteuer und in den Massentod getrieben wurden, liegt wohl hierin: Das Individuum war dabei, mit allem, was es ausmacht, dahinzuschwinden, es war in seinen Grundfesten erschüttert worden und dabei, zugrunde zu gehen. Die Existenzialisten hatten sicher guten Grund, sich dem Verschwinden des Individuums entgegenzustellen. An einigen Stellen gingen sie jedoch zu weit und förderten so einen anderen Missstand.

So wie bei allen Dingen, kommt es auch hier auf Ausgeglichenheit an. Man sollte sich vor dem Individuum, seiner Motivation gegenüber anderen Individuen und der Entwicklung eines Individuums nicht ängstigen oder fürchten. Denn der Islam und der Koran betrachten das Individuum förmlich als eine Gattung; jedes Individuum stellt gegenüber anderen eine eigene Art dar. Entscheidend sind die Quellen, aus denen es seine Gedanken und Gefühle speist, die Quellen seines Verständnisses. Mit anderen Worten: So wie Bäume einen Wald ausmachen, so wird das Individuum, wenn es eine bestimmte Geisteshaltung, ein bestimmtes Verständnis und einen gewissen Horizont erreicht hat, begreifen, dass es in einer Gesellschaft leben sollte. Ich denke, dass es das verstehen wird.

Daher wird ein Mensch, der sich weiterentwickelt hat, das Bedürfnis verspüren, mit andern zusammen zu sein, dass es nicht gut ist, allein zu sein. Einerseits wird er verstehen, dass es nicht gut ist, allein zu sein, andererseits wird er ein Niveau erreicht haben, auf dem er anderen Gesellschaftsteilen kein Leid zufügt und anderen nicht schadet. Einem Individuum, das sich auf diese Weise bildet und das, statt seine individuellen Rechte und Freiheiten dazu zu nutzen, anderen zu schaden, diese nutzt, um anderen zu helfen, sich ihrer eigenen Präferenzen bewusst zu werden, sollten großartige Möglichkeiten eingeräumt werden, sich weiterzuentwickeln.

Ansonsten würde man auf verschiedenen Ebenen immer nur das Rollenspiel von Herrschern und Beherrschten, Unterdrückern und Unterdrückten erleben – Unterdrückung und Ungerechtigkeit, Barbarei und Benachteiligung. Dieses bittere Bild zeichnet sich auch in der Türkei ab.“ *(27. Juli 1997, Yeni Yüzyıl, Nevval Sevindi)*

Ebu Hanife: Die Wahrheit entsteht aus kontroversen Meinungen

Eine der Fragen, die die Journalistin und Autorin Nuriye Akman im Jahr 2004 an Fethullah Gülen richtete, lautet:

„Im Gespräch mit Ihren Gästen wiesen Sie auf die Wichtigkeit des Brainstormings hin. Ich möchte dem einmal widersprechen. Hier geht es nicht um Brainstorming. Niemand äußert einen kontroversen Gedanken. Man hört Ihnen in der Regel andächtig zu. Es geht scheinbar nicht um kontroverse Gedanken, sondern um Konsens. Würden Sie es sich wünschen, wenn unterschiedliche Ansichten – Stürme des Brainstormings – hervorbrächen, eine Atmosphäre demokratischen Disputs entstünde? Es kommt mir so vor, als ob hier das Individuelle unterdrückt würde.“

Gülen erinnert in seiner Antwort an Ebu Hanife, einen in der Geschichte des Islams herausragenden Imam, und an seine Beziehung zu seinen Schülern, die unter dem Motto *„Die Wahrheit entsteht aus kontroversen Meinungen"* stand:

„Manche unserer Freunde mögen sich höchstwahrscheinlich aus Respekt nicht immer äußern wollen. Sie halten sich mit Äußerungen zurück. Aber es sind ihrer nicht wenige, die genau das tun, was Sie einklagen. Es wird viel geredet, sie äußern ihre Gedanken. Vielleicht mögen sie sich manchmal genieren oder traurig sein, weil ich ihrer Meinung widerspreche; ich habe sie jedoch immer dazu ermutigt. Ebu Hanife hat die Themen immer mit seinen Schülern interaktiv diskutiert. Man kam zu einem gemeinsamen Ergebnis. Manchmal in seinem Sinne, manchmal ging es auch nach Ebu Yusuf oder Imam Muhammed Schaibani. Es kam auch vor, dass eine Entscheidung im Sinne von Ebu Hanife getroffen wurde, er aber später dazu sagte: ‚Ich habe mir die Quellen noch einmal angesehen. Nicht ich, sondern ihr hattet recht.' Auch dies besprechen wir mit unseren Freunden. Um zu verhindern, dass ein untertäniger Geist entsteht, nach dem Motto: ‚Dieser eine hat immer recht.'

Mein Gesichtskreis ist bei diesem Thema nicht so weit, wie der des Ebu Hanife, aber unsere Freunde sollen sich frei fühlen, ihre Gedanken zu äußern. […] Wir können respektvoll und offen über jedes Thema interaktiv diskutieren. Die Wahrheit entsteht aus kontroversen Meinungen. Ich denke, das wird mit der Zeit schon klappen. Schon jetzt fühlt sich jeder frei, seine Gedanken offen zu äußern. Wenn sie richtig sind, werden sie gerne angenommen." *(31. März 2004, Zaman, Nuriye Akman)*

Bildung bedeutet nicht, den Schülern eine Uniform anzuziehen

Fethullah Gülens Meinung nach bedeutet Schulbildung nicht das Anziehen einer Schuluniform. Er betont die Notwendigkeit, individuelle Unterschiede zu fördern, und weist darauf hin, wie wichtig die Vielfalt an Farben und Tönen von Gedanken und Vorlieben sowie auf Gebieten der Kunst und der Literatur sind:

„Ich möchte darauf hinweisen, dass wir Bildung niemals als Gleichschaltung der Schüler verstanden haben. Ganz im Gegenteil: Wir haben individuellen Unterschieden stets Wert beigemessen und sogar zu individuellen Unterschieden ermuntert. Das geht sogar so weit, dass die Schüler sich heute mehr den naturwissenschaftlichen Fächern zuwenden und ihnen so bis zu einem gewissen Grad die Gelegenheit und Möglichkeit fehlt, ihre individuellen Unterschiede auf den Gebieten der Kunst und der Literatur zum Vorschein zu bringen.

Der Grund hierfür ist nicht das Bildungskonzept der Schulen, sondern das Diktat der heutigen Lebensbedingungen. Trotzdem denke ich, dass die Schüler, wenn sie einmal auf den Geschmack gekommen sind, erkennen, dass es auch an Gedanken und Vorlieben sowie in der Kunst und der Literatur eine Vielfalt an Farben und Tönen gibt.“ *(13. August 1997, Milliyet, Hakan Yavuz)*

Die Umwelt zu schützen ist ein Erfordernis des Islams

Lassen Sie uns zu guter Letzt noch einen Blick auf die Gedanken Fethullah Gülens zu Umweltfragen lenken. In den

1960er Jahren fing ein Junge namens Davut in einem Zeltlager eine Schlange. Sie schüttelnd brach er ihr das Rückgrat, woraufhin ihn Gülen mit den Worten „Welches Recht hattest du, dieses Tier zu töten?“ zurechtwies und ihn bestrafte, indem er eine Weile nicht mit ihm sprach. Wieder in einem Zeltlager – diesmal sollten Insektizide gegen das Ungeziefer in der Umgegend versprüht werden. Gülen sorgte mit den Worten: „Ihr habt kein Recht, diese Tiere zu töten“, für eine Verlegung des Lagers, was bedeutete, die Zelte abzuschlagen, erneut aufzubauen und auf ein Neues Latrinen zu graben. Trotz der Umstände, die dies verursachte, räumte Gülen dem Leben von Käfern und Insekten Vorrang ein.

Hodschaefendi setzte sich in den 1990er Jahren für die Wiederaufforstung abgebrannter Wälder in verschiedenen Teilen der Türkei ein und sagte: „Sich der Umwelt anzunehmen, das ökologische Gleichgewicht zu bewahren und zu schützen, gehört zu den fundamentalen Aufgaben eines Muslims. […] Dies ist eine religiöse, nationale und heimatliche Aufgabe.“ Er führte weiter aus:

„Bäume pflanzen – das ist bei mir ein schon an Qual grenzender Wunsch. Wenn ich die fruchtbaren Felder meiner Heimat derart vertrocknet sehe, stimmt mich das sehr traurig, ich kann meine Traurigkeit kaum in Worte fassen. […] Die Lösung? Jeder Einzelne in diesem Land sollte einen Baum pflanzen. Jedes Paar, das heiratet, jeder junge Mann, der zum Militär geht, jeder Schüler, der sein Abitur gemacht und jetzt auf die Universität geht, jeder Beamte, der seinen Dienst antritt, jeder der einen Job antritt, jeder, der in Rente geht, sollte einen Baum pflanzen. Das sollte Teil unseres gesellschaftlichen und ethischen Selbstverständnisses werden. […] Wenn doch nur jeder im Laufe seines

Lebens zehn Bäume pflanzen würde." (https://fgulen.com/tr/fethullah-gulenin-butun-eserleri/fasildan-fasila/fethullah-gulen-fasildan-fasila-3/11200-Fethullah-Gulen-Ekoloji)

In einem Interview des holländischen Fernsehsenders NMO antwortete Gülen auf die Frage: *„Warum hat man der westlichen Welt nichts über das ökologische Verständnis des Islams und seine Ansichten zu den Menschenrechten vermittelt? Würden Sie uns diese Anschauungen erläutern?"*, wie folgt:

„In der Tat ist es unser Versäumnis, das Thema Islam und Ökologie nicht ausreichend erklärt zu haben. Eigentlich haben wir Experten, die sich diesem Thema anhand der grundlegenden theologischen Quellen genähert haben, Experten für die Hadithe und der Koran-Exegese. Ich vermute, wir haben die Bedeutung der Thematik unterschätzt. Nähern wir uns dem Thema aus dem erhabenen und dem Leben Wert beimessenden Blickwinkel unseres Propheten, so sehen wir, dass er einmal die Wüste und die karge Einöde von Mekka unter Naturschutz stellte. Er verfügte, dass die Pflanzenwelt dort nicht beschnitten werden sollte, und Gott bestätigte dies im Koran. Er gab den Menschen dort somit eine Idee davon, dass Dürre und Kargheit den Tod bedeuten.

Die Natur, das Gleichgewicht des Ökosystems, muss in sich geschützt werden. Die Unverletzlichkeit von Mekka ist zwar eine durchaus religiöse Angelegenheit, aber wir dürfen uns an ihren Prinzipien durchaus orientieren. Denn bei seiner Ankunft in Medina verfügte [Muhammed], dass Gott Mekka als heilige Stätte ausgerufen habe und er es ebenfalls tue. Er erklärt es als Naturschutzgebiet. Er lässt nicht zu, dass sich jemand an der Pflanzenwelt zu schaffen macht. Während der Zeit der Pilgerfahrt gelten solche Verletzungen als Vergehen und werden geahndet. Auch zu anderen Zeiten wertet der Koran derartige Übergriffe auf die Natur im unantastbaren Gebiet von Mekka als Verbrechen.

Das ist die eine Seite. Der Prophet Gottes würde, denke ich, auch dann diese Vorgehensweise ausdehnen und auf der Erde große Parks und Gärten anlegen, wenn die ganze Welt unter seiner Hand stünde. […] Aus diesem Blickwinkel betrachtet, kann man sagen, dass der Islam auf dem Gebiet des ökologischen Gleichgewichts ebenso gewissenhaft ist, wie es zu seinem universellen Erkennungsmerkmal geworden ist, sich um den Schutz des Menschen zu kümmern. Der Stolz der gesamten Menschheit [Muhammed] verfügt: Wer am Tag des Jüngsten Gerichts einen Setzling in der Hand hält, möge ihn pflanzen. Wenn du am Jüngsten Tag einen Baum pflanzt und die Hoffnung für die Welt nicht aufgegeben hast, bist du verpflichtet, die Erde zu bepflanzen.[10]

Wenn Menschen, die behaupten, sie stünden Muhammed, dem Gesetzgeber einer Religion, dem als Quelle der Gesetzgebung betrachteten Stolz der Menschheit nahe, Wälder roden und das Land in eine wüste Einöde verwandeln, sollte man immer hinterfragen, wie es um ihre Beziehung zum Propheten wirklich bestellt ist. Man sollte den Islam und die Muslime erneut untersuchen und sich unmittelbar von der Zeit inspirieren lassen, als der Prophet auf der Erde weilte und sich entsprechend zu Wort melden.“ *(19. Oktober 1995, Nederlandse Moslim Omroep [NMO], https://fgulen.com/tr/fethullah-gulenin-butun-eser-*

10 Dies ist ein authentischer Hadith, der auch dem Reformator Martin Luther zugeschrieben wird.

leri/69-fgulen-com-turkce/basindan/Televizyon-Roportajla-ri/1472-NMO-NMO-Hollanda-televizyonu-ile)

2. Die Moderne und der Laizismus

Während des Osmanischen Reiches konnten in der Türkei die verschiedensten Religionen und Konfessionen ihren Glauben frei ausleben. Obgleich das Osmanische Reich keine Theokratie darstellte, kann man dennoch nicht von einer klaren Trennung von Religion und Staat sprechen.

Nach dem Untergang des Osmanischen Reiches wurde 1921 folgender Artikel in die Verfassung der neugegründeten Republik Türkei aufgenommen: „Die Staatsreligion ist der Islam." Dieser Artikel wurde 1924 wieder entfernt und der Grundsatz des Laizismus übernommen. Jedoch muss man festhalten, dass der Laizismus, wie er in der Türkei praktiziert wird, bis heute immer wieder Anlass zu Diskussionen gab. Einer der Gründe liegt darin, dass die Türkei eine sehr strenge und autoritäre Auslegung des Laizismus französischer Couleur übernahm, die die Religion vollständig aus dem Staatsleben verbannte. Gleichermaßen kopierte die Türkei eine Reihe weitere französischer Gesetze und setzte sie in Kraft.

Diese strenge und autoritäre Anwendung des Laizismus entwickelte sich im Laufe der Zeit für die religiöse Bevölkerung des Landes zu einem unterdrückenden Element. Religiöse Menschen wiesen darauf hin, dass es auch andere laizistische Anschauungen auf der Welt gebe: Die USA beispielsweise schließe die Religion nicht völlig aus.

Fethullah Gülen war wohl einer der ersten Gelehrten, die zum Ausdruck brachten, dass die islamische Welt kein Problem mit der Moderne und dem Laizismus habe. Allerdings wies er auch darauf hin, dass der Laizismus, wie er in der Türkei praktiziert werde, religiöse Menschen unterdrücke und ihre Rechte verletze. Er betonte, dass ein Laizismus, wie er beispielsweise in den USA und in Deutschland praktiziert werde, ohne die religiösen Freiheiten einzuschränken, von gläubigen Muslimen akzeptiert werde.

Henry Muller, ein Journalist des Nachrichtenmagazins *Time*, stellte Gülen im Rahmen seines mit ihm am 4. Juni 1997 geführten Interviews folgende ausführliche Frage:

„Wünscht Ihrer Meinung nach die Mehrheit der türkischen Muslime in einem demokratischen, laizistischen Staat zu leben? Würden sich die meisten dieser Muslime Veränderungen in den laizistischen Verwaltungseinrichtungen der Republik wünschen? Mit anderen Worten: Würden Sie sich wünschen, dass die Frage des Kopftuches, der islamischen Kleidervorschriften und der islamischen Bildung noch einmal überarbeitet wird? Ist es in der Türkei möglich, dass die Demokratie und der Islam parallel nebeneinander existieren? Falls das möglich wäre, könnte die Türkei an diesem Punkt für den Rest der Welt ein Vorbild sein?“

In seiner Antwort bemerkt *Hodschaefendi*, dass der Laizismus in der Türkei eine Zeitlang als „Existenzverweigerung für die Religion" verstanden und die Demokratie ohne Religions- und Glaubensfreiheit praktiziert wurde:

„Man kann sagen, dass in der Türkei bereits seit vielen Jahren Demokratie und Laizismus existieren. Teilweise gab es sie bereits im Osmanischen Reich und man kann sagen, die Gründer der Republik ließen sich von diesem Geist des Laizismus inspirieren und bauten ihn weiter aus. In späteren Jahren ging dieser Begriff direkt in die Verfassung ein. Jedoch wurde über die Definition, über den Rahmen nicht ausführlich gesprochen, es wurden nicht genügend Erklärungen gegeben. Aus diesem Grund stellt das entstandene Unbehagen weniger ein Unbehagen über den Laizismus und die Demokratie dar, sondern es entstand aus der Unklarheit der Begrifflichkeiten.

Beispielsweise vertraten in der Türkei einige die Ansicht, Laizismus bedeute, der Religion das Existenzrecht zu verweigern. Natürlich konnten sie das nicht zu den türkischen Christen oder Juden sagen, denn hinter diesen stand Europa, Amerika, ja die ganze Welt. Aber es fand sich niemand, der die Rechte der Muslime verteidigte. Gegen sie eingenommene Kreise sagten, Laizismus müsse in der Türkei anders verstanden werden. Diese Ansicht spiegelte sich in den Zeitungen und sogar in den offiziellen Protokollen des türkischen Parlaments wider. Man findet sie in den Manifesten der Juristen, die sie anschließend in ihren Versammlungen deklarierten.[11]

---

11 Der Lehrmeister meint damit, dass der Laizismus in der Türkei eher als Religionslosigkeit verstanden wurde, nicht als Trennung von Religion und Staat. Diese Ansicht ist in vielen Protokollen des türkischen Parlamentes, in den Deklarationen der Juristen sowie in Zeitungen mehrfach belegt. Die junge Republik war unter dem Deckmantel des Laizismus extrem religionsfeindlich.

In der Türkei müsse Laizismus Religionslosigkeit bedeuten. Aber genau dies führte zu Missstimmungen! Demokratie solle auf Menschen Druck ausüben – in persönlichen, familiären, gesellschaftlichen, religiösen und formellen Angelegenheiten; sie wurde so interpretiert, als solle sie den Menschen die Möglichkeit nehmen, individuell nach ihrem Glauben und nach ihren Gedanken zu handeln. Das führte zu Unruhe! Dennoch hat unser Volk einen in unserer Geschichte wurzelnden Anstand. Daher beobachten wir bis heute keinerlei Aufstand von Gegnern des Laizismus und Demokratie gegen den Staat.“ *(4. Juni 1997, Time, Henry Muller)*

„Laizismus schon im Osmanischen Reich“

In diesem Zusammenhang führt Gülen in einem am 21. Juli 1997 in der Zeitung *Yeni Yüzyıl* veröffentlichten Interview von Nevval Sevindi Folgendes aus:

„Im Osmanischen Reich wurden Unmengen von Gesetzen erlassen. Da es hierbei um weltliche Angelegenheiten ging, kann man sagen, dass man sich der Sache aus einem säkularen Blickwinkel näherte. Und wenn man den Standpunkt vertritt, man dürfe sich nicht in die Religion oder den Gottesdienst der anderen einmischen, dann ist das Laizismus. Man sehe sich die Artikel der Verfassung an: Die Religionsfreiheit ist unverletzlich. Auch der Koran sagt: ‚Eure Religion euch, meine Religion mir‘. Der Grundgeist der Religion ist die Annahme jedes Einzelnen. Die Osmanen mögen Fehler gemacht haben, aber Zigmillionen Menschen auf so großem Gebiet, aus so vielen Nationen, Religionen und Kulturen vereint zu haben, beruhte auf ebendieser tiefen Toleranz.“ *(21. Juli 1997, Yeni Yüzyıl, Nevval Sevindi)*

Hodschaefendi erinnert daran, dass durchaus die Ansicht vertreten werde, im Osmanischen Reich habe es in einem gewissen Sinne Laizismus gegeben und dass viele Intellektuelle bemerkten, der Laizismus werde in der Türkei nicht vollkommen ausgelebt. Dass die Verwechslung des Laizismus mit dem Säkularismus problematisch ist, erklärt Gülen folgendermaßen:

„Menschen, die die Geschehnisse aus diesem Blickwinkel betrachten sagen, dass es zur Zeit der Osmanen in einem gewissen Sinne bereits Laizismus gab. Auch heute gibt es ihn. Aber viele Intellektuelle sagen, in der türkischen Demokratie werde der Laizismus nicht vollkommen ausgelebt. Das sagt der Westen auch. Auch wenn es nicht ganz so ist, wie behauptet wird, heißt das doch, dass es in der Türkei erkennbare Defizite gibt. Es ist alles relativ. Auch in der Zeit des Konstitutionalismus gab es den Laizismus in gewissem Maße und in diesem Rechtsverständnis kam man bis zur Republik. In der Republik wurde die Angelegenheit wiederum etwas weiter vorangetrieben. Der Staat hat zugunsten seines eigenen Bestehens diesen existenziellen Grundsatz verinnerlicht und mit Nachdruck hervorgehoben. Er wurde unveränderlich in die ersten Artikel der Verfassung aufgenommen.

Ich bin kein Jurist, aber dass sich das Amt für Religionsangelegenheiten nicht in das tägliche profane Leben und der Staat sich nicht in das religiöse Leben einmischen sollte, dass jeder in seinem persönlichen Umfeld seine Religion ungestört ausleben können sollte, habe ich in meinen Ausführungen bereits angerissen. Demgegenüber wird in der Türkei Laizismus mit Säkularismus verwechselt, aber Säkularismus ist weltlich. Ja, heute wird sogar diskutiert, dass es diesen Säkularismus bereits im Seldschuken-Reich und im Osmanischen Reich gab. Wenn dem nicht so ist, dann sind doch außer der Sunna und der Idschma die sich auf gute Sitten stützenden Rechtsmeinungen und die auf Fachwissen gründenden neuen Gesetze und *Kanunnames*[12] ausschlaggebend – und davon gibt es wahrhaft eine Menge. Laizismus wird eben als Säkularismus verstanden." *(29. März 1997, Samanyolu TV, Osman Özsoy und Mim Kemal Öke)*

Die Definition der vollkommenen Demokratie

Hodschaefendi definiert genau an dieser Stelle die „vollkommene Demokratie". Seiner Meinung nach erfüllt die perfekte Demokratie nicht nur irdische Bedürfnisse, sondern auch solche, die mit dem Glauben an das Jenseits zu tun haben:

„Wer Laizismus als Säkularismus versteht, betrachtet die Sache rein von irdischem Standpunkt aus und wünscht in unserem Staatssystem keinerlei Spuren vom Glauben an das Leben nach dem Tod zu finden. Ich allerdings hege den Wunsch – ob das nun realistisch ist oder nicht –, dass Demokratie so gestaltet wird, dass sie wirklich alle Bedürfnisse des Menschen umfasst, sowohl die diesseitigen – dass sie mir bis zum Grab hin helfe, mein eigenes Leben zu führen –, als auch die jenseitigen – dass sie mir sogar für meine Probleme nach dem Tod Lösungen anbietet. Ich wünschte, sie möge sogar Auswege für meine Schwierigkeiten im Jenseits aufzeigen! Ich habe keine Ahnung, wie sich diese Herausforderung meistern ließe.

---

12 Öffentlich-rechtliche königliche Gesetzgebung der osmanischen Sultane, zumeist im Bereich der folgenden Rechtsgebiete: Strafrecht, Verwaltungsrecht, Steuerrecht und Finanzrecht. Der Lehrmeister weist auf die berühmtesten *Kanunnames* von Sultan Mehmet II. dem Eroberer und Sultan Süleyman dem Prächtigen hin, die im 15. und 16. Jahrhundert die Strafe des Handabhackens für Diebstahl sowie Steinigung für Ehebruch in Geldstrafen umgewandelt hatten.

Ich lege den Menschen der Zukunft ans Herz, die sich sehr gut demokratisiert und die Demokratie auf ein gutes Fundament gestellt haben, sich über diese Frage Gedanken zu machen. Denn ich bin nicht nur ein Mensch mit einem Körper, ich habe auch einen geistigen Aspekt. Neben der physischen Komponente habe ich auch eine metaphysische, neben der irdischen auch eine dem Jenseits zugewandte. Nur wenn man alle diese berücksichtigt, werde ich mich als Ganzes angenommen fühlen. Ich muss mit all meinen Seiten akzeptiert werden, um das friedliche Wohlbehagen zu empfinden, das die Demokratie mir verheißt. Ich denke, eine vollkommene Demokratie muss alle, die physischen und die metaphysischen Bedürfnisse des Menschen stillen.“ *(29. März 1997, Samanyolu TV, Osman Özsoy und Mim Kemal Öke)*

Acht Jahre nach diesem Interview spricht Gülen erneut über die „ideale Demokratie“, und zwar am 17. Januar 2005 in der Zeitung *Milliyet* im Rahmen einer über 22 Tage dauernden Reihe von Interviews (Folge 15):

„Es gibt heutzutage viele verschiedene Formen der Demokratie: christliche, soziale und liberale. Warum sollte es nicht auch eine Demokratie geben, die muslimischen Gefühlen bzw. Sensibilitäten und Gedanken Raum gewährt, die sich im Rahmen dieser Verbundenheit zu diesen weiterentwickelt und entfaltet? Wir sind Menschen und haben nicht wenige Bedürfnisse. In uns wohnt ein Gefühl der Unendlichkeit, wir können uns mit dem Tod nicht abfinden. Ohne Gott und das von ihm verheißene ewige Leben gebe ich mich nicht zufrieden. Wenn ich ohne die Hoffnung auf ein ewiges Leben leben müsste, wenn ich denken müsste, ich würde beim Tod zu existieren aufhören, würde ich in ständiger *Angoisse*[13] leben, in Depressionen verfallen. Ich schöpfe meine Kraft zum Leben aus der Hoffnung auf die Ewigkeit, auf eine Begegnung mit Gott. Wenn es eine humane Demokratie geben soll, dann muss sie mich mit alledem komplett annehmen, sie muss so gestaltet werden, dass sie alle meine Bedürfnisse befriedigt. Sie muss die Menschen umsorgen. Sie muss auch mittels adäquater Bildung metaphysische Bedürfnisse befriedigen können. Sie darf keine Lücken lassen; die Schule, das Umfeld, die Religion und die Familie müssen den Menschen beistehen. Für meine Begriffe müssen in einer Demokratie alle Menschen berücksichtigt werden, es müssen Möglichkeiten und Wege geschaffen werden – sowohl für säkular orientierte Menschen, auf der Welt zufrieden leben zu können, als auch für spirituell ausgerichtete Menschen, mit dem Glauben an das Jenseits zu leben. Auch die Demokratie macht einen Entwicklungsprozess durch – die Türkei ist zum Beispiel schon lange eine Demokratie, aber die Kriterien, die uns Kopenhagen aufzeigte, machten uns das Ausmaß unserer Schwächen bewusst – und dieser Reifeprozess wird Schritt für Schritt zur Vervollkommnung führen.[14] [...]

Ich glaube daran, dass es eines Tages Systeme geben wird, die unter dem Schirm der Demokratie unsere mentalen und emotionalen, Herzens- und Geistesbedürfnisse stillen werden; ich sehe auch, dass wir uns in diese Richtung entwickeln. Ich glaube zudem, dass sich die Verhärtungen zwischen dem laizistischen und dem islamistischen Lager (ich muss hier betonen, dass ich diese Ausdrücke [laizistisch und islamistisch] nicht

---

13 Eine Art von angstbedingter psychischer Krankheit, die die Muskeln lahmlegt.

14 Die vom Lehrmeister entworfene *humane bzw. ideale Demokratie* ist ein Ideal, das nicht nur soziale oder ökonomische, sondern auch die psychischen Aspekte des Menschen berücksichtigt.

mag) aufweichen werden. Gebildete, intellektuelle Menschen müssen verständig sein, von eingebildeten Ängsten, die auf Hirngespinsten gründen, befreit werden." *(17. Januar 2005, Milliyet, Mehmet Gündem)*

„Religion kann im laizistischen System frei ausgelebt werden"

In einem am 3. Juli 1995 ausgestrahlten Interview des öffentlich-rechtlichen Fernsehsenders TRT wird Fethullah Gülen Folgendes gefragt:

„Ich werde sehr konkret fragen. Glauben Sie persönlich an den Laizismus, sind Sie laizistisch, bezeichnen Sie sich als laizistisch?"

„Ich weiß nicht, ob Personen laizistisch sein können. Ich weiß jedoch, dass ich ein Mensch bin, der seinen Glauben sehr genau auszuleben sucht. [Verzeihen Sie mir,] das mag an dieser Stelle wie Eigenlob klingen. Selbst wenn ich bis in die Morgenstunden mein rituelles Gebet verrichte, hat das für meine Begriffe nicht denselben Wert wie das Aussprechen des islamischen Einheitsbekenntnisses seitens eines anderen Menschen. Ich sage mir, hätte ich vor Gott doch [anstelle der vorgeschriebenen] Anzahl Gebetsverbeugungen lieber Tausend gemacht! Ich versuche durch meine rituellen Waschungen möglichst ununterbrochen im rituellen Reinzustand zu bleiben.[15] So lebe ich den Islam

---

15 Im Islam gibt es zwei Arten von ritueller Reinheit. Reinheit durch Ganzkörperwaschung (ghusl), die mindestens einmal in der Woche erfolgen soll. Die Grundwaschung muss bei den Frauen nach der Menstruation und bei den Männern nach dem Samenerguss vollzogen werden. Andernfalls gilt man als rituell unrein. Die zweite Art von ritueller Reinheit ist die Gebetswaschung, die täglich vor dem Gebet vollzogen werden muss, indem man sein Gesicht, seine Hände und seine Füße wäscht und nass über sei-

aus.[16] Zum Laizismus: Er wurde in einer bestimmten Epoche im Auftrag des bestehenden Systems angenommen. Er ist Teil eines Systems, das jedem das Recht und die Möglichkeit gibt, seine Gefühle und religiösen Vorstellungen auszuleben. Ich denke, dass in solch einem System jeder seine religiösen Gefühle und Vorstellungen unbefangen und zwanglos auszudrücken und auszuleben vermag."

Nachdem Gülen bestätigend auf die Frage: „*In diesem System?*", antwortete, hakt der Moderator Reha Muhtar nach:

„*In einem laizistischen System?*"

Gülen bejaht erneut und fährt folgendermaßen fort:

„Wenn man beim vollständigen Ausleben des Laizismus auch gewisse Schwachstellen feststellt, kann doch in der Demokratie fast jeder bedenkenlos seine Gefühle und Gedanken sozusagen als Samen im Brustbeutel tragen, ausstreuen und später ernten. Wenn dieses System die Menschen in der Zukunft nicht

---

nen Kopf streichen muss. Diese Gebetswaschung wird durch Urinieren, Stuhlgang oder Blähung ungültig, weshalb man sie in diesem Fall erneuen soll. Der Lehrmeister spricht hier von der zweiten Waschung. Das heißt, er handelt immer im rituellen Reinheitszustand, was vielen Muslimen nicht gelingt.

16 Das Einheitsbekenntnis „Es gibt keine Gottheit außer Gott des Einen und Muhammed ist sein Gesandter" auszusprechen ist eine ganz leichte Handlung, die in einem Atemzug vollzogen werden kann. Der Lehrmeister hingegen meint, selbst wenn er von der Frühnacht bis in die Morgenstunden rituelle Gebete vollziehen würde, würde er dem nicht so viel Wert beimessen wie dem Aussprechen des Glaubensbekenntnisses eines durchschnittlichen Muslims. So äußert er seine Bescheidenheit. Er tadelt die anderen Gläubigen nicht, weil sie keine Extra-Gebete vollziehen, sondern er betrachtet seine Gottesdienste als nicht wert genug, weshalb er noch extra dafür arbeiten muss. Das asketische Leben des Lehrmeisters und seine freiwilligen zusätzlichen rituellen Gebete sind ihm nahestehenden Personen wohlbekannt.

zufriedenstellt oder eines Tages nicht mehr ausreicht, dann müssen sich diejenigen damit beschäftigen, denen es nicht genügt. Ich versuche, aus unserer Gegenwart das Beste zu machen.“ *(3. Juli 1995, TRT, Sendung „Ateş Hattı“[Feuerlinie], Reha Muhtar)*

„Laizismus wurde auch schon als Religionslosigkeit praktiziert“

Rund zwei Jahre nach dieser Sendung im TRT, nämlich am 16. April 1997, erscheint Fethullah Gülen in einer TV-Sendung des Kanal D mit Yalçın Doğan und wird dort mit ähnlichen Fragen konfrontiert.

Frage: *„Was verstehen Sie unter Laizismus? Können Religion und Laizismus miteinander oder nicht?“*

Gülen:

„Die Bedeutung des Laizismus muss man in seiner eigenen Definition über sich suchen und finden. [...] Laizismus, also die Trennung von Religion und Staat, bedeutet die Neutralität des Staates in religiösen Angelegenheiten, aber auch, wie die meisten unserer Politiker es ja auch erklären, die Religion in ihrer Stellung zu schützen; nicht zu erlauben, dass sie negativ belegt wird. Im politischen Verständnis des Laizismus mag es je nach der Einstellung des Einzelnen ein wenig Spielraum geben. Aber mir scheint es, dass in der Türkei noch eine andere Auslegung des Laizismus entstand. [...]

Gemäß den Ausführungen [Prof. Dr.] Ali Fuat Başgils in seinem Buch „Religion und Laizismus“ wurde in der Türkei Laizismus ein wenig als Säkularismus verstanden. Als der Laizismus in der Türkei Fuß fasste, nannten ihn die ersten Kommentatoren

„lādīnī", d. h., dieses Staatssystem solle die Religion verbannen. Ein System sei weltlich, es sei eine juristische Person, Religion brauche es nicht. Diese Auslegung wurde allerdings von vielen kritisiert. Das sei so nicht richtig, die Trennung von Religion und Staat sei begreiflicher, und so versuchte man, die Angelegenheit zurechtzurücken. Aber sehr oft, wenn unsere Intellektuellen und Denker den Laizismus beschrieben, wurde er dennoch als Säkularismus vertreten. Also nicht so sehr als Trennung von Religion und Staat, sondern als Abwesenheit von Religion. Auf der anderen Seite haben moderne Kommentatoren den Laizismus mit einigen Grundlagen des Korans verbunden und damit eigentlich gezeigt, dass der Laizismus schon in alten Zeiten vorhanden gewesen war – er hieß damals nur nicht so. Es gab ihn sogar in der osmanischen Zeit. […]

Man hat ihm aber nicht als solchen benannt, weil dieser Begriff unbekannt war. Im Koran heißt es: „Es gibt keinen Zwang in der Religion. Der richtige Weg ist nun klar erkennbar geworden vom unrichtigen […]."[17] Mit anderen Worten: Die Wahrheit hat sich zwar mit der ihr eigenen Klarheit herauskristallisiert, aber nur wer möchte, glaubt daran; wer nicht möchte, wählt den Irrglauben oder einen anderen Weg. Auf diese Weise wurden bereits in sehr früher Zeit die Grundsätze der Gewissensfreiheit verkündet. Einige sagen ja wirklich, in einem gewissen Maße waren bereits die Seldschuken und später die Osmanen laizistisch.

Wenn demnach für den Laizismus ist, ihn empfiehlt und ihn als notwendig erachtet, dann ist das etwas anderes als wenn er sagte, er selbst sei laizistisch. Sofern einige diese Gesichts-

---

17 Sure El-Baqara, 2:256.

punkte miteinander vermischen – eigenes Verständnis, Erklärungen des Islams, einige Glaubenssätze des Korans, sogar kurze Suren – oder den Vers ‚Ihr habt eure Religion, und ich habe meine Religion' dieserart auslegen, dann sollte man das m. E. nicht überbewerten. Wenn der Staat die Religion schützt, aber nicht interveniert und auch andere sich nicht in die Religion einmischen und andererseits der religiöse Mensch sich während des Auslebens seiner Überzeugung auch nicht bei Andersdenkenden einmischt, wenn der Staat diese Angelegenheit mit einer ernsthaften Neutralität und Unparteilichkeit betreibt, gibt es keine Probleme. Aber mir scheint es, als würden einige ein [künstliches] Problem herbeireden."

„Ist also Ihrer Meinung nach der Laizismus akut in Gefahr?"

„Ich denke nicht, dass der Laizismus in Gefahr ist oder in Gefahr kommen wird. Denn die Mehrheit der türkischen Bevölkerung ist zufrieden. Der Laizismus hat nur eine Handvoll Gegner. Wenn diese nicht scharenweise demonstrierend auf die Straße gehen, wenn sie nicht die Grundprinzipien des Staates angreifen, verwaltungstechnische, politische oder kulturelle, dann kann jeder seine religiösen Gefühle ungestört ausleben und keiner wird sich über den Laizismus aufregen." *(16. April 1997, Kanal D, Sendung „Güncel" [Aktuelles], Yalçın Doğan)*

Scharia = Religion?

In der Sendung des türkischen Fernsehsenders TRT wurde Gülen auch zum Thema Scharia befragt. Das Wort bedeutet im Islam eigentlich „Gesetz", im Laufe der Zeit wurde es von einigen jedoch synonym mit „Religionsstaat" und „Theokratie" verwendet. Der Islam sieht dagegen keine bestimmte Staatsform vor und gibt den Muslimen auch nicht den Auftrag, einen Religionsstaat zu gründen. In der Überlieferung des Islams gibt es keine Praxis, die vorsieht, dass die Geistlichkeit an der Spitze des Staates zu stehen habe.

Der Moderator der Sendung fragte Gülen: *„In letzter Zeit kam die Diskussion auf, ob die Scharia Religion sei oder nicht. Diese Diskussion wurde dann durch Demonstrationen von Frauen gegen dieses Gesetz weiter angeheizt. Aufgrund dessen entschied das Staatssicherheitsgericht in Ankara, die Scharia sei nicht Religion, sondern eine Staats- und juristische Ordnung, die sich auf religiöse Grundlagen stützt. Was ist die Scharia, ist sie Religion?"* Gülen antwortete darauf:

„Scharia, Religion und Islam sind Synonyme. Zwischen ihnen gibt es feine Nuancen. Beispielsweise ist die Scharia – im Koran kommt dieser Begriff an einer Stelle vor – ein Weg, ein System, eine Autobahn. Islam bedeutet Hingabe an Gott, das Befolgen seiner Gebote, das Übergeben unseres Seins an Gott. Das Wort Religion bezeichnet auch einen Weg, eine Methode, das Jenseits zu erreichen. Wir äußern das in der ersten Sure, der Eröffnung [el-Fatiha]: ‚(Gott) Herrscher des Tages des *Dīn*'[18], also ein System auf Erden, aber eines, das ins Jenseits die Folgen findet.

---

18 Der Lehrmeister gibt einen Aspekt des *el-Dīn* in der ersten Sure des Korans wieder. *El-Dīn* wird im Deutschen mit „Religion" übersetzt. *El-Dīn* im Koran aber umfasst mehrere Deutungsebenen und bedeutet gleichzeitig Weg, Prinzip, Gesetz, Verhaltenskodex u. Ä. Bei der Sure der Eröffnung wird *el-Dīn* in Form seiner Konsequenzen im Jenseits zum Ausdruck gebracht. „Tag des *el-Dīn*" wird im Deutschen zu oft mit „König" oder „Herrscher des Gerichtstages bzw. Jüngsten Gerichts" übersetzt, weil der Ausdruck eine Prinzipiensammlung definiert, die jenseitige Konsequenzen hat. Im Abendland hingegen wird die Scharia nicht als Religion selbst, sondern als die Normativität des Islams verstanden und zu oft als Polygamie, Handabhacken, Steinigung und Peitschenstrafen aufgefasst.

Die Religion ist eine Prinzipiensammlung, die das Begehren eines Menschen nach Ewigkeit erfüllt, dessen Sehnen nur durch den Ewigen befriedigt werden kann. Diese Begriffe [Islam und Scharia] fassen sie [die Gelehrten] unter dem Oberbegriff Religion zusammen und formulieren sie in einem langen arabischen Satz. Sie entnahmen diese Definition dem Koran und der Sunna.

Lassen Sie es mich in ein bis zwei Sätzen auf Türkisch erklären: Religion ist die Prinzipiensammlung, die die Menschen mit ihrem eigenen freien Willen zum absolut Guten führt. Diese Definition gilt für die Scharia und auch für den Islam. Das ist eine Seite der Medaille ... Die Grundlage dessen, was wir „ʿitikād" nennen [Glaubensgrundsätze wie Gott und Jenseits], ist Teil dieser Scharia, ein Teil der Religion, ein Teil des Glaubens. Dieser feste Glaube bezieht alles ein, auch die Grundlagen unseres Glaubens *(Īmān)*. Zu diesen Grundlagen zählt auch die gesamte Schöpfung, die man wie ein offenes Buch liest und die uns eine Vorstellung vom Jüngsten Gerichts vermittelt. Unser rituelles Gebet, unser Fasten, unsere Wallfahrt und unsere Pflichtabgaben *(zekāt)* zählen ebenfalls dazu. Ein Teil unserer persönlichen und familiären Angelegenheiten ist davon betroffen. 95 % unserer Angelegenheiten sind von Religion, Islam und Scharia durchdrungen. Nichts könnte einen Menschen daran hindern, diese von Gott aufgetragenen Dinge zu tun. 5 % haben mit Verwaltung und Justiz zu tun, betreffen daher nicht den ‚kleinen Mann', sondern die Regierenden.

Die Scharia zum Motto zu machen und seine Stimme zu erheben ist in meinen Augen genauso respektlos, wie demonstrierend auf Laizismus und die Demokratie zu schimpfen. Da werden Gefühle verletzt."[19] (3. Juli 1995, TRT, Sendung „Ateş Hattı"[Feuerlinie], Reha Muhtar)

Religion ist das Leben, sie auszuleben macht sie lebendig

Wenn man über Islam und Laizismus spricht, stellt sich grundsätzlich die Frage, wie man im Laizismus seine Religion ausleben kann, da sie doch jeden Bereich des Lebens betrifft.

In dem am 17. Januar 2005 veröffentlichten Teil einer Interviewreihe der Zeitung *Milliyet* bezieht sich eine der Fragen, die Gülen gestellt wurden, auf diese Thematik:

„Sowohl radikale Islamisten als auch einige Laizisten sagen, der Islam umfasse das ganze Leben. Beispielsweise sagt das Verfassungsgericht, dass bei uns deshalb kein westlicher liberaler Laizismus entstehen könne, und vertritt somit das allseits bekannte Laizismus-Konzept. Die radikalen Islamisten wenden sich aus genau diesem Grund gegen den Laizismus und wünschen, dass auch der Staat islamisch werde. Was umfasst der Islam alles, was überlässt er dem Einzelnen, was dem Verstand?"

Hodschaefendi gibt folgende Antwort:

„Die Menschheit hat ein hohes [gesellschaftliches] Niveau erreicht und betrachtet die Glaubensfreiheit als wichtig. Zu anderen Zeiten mag man, um ein System zu festigen, anders gehandelt haben, aber heute bekennt sich die Türkei zur Demokratie.[20]

---

19 In den 1990er Jahren war es in der Türkei unter Ultrakemalisten üblich, mit dem Motto „Verflucht sei die Scharia" zu demonstrieren. Die „Islamisten" hingegen demonstrierten mit dem Motto „Verflucht sei der Laizismus".

20 Er meint damit die Zeitspanne des Ein-Parteien-Regimes in der Türkei, die ziemlich antidemokratisch gehandelt hatte. Bedauerlicherweise handelt die AKP, die Partei Erdoğans, die den politischen Islam vertritt, nicht anders,

Vielleicht wurde vor zehn Jahren eine Aussage wie: ‚Die Demokratie ist ein unumkehrbarer Prozess', hinterfragt.[21] Da nun aber jeder in irgendeiner Form von Demokratie spricht, können auch im Rahmen der Demokratie Lösungen gefunden werden." *(17. Januar 2005, Milliyet, Mehmet Gündem)*

Nach Meinung Gülens muss einem in einer laizistischen Ordnung lebenden gläubigen Menschen die Möglichkeit geboten werden, in persönlichen und familiären Angelegenheiten nach eigenen Vorstellungen zu leben; dieser gläubige Mensch wiederum darf keine Verwirrung stiften, indem er den 5 %, in der die Religion Dinge anspricht, die das Staatswesen betreffen, mehr Bedeutung einräumt als den 95 %, in denen die Religion das Individuum betrifft. Er sagt:

„Religion ist Leben, sie auszuleben macht sie lebendig. Beim Ausleben der Religion muss man auf ihre Prioritäten achten. Beispielsweise haben die tragenden Elemente, die Eckpfeiler der Religion, Vorrang, und niemand hat das Recht, hierbei Zugeständnisse zu machen.[22] Weiterhin muss jedem Muslim persönlich und in der Familie die Möglichkeit gegeben werden, die im Koran und der Sunna gebotenen persönlichen und familiären

---

ja sogar noch schlimmer als man es in der Zeit des Ein-Parteien-Regimes erlebte. Somit bleiben diese Ausführung des Lehrmeisters über die Etablierung der Demokratie in der Türkei „Wunschgedanken".

21 Gülen bezieht sich hier auf seinen am 29. Juni 1994 in Istanbul bei der ersten Tagung der Journalisten- und Autorenstiftung gehaltenen Vortrag.

22 Diese Grundpfeiler der Religion sind zwölf Grundsätze; sechs davon sind Glaubensgrundsätze, fünf davon sind die Grundsätze des Islams und einer ist die ethische Tiefe beim Gottesdienst. Die Einheit Gottes, die Existenz der Engel, die Offenbarungen bzw. heiligen Schriften, die Propheten und Gesandten, das Jenseits und die Vorhersehung Gottes sind Grundsätze des Glaubens. Das Glaubensbekenntnis *(schehade)*, das rituelle Gebet, die Pflichtabgabe, das Fasten und die Pilgerfahrt sind Grundpfeiler des Islams. Bei diesen Grundsätzen darf man keine Kompromisse eingehen.

Angelegenheiten so auszuleben, wie er sie versteht, man darf ihn dabei nicht einengen. Zudem sollten diejenigen, die den Islam auszuleben suchen, sehr darauf achten, die Dinge nicht noch komplizierter zu machen, als sie ohnehin sind.[23] […]

Manchmal entsteht der Eindruck, dass man die sekundären, tertiären Angelegenheiten der Religion *(furū ʿ)*[24] für Grundlagen *(usūl)* der Religion hält. Beispielsweise sind das tägliche Gebet und das Fasten grundlegende Elemente der Religion, die im Privatleben jedes Einzelnen ausgelebt werden dürfen. Extreme Menschen, die sich dem Laizismus widersetzen, sollten sich dahingehend hinterfragen, wie genau sie es nehmen, die im Privaten auszulebenden religiösen Gebote auszuführen: Leben wir sie wirklich genauestens aus? Es fällt mir nicht leicht, das zu sagen, aber wir sollten in uns gehen und uns vor Gott schämen: Wir stellen zu gewissen Themen starke Behauptungen auf, aber andererseits lassen wir Gebete ausfallen oder Fastentage unbeachtet. Denn bei diesen Dingen dürfen wir keine Kompromisse machen. Wer Gebet, Pflichtabgaben und Fasten vernachlässigt, dessen Religionsausübung ist unzulänglich. Verleumder, Streitsüchtige, Menschen, die andere Muslime mit Feder und Tinte befeinden [obwohl sie selbst Muslime sind], weisen einen bedeutenden religiösen Makel auf. Über Streitsucht sagt der Prophet: ‚Sie ist schlimmer als Ehebruch', über Verleumdung: ‚Das ist eine Sünde, die nicht vergeben werden kann'.

---

23 Hier sind die normativen Aussagen des Korans und der Sunna über das Private und das Familienleben gemeint. Dem Lehrmeister zufolge haben die Ersteren den Vorrang vor dem Letzteren. Die Grundlagen der islamischen Ethik sind auch äußerst wichtig, obwohl sie im Vergleich zu den Grundlagen zweitrangig sind: Verbot der Lüge, der üblen Nachrede, Verleumdung, Verunglimpfung, falsche Zeugenaussage, Ehebruch, Diebstahl usw.

24 *Furū ʿ* bedeutet wörtlich „Abzweig", *uṣūl* „Stamm und Wurzeln".

Wenn wir selbst solche Mängel haben, aber dann von der Religion als Ganzem sprechen, ist das der Religion gegenüber respektlos. Bei Gott! Lasst uns erst mal die Gesamtheit unserer Religion in unserem persönlichen Leben ausüben, in der Erziehung unserer Kinder, in unserer Gedankenwelt und unserem Herzen. [...] Seien die Früchte erst mal in unserem eigenen Leben zu erkennen. Todsünden *(kebāir)*[25] zu begehen, andererseits aber über den Anspruch auf Vollständigkeit mit anderen zu streiten.[26]

Das ist unser Fehler. Ehrlicherweise muss man gestehen, dass wir ein schlechtes Gewissen haben, weil wir die Erfordernisse unserer Religion selbst nicht einhalten. Lasst uns aufhören, unser Urteil auf Eventualitäten zu gründen, lasst uns stattdessen um Lösungen bemühen, die recht und billig sind." *(17. Januar 2005, Milliyet, Mehmet Gündem)*

Rahmenbedingungen für Religionsausübung

In diesem Interview gibt Gülen auf die Frage *„Der Staat braucht die Stärke der Religion. Wer braucht wen mehr: die Religion den Staat oder der Staat die Religion?"* folgende Antwort:

„Damit die Menschen ihre Religion bzw. ihren Glauben mit gutem Gewissen leben und sich wohlfühlen können, muss der Staat sich um die Angelegenheit kümmern und die äuße-

25 Große Sünden werden im Islam in verschiedenen Sammlungen verschieden bezeichnet. Mord, Diebstahl, Ehebruch, Hoffnungslosigkeit, Zauberei und falsche Zeugenaussage gehören in jedem Fall zu den großen Sünden.

26 Hier wird eine mittelbare Warnung gegenüber den Menschen des politischen Islams ausgesprochen, die in ihrem Privatleben die Religion nicht genau leben, aber wenn es um die Etablierung der sogenannten Scharia geht, auf die Straße gehen und gerne demonstrieren.

ren Rahmenbedingungen schaffen. Um Menschen zur Reife zu bringen, Familie und Gesellschaft zu ordnen, um Gewissen zu schulen, Herzen zu öffnen und mit alledem Böses zu vermeiden, das sonst nicht zu verhindern wäre, braucht der Staat die unerschütterliche Kraft der Religion. Der Staat kann diese Macht in seinem Sinne nutzen, wenn er für eine gute religiöse Erziehung sorgt. Denn der Mensch ist nicht nur ein säkulares Wesen, er hat auch geistige Anteile, und durch säkulare Anschauungen kann der Staat ihm nicht das geben, was der Glaube ihm gibt.“ *(17. Januar 2005, Milliyet, Mehmet Gündem)*

Die Moderne und der Laizismus waren immer wichtige Themen der „Abant Plattform“, dem Treffen der Stiftung für Journalisten und Schriftsteller, deren Ehrenvorsitzender Fethullah Gülen ist. Gemäß dem Journalisten und Autor Taha Akyol ist die Abant Plattform die erste wissenschaftliche Plattform in der Geschichte des Islams, die den Laizismus aus islamischer Sicht legitimiert sah. *(25. Juni 1999, Milliyet, Taha Akyol)*

Fethullah Gülen legte viel Wert darauf, in der Türkei mit Schriftstellern und Intellektuellen der unterschiedlichsten Couleur Angelegenheiten, die das Land betreffen, zu diskutieren. Ein Ergebnis davon war die Gründung der Abant Plattform unter der Schirmherrschaft der von Gülens Anhängern gegründeten Istanbuler Stiftung für Journalisten und Schriftsteller. Der Name der Plattform leitet sich vom Namen eines Sees ab, der drei Autostunden von Istanbul entfernt in einer Bergregion liegt. Die Treffen wurden erstmals 1998 in einer Einrichtung am See abgehalten. Später kam es auch zu Treffen mit ausländischen Journalisten und Intellektuellen in Washington, Brüssel, Kairo und Erbil. Während dieser Treffen wurde über das Verhältnis von Religion und Staat, Islam und Demokratie, Laizismus und den Kampf der westlichen und östlichen Kulturen sowie über die Minderheitenfrage von Kurden und Aleviten diskutiert.

3. Islam und Demokratie, Scharia und Reform

Islam und Demokratie – passt das zusammen?

Kann ein Muslim gleichzeitig auch ein Demokrat sein?

Kann ein Muslim in einer Demokratie seinen Glauben zu hundert Prozent ausleben?

Welche Regierungsform sieht der Islam vor?

Gibt es im Islam eine Theokratie? Was ist mit islamischer Ordnung gemeint?

Die Beziehung des Islams zur Demokratie wirft eine Reihe von Fragen auf.

Der Islam sieht weder einen Religionsstaat vor, noch verlangt er eine bestimmte Staatsform. Genau das begreifen die heutigen radikalen Islamisten nicht und verführen so ganze Menschenmassen. Fethullah Gülen ist der islamische Gelehrte, der am deutlichsten auf dieses Thema hinweist und so zur Zielscheibe radikaler Islamisten wurde.

Gülen betont, dass der Islam in seiner Essenz eine Regierung gleich einer Republik vorsehe und der Islam mit der Demokratie absolut keine Probleme habe. Ganz im Gegenteil: Die Demokratie und die Republik sind Regierungsformen, die das beste Umfeld für Muslime schaffen, die ihre Religion ausleben möchten. Die Prinzipien des Islams widersprechen der Demokratie nicht, und die grundlegenden Prinzipien, die der Islam in Bezug auf Regierungen aufzeigt, entsprechen der Demokratie äußerst genau.

Zunächst einmal sei festgehalten, dass der Islam in seiner Essenz jedem Individuum die Freiheit lässt, seine Religion auszuleben. Die Gebote des Korans betreffen zu 95 % diesen Punkt. Der Islam hat nie eine streng regulierende und bestimmte Staatsform vorgesehen; Anforderungen des Zeitgeistes würden das bestimmen. Und so hat die Menschheit aus ihrer Erfahrung heraus erkannt, dass die Demokratie und die Republik die passendsten Regierungsformen sind.

Radikale Muslime behaupten, der Koran sei ihre Verfassung, ihr Grundgesetz, und erklären so den modernen Verfassungen und Grundgesetzen den Krieg. Gülen hingegen bringt zum Ausdruck, dass der Koran den Leitfaden für ein religiöses Leben darstellt. 95 % des Inhalts des Korans betreffen dahingehende Ratschläge und Prinzipien. Daher hat der Islam auch kein Problem mit heutigen Verfassungen und Grundgesetzen; vorausgesetzt, das Grundgesetz oder die Verfassung eines Landes beruht auf demokratischen Prinzipien und gibt Muslimen die Möglichkeit, ihren Glauben auszuleben.

Erinnern wir uns an Fethullah Gülens Eröffnungsrede anlässlich der Gründung der Stiftung für Journalisten und Schriftsteller am 29. Juni 1994 im Istanbuler Dedeman Hotel. *Hodschaefendi* hatte in seiner Rede drei wichtige Botschaften für die Türkei und die Welt:

1. Eine Abkehr von der Demokratie ist nicht möglich.

2. Man gönnt gläubigen Menschen nicht einmal einen Hauch von Demokratie.

3. Die Staatsform in der Ära der vier rechtgeleiteten Kalifen kann man durchaus als Republik bezeichnen.

Die Behauptung „Religion und Demokratie harmonieren nicht“ ist ein Trugschluss

Die in den USA herausgegebene Zeitschrift *Muslim World* widmete Gülen und der Hizmet-Bewegung im Juli 2005 eine Sonderausgabe. Prof. Zeki Sarıtoprak und der Journalist und Autor Ali Ünal führten ein eingehendes Interview mit Gülen.

Gülen antwortet ausführlich auf die Frage: „*Harmonieren Islam und Demokratie? Wie betrachten Sie den Umstand, dass die meisten muslimischen Länder keine Demokratien sind? Ist dies ein ernstzunehmender Mangel?*“ Die Antwort Gülens lautet auszugsweise:

„Ja, es ist schon bitter, dass in der islamischen Welt und insbesondere in der Türkei diejenigen, die sich zum Thema ‚Beziehung von Religion und Demokratie‘ äußern – dies betrifft sowohl einige von denen, die im Namen der Religion sprechen und manchen Diskurs anregen, als auch einige der Verfechter der Demokratie –, dem gleichen Trugschluss aufsitzen: Sie denken, Islam und Demokratie seien unmöglich miteinander zu vereinbaren. Der Grund: Religion sei die Herrschaft Gottes und Demokratie basiere auf der Stimme des Volkes. Ich vermute, dass es hier noch einen weiteren Aspekt gibt, der zu Missverständnissen führt: das Credo, die Herrschaft sei bedingungslos und uneingeschränkt Sache des Volkes. Gott bewahre! Nicht als ob man die Herrschergewalt Gott aus den Händen nähme und sie den Menschen gäbe, sondern in dem Sinne, dass Gott den Menschen diese Befugnis übertragen würde – eine Herrschaftsgewalt, die man einem Alleinherrscher, Despoten oder Diktator wegnähme und sie in die Hände der Volksgemeinschaft gäbe. So ähnlich wurde das auch in der Ära der vier rechtgeleiteten Kalifen gehandhabt.[27]

Es besteht kein Zweifel daran, dass Gott in kosmologischem Sinn der Herrscher über alles ist. Wir, unsere Gedanken, unsere Pläne – alles liegt in der Verfügungsgewalt des Einen Souveräns. Dies bedeutet jedoch nicht, wir hätten keinen eigenen Willen, Neigungen oder Vorlieben. So wie wir bei einigen Entscheidungen im Privatleben auf uns selbst gestellt sind, so sind wir auch bei einigen gesellschaftlichen und politischen Angelegenheiten angehalten, unsere eigene Willensentscheidung zu treffen. Wähler der Legislative und Exekutive können noch auf andere Weise ihrer Wahl Ausdruck verleihen. Im Zeitalter des Glücks *(Asr-ı Saadet)* gab es auch nicht nur eine einzige Wahlmethode.[28]

---

27 Der Lehrmeister verweist auf den berühmten Leitspruch des türkischen Parlaments: „Die Herrschaft gehört uneingeschränkt und bedingungslos dem Volke!“ *(Hakimiyet kayıtsız şartsız milletindir!)* Er meint, dieses Motto werde falsch verstanden. Gottesherrschaft auf der kosmologischen Ebene ist eindeutig und kann nicht mit der Herrschaftsgewalt der Menschen verglichen werden. Bei diesem Motto gehe es vielmehr darum, dass Gott die Herrschaftsgewalt in die Hände der Volksgemeinschaft gegeben und nicht einem alleinigen Herrscher bzw. einem Tyrannen übertragen habe.

28 Ebu Bekr wurde von der Volksgemeinschaft gewählt. Er selbst benannte Umar als Kandidaten und somit wurde dieser zum Kalifen ernannt. Umar wiederum hat die Kandidatur einem Gremium von sechs Personen überlassen. Nach seinem Tod wurden aus diesem Gremium zwei Kandidaten bestimmt – die Volksgemeinschaft wählte Uthmen. Ali wurde ebenfalls von der Volksgemeinschaft gewählt.

Bei der Wahl des ehrwürdigen Ebu Bekrs ging man anders vor, bei der Wahl des ehrwürdigen Umars wurde wieder eine andere Methode gewählt, ebenso bei dem ehrwürdigen Uthmen und dem ehrwürdigen Ali. Gott allein weiß es am besten.“ *(Muslim World, Juli 2005, Zeki Sarıtoprak und Ali Ünal)*

Der Islam bietet eine adäquate Grundlage für demokratische Prozesse

Sieben Jahre nach diesen Worten interviewte Rainer Hermann, der Autor des Buches „Wohin geht die türkische Gesellschaft?“, Gülen.

Ein Teil dieser Interviews wurde in der *Frankfurter Allgemeinen Zeitung* vom 6. Dezember 2012 veröffentlicht. Rainer Hermann fragte Gülen u. a.:

„Sind fundamentale Errungenschaften wie Demokratie, Pluralismus und die Menschenrechte lediglich westliche Erfindungen – oder sind sie universal und können damit auch in islamischen Gesellschaften praktiziert werden?“

Hodschaefendi bringt in seiner Antwort ganz klar zum Ausdruck, dass der Islam und die Demokratie zueinanderpassen:

„Bei Demokratie, Pluralismus und den Menschenrechten hat es wichtige Fortschritte gegeben. Das sind aber keine Werte, die allein in der westlichen Welt und nur in moderner Zeit aufkamen. Wir sehen, dass die Entwicklung der Demokratie unterschiedlich gehandhabt wurde, dass Verbesserungen durchgeführt wurden, dass überprüft wurde. Der Begriff Demokratie wird mit Wörtern wie sozial, liberal, christlich, direkt, repräsentativ oder parlamentarisch verbunden, obwohl sich diese Eigenschaften teilweise gegenseitig ausschließen.

Die Prinzipien, die die Fundamente der Demokratie sind, und die Regierungsform stimmen mit islamischen Werten überein. Werte und Prinzipien, die der Islam wie auch die Demokratie akzeptieren, sind Beratung, Gerechtigkeit, Religionsfreiheit, der Schutz der Rechte von Individuen und Minderheiten, das Recht eines Volkes zur Wahl seiner Regierung, die Verantwortung der Regierenden für ihre Tätigkeiten und die Unzulässigkeit der Despotie einer Minderheit oder Mehrheit. Die allgemeinen Prinzipien des Islam zur Regierungsform sind also kein Hindernis für die Umsetzung der Demokratie. Sie bieten sogar eine geeignete Grundlage dazu."

Nach diesen Ausführungen Gülens fragt ihn Rainer Hermann: *„Aber meist wurden sie in der islamischen Geschichte ja nicht angewandt. Weshalb?"*

Gülen antwortet darauf wie folgt:

„Ein Aspekt, der zur Demokratie gehören sollte, ist, dass der Mensch sich einen Raum für seine Bedürfnisse bezüglich des Jenseits schafft – ob er daran glaubt oder nicht. Er muss die Grundlage schaffen, dass er beten, fasten, zur Kirche oder zur Synagoge gehen kann. Demokratie sollte auch diesen Dingen einen Raum geben, wenn sie umfassend und universell sein will. Sonst wird sie ein System, das lediglich entsprechend der Wünsche und Forderungen bestimmter Menschen funktioniert. Das würde einengen. Erlangt die Demokratie eine solche Größe, findet in ihr jeder für sich einen Platz. Vielleicht werden die Muslime eines Tages ‚muslimische Demokratie' oder ‚fromme Demokratie' sagen. Der Mensch ist für die Ewigkeit geschaffen. Durch nichts findet er Befriedigung, außer durch die Ewigkeit. Das mögen einige nicht so sehen. Doch müssen auch die Gefühle der Menschen berücksichtigt und respektiert werden, die so glauben.“ *(6. Dezember 2012, Frankfurter Allgemeine Zeitung, Rainer Hermann)*

Theokratien bringen eher Heuchler hervor

Eine der Fragen, die *Hodschaefendi* in der Zeitung *Asharq al-Awsat* gestellt wurden, lautet: *„Denken Sie, dass der Islam im öffentlichen Leben und in der Politik eine stärkere Rolle spielen sollte?“* Gülen weist in seiner Antwort darauf hin, dass es keinen Anlass für Bestrebungen zur Gründung eines islamischen Staates gebe, wenn in einem Land die Grundrechte und Freiheiten – allen voran die Religionsfreiheit – geschützt seien:

„Der Islam gründet sich als Religion auf Prinzipien und Praktiken göttlicher Offenbarungen, die einen Menschen mit seinem eigenen Willen zu absolut Gutem, zu absoluter Güte und zum vollkommen Menschen hinführen, der in größtmöglichem Ausmaß sein gottgegebenes Potenzial auszuschöpfen vermag. In einer Demokratie, die seinen Bürgern das Recht einräumt, ihre Religion frei auszuleben, werden sich die Glaubensansichten und Werte des Einzelnen in ihrer Lebensführung widerspiegeln. Sie werden im Rahmen demokratischer Prinzipien und universaler Menschenrechte und Freiheiten ihrem Glauben entsprechend wählen und ihren gewählten Vertretern gegenüber ihre Anschauungen zum Ausdruck bringen.

Dies tun sie, indem sie bei Wahlen ihre Stimme abgeben, aber auch indem sie ihre anderen demokratischen Rechte nutzen und sowohl als Individuum als auch unter dem Dach der Zivilgesellschaft ihre Meinung zu den Leistungen des Staates äußern. Ich bin seit jeher dagegen, die Religion als politische

Ideologie zu begreifen. Ich persönlich denke, dass ein Muslim sich sowohl auf zivilem und gesellschaftlichem Terrain als auch in der Öffentlichkeit und der Verwaltung stets wie ein Muslim verhalten sollte. Mit anderen Worten: Wo man sich auch immer befindet, man sollte sich innerhalb der ethischen Grenzen des Islams bewegen. Diebstahl, Bestechung, Raub, Korruption, Lügen, Geschwätz, Verleumdung, Ehebruch und sittliche Entartung werden in allen Gesellschaften geächtet und als illegitim betrachtet. Diese Vergehen werden nicht im Namen der Politik oder anderer Zwecke begangen und niemand muss offiziell dazu aufgefordert werden, sie zu begehen. Diese Vergehen sind gleichsam universelle Vergehen. Ist das ethische Gebäude eines Menschen einmal zusammengebrochen, wie viel Sinn macht es da noch, wenn diese Person in der Öffentlichkeit oder in einer politischen Fraktion eine Rolle spielte? Wie jeder andere auch wünsche ich mir von ganzem Herzen, dass sich aus diesen Prinzipien sowohl in der Öffentlichkeit als auch in der Politik eine öffentliche und politische Ethik entwickelt.

Ohnehin hört man die meisten Klagen über die oben erwähnten Gebrechen, an denen die öffentliche Hand und die politische Ordnung krankt. Eines möchte ich ganz deutlich machen: Wenn Menschen ihre Religion und ihren Glauben in einem Land frei ausleben können, Institutionen gründen, ihren Kindern und jedem, der es wünscht, ihre Religion lehren, in öffentlichen Diskussionen zu ihrer Religion Stellung beziehen und religiös bedingte Anliegen rechtlich und demokratisch angemessen vortragen können – welchen Grund sollte es da für diese Menschen noch geben, einen islamischen Staat zu gründen? Unsere Geschichte zeugt davon, dass Dinge wie Flucht und Vertreibung, Aufstände, Revolutionen und Gewalt, die ein Land in Chaos und Anarchie stürzen, sowohl demokratischen und menschenrechtlichen Errungenschaften schaden als auch nicht wiedergutzumachende Opfer unter der Bevölkerung fordern. Ohnehin werden in Ländern, in denen es zu gewaltsamer Machtergreifung kam und in denen die Menschen mit Gewalt der Religion untertan gehalten werden, die Menschen zu Heuchlern gemacht und zu Parasiten, die letztlich auch den Staat verraten.

Diese Menschen mögen in ihren [theokratischen] Ländern religiös scheinen. Verlassen sie jedoch das Land, führen sie ein Leben, das mit ihrer Religion nichts mehr gemein hat, und frönen einem sündigen Lebensstil. Betrachtet man die Erfahrungen in verschiedenen Ländern, kann man sehen, dass meine abstrakt wirkenden Ausführungen auf ganz konkreten Beobachtungen beruhen." *(24. März 2014, Asharq al-Awsat, Manuel Almeida)*

Die Türkei wurde schon unter den Osmanen demokratisch

Folgende Frage der Zeitung *Asharq al-Awsat* bezieht sich unmittelbar auf die demokratischen Erfahrungen der Türkei selbst: „*Wie sieht das die Türkei, passen Islam und Demokratie zusammen? Und inwieweit wirkt sich das auf den EU-Beitrittsprozess der Türkei aus?*" Gülen verweist in seiner Antwort darauf, dass die Demokratie das System sei, das am besten zu den Prinzipien des Islams für das Staatswesen passe:

„Die Türkei wird in gewisser Hinsicht, wenn auch mit Mängeln und Unterbrechungen, seit den 1950er Jahren demokratisch regiert. Die Demokratie ist ein System, dem sich die ganze Welt zuwendet. Der erste Übergang zur Demokratie wurde in der Türkei 1876 zur Zeit der osmanischen Sultane vollzogen, die auch gleichzeitig die Kalifen [also die religiös-politischen Führer der islamischen Gemeinschaft] stellten. Das erste seinerzeit gewählte Parlament bestand zu einem Drittel aus Nichtmuslimen. Es ist falsch zu denken, Islam und Demokratie seien Gegensätze. Im Hinblick darauf, dass die Regierenden ihren Wählern rechenschaftspflichtig sind und die Demokratie das Gegenteil von Despotismus ist, der im Islam als großes Übel betrachtet wird, kann man sagen, dass die Demokratie das System ist, das am besten zu den islamischen Prinzipien für das Staatswesen passt. Der Islam hat kein Problem mit demokratischen Grundprinzipien wie freien Wahlen, Rechenschaftspflicht der Regierenden und dem Primat des Rechts.

Als ich 1994 sagte, von der Demokratie gibt es kein Zurück mehr, reagierten einige Kreise mit Skepsis. Man muss jedoch bedenken, dass es verschiedene Formen und Interpretationen der Demokratie gibt. Man kann sagen, sie ist noch nicht ganz ausgereift. Sie durchläuft eine Art Vervollkommnungsprozess. Ein Land, das die Freiheiten von Leben, Meinung, Besitz, Familie und Religion schützt sowie Persönlichkeitsrechte und -freiheiten nicht einschränkt – es sei denn, es handelte sich um sehr ernste Ausnahmesituationen wie beispielsweise Krieg –, das Minderheiten gleichberechtigt behandelt und nicht stigmatisiert, das Menschen die Möglichkeit einräumt in aller Öffentlichkeit ihre Gedanken zu persönlichen, sozialen und politischen Themen kundzutun und umzusetzen, ist ein Land, das dem Islam entspricht. Muslime und Angehöriger anderer Glaubensrichtungen haben kein Recht, gegen die Staatsordnung eines Landes – welches System es auch immer sein mag – aufzubegehren, in dem sie ihren Anschauungen und Glaubensansichten in Freiheit Ausdruck verleihen, ihren Glauben ausleben und Eigentum erwerben können.

Dort, wo diese Freiheiten nicht gewährt werden, sollten sie bestrebt sein, diese Freiheiten ohne Anwendung von Gewalt auf demokratischen Wegen zu erlangen. Ich denke, dass ein friedliches Nebeneinander von Islam und Demokratie nicht nur in der Türkei, sondern in allen islamischen Ländern, oder besser gesagt überall, wo viele Muslime leben, möglich ist. Überall dort, wo die Demokratie diskreditiert wird, werden Menschenrechte verletzt, Recht und Gesetz gebrochen und ethische Grundsätze über Bord geworfen; religiöse und ethnische Konflikte nehmen kein Ende. Die Demokratie, wie sie sich heute darstellt, ist auf dem Weg, sich zur kollektiven Konvention der Menschheit zu entwickeln. In politischen Systemen, die den Standards der Europäischen Union entsprechen, stehen gläubigen Menschen Möglichkeiten offen, zivilgesellschaftliche Einrichtungen zu gründen, um ihre Religionen auszuleben, zu repräsentieren sowie zu erklären und zu lehren.

Das Entscheidende ist, auf persönlicher und zivilgesellschaftlicher Ebene unsere religiösen Werte auszuleben und zu repräsentieren. Man kann nicht behaupten, die Türkei sei eine lupenreine Demokratie. Auch in der Türkei haben religiös Gesinnte, denen beispielsweise untersagt war, mit Kopftuch die Universitäten zu betreten, in Folge der EU-Beitrittsverhandlungen viele Rechte erlangt. Selbst wenn man es nur aus diesem Blickwinkel betrachtete, so hat sich der Prozess des Beitritts in die EU als sehr konstruktiv erwiesen. Die Türkei hat im Namen der Demokratie wichtige Reformen auf den Weg gebracht. Ich gehe davon aus, dass der Umstand, dass die Bevölkerung der Türkei muslimisch ist, keinen Hinderungsgrund für eine Vollmitgliedschaft darstellen wird, wenn diese Reformen weiter vorangetrieben werden und die Türkei ein demokratisches System etabliert, das mit dem Primat des Rechts und der Wahrung der Menschenrechte und Freiheiten EU-Standards erreicht.

Sollten verbohrte Islamgegner in Europa einen Beitritt der Türkei verhindern, so wird die Türkei doch weiter von ihren demokratischen Errungenschaften profitieren. Nur muss man leider feststellen, dass die Türkei auf dem Weg zu demokratischen Standards der EU Rückschritte macht.“ *(24. März 2014, Asharq al-Awsat, Manuel Almeida)*

Eine vollkommene Demokratie islamischer Prägung ist möglich

Betrachten wir nun die Antwort Gülens auf die Frage Nicole Popes, einer Journalistin der französischen *Le Monde* vom 28. April 1998: *„Was sagen Sie zum Thema Islam und Demokratie?“*

Nachdem *Hodschaefendi* darauf hinwies, dass der Islam mit der Demokratie und weitestgehend auch mit dem Laizismus kein Problem habe, äußerte er einen wichtigen Punkt: „Die Demokratie kann mit charakterfesten Menschen, die die ethische Erziehung des Islams genossen haben, nahezu in Perfektion ausgelebt werden.“ Weiter führt er aus:

„Hier in diesem Land [in der Türkei] haben Muslime einen festen Platz. Muslime können aus ihrem Verständnis heraus von Demokratie und Laizismus sprechen. Noch wichtiger als irgendeine Regierungsform – selbst wenn es die vollkommene Demokratie wäre – ist es doch, ein guter Mensch zu sein. Es geht darum, ein ethisch vorbildlicher, charakterfester Mensch zu sein. Schriftsteller utopischer Literatur wie Al-Farabi zeichnen das Bild idealer Städte, es geht in ihren Werken in erster Linie um Städte.

Dabei sollte es hauptsächlich um den Menschen gehen. Erst danach kommen Gemeinden, Städte, Länder und Zivilisationen. Demokratien brauchen charakterfeste Menschen. So betrachtet lässt der Islam den Menschen eine sehr gute demokratische Erziehung angedeihen. Die Demokratie kann mit charakterfesten Menschen, die die ethische Erziehung des Islam genossen haben, nahezu in Perfektion ausgelebt werden. So wie Sie im Hinblick auf einige Entwicklungen auf der Welt fragen, wie viele verschiedene Arten des Islams es denn gebe, so gibt es in der Praxis eine ganze Reihe von Demokratievarianten. In Ländern wie Frankreich, England und Deutschland treffen wir auf Demokratien unterschiedlicher Prägung.

Der Islam hat kein Problem mit der Demokratie. Viele gehen bei einer näheren Betrachtung einiger *Kanunnames* der Osmanen davon aus, dass es sich hierbei um den Laizismus, den Säkularismus handelt. Immer neue Gesetze wurden beschlossen, die zentralen Grundlagen des Glaubens und der gottesdienstlichen Handlungen zu berücksichtigen. [...] Diese *Kanunnames* gab es ganz klar im Koran, in der Sunna und den ersten maßgeblichen Quellen des Islams nicht. Wenn im Laufe der Zeit neue Fragestellungen auftreten, über die zu urteilen ist, dann schaut man zunächst, ob sie im Widerspruch zu den Hauptquellen des Islams stehen ... Man kann also sagen, dass der Islam mit der Demokratie und weitestgehend auch mit dem Laizismus kein Problem hat.[29]

---

29 Der Lehrmeister meint, dass die Glaubensgrundsätze *(īmān)* sowie die gottesdienstlichen Handlungen *(ibādāt)* kein Gegenstand der *Kanunnames* bzw. der säkularen Gesetzgebung seien, sondern lediglich die zwischenmenschlichen Handlungen *(muʿāmelāt)*.

Der Laizismus ist im Grunde genommen ein Begriff, der das Normative betrifft und das Rechtswesen zum Gegenstand hat. Wenn aber der Laizismus nicht nur auf das Normative beschränkt wird, sondern auf das ganze System und davon ein philosophischer Laizismus abgeleitet wird, in dem alle Bereiche des Lebens gezwungenermaßen abgedeckt werden, und zudem die Religion als das natürlichste Phänomen der Menschen außer Acht gelassen und ignoriert wird, führt dies zu Spaltungen und Konflikten in der Gesellschaft. Denn in diesem Fall wird das ganze System als religionsloses System wahrgenommen werden, und eine Unmenge von Gegnern einer laizistischen Demokratie würden aufstehen. Hierbei sollte man nicht nur auf die Vergehen der Aufständischen hinweisen, sondern auch die Fehler der Menschen, die dazu führten, nicht unberücksichtigt lassen." (28. April 1998, Le Monde, Nicole Pope)

Wird Hodschaefendi darauf angesprochen, ob Islam und Demokratie denn zusammenpassen, antwortet er meist mit einer Definition der Religion und des Islams. Anschließend weist er auf die Entwicklungsstufen, die die Demokratie im Laufe der Geschichte durchlief, hin, um letztlich das Thema auf Demokratien zu bringen, die sich den Werten des Islams nicht verschlossen haben ... Das ist eine fromme Demokratie, die nicht nur das Leben im Diesseits, sondern auch das Leben im Jenseits berücksichtigt und die Werte der Religion nicht ablehnt. Gülen äußerte sich dahingehend 2005 in der Zeitschrift *Muslim World* wie folgt:

„Wenn das Thema ‚Islam und Demokratie' angesprochen wird, darf man nicht vergessen, dass der Islam eine göttliche Offenbarungsreligion, die Demokratie jedoch eine menschliche Regierungsform ist. Zu den Hauptaufgaben der Religion zählen universelle Belange wie der Glaube, Gottergebenheit, Gotteserkenntnis und ethische Vortrefflichkeit. Der Koran fordert den Menschen in Hunderten seiner Verse zum Glauben, zur Dienerschaft Gottes, zum Entwickeln eines Bewusstseins für Wohltaten, das in der Gottesverehrung immer tiefer wird, und zu ethischer Vortrefflichkeit auf. Zu glauben und gerechte Taten zu vollbringen gehört zu den Themen, die im Koran besonders betont werden; ebenso sich so zu verhalten, als ob man Gott sehe und in einer von gewissenhafter Aufrichtigkeit geprägten Beziehung auch von Ihm gesehen werde. Sich zu bemühen, dem ethisch schönen Idealbild zu entsprechen, zählt ebenfalls zu den Dingen, an die der Koran erinnert.

Den Islam in dieser Form zu präsentieren hätte dazu beitragen können, die in der islamischen Welt lokal bestehenden Formen der Demokratie zu bereichern und den Menschen zu helfen, die Beziehung zwischen den spirituellen und materiellen Aspekten des Lebens besser zu verstehen. Ich denke schon, dass der Islam die Demokratie bereichern könnte, sodass sie die großen Bedürfnisse von Menschen befriedigen kann, die einzig und allein die Gnade des Ewigen und Immerwährenden suchen.“
(Muslim World, Juli 2005, Zeki Sarıtoprak und Ali Ünal)

Die Demokratie durchläuft einen Reifeprozess, der nicht mehr umkehrbar ist

Gülen betont 1997 in einem Interview der New Yorker Journalistin und Autorin Nevval Sevindi die Bedeutung einer Demokratie, die sowohl das Jenseits berücksichtigt als auch deren Reifeprozess in Richtung einer herausragenderen Stufe.

Was bedeutet es, dass die Demokratie die Probleme des Lebens im Jenseits löst? Gülen weist in diesem Zusammenhang auf die Religionsfreiheit hin, denn gemäß dem Islam ist ein guter Mensch zu sein und Gott so anzubeten, wie er es wünscht, die größte Vorbereitung, die ein Mensch im Hinblick auf das Jenseits unternehmen könnte.

Im Laufe der Geschichte bestand eines der größten Probleme für gläubige Menschen darin, ihre Anbetung nicht frei ausüben zu können. Manchmal mussten sie ihre Gottesdienste sogar heimlich durchführen. Wurden sie entdeckt, wurden sie festgenommen, gefoltert und sogar getötet. Die größte Besonderheit demokratischer Staaten ist – neben der Gedankenfreiheit – die garantierte Religionsfreiheit. Und die Religionsfreiheit heutiger demokratischer Systeme ist ein Teil der grundlegenden Menschenrechte.

Gülen bringt seinen Wunsch nach einer solchen Demokratie wie folgt zum Ausdruck:

„Natürlich ist die Demokratie in der Türkei noch nicht ausgereift. Ich wünsche mir beispielsweise eine Demokratie, die sich sowohl meiner Gedanken und Entwicklungen im Diesseits annimmt, als auch meine Probleme im Jenseits, nach meinem Tod löst. Auch dieser sollte sie sich mit Geduld annehmen. Die Demokratie durchläuft einen Reifeprozess, der nicht mehr umkehrbar ist. Es besteht kein Zweifel, dass sich die Demokratie weiterentwickelt und reift; ebenso durchläuft auch der Geist und die Grundhaltung der Menschen eine Evolution. Eines Tages wird man eine hochentwickelte demokratische Stufe erreichen." *(27. Juli 1997, Yeni Yüzyıl, Nevval Sevindi)*

In einem Interview mit Nuriye Akman, einer ebenfalls in den USA lebenden Journalistin und Autorin, äußert *Hodscha-efendi* im März 2004 erneut diesen Gedanken:

„Was ist Demokratie? Das ist ein wenig Auslegungssache. Es gibt weltweit verschiedenartige Demokratien. Sogar kommunistische Regime betrachteten sich seinerzeit mitunter als Demokratien. Vielleicht sagt China dasselbe, Amerika bezeichnet sich als Demokratie, so wie England und Belgien auch. Es gibt fünfzig verschiedene Demokratien auf der Welt. Es gibt Christdemokraten, buddhistische Demokraten, jüdische Demokraten. Menschen können neben einer bestimmten Gesinnung, bestimmter Glaubensansichten oder Philosophien auch noch Demokraten sein. Es ist nichts dagegen einzuwenden, wenn es neben den islamischen Traditionen, Bräuchen und Gepflogenheiten auch eine Demokratie gibt. Eine solche Demokratie kann es meiner Meinung nach durchaus geben.

Man könnte dieser Demokratie sogar noch einen Aspekt hinzufügen: Die Bedürfnisse eines Menschen beschränken sich nicht aufs Diesseits. Sei es die Meinungsfreiheit, die Gedankenfreiheit oder die Handelsfreiheit – von ihnen allen profitiere ich. Aber ich habe auch eine der Ewigkeit zugewandte Seite. Ich bin für die Ewigkeit geschaffen. Etwas anderes als die Ewigkeit stellt mich nicht zufrieden. Eine voll entwickelte Demokratie wird daher auch Aspekte miteinschließen, die mir im Hinblick auf diese Wünsche weiterhelfen. Auch da muss sie unterstützend wirken. Mit anderen Worten: Die Demokratie braucht auch eine metaphysische Dimension. Wir müssen im Jenseits Rechenschaft ablegen, es wird über unsere Taten abgerechnet und die Demokratie sollte auch diesen Aspekt berücksichtigen. Warum sollte es eine solche Demokratie nicht geben?“ *(24. März 2004, Zaman, Nuriye Akman)*

Die folgenden Ausführungen Gülens sind einem Interview der *New York Times* aus dem Jahr 2010 entnommen:

„Der Islam stellt ohne Frage eine Bereicherung für die Demokratie dar. Zurzeit durchläuft die Demokratie einen Reifeprozess. Wir sollten uns bemühen, eine Demokratie zu entwickeln, die auf die Bedürfnisse der gesamten Menschheit einzugehen vermag. Eine Menschheit, deren einziges Bestreben der Gnade Gottes und der Ewigkeit gilt.

Dieser Ansatz sollte aufgegriffen und diskutiert werden. Die Demokratie ist ausreichend bemüht, die materiellen und spirituellen Sehnsüchte der Menschheit zu befriedigen. Ganz gleich, woran die Menschen glauben, sie sollten dies in aller Freiheit ausleben können. Die Aufgabe der Demokratie ist es, ein solches Umfeld, eine solche Atmosphäre zu schaffen." *(11. Juni 2010, The New York Times, Brian Knowlton)*

Zu Beginn war der Islam eine Republik

Eines der Themen, die Gülen besonders hervorhebt, ist der Umstand, dass es zur Zeit der rechtgeleiteten Kalifen zu Beginn der Geschichte des Islams eigentlich eine Demokratie und eine Republik gab, wenngleich man sie damals nicht so bezeichnete. Der Kalif, der im Islam als das Oberhaupt des Staates fungiert, wird gewählt und kommt aufgrund des gemeinschaftlichen Willens der Wähler an die Macht – das ist ein ganz grundlegendes Prinzip. Nach dem Tod des Propheten wurde der ehrwürdige Ebu Bekr auf diese Weise als erster Kalif gewählt. Auch die auf ihn folgenden drei Kalifen kamen nach dem Willen der damaligen islamischen Gemeinschaft in ihr Amt. Dieses Vorgehen entspricht sehr genau einem Grundsatz heutiger Demokratien und Republiken: dem Willen des Wählers. Der Islam hat keine Herrscherdynastien vorgesehen, in denen das Herrscher- und Kalifenrecht vom Vater auf den Sohn übergehen. Dies entstand erst später und entspricht nicht dem im Islam vorgesehenen hervorragenden Regierungsmodell. Aus diesem Grund bezeichnen Gülen und andere führende islamische Gelehrte die Zeit der ersten vier Kalifen als die Ära, die den Charakter einer Regierung im Sinne des Islams am besten widerspiegelt.

Am 16. April 1997 äußerte sich Fethullah Gülen zu den Fragen des Journalisten und Autors Yalçın Doğan im Fernsehsender Kanal D wie folgt:

„Demokratie ist die Herrschaft des Volkes. Eine Weiterentwicklung der Republik. Sie stellt eine dem Leben zugewandtere, menschlichere Dimension dar. Daher können wir sagen, dass sie schon sehr lange existiert. Man bezeichnete sie nur noch nicht so. Wir können sogar sagen, dass es zur Zeit der rechtgeleiteten Kalifen schon eine Republik gab, auch wenn sie damals nicht so hieß. Wir können von einer Demokratie sprechen, auch wenn sie damals noch nicht so genannt wurde. Vielleicht gab es Überschneidungen und Verflechtungen unter den Systemen. Jedes System hat in irgendeiner Form vom anderen profitiert. Das kann man erforschen. In diesem Zusammenhang bereitet die Republik und die Demokratie natürlich dem Islam, islamischen Anschauungen und dem Ausleben des Islams ein adäquates Umfeld. Dies als im Widerspruch zum Islam stehend zu betrachten, ist meiner Meinung nach eine falsche Schlussfolgerung, ein falscher Ansatz." *(16. April 1997, Kanal D, Sendung „Güncel" [Aktuelles], Yalçın Doğan)*

Hodschaefendi äußerte sich am 3. Juli 1995 im Fernsehsender TRT gegenüber dem Moderator Reha Muhtar wie folgt:

„Im Hinblick auf die Anfangsjahre des Islams bin ich ein Vertreter der Auffassung, dass es sich dabei um eine Republik handelte. Etwas anderes zu behaupten entbehrt jeglicher Grundlage." *(3. Juli 1995, TRT, Sendung „Ateş Hattı" [Feuerlinie], Reha Muhtar)*

Gülen war am 27. Februar 1998 beim Fernsehsender NTV in der Sendung „Püf Nokta" (Der springende Punkt) zu Gast, die von Taha Akyol und Cengiz Çandar moderiert wurde. Auf die Frage Cengiz Çandars: *„Was sagen Sie zum Thema Islam und Demokratie? Es herrscht breites Einvernehmen darüber, dass die Türkei derzeit eine politisch schwere Phase durchlebt. Wie bewerten Sie die Lage im Land und die nähere Zukunft? Was ist Ihre Einschätzung?"*, antwortete Gülen:

„Ich habe das Thema Demokratie nie als im Widerspruch zum Islam stehend aufgefasst. Ich wies sogar in meiner ersten Rede [am 29.6.1994] darauf hin, dass es ein Prozess ist, wir sind Teil dieses Prozesses, aus dem es kein Zurück mehr gibt. [...] Es gibt unterschiedliche Erscheinungsformen der Demokratie. Es gibt auf der Welt Sozialdemokraten, Christdemokraten [...] und liberale Demokraten.

Ich wünsche mir, dass die Demokratie eines Tages so weit entwickelt sein wird, dass sie ein Umfeld schafft, das alle Bedürfnisse des Menschen, materiell und spirituell, diesseitig und jenseitig befriedigt. Sie sollte sich auf meinem Weg bis ins Grab hin meiner Bedürfnisse annehmen und eine Grundlage schaffen, die es mir ermöglicht, nach meinem Tod ganz leicht die Zwischenwelt *(barzach)* zu überwinden. Eine Grundlage, die es mir ermöglicht, sogar das Paradies zu erreichen.

Ich hatte die Gelegenheit, diese Überlegungen mit einem amerikanischen Professor zu teilen. Er sagte, es sei eine sehr schöne Definition von Demokratie und machte sich Notizen. In welchem Stadium befindet sich die Demokratie angesichts dieser Überlegungen? Hier einer bestimmten Anschauung folgend zu urteilen ist meiner Meinung nach falsch." *(27. Februar 1998, NTV, Sendung „Püf Nokta" [Der springende Punkt], Taha Akyol und Cengiz Çandar)*

Der politische Islam oder die Politisierung des Islams

In der gleichen Sendung fragte der Journalist und Autor Taha Akyol:

„Sie repräsentieren einen Islam, der seine Wurzeln hierzulande hat. Soweit ich sehe, hegen Sie weder Sympathien für einen radikalen Islam wie den islamischen Dschihad oder die Hamas, wie er besonders nach dem Niedergang des Sozialismus im Nahen Osten aufkam, noch für ideologische Konzepte wie den politischen Islam oder den fundamentalistischen Islam und lassen sich davon auch nicht inspirieren. Denn diese Terminologie ist nicht die Terminologie des radikalen politischen Islams im Nahen Osten."

Gülen antwortet auf diese Frage Taha Akyols wie folgt:

„Der Islam wurde auf der arabischen Halbinsel geboren, dehnte sich bis in die Steppe Asiens aus und konzentrierte sich auf dieses Gebiet, bis er sich ein weiteres Mal auf den Weg machte und auf gewundenen Pfaden bis nach Kleinasien, nach Anatolien kam; ein Erbe wurde in der Hoffnung hinterlassen, dass eines Tages die Verantwortung für dieses Erbe übernommen werde und man sich um „Großasien" kümmere. […] Wir haben solch ein reiches kulturelles Erbe, wenn wir nur daran denken, wie der Islam mit seiner Normlehre, seiner Theologie und dem

Sufi-Gedankengut zunächst in Asien aufblühte, um sich dann auf der Welt wie die Zweige eines Baumes nach allen Seiten hin auszubreiten, dass wir keinen Bedarf verspüren, uns mit den zahlreichen kleinen Strömungen zu befassen, die sich neuerdings hier und dort bilden.[30] [...]

Zu der inkonsequenten Haltung der Hamas und den abstoßenden Aktionen der Muslimbruderschaft *(ihwan)* habe ich mich in diesem Zusammenhang wie folgt geäußert und mich dabei auf eine Aussage des Propheten bezogen: ‘yessirū welā tu‘assirū beschschirū welā tuneffirū‘ – erleichtern, nicht erschweren, verkündet den Menschen gute Botschaften, seid anziehend, stoßt sie nicht ab. Das türkische Volk blickt auf eine Vergangenheit zurück, in der sie eigentlich den Islam seit tausend Jahren stetig weiterentwickelt. Der Historiker Ismail Hami Danischmend weist darauf hin, dass die Türken schon zu Zeiten des Propheten Abraham Muslime wurden und die von ihm geprägten monotheistischen Grundlagen auch die Quellen sind, die der Prophet Muhammed nutzte.

Ich schließe mich dieser Einschätzung an. Ich denke, solch eine fest verwurzelte Anschauung und Bewegung ist so reich, dass sie keiner anderen Strömung auf der Welt bedarf. Worauf es ankommt, ist, dass wir neue Orientierungen geben, sie auswerten, mit Hilfe neuer Synthesen und Analysen neue Dimensionen erschließen und eine Plattform schaffen, um dies in aller Öffentlichkeit, laut und deutlich zum Nutzen der Menschheit kundzutun.“ *(27. Februar 1998, NTV, Sendung „Püf Nokta“ [Der springende Punkt], Taha Akyol und Cengiz Çandar)*

---

30 Der Lehrmeister weist damit auf Strömungen wie den Dschihadismus, den Fundamentalismus, den IS o. ä. hin, die es nach der zweiten Hälfte des 20. Jahrhunderts auf die Weltbühne schafften.

Die Religion zu politisieren ist ebenso schädlich wie Religionsfeindlichkeit

Eines der Themen, die in Verbindung mit der Diskussion um den Islam und die Demokratie am häufigsten angesprochen werden, ist der politische Islam oder die Politisierung des Islams. Fethullah Gülen beantwortete 1998 die Frage der Journalistin Nicole Pope für die Zeitung *Le Monde: „Was sagen Sie zum politischen Islam?“*, wie folgt:

„98 % der Glaubenslehren des Islams befassen sich mit dem Privatleben, grundlegenden ethischen Leitlinien für die Gesellschaft und spirituellen Werten. Nur 2 % beschäftigen sich mit Staatsführung. Diese 98 % zu ignorieren, sich nur auf die Politik zu konzentrieren und beeinflusst durch die aktuelle Lage bewusst so zu tun, als bestünde der Islam nur aus diesen 2 %, ist sowohl falsch als auch respektlos den anderen 98 % gegenüber.

In diesen 98 % geht es um grundlegende Glaubensansichten wie den Glauben an Gott, den Glauben an den Jüngsten Tag, die heiligen Bücher, die Propheten und die Engel sowie neben allen ethischen Fundamenten um die Grundsäulen des Islams wie das rituelle Gebet, Pflichtabgaben, Fasten und die Pilgerfahrt. Viele dieser Themen haben wir mit anderen Religionen gemein. Jeder Einzelne und jede Familie kann ungehindert danach leben. Die restlichen 2 % hingegen beziehen sich mehr auf die Obrigkeit. Diejenigen, die den Islam als ein politisches System begreifen, ignorieren die 98 % und präsentieren die 2 % als ‚den Islam'. Vom politischen Islam zu sprechen widerspricht dem Islam als Realität.

Der Ausdruck ‚politischer Islam' wurde jedoch nicht von Muslimen verwendet, die den Islam ein wenig als Fundament ihrer nationalen Befreiungs- und Unabhängigkeitsbewegungen nutzen wollten und ihn somit weniger als Religion denn als Ideologie auffassten. Nein, dieser Begriff wurde von den westlichen Medien oder ganz anderen Kreisen aufgebracht, die den Aktionen dieser Muslime unbedingt einen Namen geben wollten. Die Muslime selbst gehen das Thema unter dem Gesichtspunkt der Religion oder der Scharia an. Auch sie liegen falsch, wenn sie mit Scharia die von mir angesprochen 2 % meinen. Wer von der Scharia spricht und darunter diese 2 % versteht, täuscht sich.

Ein Gebot der Scharia, das auch im Koran besonders betont wird, ist der respektvolle Umgang miteinander; respektvoll im Gesprächsstil, niemals verletzend, grob oder ausfallend zu sein. Respekt vor den Menschen und Gastfreundschaft gegenüber Gästen schließt gemäß den Geboten des Propheten auch ein, meinen Glaubensbrüdern mit einem Lächeln zu begegnen, einem durstigen Menschen oder Tier Wasser aus einem Brunnen zu schöpfen oder Wasser in den Eimer seines hilfebedürftigen Nächsten zu gießen, Wege von Hindernissen für Reisende zu befreien usw.

Das alles sind Erfordernisse der Scharia bzw. der Religion. Diese erfüllen wir in froher, heiterer Stimmung. Das sind die Seiten der Religion, die gesehen werden sollten und die man zeigen sollte, denn Religion ist in ihrer Gesamtheit eine Sammlung von Schönem. Was immer schön ist, entstammt der Religion. Was immer hässlich ist, hat mit Religion nichts zu tun. Unser Prophet sagte: ‚*Ich bin entsandt worden, um die guten Sitten zu vervollkommnen.*' Im Koran wird er wie folgt angesprochen: ‚Und du hast wahrlich hervorragende Eigenschaften und handelst nach einem hervorragenden Muster' (Sure El-Qalem 68:4). ‚Wir haben dich nur als unvergleichliche Barmherzigkeit für alle Welten entsandt' (Sure El-Enbiyā' 21:107). Wenn dies die Religion ausmacht, dann wäre es äußerst respektlos der Religion gegenüber, stellte man sie absichtlich so dar, als bestünde sie lediglich aus jenen 2 %, politisierte man sie oder betrachtete sie als politische Ideologie. Aus diesem Grund sind wir seit jeher gegen die Politisierung der Religion. Aus unserer Sicht ist die Politisierung der Religion genauso schädlich wie Religionsfeindlichkeit." *(28. April 1998, Le Monde, Nicole Pope)*

Für eine Demokratie nach westlichem Vorbild

Der kanadische Journalist und Autor A. Fred Reed traf sich am 30. November 1999 mit *Hodschaefendi*. Während dieses Treffens sagte Fethullah Gülen, dass gläubigen Menschen eine besondere Aufgabe zufiele: der ganzen Welt zu zeigen, dass der Islam und die Demokratie sich nicht widersprechen. Seine Aussage im Wortlaut:

„Wenn die Demokratie Bedingungen schafft, in denen Muslime und Menschen anderer Anschauungen harmonisch miteinander leben können, dann sollte uns das dazu ermuntern, die Demokratie zu etablieren und alle Anstrengungen zu unternehmen, um auch in unserem Land von einer Demokratie nach westlichem Vorbild sprechen zu können. Das ist aus zweierlei Gründen absolut notwendig:

Erstens, um gemäß unserer Überzeugung und unseren Glaubensansichten in Frieden leben zu können, und zweitens, damit zukünftige Generationen ihr Leben und ihre Anschauungen friedlich ausleben können. […] Wenn der Islam eine Religion des Glaubens, der Anbetung und der Ethik ist, dürfte in demokratischen Ländern niemand diesem System widersprechen. Wenn man dieses System jedoch ignoriert und den Islam lediglich als eine Staatsform begreift und politische Ämter anstrebt, so ist dies nichts anderes als eine Fehlinterpretation des Islams. [...] Mit anderen Worten: Wir müssen den Islam als ein der breiten Gesellschaft zugewandtes, größtenteils an Fragen des Glaubens, der Lebenswirklichkeit und der Ethik interessiertes System präsentieren. Und wir müssen herausstellen, dass sich der Islam und die Demokratie nicht widersprechen oder im Widerstreit zueinander stehen.

Um dies zu erreichen, müssen die Menschen selbstlos und opferbereit sein. Um künftigen Generationen ein Leben in Ruhe und Frieden zu ermöglichen, müssen die Menschen bereit sein, auf persönliches Vergnügen und persönliche Annehmlichkeiten zu verzichten. [...] Unser Ziel ist es, den Menschen die Auslegung des wahren Islams näherzubringen, die Demokratie in ihrer Vollständigkeit und mit der Unterstützung aller zu etablieren und der Politisierung des Islams entgegenzuwirken." *(30. November 1999, A. Fred Reed, https://fgulen.com/tr/turk-basininda-fethullah-gulen/fethullah-gulenle-gazete-roportajlari/fred-a-reedle/3774-Fred-A-Reed-Fred-A-Reedle-Yeni-Bir-Uzlasi-Hatti-Icinde)*

Politisierung trübt den Geist der Religion

Gülen weist auf eine Gefahr hin, die in der Natur der Politik liegt, als er am 16. April 1997 im Fernsehsender Kanal D auf die Fragen des Journalisten und Autors Yalçın Doğan eingeht. Gülen erinnert daran, dass Politiker gerne alles für ihre Zwecke instrumentalisieren und mit der Aussage „Wir repräsentieren die Religion" die Religion instrumentalisieren. Er weist darauf hin, dass auf diese Weise die Religion für Missstände in der Politik mitverantwortlich gemacht wird:

„Es wird gesagt, die Religion sei jetzt politisch geworden. Dies bedeutet, dass die Religion von manchen Kreisen politisiert wird. Hierbei muss man festhalten, dass die Politisierung der Religion dem Staat weit weniger schadet als der Religion. Es bedeutet eigentlich, den Geist der Religion zu trüben.

Denn Religion ist jedermanns Sache. Sie bedeutet, jeden zu achten, sie ist für jeden das Mittel, um in Ruhe in dieser Welt zu leben, Herzensfrieden zu erlangen und Gott zu erfahren. [...] Daher stellt es eine unmittelbare Gefahr für die Religion dar, wenn sie politisiert wird. Denn diejenigen, die sich aus politischen Erwägungen heraus der Religion bemächtigen, möchten sie für ihre politischen Zwecke instrumentalisieren. [...] Wenn die Politiker alles für ihre Politik instrumentalisieren, so verfinstert sich das Licht der Religion in ihrer Fehlvertretung.

Mit anderen Worten: Wenn sie mit Äußerungen wie ‚Wir sind die Religiösen, wir repräsentieren die Religion, wir erwecken die Religion zu neuem Leben, wir erhalten die Religion am Leben' Nachfolger sammeln, so fällt ihre Fehlvertretung auf den universellen Geist der Religion zurück. Sie trüben die Religion. Das ist eine Gefahr.“ *(16. April 1997, Kanal D, Sendung „Güncel“ [Aktuelles], Yalçın Doğan)*

In der Geschichte des Islams gibt es verschiedene Staatsformen

Hodschaefendi weist 2005 in einem Interview für die Zeitschrift *Muslim World* bei der Beantwortung der Frage *„Wie be-*

trachten Sie die Beziehung von Islam und Politik in einer Zeit, in der der Begriff ‚politischer Islam' immer populärer wird?" auf zwei Punkte hin: 1. Der Islam sieht keine einheitliche Staatsform vor, man trifft im Laufe der Geschichte des Islams auf sehr unterschiedliche Staatssysteme; 2. Den Koran nur als Quelle für politische Aussagen zu missbrauchen ist respektlos. Der Koran eignet sich nicht für politische Machtspiele; stattdessen bringt er aufgrund der Tiefe, die er im Geist eines Menschen auftut, kluge Politiker hervor.

Gülen drückt dies folgendermaßen aus:

„So wie bei vielen anderen Themen auch, fällt man, was die Beziehung von Religion und Politik betrifft, von einem Extrem ins andere: Die einen lehnen jedweden Bezug der Religion zur Politik ab, während andere das Religionssystem mit all seinen Facetten gänzlich politisch interpretieren. Im Koran gibt es eine ganze Reihe von Versen, die sich mit Staatswesen und Politik befassen und auch ihre Anwendung durch den Propheten nimmt hier einen wichtigen Platz ein. Viele Aspekte wie die Achtung vor der Obrigkeit, Hinweise zu Konsultationen und Urteile zu Krieg und Frieden sowie normative Bestimmungen zur Rechtsprechung weisen politische und verwaltungsrechtliche Elemente auf.

Allerdings kann man im Islam den Staat und die Verwaltung nicht in eine Form pressen, genauso wenig, wie man dies mit den Grundlagen des Glaubens und den Grundpfeilern der Religion tun könnte. Die Geschichte zeigt uns, dass es in der islamischen Welt seit dem Zeitalter des Glücks *(Asr-ı Saadet)* bis heute eine ganze Reihe von Staatsformen gab, wenn man einmal von Wahlen und Dingen wie Eigenschaften, die man bei einer Wahl sucht, absieht.[31] [...]

Es ist nicht ganz richtig, zu behaupten, dass der Koran ausdrücklich und unmissverständlich die Politik zu den *conditio-sine-qua-non*-Elementen der offenkundigen islamischen Religion zähle und ihr einen Stellenwert verleihe, der dem Stellwert der unveränderlichen Grundlagen der Religion gleiche. Wahrscheinlich haben die Ansichten einiger Personen, die eine Beziehung zwischen gewissen Geboten des Korans und der Politik, dem Staatswesen und Regierungsformen zu sehen meinen, zu manchen Missverständnissen geführt, da sie in ihrer Begeisterung für den Islam rein aus dem Blickwinkel historischer Erfahrungen heraus schlussfolgerten, der Islam würde die gesellschaftlichen Probleme mit Hilfe der Politik und des Staates viel leichter zu lösen imstande sein. Sicherlich ergeben diese Sichtweisen für sich allein betrachtet einen Sinn; aber sie entsprechen nicht der Wirklichkeit.[32]

Auch wenn der Einfluss des Staates und der Regierung auf das Zusammenspiel von Individuen, Familien und Vereinigungen innerhalb der Gesellschaftsordnung nicht bestritten werden kann, so spielen sie doch in der Wertehierarchie des Korans nur eine nebensächliche Rolle. Schließlich sind die Themen der Grundlagen des Glaubens *(ümmehat)*, also der Glaube *(īmān)*, der Islam, gottesbewusste Anbetung *(ihsān)* und das Vermitteln

31 Der Lehrmeister meint, dass die klassisch-islamische Normlehre zur Wahl des Imams sowie zum eigentlichen Wahlprozess klare Anweisungen gibt – ganz im Gegensatz zum Thema Staatsformen.

32 Er meint damit einige berühmte Gelehrte, die im 20. Jahrhundert Werke verfassten, in denen sie erläuterten, wie der Koran und der Islam eine Regierungsform und ein Staatswesen regulieren könnten.

göttlicher Ethiknormen in der Gesellschaft sowohl Referenzthemen als auch von Natur aus Fundamente für staatliche, ökonomische und politische Angelegenheiten.[33]

Ausgehend von dieser Prämisse wäre es nicht nur respektlos dem Koran gegenüber, würde man aus ihm politische Theorien ableiten, in ihm verschiedene Staatsmodelle suchen oder in ihm nur Stoff für politische Aussagen sehen, sondern es hinderte einen auch daran, von all den anderen tiefen Wahrheiten dieser gesegneten Quelle zu profitieren. Dieses heilige Buch ist in Wahrheit die ewige Wiedergabe der schöpferischen Sei-Befehle Gottes, die Deutung der sichtbaren und unsichtbaren Welt, der Ausleger der auf der Erde und in den Himmeln geoffenbarten göttlichen Namen, das Rezept zur Lösung der unterschiedlichsten Sorgen und Probleme der islamischen Welt, der alleinige Leitfaden zur Glückseligkeit im Diesseits und im Jenseits, der vertrauenswürdige Beweis für die Reisenden ins Jenseits, Dinge hier und dort betreffend, und die nie versiegende überströmende Quelle der Weisheit für die Menschheit. Der Koran eignet sich nicht für politische Machtspiele; stattdessen bringt er aufgrund der Weite und Tiefe, die er im Geist einen Menschen auftut, kluge Politiker hervor, die die Politik von ihrer Gefangenschaft befreien, ein Glücks- bzw. Schachspiel zu sein." *(Muslim World, Juli 2005, Zeki Sarıtoprak und Ali Ünal)*

---

33 Der Lehrmeister verweist auf den berühmten Hadith von Dschibril, in dem der Glaube, der Islam und der Ihsān im Detail definiert wurden – die Politik wird hier mit keinem Wort erwähnt. Unter den sechs Grundsäulen des Glaubens, den fünf Grundpfeilern des Islams und der dritten Dimension der Gottesdienerschaft *(ihsān)* findet die Staatsführung oder die politische Herrschaft keine Erwähnung. Diese elf Säulen nennt er die „muhkamāt" – die unveränderlichen Grundlagen des Islams. Lediglich die Imamiye-Schiiten behaupten, dass die Staatsführung ein Grundsatz des Glaubens sei.

Es lohnt sich, zwei Sätze aus einem Artikel Fethullah Gülens für die Financial Times näher zu betrachten, da sie sich mit der Thematik des Islams als politische Ideologie befassen:

„Die Religion als politische Ideologie zu betrachten bedeutet im Namen der Religion politische Macht anzustreben; das widerspricht dem Geist des Islams. Vermischt man Religion und Politik, werden beide Schaden nehmen, am meisten aber die Religion." *(10. März 2014, Financial Times)*

Der Islam bedarf keiner Reformen, es gibt aber Erneuerung *(tedschdīd)*

In Verbindung mit der Beziehung von Islam und Demokratie kommt das Gespräch immer wieder auf das Thema „Reform in der Religion". Braucht der Islam eine Reform bzw. könnte man ihn einer Reform unterziehen? Die für die *Le Monde* arbeitende Journalistin Nicole Pope fragte 1998 Gülen dazu Folgendes: *„Es wird über Reformen diskutiert. Wie ist Ihre Haltung in dieser Debatte: Braucht der Islam wie das Christentum eine Reform?"*

Hodschaefendi weist in seiner Antwort darauf hin, dass der Islam keine Deformation durchlitt, die eine Reformation bedingen würde. Es gebe aber eine Erneuerung *(tedschdīd)*:

„1500 Jahre nach dem ehrwürdigen Messias (Jesus Christus) gab es eine Reformation. Forscher wie Maurice Bucaille und sogar christliche Forscher haben beispielsweise in Publikationen wie der *Catholic Encyclopedia* darauf hingewiesen, dass es zwischen den Evangelien diverse bedeutende und unbedeutende Unterschiede gibt. Manche führen diese Unterschiede darauf zurück, dass die Evangelien eine Weile nach dem ehrwürdigen

Jesus niedergeschrieben wurden. Dieser Prozess ähnelt dem Prozess der Sammlung und Niederschrift der Hadithen in der islamischen Geschichte.

Ich persönlich fühle mich - aufgrund meines Respektes dem ehrwürdigen Messias und dem Evangelium als göttliche Offenbarung gegenüber - angesichts dieser Herangehensweise unwohl. Davon abgesehen spielt die Kirche in der Christenheit eine wichtige Rolle. Daher haben die Ansichten der Kirchen ein religiöses Gewicht. Entwicklungen im Laufe der Zeit haben zu unterschiedlichen Anschauungen unter Christen geführt und in Ländern wie Deutschland und England entstanden Reformationsbewegungen. Es ist bekannt, dass man sich gegen Praktiken wie den Ablasshandel aussprach, und man kritisierte im Licht der aufkommenden Wissenschaften einige Passagen der Bibel.

Im Islam entstanden im Laufe der Zeit zu Angelegenheiten zweiten und dritten Grades, zu Themen der Normenlehre unterschiedliche Auffassungen und Rechtsschulen. Dies berührte jedoch nicht die Grundlagen des Islams, man verfolgt in der Regel die gleiche Linie, was die islamischen Grundsätze betrifft, denn der Koran wurde unverändert überliefert und die Sunna des Propheten wurde auch innerhalb kurzer Zeit niedergeschrieben. Im Islam gibt es Erneuerung. Im Laufe der Zeit haben Erneuerer, namhafte Persönlichkeiten, unter Berücksichtigung der elementaren Gebote einige Fehler korrigiert; war man von diesen Grundlagen abgewichen, kehrte man wieder zu ihnen zurück. Und zu Themen, die im Islam Deutungssache sind, wurden im Licht der jeweiligen Zeit und ihrer Umstände neue *Idschtihads* und Kommentare formuliert. [...] Dies waren jedoch keine Reformen, denn Reformen folgen auf Deformationen. Der Islam hat keine Deformation erlebt, die einer Reformation bedürfe." *(28. April 1998, Le Monde, Nicole Pope)*

Hodschaefendi äußerte 1995 in einem Interview der Zeitung *Hürriyet* den Gedanken: „Im Islam gibt es keine Deformation, er hat seine Authentizität bewahrt. Daher ist auch eine Reform undenkbar." Ähnlich äußerte er sich Jahre später gegenüber dem Journalisten Rainer Hermann von der *FAZ*, der ihn fragte: *„Kann der Islam modern sein – oder trifft zu, was Kritiker behaupten: dass die Moderne doch nur islamisiert wird?"* Gülens Antwort:

„Unstrittig ist, dass es zur Moderne – wegen der verschiedenen politischen, soziologischen, philosophischen und kulturellen Auslegungen und Anwendungen – keine eindimensionale Definition gibt, was ähnlich für den Begriff Demokratie gilt. In der Literatur zur Moderne werden Prinzipien genannt – wie die Bedeutung von Vernunft und Wissenschaft, die Befreiung der Individuen von der Macht anderer oder des Staats, die Glaubens- und Meinungsfreiheit, der Schutz der Menschenrechte, das Primat des Rechts und einer demokratischen Exekutive.

Keines steht im Widerspruch zu den islamischen Werten. Setzen Muslime diese Prinzipien auf individueller oder staatlicher Ebene um, bedeutet es nicht eine Modernisierung des Islams. Vielmehr kann man von einer Auslegung der interpretierbaren Seiten des Islams in Richtung auf die Prinzipien sprechen, die zwar von der Moderne herrühren, den Grundprinzipien des Islams aber nicht widersprechen.

Andererseits kann man nicht davon ausgehen, dass der Islam jene Ansprüche billigt, die man ebenfalls in den Auslegungen und Anwendungen der Moderne antrifft: etwa die rein materialistische Herangehensweise an den Menschen und den Kosmos, die Praktizierung des Laizismus als Religionslosigkeit, uneingeschränkte, absolute Freiheiten oder die Behauptung vom Ende der Religion sowie ihre Ersetzung durch Vernunft und Wissenschaft.

Andererseits ist es doch keine ‚Islamisierung der Moderne', wenn Muslime der Moderne ihre eigenen Farben hinzugeben und zu einigen Fragen ihre eigenen Auslegungen entwickeln." *(26. Januar 1995, Hürriyet, Ertuğrul Özkök; 6. Dezember 2012, Frankfurter Allgemeine Zeitung, Rainer Hermann)*

Durch die Veränderung der Zeit ändern sich auch die Normen

Im Zusammenhang mit der Diskussion um den Islam und die Demokratie wird ein Thema häufig angesprochen: Richten sich die Rechtsnormen des Islams nach den Bedürfnissen der Zeit? Gülen geht in einem Interview für das holländische Fernsehen ausführlich darauf ein:

„Wenn sich die Zeiten ändern, ändern sich auch Normen. Es gibt also Gegenstände der Veränderung. [...] Im Rechtssystem der Osmanen gab es *Kanunnames*, die sich zumeist auf das Gewohnheitsrecht *(ʿurf/örf)* gründeten, denen keine klaren Darlegungen aus dem Koran oder der islamischen Tradition zugrunde lagen und zu denen es auch keine Überlieferung des Propheten oder seiner Gefährten gab. [...] Sie wurden vom jeweiligen *Scheichülislam* und namhaften islamischen Gelehrten erlassen.

Einiger dieser Gewohnheiten und Gebräuche haben wir von anderen Völkern übernommen, und der Islam hat sie anerkannt. Diese unterliegen stetigem Wandel. Nehmen wir zum

Beispiel die Kleidung. Es wird nicht von uns erwartet, uns so wie zu Zeiten des Propheten zu kleiden. Man kleidete sich so, wie es damals üblich war. Man trug knopflose Gewänder. Die Brust war unbedeckt. Man hatte keine Kleider, so wie wir sie heute kennen. Es gab keine Mäntel, Sakkos usw. Wer möchte, kann sich ihren Kleidungsstil zum Vorbild nehmen. Kein Problem. Aber dies als islamisch zu bezeichnen und zu behaupten, dies sei Teil des Islams, verkompliziert die Sache und wirkt abstoßend.

Man kann noch nicht einmal behaupten, es handele sich hier um Zweige bzw. nebensächliche Angelegenheiten der Religion *(furūʿāt)*. Das sind Sitten und Gebräuche. Manche sagen sogar, dass auch der Turban so einer Gewohnheit entspringe. Muslime tragen den Turban schon seit der Zeit des Propheten. Obwohl er weit verbreitet war, findet man in den Büchern El-Bukharis, Muslims und Tirmidhis keine Hinweise auf den Turban. In den *Sunen* des Ebu Dawud findet sich der Hinweis, dass der Prophet nach seiner Eroberung Mekkas beim Eintritt in die Stadt einen Turban trug. Den Grund dafür kennen wir nicht.

Vielleicht diente er seinerzeit dem Schutz des Kopfes, so wie wir heute beim Motorradfahren einen Helm tragen. Einige erklären das genau so. Wer aber sagt, man müsse sich unbedingt so kleiden, um ein Muslim zu sein, verkompliziert die Sache. Detailfragen überlagern die grundsätzlichen Prinzipien. Zudem heißt es in einem Vers der Sure El-Hadsch im Koran: ‚Das (ist die reine Wahrheit). Und wer immer die öffentlichen Symbole und Gebote Gottes in Ehren hält, dann geschieht dies gewiss aus echter Frömmigkeit und Gottesfurcht in ihren Herzen' (Sure El-Hadsch, 22:32). Mit anderen Worten: Man muss die Dinge, die in Gottes Augen wichtig und groß sind, annehmen und ebenso betrachten; die Dinge jedoch, die in den Augen Gottes klein und unbedeutend sind, die er nicht benennt oder nur nebenbei erwähnt, sollte man auch in diesem Rahmen belassen. Sonst läuft man Gefahr, Aspekte hervorzuheben, die Gott als Gesetzgeber für unwichtig erachtet und sie sogar über die kanonischen Vorschriften und den Glauben als solches zu stellen. Wer in diesem Zusammenhang den Staat beispielsweise über den Glauben erhebt, über die Anbetung und gottgefällige Taten, über das Gebet, das Fasten, die Pflichtabgaben, die Pilgerfahrt, humanes Verhalten, Menschenliebe und Menschen Zuflucht zu gewähren, der stört das von Gott gesetzte Gleichgewicht bzw. die Wertehierarchie.

So wie eine Störung des ökologischen Gleichgewichts zu Belastungen führt, so führt auch die Störung des Gleichgewichts, für das die Religion im Leben eines Menschen sorgt, zu Problemen. Daher stellt es eine Störung des religiösen Gleichgewichts und der Harmonie dar, wenn man Detailfragen der religiösen Vorschriften derart in den Vordergrund rückt. Dem sollte man keinen Raum bieten. Details sollten Details bleiben und nicht zu Grundsätzen des Glaubens erhoben werden.

Das Prinzip des Glaubens lautet: *La ilahe illallah Muhammedun resulullah.* Ebu Hanife führt dies in seiner Liste von Glaubensgrundsätzen, dem el-fiqh el-ekbar auf. Ein Mensch, der das Glaubensbekenntnis ausspricht, kommt ins Paradies, er ist durch. Die maturidische Glaubenslehre geht so weit zu sagen, dass auch einer Person, die an einen Schöpfer glaube, – so es Gottes Wille ist – Einlass ins Paradies gewährt werden würde; in den theologischen Anschauungen des Ascharismus trifft dies sogar auf all jene zu, zu denen der Prophet nicht gesandt wurde, die seine Stimme nicht vernommen haben oder denen die Religion nicht ausreichend erklärt wurde. Statt Menschen zu verurteilen und Beschlüsse zu fassen, denen eine verurteilende Geisteshaltung zugrunde liegt, ist es meines Erachtens besser, sich den Angelegenheiten im Geist des Islams und der tiefen Erbarmungen Gottes zu nähern." *(19. Oktober 1995, Nederlandse Moslim Omroep [NMO], https://fgulen.com/tr/fethullah-gulenin-butun-eserleri/69-fgulen-com-turkce/basindan/Televizyon-Roportajlari/1472-NMO-NMO-Hollanda-televizyonu-ile)*

Prof. Zeki Sarıtoprak und der Journalist und Autor Ali Ünal befragten Gülen 2005 für die Zeitschrift *Muslim World* zum gleichen Thema: *„Das Thema des Idschtihads in der Normenlehre wird in er muslimischen Welt seit langem diskutiert. Manche meinten, dass das Tor des Idschtihads eine verschlossene Tür sei und man daher eine Stagnation erlebte. Welcher Maßstab gilt bei der Anwendung der Rechtsnormen?"*

Gülen beantwortete diese Frage wie folgt:

„Anders definiert ist der Islam der Titel einer universellen und letzten Religion, die aus den *Numerus-clausus*-Textsätzen des Korans und der Sunna (*nass* / Pl. *nusus*) Lösungen für die uneingeschränkte Anzahl der Problemfälle ableitet, mit denen man zu verschiedenen Zeiten und in unterschiedlichen Regionen der Welt konfrontiert werden könnte. Beginnend mit der Ära des Propheten und insbesondere in den ersten drei- bis vierhundert Jahren danach blieb diese gesegnete Bewegung stets lebendig und sehr produktiv. Sie kultivierte das dynamische System des Islams mit Hilfe des *Idschtihad* (Lösung rechtlicher Fragen anhand islamischer Rechtsquellen), *Ray* (eigenes Ermessen), *Istidlal* (Vernunftschluss), *Qijas* (Analogieschluss) und *Istinbat* (Ableitung).

Diese äußerst reiche und einzigartige Rechtskultur der islamischen Welt, dieses dynamische Rechtssystem, hat sich auf der einen Seite ein Stück weit vom Alltag entfremdet. Auf der anderen Seite traten anstelle des einst regen Geistes, der von gottgegebenen Talenten und Inspirationen überströmt und anstelle von Urteilen, die von hervorragender Kenntnis des Korans und der Sunna zeugen, einige inkompetente und unwürdige Personen auf, denen es an Kenntnis des Korans und der Sunna mangelt – unbedacht, unfähig, mit mangelndem Urteilsvermögen und jeglicher Inspiration gegenüber verschlossen. Sie imitieren die produktive Instanz des *Idschtihad* und degradieren ihn zu schablonenhaft auswendig Gelerntem.

Infolge von politischem Druck, inneren Streitigkeiten und manchen nichtigen und abwegigen Strömungen kam man vom eigentlichen Thema ab. Man begnügte sich im Vertrauen auf dieses segensreiche Erbe aus vergangenen Zeiten mit einem ‚Mehr brauchen wir nicht'. Die bestehende Ordnung und Eintracht machte blind, bisweilen wurden auch kompetente und befähigte Muslime als Reaktion auf abwegige Entwicklungen bedroht und das führte zunächst zum Verlust des Geistes des *Idschtihad* und schließlich war diese Tür endgültig verschlossen.

Auch wenn einige das Recht und die Wahrheit liebende Gelehrte in dieser Richtung gewisse Erwartungen hegten, hatte eigentlich niemand dieses Tor verschlossen, es schloss sich von ganz allein, um denen keinen Raum zu bieten, die die Religion in religiösem Enthusiasmus und aus persönlichem Begehren heraus auslegen und in ihrer Inkompetenz eigene Begierden idolisieren. Da keine Gelehrten mehr nachwuchsen, die die Qualität besaßen, mit der Methode des *Idschtihad* Rechtsbildung zu betreiben, muss man all jenen Recht geben, die sich gegen den *Idschtihad* aussprechen.

Heute denken die Menschen zumeist nur an das Diesseits. Gedanken und Gemüt sind ziemlich verwirrt, der Verstand ist dem Spirituellen entfremdet, Religion und Glaube sind im Gegensatz zu der Zeit der Gefährten des Propheten nicht das primäre Trachten der Menschen, man nimmt es damit nicht so genau. Sie gehen lässig mit dem Thema um, treten die Grundlagen der Religion mit Füßen und zweifeln selbst an den Grundpfeilern des Glaubens und des Islams. Die Religion liegt in Schutt, der Glaube in Asche. Die meisten strengen sich gar nicht mehr an, sich in ihrem Leben nach dem Islam auszurichten. Selbst wenn sie jetzt unter solchen Vorzeichen jenes Tor öffneten, sieht es doch nicht danach aus, als ob jemand hervortreten würde, der zu Recht diese Dynamik aufgreifen könnte.[34]

Trotz alledem sind wir voller Hoffnung, dass die beachtliche Wiedergeburt von Religion und Glaube in der islamischen Welt, die wir momentan beobachten, so Gott will in naher Zukunft dazu führt, dass geeignete und würdige Menschen dieses Tor wieder öffnen. Wir sind vollkommen davon überzeugt, dass, sobald die Zeit gekommen ist, dieser überströmende Geist und dieser einzigartige Verstand in aller Ernsthaftigkeit die Verantwortung übernehmen und *Idschtihad*-Komitees bilden wird – Ratgebergremien *(schura)*, in denen Experten aus unterschiedlichen Wissenschaftsfeldern diese Leere ausfüllen werden.“ *(Muslim World, Juli 2005, Zeki Sarıtoprak und Ali Ünal)*

---

34 Lehrmeister Gülen hat bis heute zahlreiche Bücher über die Grundlagen des Glaubens und des Islams sowie des *ihsāns* bzw. der Ethiklehre verfasst, wobei er es vermied, etwas Ausführliches über die Normenlehre zu verfassen. Ihm zufolge sind die Themenbereiche der islamischen Normenlehre von heute so breit und kompliziert, dass eine einzelne Person dieser Aufgabe nicht gerecht werden könnte. Man müsse diese Themen in großen Gremien behandeln, deren Mitglieder die oben erwähnten Qualifikationen aufweisen.

Was bedeutet Scharia?

Wenn man über die Beziehung des Islams zur Demokratie spricht, kommt das Thema meist auf Begriffe wie die Scharia. Bei Scharia denkt man an einen Religionsstaat, bzw. Scharia und Religionsstaat werden meist synonym verwendet.

So zielte auch eine der Fragen, die Brian Knowlton von der *New York Times* im Jahr 2010 Gülen in seinem Interview stellte, in diese Richtung: „*Kann ein von Muslimen regiertes Land die Gesetze der Scharia zugrunde legen, also auf der Scharia aufbauen?*"

Hodschaefendi antwortete darauf wie folgt:

„Es besteht ein Unterschied zwischen freier Religionsausübung für jeden und einem auf Basis der Scharia regierten Land. Wenn ein Land Religionsfreiheit garantiert und jedem Bürger die gleichen Rechte einräumt, um so zu leben, wie er es für richtig hält, die Menschen ihre Angelegenheiten ihrem Gewissen und ihren Anschauungen gemäß selbst regeln lässt, wenn ein Staat ein solches System hat, dann steht das nicht im Widerspruch zum Koran.

Wenn es einen solchen Staat gibt, braucht man sich nicht nach Alternativen umsehen. Wenn ein System, so wie in einigen Demokratien heutzutage, die Menschenrechte und Freiheiten nicht wahrt, sollten die Organe der Legislative und Exekutive das System auf Basis der universellen Rechtsnormen überprüfen, erneuern und reformieren. In der Türkei beispielsweise haben Menschen als einfache Folge dieser grundlegenden demokratischen Prinzipien gefordert, ihren Glauben in Schulen und an anderen Orten frei auszuleben. Diese Menschen forderten ihre Rechte ein und dieses Grundrecht gilt für alle Menschen." *(11. Juni 2010, The New York Times, Brian Knowlton)*

Die französische Journalistin Nicole Pope stellte Fethullah Gülen folgende Frage: *„In der Türkei gibt es ein Wort, auf das man äußerst empfindlich reagiert: Scharia. Was ist die Scharia?"*

Gülen antwortete darauf:

„Scharia ist eigentlich ein Synonym für Religion. Die Grundlagen des Glaubens, den Islam bis hin zu den Säulen ethischen Handelns – all das umfasst die Scharia. Die Scharia lässt sich nicht auf die 2 % reduzieren, die mit dem Staatswesen zu tun haben. Menschen, die so an das Thema herangehen, begehen einen großen Fehler. Solch ein Verständnis führt bei einigen zu Beunruhigung und Antipathie gegenüber diesem Terminus.

Die Scharia gibt es nicht nur im Islam. Im Judentum gibt es sie auch. Und auch im Christentum. Man findet sie im Tanach und in der Bibel.

In den Evangelien stößt man auf die Aussage des ehrwürdigen Jesus: ‚Ich bin nicht gekommen, die Scharia aufzulösen, sondern sie zu erfüllen.' Scharia ist die religiöse Lebensart, die Religion selbst, eine Art soziologische Beschreibung der Religion. Aber wie oben bereits erwähnt, berühren nur 2 % der Scharia Themen, die unmittelbar mit dem Staatswesen in Zusammenhang stehen. Die Regierenden sollten sich damit befassen, denn das betrifft besonders ihre Aufgaben und nicht jeden einzelnen Bürger der Gesellschaft."[35] *(28 April 1998, Le Monde, Nicole Pope)*

---

35 Tatsächlich wird in der Literatur das kanonische Recht des Christentums und die Halacha des Judentums als „Scharia Jesu" und „Scharia Mose" definiert. Aufgrund der tiefverwurzelten Islamfeindlichkeit des Mittelalters wurde die Scharia mit Handabhacken und Steinigung gleichgesetzt und mit einem negativen Image konnotiert, das mit keiner Erklärung und Ausführung verbessert werden kann.

Die vom Propheten Muhammed gegründete Staatsordnung

Welche Staatsordnung gründete Muhammed (Friede und Segen seien mit ihm), der Prophet des Islams? Der Journalist Rainer Hermann fragte *Hodschaefendi* dazu Folgendes:

„Manche im Westen argumentieren: Muhammed habe einen Staat gegründet, Jesus habe sich von der Politik aber ferngehalten, habe dem Kaiser gegeben, was des Kaisers ist. Ist das Erlangen weltlicher Herrschaft Teil der Lehren des Islams?"

Gülen weist in seiner Antwort auf die grundlegenden Prinzipien hin, auf der eine islamische Herrschaft basieren sollte:

„Nichts ist dagegen einzuwenden, wenn in der islamischen Welt – wenn es überhaupt eine Verwaltung geben muss – eine Verwaltung auf islamischer Ethik, islamischen Disziplinen und islamischen Prinzipien basiert. Unserem Herrn, dem ehrwürdigen Messias, war mit seinen Jüngern nicht die Möglichkeit gegeben, einen Staat zu gründen. Andernfalls hätte wohl auch er eine Ordnung geschaffen, wie seine Vorgänger David und Salomon. Sie hatten einen Staat gegründet, das ‚Zeitalter der Könige', wie es im Alten Testament heißt. Moses hat eine staatliche Ordnung geschaffen, auch Josua. Daher besteht in dieser Hinsicht eine Verwandtschaft zwischen Jesus, Zacharias und Johannes, die ebenfalls nicht die Möglichkeit zur Gründung eines Staats hatten.

Als später das Römische Reich unter Konstantin dem Großen das Christentum zur Staatsreligion erhob, regierte es nach den Regeln des Christentums. Ja, unser Prophet hat zu seiner Zeit eine Staatsordnung aufgebaut; die Strukturen verfestigten sich aber erst nach ihm unter den vier rechtgeleiteten Kalifen. Jene waren in der Tat rechtgeleitet, sehr rechtschaffen. Das können wir nicht über alle Herrscher der Umayyaden sagen, genauso wenig über die der Abbasiden; das trifft auch nicht auf alle osmanischen Sultane zu und nicht auf alle islamisch-asiatischen Reiche. Wir können nicht sagen, dass unter den späteren Herrschern das Recht, die Gerechtigkeit, die Rechtleitung und die soziale Gerechtigkeit für alle Menschen gleichermaßen angewendet worden sind.

Einige Herrscher ließen sich von Emotionen leiten, begingen Grausamkeiten und Ungerechtigkeiten – und versteckten sich dann hinter dem Islam. Manchmal wurde versucht, das Morden mit dem Islam zu rechtfertigen. Heute wird das in noch brutalerer Art und Weise begangen. Lebende Bomben, Selbstmordattentate – und es sind unschuldige Menschen, die darunter leiden. Der Islam verurteilt die Vergeltung einer schlechten Tat in der gleichen Art und Weise deutlich als unrecht. Letztlich sind die Grausamkeiten, welche Al-Qaida oder die Hisbollah begehen, nichts anderes als die Verunglimpfung des sauberen Antlitzes des Islam. Sie kennen den Koran nicht richtig." *(6. Dezember 2012, Frankfurter Allgemeine Zeitung, Rainer Hermann)*

Eine der Fragen, die Gülen 2005 im Rahmen einer Serie von Interviews in der Zeitung *Milliyet* gestellt wurden, lautet: *„Sollten Muslime das Ziel haben, einen eigenen Staat zu gründen?"*

Hodschaefendi betont in seiner Antwort ein wichtiges Thema. Er erklärt, wie und warum die vier rechtgeleiteten Kalifen alle auf unterschiedliche Art und Weise in ihr Amt gewählt wurden:

„Vermutlich leben die Menschen ihre Religion zu 95 %, vielleicht sogar zu 97 % aus, ohne dass sich irgendjemand daran stört – wenn man in demokratischem Rahmen bleibt und man ihn nicht mit Bestimmungen wie dem öffentlichen Raum einschränkt.[36] Die Religion findet im sozialen Leben ihren Platz und in unterschiedlichen Phasen auch im politischen Leben. Hierbei muss man nur bis zu einem gewissen Grad spezifische und historische Aspekte berücksichtigen.

Beispielsweise ist es unmöglich, auf eine einzige Art der Wahl oder eine einzige Staatsform zu verweisen. Im historischen Ablauf sehen wir, dass Ebu Bekr vom Volk gewählt wurde, Umar wurde von Ebu Bekr zur Wahl gestellt und von ihm gewählt. Uthmen wurde unter den Zehn Paradiesgefährten ausgewählt *(el-Ascharat el-Mubascharun bi-l-dschenne)*, einer Gruppe, auf die Umar aufmerksam machte. Die Wahl Alis ging ein wenig mit Widerstand einher. In diesem politischen Vakuum formierte sich in Damaskus ein Reich und Muawiya stieg zum Herrscher auf. In der Dynastie der Umayyaden schließlich ging das Herrscherrecht wie bei den Osmanen vom Vater auf den Sohn über.

Also hat die Religion eindeutige grundlegende Elemente; diese bleiben verschont und unverändert *(muhkemāt)*. Außerhalb dieser Elemente gibt es welche, die *relative Wahrheit* besitzen und als Gebiete des *Idschtihad* und des *Istinbat* Umständen und Bedürfnissen entsprechend ausgelegt werden können." *(16. Januar 2005, Milliyet, Mehmet Gündem)*

Rückkehr zum Kalifat?

Das Kalifat wurde 1924 durch eine Entscheidung der türkischen Nationalversammlung abgeschafft. Bis heute kommt das Thema Kalifat im Rahmen der Debatte um den Islam und die

36 Der Lehrmeister meint damit die Einschränkungen des religiösen Lebens unter dem Vorwand der säkularen Öffentlichkeit. Siehe die Ausführungen oben.

Demokratie von Zeit zu Zeit zur Sprache. In dem Interview der Zeitschrift *Muslim World* wurde Gülen in Bezug auf das Kalifat gefragt:

„Nach der Abschaffung des Kalifats kamen in der islamischen Welt verschiedene Kalifat-Bewegungen auf, insbesondere unter Muslimen in Indien. Die Welt ist einem schnellen Wandel unterworfen. Ist es angesichts dessen denkbar, dass das Kalifat zurückkäme? Oder ist das eher Wunschdenken?"

Hodschaefendi antwortete darauf:

„Als das Kalifat abgeschafft wurde, gab es Befürworter und Gegner. Ziya Gökalp[37] und Gleichgesinnte sagten in ihrer ersten Reaktion: ‚Die Instanz des Kalifats, durch die Große Nationalversammlung der Türkei gestützt, ist unter den Muslimen eine hoch angesehene Instanz. Ohne Kalifat fehlt der islamischen Welt gleichsam die Abschlussperle – die Gebetskette löst sich auf und fällt auseinander.' Seyyid Bey[38] und Gleichgesinnte hingegen sagten: ‚Das Kalifat ist der Inbegriff der Weisheit; es ist unmittelbar Sache des Volkes und abhängig von den Erfordernissen der Zeit. Als der Prophet starb, gab er seinen Schülern und Gefährten im Hinblick auf das Kalifat nichts mit auf den Weg. Auch im Koran wird man keinen Vers zu diesem Thema finden.' Des Weiteren betont er zwei wichtige Aspekte im Koran in Bezug auf Politik und Staat: die Ratsversammlung und *schura* sowie die Achtung vor der Obrigkeit.

Ohnehin sagt er, dass das Kalifat bereits mit dem ehrwürdigen Ali im dreißigsten Jahr nach der Hedschra beendet war, zi-

37 Ziya Gökalp (gest. 1924): Gründer des türkischen Nationalismus, bekannter Soziologe zazaischen Ursprungs. Ziya Gökalp gilt als Ideenvater von Mustafa Kemal Atatürk.

38 Seyit Bey (gest. 1925): Osmanischer Jurist. Später Abgeordneter von Izmir, der bei der Aufhebung des Amtes des Kalifats eine große Rolle spielte.

tiert Betrachtungsweisen der Imame der Rechtsschulen und der Theologen, weist im Hinblick auf Sinn und Zweck des Kalifats darauf hin, dass man etwas unternehmen müsse, und erinnert auch an die Historizität des Kalifats – dieser Prozess sei mit den Persönlichkeiten, die man als wahre Kalifen bezeichnet, abgeschlossen. Danach bringt er zum Ausdruck, dass all die Kalifen, die auf den Seiten der Geschichte auftauchten, keine wahren Kalifen gewesen seien, sondern lediglich formal und zum Schein Kalifen waren. Die Nationalversammlung schaffte das Kalifat trotz Opposition mit den Worten ab: ‚Der Kalif ist abgesetzt. Da das Kalifat in der Bedeutung und dem Sinn einer Regierung und einer Republik grundsätzlich inbegriffen ist, wird das Amt des Kalifats aufgehoben.'

Ohnehin hatte Ibn Haldun[39] schon früher in seiner *Muqaddima* seine Meinung zum Kalifat geäußert: ‚Es gibt drei unterschiedliche Betrachtungsweisen des Kalifats: 1. Das Kalifat ist eine göttliche Einrichtung und unentbehrlich. 2. Das Kalifat ist unter gewissen Umständen notwendig. 3. Das Kalifat ist überflüssig – so behaupten es die Charidschiten.'[40] Da heutzutage sehr viele Nationalstaaten gegründet wurden, der Gedanke der Unabhängigkeit immer mehr in den Fokus rückt und das Kalifat seine Wirksamkeit eingebüßt hat, halten auch heute manche das Kalifat für überflüssig. Andererseits wird das Thema Kalifat aufgrund seiner Effizienz und seiner Dynamik immer noch hervorgehoben, weil es beispielsweise ein Mittel ist, das die Muslime

39 Ibn Chaldun (gest. 1406): Berühmter muslimischer Gelehrter berberischer Abstammung; Diplomat, Historiker und Vorreiter der Soziologie.

40 Die erste politisch motivierte anarchistische Spaltung im frühen Islam. Charidschiten zufolge brauche man in Friedenszeiten überhaupt keine Regierung. In Kriegszeiten könnte man einen Führer gebrauchen, der aber nur in dieser Phase fungieren sollte.

eint, einen Austausch unter verschiedenen Nationen ermöglicht und es so leichter macht, gutgläubige Massen aufgrund des religiösen Charakters des Kalifats um sich zu scharen.

Es ist daher nicht nur sehr schwer, das Kalifat wieder zu beleben, sondern es unter allen Muslimen durchzusetzen erscheint ebenfalls unmöglich." *(Muslim World, Juli 2005, Zeki Sarıtoprak und Ali Ünal)*

Im gleichen Jahr erschient in der Zeitung Milliyet ein Interview mit Fethullah Gülen, in der er auf die Frage *„Wie betrachten Sie die Bestrebungen, das Kalifat wiederzubeleben?"* wie folgt antwortete:

„Als das Kalifat 1924 abgeschafft wurde, machte sich [Ministerpräsident] İsmet İnönü Sorgen um den Ruf der Republik Türkei und stimmte dagegen – ganz im Gegensatz zum Abgeordneten Seyyid Bey aus Izmir, einem Lehrer für Rechtsmethodik, der keine Bedenken hatte. Er ging sogar so weit, ausgehend von dem Vers ‚Ich werde auf Erden einen Statthalter erschaffen', ein Büchlein über die Geschichte des Kalifats zu veröffentlichen.[41] Darin wurde betont, dass das Kalifat ein Name sei, den die Muslime ihren Staatshäuptern geben. Nachdem er aufzeigte, dass die vier rechtgeleiteten Kalifen allesamt auf unterschiedliche Weise gewählt wurden, erklärt er, dass es nicht möglich sei, die Art der Wahl auf ein einziges System zu reduzieren; da sie ihre Aufgaben nach Recht und Gesetz ausübten, nannte er sie ‚wahre Kalifen'. […]

---

41 Dieser Aufsatz von Seyyid Bey hatte das Amt des Kalifats zum Gegenstand, das damals Abdulmedschid Efendi innehatte, der letzten Vertreter der osmanischen Dynastie. Er war jedoch weder von der Mehrheit der Gläubigen *(sewād-i azam)* noch von den Notabeln der Muslime *(ashab-i rey)* gewählt worden. Somit war Abdulmedschid Efendi (gest. 1944) Seyyid Bey zufolge kein legitimer Kalif.

Das wahre Kalifat wurde seiner Meinung nach durch [die vier rechtgeleiteten Kalifen] repräsentiert; das Kalifat, das die folgenden repräsentierten, wurde von ihm ‚relatives Kalifat' genannt. Ohnehin verfügte der Prophet: ‚Nach mir wird das Kalifat dreißig Jahre Bestand haben'. Dieser Zeitraum endete nach dem ehrwürdigen Ali mit dem sechsmonatigen Kalifat des ehrwürdigen Hassan. Ein anderes schwaches Hadith besagt: ‚Folgt ihr dem Weg der Rechtschaffenheit, sind es siebzig Jahre.' Danach verfügt er, dass es Königreiche und Monarchien geben werde; später, dass ‚Despoten über das Volk herrschen'. Seyyid Bey sagt Folgendes: Es ist eine relative Angelegenheit, da man keinen Menschen findet, der als Kalif von der Mehrheit oder zumindest von Personen, auf deren Meinung Wert gelegt wird, gewählt werden würde und der die Aufgaben eines wahren Kalifen übernehmen und den Gedanken des Kalifats bewahren könnte.

Das Kalifat wurde als immanenter Sinngehalt in der juristischen Person der Großen Nationalversammlung der Türkei abgeschafft. Niemand erhebt Einspruch. […] Das Entscheidende ist, dass der Islam ganz genau ausgelebt wird. Es ist nicht richtig, untergeordnete geschichtliche Themen, die stets zu Auseinandersetzungen führen, derart polemisierend in den Mittelpunkt zu rücken. Wenn einige muslimische Freunde diese Themen aufgreifen, dann weiß ich auch nicht, woher sie das haben. Als ob es zu Zeiten der Umayyaden und der Abbasiden das wahre Kalifat gegeben hätte. Haben etwa Yezid ibn Muawiye und El-Welid ibn Yezid das Kalifat wahrhaft repräsentiert, sodass man diese Diskussion vom Zaun bricht? Vielleicht ist es das Bestreben von Menschen, denen es schwerfällt, den Islam auszuleben, mit Hilfe dieser Diskussion bewusst oder unbewusst ihr Unvermögen zu verschleiern. […]

Ich vermute, einige Großmächte versuchen das Thema Kalifat aufzubringen, um Reibereien zu verursachen. Griffen beispielsweise die Türkei, Pakistan, Indonesien oder ein anderes Land dieses Thema auf, würden sich die anderen Länder dagegen wehren. Denn alle Nationalstaaten sind darauf bedacht, ihre Unabhängigkeit zu bewahren." *(24. Januar 2005, Milliyet, Mehmet Gündem)*[42]

Religiöser Fanatismus und der Fanatismus einiger laizistischer Kreise

Im Rahmen der Diskussion um den Islam und die Demokratie gibt es einen weiteren Begriff: Fanatismus in der Religion.

Hodschaefendi äußerte sich im Jahre 1998 gegenüber Nicole Pope von der *Le Monde* zum Thema „Fanatismus in der Religion" wie folgt:

„Auch die Derwisch-Orden, Klöster und Medressen waren vom allgemeinen Niedergang und der Auflösung des Osmanischen Reiches betroffen und konnten ihren eigentlichen Aufgaben nicht mehr nachkommen. Das Gleiche widerfuhr dem Militär. Die Janitscharen widersetzten sich allen Reformen und zogen dabei auch die Medressen mit auf ihre Seite.

Um es auf den Punkt zu bringen: Vom allgemeinen Niedergang des Osmanischen Reiches waren auch all die Einrichtungen betroffen, die seinerzeit die wichtigste Rolle bei seinem Aufstieg gespielt hatten – das Militär und die Wissenschaften, also die Medressen und die Klöster. Dasselbe kann heute wieder geschehen. Der Degenerationsprozess, von dem wir in einigen

42 Wie er es vermutet hatte, wurde im Jahr 2014 der IS gegründet.

religiösen Orden Zeuge werden, ist auch im Staatswesen und anderen existenziellen Einrichtungen zu beobachten. [...] Einer unserer wichtigsten Geistesgrößen nannte religiöse Fanatiker ‚rohe Fanatiker, derbe Fanatiker'. Er wies aber auch darauf hin, dass Fanatismus auch im Ableugnen, im Atheismus, in anderen Überzeugungen und in antireligiösen Aktionen zu finden sei." *(28. April 1998, Le Monde, Nicole Pope)*

Hodschaefendi erinnerte [schon ein Jahr vor diesem Interview] in diesem Zusammenhang daran, dass es auch antireligiöse Fanatiker gebe:

„Nachdem ich in die USA kam, war ich angesichts der Ereignisse in der Türkei drauf und dran, ein Gedicht mit dem Titel „Fanatisch" zu schreiben. Ich kann es Ihnen hier noch nicht vortragen, denn ich habe es noch nicht in seine Endfassung gebracht. Man kann sagen, dass wir nach einiger Zeit der Ruhe hin und wieder Zeugen von Fanatismus wurden. Es gab religiös motivierten Fanatismus und antireligiösen Fanatismus. Deren charakteristischstes Merkmal ist, anderen etwas aufzuzwingen." *(21. Juli 1997, Yeni Yüzyıl, Nevval Sevindi)*

Lassen Sie uns zu guter Letzt noch einen Blick auf die Ausführungen Gülens in der *New York Times* vom 11. Juni 2010 werfen:

„Ein weiteres Diskussionsthema ist die Entwicklung einer Demokratie, die die spirituellen Bedürfnisse der Menschen befriedigt. Diese spirituellen Bedürfnisse können einzig und allein gemäß dem Willen des Allmächtigen und seines Versprechens der Ewigkeit befriedigt werden. Sie können das gerne Demokratie mit spiritueller Dimension nennen. Es bedeutet Folgendes: Eine Demokratie, die die Freiheiten und Rechte der Menschen achtet und die Religionsfreiheit garantiert. Gleichzeitig schafft sie ein Umfeld, in dem die Menschen ihren Glauben frei ausleben können.

Darüber hinaus bedeutet es auch Folgendes: Eine Demokratie, die den Menschen hilft, ihre Wünsche in Bezug auf die Ewigkeit zu erfüllen. Wir müssen Wege finden, um die Demokratie in diesem Aspekt zu stärken und humaner zu gestalten. Eine ideale Demokratie kümmert sich nicht nur um Lösungen für die Probleme von Heute und Morgen, sondern auch um die Befriedigung der Bedürfnisse in Bezug auf die Ewigkeit. Die Demokratie könnte dahingehend einen Entwicklungsprozess durchlaufen; leider ist die Menschheit aber noch nicht zu diesen neuen Horizonten aufgebrochen." *(11. Juni 2010, The New York Times, Brian Knowlton)*

4. Westliche Zivilisation und Westliche Werte

Aufgrund ihrer geographischen Lage ist die Türkei das islamische Land, das seit jeher die engsten Beziehungen zu Europa unterhält. Das Osmanische Reich erstreckte sich einst bis in den Balkan und vor die Tore Wiens.

Die mit 20 Millionen Einwohnern größte Stadt der Türkei, Istanbul, liegt je zur Hälfte auf dem asiatischen und dem europäischen Kontinent. Der Bosporus teilt Istanbul und verbindet das Schwarze Meer und das Marmarameer.

Wenngleich die Türkei ein orientalisches Land ist, ist sie doch auch gleichzeitig ein europäisches. So wie die Brücken über den Bosporus die beiden Teile der Stadt verbinden, so ist die Türkei ein Bindeglied, eine Brücke, zwischen Asien und Europa. Seit der Zeit der Osmanen wird ausgedehnt über das Verhältnis der Türkei zum Westen diskutiert. Seit vielleicht dreihundert Jahren steht das Thema auf der Agenda. In der Vorstellungswelt der Türken symbolisiert der „goldene Apfel“[43] das Ziel, das es zu

43 Der goldene Apfel symbolisiert in der türkischen Mythologie das Ideal, das

erreichen gilt: der Westen. Den „goldenen Apfel" stellt Europa dar.

Das Osmanische Reich richtete sich, um sein Überleben zu sichern, in seinen Reformen an Europa aus. Die ersten Schritte hin zu einer Verfassung nach westlichem Vorbild wurden 1839 unternommen. Das in der Türkei als „Edikt von Gülhane" *(Tanzimat Fermanı)* bekannt gewordene Schriftstück wurde auf Geheiß des Sultans vom damaligen Außenminister dem Volk vorgelesen. In diesem Edikt wurde betont, dass keine Macht über dem Gesetz stehe und die Besitzrechte aller Bürger geschützt seien.

In der Geschichte der Türkei gilt das Edikt von Gülhane als erster Schritt der Europäisierung. Seit diesem Tag wurden vermehrt westliche Institutionen eingebunden, um den Staat zu modernisieren.

1876 wurde die erste Verfassung des Osmanischen Reiches konstituiert. 1908 wurde die parlamentarische Monarchie *(Meschrutiyet)* ausgerufen, und die ersten Parteien wurden gegründet. Allerdings konnten all diese Prozesse den Niedergang des Osmanischen Reiches nicht aufhalten. Nach dem ersten Weltkrieg verschwand das Osmanische Reich von der politischen Landkarte.

Mit Gründung der Republik Türkei kam das Thema „Beziehungen zum Westen" erneut auf die Tagesordnung. Man kann sagen, dass seither eines der tragenden und ständigen Themen

---

man zu erreichen sucht. Je näher man ihm zu kommen sucht, desto weiter entfernt es sich am Horizont und wird somit immer begehrenswerter. Der Lehrmeister weist darauf hin, dass Europa zum Ideal der Türken geworden ist: bis vor 300 Jahren das militärische und danach das kulturelle Ideal.

auf der Agenda der Türkei die Europäisierung und das Verhältnis zum Westen ist.

Sollte sich die Türkei dem Westen zuwenden? Oder eher dem Osten? Kann man orientalisch und gleichzeitig westlich sein?

Seit Gründung der Republik war das Thema Westen und westliche Zivilisation nicht nur ein ständig auf der Tagesordnung wiederkehrender Punkt, sondern spaltete auch die Bevölkerung in zwei Lager.

Die Reise der Türkei gen Westen ist nicht zu Ende. 1987 bewarb sich die Türkei um Mitgliedschaft in der Europäischen Wirtschaftsgemeinschaft. Das Abenteuer Europa geht seither weiter.

Fethullah Gülen unterstützte unablässig die Bemühungen der Türkei um Aufnahme in die Europäische Union. Als Gülen 1977 Türken in Deutschland besuchte, ermutigte er sie in Vorträgen, die er in vielen Städten Deutschlands hielt, ihre Kinder hier auf die Gymnasien zu schicken und sie an den Universitäten studieren zu lassen. In jenen Tagen hatten sich die Türken in Migrantenviertel zurückgezogen, lernten [einige] kein Deutsch und überführten ihre Verstorbenen sogar in die Türkei.

Gülen warb 1998 bei einem Gespräch mit Papst Johannes Paul II. um Unterstützung für die Türkei bei ihren Bemühungen um Aufnahme in die EU.

Fethullah Gülen wurde aufgrund seiner proeuropäischen Haltung zur Zielscheibe radikaler Islamisten und wurde bedroht. Dies ging so weit, dass der Staat in jener Phase Gülen Personenschutz gewährte. Er berichtet in einem Interview der *Zeit* wie folgt darüber:

„Ganz am Anfang, als ich für einen EU-Beitritt argumentierte, verdammten Erdoğans Anhänger mich noch als unislamisch. Dann änderte der Präsident seine Meinung."[44] *(29. September 2016, Die Zeit, Evelyn Finger)*

Gülen hat Recht. Erdoğan machte in den vergangenen Jahren mehrere Kehrtwenden: Aus dem ehemaligen Gegner der Europäischen Union wurde ein Befürworter und nun wird wieder zurückgerudert. Unter seiner Präsidentschaft machte die Türkei nur Rückschritte, was die Reformen auf dem Weg hin zur Europäischen Union betreffen. Das führte so weit, dass der Beitrittsprozess förmlich zum Erliegen kam. Erdoğan geht sogar so weit, der Europäischen Union öffentlich zu drohen, indem er davon spricht, die Beziehungen zur Europäischen Union zugunsten Chinas und Russlands aufzugeben.

Natürlich war das auch eines der meistgefragten Themen in den Interviews, die Fethullah Gülen seit den 1990er Jahren gab. Wohin richtete sich die Türkei in den 1990er Jahren und in den 2000er Jahren aus? Wie betrachten gläubige Menschen die westliche Welt, die Europäische Union und Amerika? Ist Integration in die westliche Welt überhaupt möglich?

Ich habe nie befürchtet, der Westen könnte uns assimilieren

Gülen beantwortete in einem am 6. Juli 1995 ausgestrahlten Interview des Fernsehsenders Star TV die Frage *„Wie denken Sie über das Thema Integration in den Westen?"* wie folgt:

---

44 Die *Refah*-Partei stempelte damals die EU als „Christenklub" ab und plädierte für eine panislamische Union. Ihrer Meinung nach bedeutete ein Eintritt in die EU, Mitglied in der „Christunion" zu werden, was gegen den Islam sei.

„Nun, es gibt Dinge, die kann man nicht vermeiden. Bis zu einem gewissen Grad hegte man seit der reformistischen Tanzimat-Periode bis heute den Traum, ein Teil des Westens zu werden, und die türkische Gesellschaft lebte in der Hoffnung auf eine Art Hochzeitsnacht, die sehnsüchtige Vereinigung zweier sich Liebender. Während der ersten konstitutionellen Periode (1876) haben wir einen Schritt gemacht, in der zweiten konstitutionellen Periode (1908) einen weiteren. Nach Gründung der Republik (1920) wurde ein anderer Prozess in Gang gesetzt. Im Laufe der Zeit wurde das deutlich.[45] 1963 wurde dann u. a. in Ankara das Assoziierungsabkommen EWG – Türkei unterzeichnet. Es ging um den Europäischen Binnenmarkt, später dann um die Europäische Gemeinschaft. Momentan wird über die Zollunion gesprochen. Einige stehen dem skeptisch gegenüber, befürchten sie doch in aller Aufrichtigkeit, dass unsere nationale Gesinnung, unsere nationalen Werte sowie die religiöse Gesinnung und religiösen Werte im Rahmen einer solchen Integration untergingen und die türkische Gesellschaft assimiliert werden würde." *(6. Juli 1995, Star TV [InterStar], https://fgulen.com/tr/turk-basininda-fethullah-gulen/fethullah-gulenle-tv-dergi-roportajlari/fethullah-gulen-televizyon-roportajlari/1471-InterStar-InterStar-Televizyonunda-Ozel-Haber-Programinda)*

Die Europäische Union: Der Wunsch der Menschen in der Türkei

Neun Jahre nach Ausstrahlung dieses Interviews im Star TV äußerte sich Gülen im Fernsehsender Samanyolu TV am 14. Juli 2004 wie folgt:

45 Der Autor bringt hier vermutlich zum Ausdruck, dass die Türkei sich mit dem Auftauchen des Kommunismus klar auf der Seite des Westens positioniert hat. Der Wunsch nach Annäherung an den Westen kam politisch eindeutig auf die Agenda.

„Die Türkei befindet sich seit 1960 in einem Prozess zur Aufnahme in die Europäische Union – das ist Fakt. […] Ich war schon seit jeher ein Befürworter des Beitritts zur Europäischen Union. Manche nannten sie einen ‚Christenklub'. Ich erwiderte darauf stets: Wer an seiner Religion und seinem Glauben zweifelt, der mag sich fürchten. Ich bin mit Europa vertraut und stehe Europa nahe. Ich erläutere ihnen meine Kultur, ich kann mich erklären. Ich kann ihnen meine Gefühle und meine Gedanken anvertrauen. Vielleicht werden sie dadurch berührt, lernen uns besser kennen, lernen uns näher kennen. Aber jemand, der an seiner Religion und seinem Glauben Zweifel hat, mag befürchten, Christ zu werden, wenn er sich Europa anschließt. Ich hatte diese Befürchtung nie. Ich habe mich seit jeher für die Europäische Union ausgesprochen. Die Europäische Union war seit Gründung der Republik bis heute der Traum der unabhängigen und freien Generationen: gemeinsam mit Europa, auf einer Linie mit Europa, europäisch sein. Dieser Traum scheint sich bis zu einem gewissen Grad zu erfüllen.

So wie ich damals dachte, so denke ich auch heute noch. […] Meiner Meinung nach ist die Europäische Union etwas, was sich die Menschen in der Türkei wünschen. Ich hoffe, dass sich dieser Wunsch mit Gottes Hilfe verwirklichen lässt. Ein Zeitplan wird erarbeitet, der Prozess beginnt. Wenn die Zeit gekommen ist, werden sie uns aufnehmen." *(14. Juli 2004, Samanyolu TV, Kemal Gülen)*

Gläubige Menschen befürworten die Integration in den Westen

In Bezug auf die Europäische Union vertritt Gülen seit Anbeginn eine klare Position. Er sagt:

1. Ich betrachte die Integration in den Westen als Notwendigkeit.

2. Es ist undenkbar, dass ein gläubiger Mensch gegen die Integration in den Westen ist.

In einem Interview der Zeitung *Yeni Yüzyıl*, das am 27. Juli 1997 veröffentlicht wurde, erläutert er die Gründe für seine Ansicht, die Integration in den Westen sei eine Notwendigkeit:

„Wir mussten auf vieles, was uns Europa an Nutzen und Vorteilen gebracht hätte, verzichten. Wir entbehren der Vorteile, die uns Amerika bietet. Wir sprechen von einem abstrakten, unpersönlichen Osten. Es stimmt, man muss auch am Osten festhalten, wenn man sich dem Westen nähert, nur findet man im Osten leider im Augenblick nicht viel Rühmliches. [...] Ich sage es ganz frei heraus: Die Integration in den Westen ist in meinen Augen eine Notwendigkeit. Es wäre vorteilhaft für uns, wenn in Zukunft eine ernstzunehmende Zusammenarbeit erfolgte und man dies planvoll und gezielt verfolgte." *(27. Juli 1997, Yeni Yüzyıl, Nevval Sevindi)*

In einem am 4. September 1997 veröffentlichten Interview der Zeitung *Zaman* äußerte sich *Hodschaefendi* zu seiner Ansicht, gläubige Menschen könnten nicht gegen eine Integration in den Westen sein:

„Das, was den Westen heute ausmacht, ist die Fähigkeit, alles, was im Fall ist, und alles, was im Universum ist, tiefgründig zu erforschen, das Sein weit und breit zu erörtern sowie das Universum auszulegen – das Buch des Universums, welches aus der Macht und dem Willen Gottes entspringt, das als ‚Scharia der Schöpfung'[46] bezeichnet werden kann und das als Quelle der

46 *El-scharia al-fitrīye*: Die Gesetze der Schöpfung, wodurch das Sein und die

Physik, der Chemie und der Astronomie gilt. Der Westen führt diese Komposition mit einer bezaubernden Symphonie aus. Das ist meiner Meinung nach auch Aufgabe der Muslime, das sollten sie tun. Das zu tun, ist eigentlich eine Treuepflicht unseren Vorfahren gegenüber.[47]

In diesem Sinn ist es völlig undenkbar, dass ein gläubiger Mensch gegen die Integration in den Westen, gegen die Integration in Amerika sein könnte. Allerdings ist es ein wichtiger Faktor, dabei unsere eigenen Interessen zu wahren sowie unsere nationale Ehre, unsere Würde, unseren Charakter und unsere Identität zu bewahren. Nicht wie eine Schneeflocke, die in ein Becken mit heißem Wasser fällt, sofort zu schmelzen, sondern unsere Wesensart zu bewahren." *(4. September 1997, Zaman, Ali Halit Aslan)*

Der Westen hat viel Schönes zu bieten

In der Zeitung *Milliyet* wurden 2005 über einen Zeitraum von 22 Tagen hinweg eine Reihe von Interviews mit Fethullah Gülen veröffentlicht. In der Ausgabe vom 9. Januar 2005 wurde

---

Zeit funktionieren, umfassen jede natur- und geisteswissenschaftliche Erkenntnis.

47 Der Begriff *millet* wird in der Sprache des Lehrmeisters zu oft als „Glaubensgenossenschaft" aufgefasst, so wie er im Koran verwendet wird. In der Türkei kennt fast jedes Kind folgende Fragen und antwortet prompt: „Von wessen *millet* bist du?" „Ich gehöre der *millet* Abrahams an." „Von wessen Umma bist du?" „Ich gehöre der Umma Muhammeds an." „*Millet* Abrahams" bedeutet „Glaubensgenossenschaft Abrahams". Der Lehrmeister meint hier, dass die Natur zu erforschen und natur- und geisteswissenschaftliche Erkenntnisse zu erwerben eine Treuepflicht gegenüber unseren Glaubensgenossen in der Vergangenheit sei. Denn die Muslime hatten in ihrem goldenen Zeitalter – im Mittelalter – zwischen dem 9. und 14. Jahrhundert eine umfassende Renaissance eingeläutet, in der das Buch der Natur eingehend erörtert wurde.

er gefragt: „*Kommt in der Beziehung der Türkei zur Europäischen Union die Religion unter die Räder?*“ Gülen antwortete:

„Manche denken, dass der Eintritt der Türkei in die Europäische Union einem Sieg Europas über die Türkei gleichkäme, haben Angst vor Überfremdung und befürchten, ihnen werde Grund und Boden weggenommen ... Wenn es sich bei unseren Befürchtungen um Bedenken nationaler Art handelt, dann bedeutet das, dass sich unsere nationalen Werte so tief in unsere Seele eingebrannt haben, dass wir niemals davon abrücken würden. Wenn sie uns so akzeptieren, wie wir sind, kann es eine Union geben – auch wir akzeptieren sie mit ihren Werten. Was die Angst vor dem Verlust der religiösen Identität betrifft: Wir haben da als Nation schon viel erlebt. Unsere Gesellschaft hat im Vergleich zu den anderen Gesellschaften in der Region weit mehr erleiden müssen, Armut und Not, Entwurzelung, aber auch übergroße Freude – und dennoch sieht man, dass 80–90 % der Bevölkerung immer noch fest zu ihren historischen Werten, den Wurzeln ihrer Seele und ihres Lebenssinns stehen. Ich bin mir sicher, dass unsere Nation auch heute, in der Zeit des sog. Binnenmarkts und der Zollunion, weder von ihren nationalen noch von ihren religiösen Werten abrücken wird. Ich befürchte auch keine Landenteignung.“ *(9. Januar 2005, Milliyet, Mehmet Gündem)*

Die Zeitung *Zaman* zitiert Gülen am 15. August 1995 mit den Worten:

„Unser Selbst, unseren Charakter und unsere Identität zu bewahren ist sicherlich notwendig. Aber ist es angesichts einer globalisierten Welt nicht ebenso notwendig, einen Politikstil zu entwickeln, der den differenzierten Beziehungen zu verschiedenen Staaten entspricht? Es ist unabdingbar, sich wissenschaftlichem und technologischem Fortschritt gegenüber offen zu zeigen. Leider wurden Dinge wie die Globalisierung zu wenig berücksichtigt, und daher erleben wir bis heute auf diesem Gebiet eine Art Interregnum-Phase. Wenn man dazu noch die Versprechungen und sämtliche Inputs des Zeitgeistes mitberücksichtigt, dann ist es so wie vielerorts in Anatolien gesagt wird: Jeder bringt von zu Hause das mit, was er gekocht hat, und eine bunte, reich gedeckte Tafel entsteht – diese Geisteshaltung muss wieder zum Leben erweckt werden."

Hodschaefendi erinnert an den Ausspruch Mehmet Akifs: *„Macht euch die Wissenschaft des Westens zu eigen" und fügt hinzu: „Ich sehe nichts Verkehrtes darin, westlich zu sein."* Weiter führt er aus:

„Es ist meiner Meinung nach nichts Verwerfliches daran, an Punkten, die notwendig und unbedenklich sind, die Vereinigung mit dem Westen und dem westlichen Denken anzustreben. Das ist ohnehin unvermeidlich … Wenn wir unser eigenes Selbst gefunden haben, werden wir vom Westen nur Schönes übernehmen. Mehmet Akif sagte: ‚Macht euch die Wissenschaft des Westens zu eigen.' In diesem Sinn sehe ich nichts Verkehrtes darin, westlich zu sein." *(15. August 1995, Zaman, Eyüp Can)*

Der Westen war nicht kleinlich, als er vom Orient profitierte

Gülen lenkt die Aufmerksamkeit auf einen besonderen Aspekt der westlichen Zivilisation, indem er sagt: „Die Grundlagen der Renaissance im Westen wurden in Asien gelegt." Gülen weist mit diesen Worten darauf hin, dass sich der Westen in der

Geschichte durchaus großzügig an der Kultur des Orients bediente und die Länder des Ostens nun mit der gleichen Einstellung vom Westen profitieren sollten:

„Ich vermute, wir werden aus der Zeit fallen, wenn wir eine strikt feindselige Haltung dem Westen gegenüber an den Tag legen. Die Zeit würde uns ausrangieren. Zudem hat sich der Westen nicht zurückgehalten, von uns zu profitieren. Wer sich nur ein wenig mit der Geschichte der Wissenschaften auskennt, weiß, dass noch vor der Renaissance des Westens Asien im 11. Jahrhundert eine Renaissance erlebte. Man denke an Al-Biruni, Al-Chwarizmi, Avicenna (Ibn i Sina) und viele andere mehr …

In Andalusien erhob eine große Zivilisation ihre Stimme, so laut, dass sie bis nach Asien zu hören war. Um es erneut zu betonen: Viele Historiker bestätigen, dass die Grundlagen der Renaissance des Westens in Asien gelegt wurden. Einige westliche Eiferer haben sie unter einem anderen Namen übernommen. Gewissenhafte westliche Autoren machen daraus keinen Hehl. Daher gibt es meiner Meinung nach gar keinen Grund, weshalb heute der Osten vom Westen nicht profitieren sollte. Wir übernehmen und bringen diese Dinge voran …

Es ist in unserer heutigen Zeit unabdingbar, dass sich die Menschen in der Türkei mit dem Westen vereinigen, sich integrieren. Ich bin überzeugt, dass es uns nicht zum Nachteil gereichen wird, wenn sich die Türkei mit ihrem gesunden Menschenverstand und ihrer Dynamik unter Berücksichtigung ihrer eigenen Werte hier einbringt.“ *(15. August 1995, Zaman, Eyüp Can)*

Hodschaefendi legt in einer Zeit, in der die Welt zu einem globalen Dorf geworden ist, Wert darauf, dass sich die Türkei dem Westen annähert, um weiterbestehen zu können.

Er erläutert dies in einem Interview, das er Nevval Sevindi im Jahr 1997 gab, wie folgt:

„Eine wie auch immer geartete Allianz mit dem Westen ist sehr wichtig. Die Integration in den Westen bringt ihren eigenen Ertrag mit sich. Es ist wichtig, die Seiten Amerikas, zu denen wir uns hingezogen fühlen, genau zu beobachten und auszuwerten. So können wir eine goldene Generation hervorbringen. Eine Generation, die in der Welt die Wissenschaft und die Technologie vertritt ... Ich glaube auch aus psychosoziologischen Gründen daran. [...] Eine türkische Welt[48], die mit Amerika und Europa nicht im Streit liegt, sondern die den Lauf der Zeit erkannt hat und auch westliches Gedankengut annimmt, auswertet; Werte, die den Wurzeln ihrer Seele und ihres Lebenssinns nicht widersprechen, respektiert; die vielseitig und offen ist; die mit dazu beiträgt, den Frieden in der Welt zu bewahren." *(25. und 27. Juli 1997, Yeni Yüzyıl, Nevval Sevindi)*

Des Weiteren ist nach Gülens Meinung der Beitritt der Türkei zur Europäische Union im Hinblick auf ihre Funktion als Brücke zum Mittleren und Fernen Osten wichtig:

„Die Türkei kann eigentlich als Brücke zum Nahen und Fernen Osten fungieren. Europa braucht die Türkei mit ihrer tiefen und umfassenden Sachkenntnis des Mittleren Ostens und ihrem Einblick in deren Befindlichkeiten. Sie haben Zypern in die EU aufgenommen, sollten jedoch bedenken, dass die Türkei eine wesentlich wichtigere Rolle spielt." *(8. Januar 2005, Milliyet, Mehmet Gündem)*

---

48 Damit sind die Turkvölker Mittelasiens und die Türkei gemeint.

Die Türkei hat eine westliche und eine orientalische Seite

Gülen erläutert, warum er die These des politischen Islams *„Die Türkei soll sich nicht um Europa kümmern, sondern im Osten die islamische Welt anführen. Die Türkei ist ohnehin nicht europäisch“* für falsch hält:

„Auch diese Ansicht kann ich nicht akzeptieren. Wir haben auch eine europäische Seite an uns, so wie wir eine islamische Seite haben. Unsere Integration in Europa würde dem Wunsch, wir mögen die islamische Welt anführen, nur entgegenkommen. Wenn diejenigen, das, was sie eben zitierten, wirklich ernst meinen, irren sie sich. *(21. Juli 1997, Yeni Yüzyıl, Nevval Sevindi)*

Der Journalist des holländischen Fernsehsenders NMO fragte Gülen in einem Interview am 19. Oktober 1995: *„Vor 35 Jahren begann der Zuzug von Menschen aus der Türkei nach Europa. Sollten sie heute zurückkehren, hätten sie in Europa keine bleibenden kulturellen Spuren hinterlassen. Woran liegt das Ihrer Meinung nach?“*

Hodschaefendi antwortete darauf wie folgt:

„Diese Menschen sind aus Notwendigkeit nach Europa gezogen. Sie dachten, hier etwas Geld zu verdienen, um dann nach der Rückkehr in die Türkei einen angemessenen Lebensstandard zu haben. Es war nicht ihr Vorhaben, [in Europa] ihre Religion, ihre spirituellen und immateriellen Wurzeln auszuleben und zu vertiefen. Ihr Antrieb war nicht der Respekt vor religiösen Dynamiken. Es war wohl vielmehr der Gedanke, dort hinzugehen, etwas zu verdienen und wieder heimzukehren, der sie antrieb. Eigentlich wird der Mensch durch ein Ziel gelenkt. Genau solch ein Ziel fehlte wohl den Menschen, die es nach Europa zog.

Auf der anderen Seite gibt es auch viel Unwissenheit und mangelnde Bildung. Ein weiterer Aspekt ist, dass der Islam nicht richtig repräsentiert wurde. Die Kultur des Islams hätte jedoch repräsentiert werden müssen, um Spuren zu hinterlassen. Wir sind vielleicht ein wenig blauäugig gen Europa gezogen. Ein weiterer Punkt ist, dass wir mittellos waren, unsere Armut und Not machte uns blind. Wir haben die Dinge um uns herum nicht wahrgenommen. Wir fanden uns in einer uns fremden Welt wieder.

Statt ein nachahmenswertes Beispiel zu hinterlassen, haben wir vielleicht sogar Dinge getan, die Schande über uns und unsere materiellen und immateriellen spirituellen Wurzeln brachten.“ *(19. Oktober 1995, Nederlandse Moslim Omroep [NMO], https://fgulen.com/tr/fethullah-gulenin-butun-eserleri/69-fgulen-com-turkce/basindan/Televizyon-Roportajlari/1472-NMO-NMO-Hollanda-televizyonu-ile)*

Eine europäisch-islamische Identität ist möglich

„Geht es um die Europäisierung, eine Verwestlichung der Türkei? Und wäre parallel dazu eine europäische Identität des Islams möglich?“ Gülen beantwortete diese Frage im Jahre 1997 wie folgt:

„Unter vernünftigen Bedingungen, die die Prämissen beider Seiten gleichermaßen berücksichtigen, mit Europa zusammen die Zukunft zu gestalten, verheißt viel Gutes. In diesem Rahmen wäre es nichts Verwerfliches, Ja zu Europa zu sagen. In dem Maß, in dem sich beide Seiten einander annähern, kann man dann von einer europäisch-islamischen Identität sprechen.“ *(26. Juli 1997, Yeni Yüzyıl, Nevval Sevindi)*

Im Zusammenhang mit der westlichen Welt und der westlichen Zivilisation ist Amerika ein kontrovers diskutiertes Thema in der Türkei. Einer der Gründe hierfür ist der Umstand, dass die Türkei besonders seit den 1950er Jahren besondere Beziehungen zu Amerika pflegt, mehr als zu allen anderen westlichen Staaten. Türkische und amerikanische Soldaten kämpften Seite an Seite in Korea und die anschließende Aufnahme der Türkei in die NATO intensivierte die Beziehungen beider Länder. Diese Tatsache prägte das Bild von Amerika und führte seit jeher zu intensiven Diskussionen in der politischen und kulturellen Landschaft der Türkei. Manchen Politikern und Regierungen wurde Amerikanismus vorgeworfen; es gab Militärs und Politiker, die gar den Austritt aus der NATO forderten. Bei den Studentenprotesten der 1960er Jahre sah man häufig antiamerikanische Slogans.

Die USA hält die Demokratie am Leben und gleicht dem alten Babylon[49]

Es lohnt sich, einen Blick auf die Äußerungen Gülens zu den Vereinigten Staaten von Amerika aus dem Jahre 1997 zu richten. Zu diesem Zeitpunkt lebte Gülen noch nicht in den USA und es gab auch noch keinen Anhaltspunkt dafür, dass er zwei Jahre später nach Pennsylvania (USA) emigrieren würde.

---

49 Babylon war einst die mächtige Hauptstadt der Babylonier und lag südlich von Bagdad am Euphrat. Im Nahen Osten steht Babylon für die historische Macht eines Staates. Der Turm zu Babel – eines der gewaltigsten Bauwerke der Geschichte – symbolisiert die gemeinsame Sprache und Macht der verschiedenen Völker. Gülen bringt in seinen Worten zum Ausdruck, dass die USA heute diese Macht und Vielfalt repräsentieren, für die einst Babylon stand. Mit seinen Schlössern, Gärten und Burgen erstreckte sich das Gebiet von Babylon über mehr als 40 km und die Stadt hatte hundert Tore. Die hängenden Gärten von Babylon zählen zu den sieben Weltwundern der Antike.

In ebendiesem Zeitabschnitt, 1997, sagte Gülen: „Amerika heißt die Nation, die noch immer das Steuerrad des Weltenschiffes in der Hand hält." Er beschreibt Amerika wie folgt:

„In Amerika haben sich die Demokratie und bestimmte nationale Traditionen etabliert. Das mag z. T. auf das gesellschaftliche Mosaik in den USA zurückzuführen sein. Es gab Aufstände in [New] Mexico und Texas, Bundesstaaten, in denen 30–40 Millionen Schwarze leben … Amerika gleicht dem Babylon der Antike. Wenn es hier keine Demokratie nach amerikanischem Muster gäbe, so wie sie sie verstanden, konstituiert und geradezu heiliggehalten haben, dann könnte man hier die Einheit ohnehin nicht bewahren. Die Demokratie lässt mit ihrer Flexibilität jedermann einträchtig zusammenleben. Amerika hält an seiner Position in der Welt fest, gleitet nicht, wie manche erwarteten, in den Atlantik ab. Insofern kann man in Amerika sehr viel erreichen. […]

Wenn nun einige NGOs im Namen der Integration in verschiedenen Teilen der Welt Schulen eröffnen, so können diese Projekte nur verwirklicht werden, solange man sich z. B. mit Amerika nicht überwirft. Amerika heißt die Nation, die noch immer das Steuerrad des Weltenschiffes in der Hand hält. Jedes Individuum und jede Nation hat ein Lebensalter; am Ende steht die Grube, in die man hinabsteigen wird. Amerika bildet da keine Ausnahme. Amerika ist jedoch ein demokratisches System, ein Niedergang würde sich über 25–30, gar 40 Jahre hinziehen. Denn der Niedergang von Demokratien gleicht dem Fall einer Feder und ihrem Aufbäumen gegen die Erdanziehungskraft – nur langsam fällt sie zu Boden. […]

Amerika ist darauf aus, dass seine eigenen Vorhaben einvernehmlich vorangetrieben werden, Amerika will seine Ordnung nicht zerstören. Amerika ist auf Kontinuität und die Fortdauer harmonischer Beziehungen bedacht. Darin sehe ich nichts Verwerfliches. Stünde das Osmanische Reich anstelle Amerikas, so würden sie vermutlich ebenso vorgehen. Man sollte das nicht verurteilen. Das ist das eine.

Ein weiterer Aspekt der amerikafeindlichen Haltung ist dieser: Menschen feindlich gegenüberzustehen und Konflikte mit anderen Ländern führen zu nichts. Es gab seinerzeit den Warschauer Pakt – man braucht ihn nicht psychologisch als den Gemütszustand des Zufluchtnehmens vor der NATO zu interpretieren. Man braucht die USA auch heute noch in der Welt." *(23. Juli 1997, Yeni Yüzyıl, Nevval Sevindi)*

Bedroht der Islam Europa?

Der Journalist des holländischen Fernsehsenders NMO stellte Gülen eine interessante Frage: *„Es heißt, der Islam würde in der Zeit vor dem Jüngsten Gericht aus dem Westen erstehen. So wie es momentan aussieht, ist der Westen dem Islam gegenüber eher nicht wohlgesinnt. Wie beurteilen Sie das?"* Gülen antwortete darauf wie folgt:

„Dass der Westen dem Islam gegenüber nicht wohlgesinnt ist, ist nichts Neues. Seit jeher steht man dem Islam reserviert gegenüber und ignoriert ihn. Allerdings braucht der Westen den Islam heute vermutlich mehr als zur Zeit der Entstehung des Islams. Da aber seinerzeit keine guten Vorreiter und Vermittler den Weg ebneten, hat der Westen die antike Welt gegen den Islam aufgebracht, statt in ihm Zuflucht zu suchen. Zuflucht suchten sie in ihrer ruhmreichen, ehrenvollen und prächtigen Geschichte. So setzten sie sich dem Islam entgegen und verpasste eine Gelegenheit.

Auch heute blickt man nicht wohlwollend auf den Islam. Das hat natürlich seine Gründe. Der erste Grund ist der christliche Glaubenseifer, der sich über die Stränge schlagend gegen den Islam positionierte. Natürlich gibt es zwischen den Religionen und Konfessionen Unterschiede. Daraus mögen manche Konflikte und Zusammenstöße resultieren, aber die Haltung des Christentums gegenüber dem Islam war sehr harsch. Es fing mit der Schlacht am Jarmuk an, die Schlacht von Mutah nicht zu vergessen. Es folgten noch sieben, acht weitere Kriege [mit den byzantinischen Truppen]. Sogar die Dardanellenschlacht [zwischen dem Osmanischen Reich und der Republik Venedig] betrachtet man gemeinhin als Kreuzzug. All dies führte zu permanenten Spannungen zwischen dem Westen und dem Islam. Der gesunde Menschenverstand war außer Kraft gesetzt. Daher war man dem Islam gegenüber nicht wohlgesinnt. […] Sahen sie einen Muslim, haben sie in ihm den Islam gesehen: unendlich arm, liederlich und so ungebildet wie man nur sein kann, ungehobelt (aus Respekt vor den Muslimen habe ich nicht *dschahil* – dumm – gesagt) und in sich gespalten, in Lager, die sich gegenseitig zerfleischen. Dieser Anblick diente nicht gerade dazu, den Westen dazu zu bewegen, sich mit dem Islam zu beschäftigen.

Ich vermute, dass dieses niveaulose und fehlerhafte Repräsentieren des Islams seitens der Muslime die geerbten [negativen] Eindrücken und Gedanken über den Islam genährt hat. Deshalb konnten sie dem Islam keine Sympathie entgegenbringen. Das ist eine Frage des Verständnisses. […] So wollten es auch die christlichen Missionare. Auch die heutige Medienlandschaft will es so. Um eine Sache positiv zu bewerten, bedarf es vorurteilsfreier Erwägung – doch der Westen fürchtet Verlust zu erleiden, wenn er dem Islam Sympathie entgegenbringen würde.

Aufgrund dieser Einstellung pflegte der Westen seit Anbeginn über acht bis zehn Jahrhunderte hinweg die Feindschaft zum Islam. Wir sind jedoch kein Freund von Feindschaft.

Da wir [Menschen in Anatolien] dem Westen gegenüber nicht feindlich gesinnt sind, kränkt uns die Feindseligkeit des Westens umso mehr, denn hinsichtlich der Folgen dieser Feindseligkeit werden grausame Taten begangen. Dessen ungeachtet ist nicht zu erwarten, dass die Staaten dieser Erde von heute auf morgen beginnen, den Islam wohlwollend zu betrachten. […]

Natürlich braucht ein solcher Sinneswandel seine Zeit. Die Gelegenheit dazu ist noch da. Die Zeit ist noch nicht abgelaufen. […] Lasst uns noch ein halbes Jahrhundert oder ein Vierteljahrhundert abwarten und sehen, was sich entwickelt. Danach sollte man sich noch einmal unterhalten.“ *(19. Oktober 1995, Nederlandse Moslim Omroep [NMO], https://fgulen.com/tr/fethullah-gulenin-butun-eserleri/69-fgulen-com-turkce/basindan/Televizyon-Roportajlari/1472-NMO-NMO-Hollanda-televizyonu-ile)*

Der Islam wird für Terror und Radikalismus verantwortlich gemacht

Dieses Interview des holländischen Fernsehsenders NMO fährt mit Fragen und Antworten fort:

„Nach Meinung des Westens endete mit dem Fall der Berliner Mauer und den Entwicklungen in Russland ‚die rote Gefahr‘. Nun spricht man von ‚der grünen Gefahr‘. Was denken Sie darüber?“

„Vielleicht kann man eine Beziehung zur vorherigen Frage herstellen. Es gibt eine Feindseligkeit, die weitervererbt wird.

Leider haben einige radikal wirkende Aktionen diesen Eindruck verstärkt. [...] In verschiedenen Teilen der Welt haben sich einzelne Muslime fälschlicherweise an terroristischen Aktionen beteiligt. Der Islam wurde in seiner Gesamtheit dafür verantwortlich gemacht. Um ihre Ziele zu erreichen, war ihnen jedes Mittel recht. Sie gingen sehr pragmatisch vor. Auch dafür wurde der Islam verantwortlich gemacht. Statt sich den Islam des Buches, des Korans, anzusehen und die Muslime, die zur Zeit des Propheten Muhammed (*asr-ı saadet* – das Zeitalter der Glückseligkeit) lebten, lenkt man den Fokus auf den Islam der schwächlichen und liederlichen Lebensführung heutiger Muslime und urteilt auf dieser Grundlage über den Islam. Bestimmt gibt es einige, die sich genau das wünschen: Der Islam solle besser nicht in seiner Originalität wahrgenommen werden. Er solle so wahrgenommen werden, wie wir das wünschen. Er solle die Menschen abschrecken. In diesem Sinn ist in der Tat die Berliner Mauer gefallen, hat sich vieles auf der Welt geändert und Neues ist entstanden. Der Beitrag des Islams hierzu hätte eine große Rolle spielen können, besteht er als Religion doch nun schon seit 1400 Jahren. Im Gärungsprozess neuer Entwicklungen auf der Welt könnte der Islam ein wichtiges Treibmittel darstellen. Aber die Welt drehte dem Islam den Rücken zu. Ich vermute, dass unser Unvermögen, ihn zu repräsentieren, dazu beitrug.

Wir haben ihn nicht gut repräsentiert. In einigen Gegenden hatte das Auftreten etwas Abstoßendes, Abscheu Erregendes und nicht sehr Repräsentatives – aufgrund dessen wurde eine ‚grüne Gefahr' heraufbeschworen. Dieses Bild wird weiter aufrechterhalten. Wenn eine Gruppe mit ihrer Toleranz und ihrer Friedfertigkeit trotz aller negativen Handlungen und Strömungen den Islam in seiner Originalität, so wie er zur Zeit des Propheten Muhammed ausgelebt wurde, und die erhabene Haltung des Propheten repräsentierte, könnte man dieses negative Image durchbrechen."

„Bewerten Sie Radikalismus als Feindschaft zum Islam?"

„Das sind nur einige wenige unwissende Gruppierungen und ihr Einfluss ist nicht groß. Die Kraft der Zerstörung allerdings lässt ihre Stimmen weithin vernehmen. Sie nutzen ganz einfach die Dynamik, die aus der Zerstörung heraus entsteht und verschaffen sich somit Gehör. Anstelle der Muslime, die den Islam in seiner Ursprünglichkeit ausleben, nimmt man weltweit diese Menschen wahr. Ich möchte keine Namen nennen. Ich vermute jedoch, wir würden auf einer Tour um die Welt auf einige von ihnen treffen. Auch das sorgt für ein negatives Image, auch sie schaden unwissentlich dem Islam. Und so wird die westliche Welt daran gehindert, aus dem Licht des Korans Nutzen zu ziehen."

Dschihad = Feindseligkeit gegenüber dem Westen?

Warum sieht der Westen den Islam so negativ?

„So wie wir uns an einigen Punkten getäuscht haben, gab es auch unter Kirchgängern einer bestimmten Zeitperiode vermutlich ähnliche Fehlschlüsse. Beispielsweise erlagen sie über lange Zeit, bis zur Entstehung des Islams, einem Irrtum, was die Person unseres Herrn, des ehrwürdigen Messias [Jesus Christus] betrifft, man betrachtete ihn gar als uneheliches Kind [...]. So sah sich der Islam bereits zur Zeit seiner Gründung einer solchen Intoleranz gegenüber. So etwas wird dann von Generation zu Generation weitergegeben.

Der zweite Punkt: Zu der Zeit, als wir zu starken Staaten erwuchsen, haben wir uns mit Macht zur Wehr gesetzt, wo es doch auch den Verstand, die Räson und unsere humane Seite gab; der Weg zu den Herzen hätte beschritten werden können. Die Macht hat all das verdrängt und zerstört, was der Verstand und die Räson mit sich bringen. Wir haben die Macht über das Recht gestellt. Im Westen kann man diese negativen Spuren sehen. Alle Truppen, die wir gegen den Westen aufboten, waren auf dem Prinzip Recht und Billigkeit gegründet; dass sie auch so vorgingen, kann man nicht behaupten. Auch wenn im Grunde der Gedanke Recht und Billigkeit da war, so kann man nicht sagen, dass dieses Prinzip umgesetzt wurde. Auch das hat zu einem negativen Image geführt. In späteren Epochen dann klagten die Muslime unter der Unterjochung des Westens, die islamische Welt wurde in Stücke geschlagen, es blieben nur noch ‚Nationchen' übrig. Man hat uns unterdrückt. So sind wir zum Opfer, zum Geschädigten, zum Gefangenen des Westens geworden. Und dies hat auf der Welt zu Antipathie geführt. Aber auch in einem Klima der Antipathie kann man in Zukunft mit diesen Menschen einen Dialog führen. Die globalisierte Welt bringt uns zusammen. Auf der anderen Seite der Mauer leben sie, auf dieser Seite wir. Nachrichten-, Verkehrs- und Kommunikationswege haben die Welt auf die Größe eines Dorfes schrumpfen lassen. Wir sind gezwungen, zusammenzuleben. Gleichzeitig haben wir alle Bedenken beiseitegeschoben und haben begonnen, unsere Feindschaften auszuleben, die sich auf das gründen, was wir gegenwärtig hören und tun. Und diese Feindschaft zeigen wir offen.

Sie sehen, Personen, die in der Türkei behaupten, den reinen Islam zu vertreten, betrachten es als Teil des Dschihads, den Westen ohne Mitleid zu vernichten. Grobe Beleidigungen werden zur Kunstfertigkeit erhoben. Ich vermute, der Westen führt die Gedankengänge, die er von seinen Vorvätern, von Richard Löwenherz und Philipp übernommen hat, in verschärfter Form fort. Daher rührt es, dass von einer ‚grünen Gefahr' gesprochen wird. Die harte und intolerante Haltung rührt auch daher. Ich glaube aber daran, dass eine Gemeinschaft der Nachsicht im Geist von Mewlana Dschelaleddin Rumi, Yunus Emre und Ahmed Yesevi diese negative Grundhaltung wird überwinden können, mit ihren hohen Idealen die Härte aufweichen und der Welt den Islam in seiner Universalität bekanntmachen wird." *(19. Oktober 1995, Nederlandse Moslim Omroep [NMO], https://fgulen.com/tr/fethullah-gulenin-butun-eserleri/69-fgulen-com-turkce/basindan/Televizyon-Roportajlari/1472-NMO-NMO-Hollanda-televizyonu-ile)*

Wellenbrecher im Kampf der Kulturen

Am 28. Januar 1995 fragte die Zeitung Sabah Gülen: „*Was würden Sie dem Papst sagen, wenn es zu einem Gespräch käme?*" *Hodschaefendi* antwortete:

„Die Welt erlebt eine Globalisierung. Eine Welt, in der die Nachricht über irgendein Ereignis, ob gut oder schlecht, das sich irgendwo auf dieser Welt zuträgt, umgehend mittels diverser Kommunikationskanäle um die ganze Welt getragen wird, sollte toleranter sein. Der interreligiöse Dialog sollte weiter vorangetrieben werden. […]

Zivilisierte Menschen kann man überzeugen, aber nicht zwingen.[50] Ich möchte, wenn es gestattet ist, diesen Gedanken

50 Eine Aussage von Bediuzzaman Said Nursi.

aufgreifen. [...] Seit langem schon beschäftigt mich ein Anliegen, über das ich sprechen möchte. Die Christenheit hat, statt dem Ruf des Islams nach seiner Entstehung Folge zu leisten, Zuflucht in der Antike gesucht, in der Idolatrie Roms, und den Hellenismus zu Hilfe gerufen, obwohl der Islam ein gedankliches, religiöses und kultisches System bietet, das alle Lebensbereiche ausreichend abdeckt. Meiner Meinung nach hätte sie aus dem Islam Nutzen ziehen können – einen Teil der Dynamik des Islams aufgreifen und sich selbst Leben einhauchen. Diese Gelegenheit ließen sie verstreichen. Ich möchte sagen, solch eine Gelegenheit sollte nicht noch einmal ungenutzt vorübergehen." *(28. Januar 1995, Sabah, Nuriye Akman)*

Als *Hodschaefendi* den Papst traf und ihm die Einladung des Staatspräsidenten Süleyman Demirel zu einem Besuch in der Türkei überbrachte, sagte er:

„Die Menschheit hat mit der Begründung, dass sie einander widersprechende Aussagen äußern, mal die Religion und mal die Wissenschaft geleugnet.[51] Die Quelle aller Erkenntnis ist bei Gott und die Religion ist von Gott. Wie kann es da also Widersprüche geben? Wir können uns wie Wellenbrecher, wie Barrieren all denen entgegenstellen, die argwöhnisch und skeptisch den sog. Kampf der Kulturen (einen Krieg der Religionen) in-

51 Damit meint der Lehrmeister, dass mal die Religion die Wissenschaft leugnete, weil sie ihr widerspreche – ein Beispiel hierfür ist die Haltung der Kirche im Mittelalter –, mal die Wissenschaft die Religion leugnete, weil sie ihren Erkenntnissen widerspreche. Kommt die Religion von Gott, ist es unlogisch anzunehmen, ihre Erkenntnisse widersprächen naturwissenschaftlichen Erkenntnissen und umgekehrt. Im Falle eines Widerspruches von Vernunft und Religion wird die Vernunft als Maßstab genommen und die Religionsaussagen werden interpretiert. Allerdings darf diese Vernunft nicht die Vernunft eines beliebigen Menschen sein. Diese Vernunft muss eine erleuchtete, ausgereifte Vernunft sein.

szeniert sehen wollen.“ *(24. November2001, https://fgulen.com/tr/fethullah-gulen-kimdir/fethullah-gulenin-mesajlari/1459-Fethullah-Gulen-Papa-II-John-Paule-Verdigi-Mesaj)*

Man sprach erstmals in den 1990er Jahren von einem bevorstehenden umfassenden Kampf der Kulturen. Zwei Amerikaner formulierten diese These: Bernard Lewis und Samuel Huntington.

Gülen erklärt, wie er zu der These des Kampfes der Kulturen steht:

„Ich glaube nicht an einen Kampf der Kulturen. Mehr noch: Sollte jemand so etwas planen und im Moment basierend auf ein paar luftigen Ideen etwas in dieser Richtung behaupten, so lasst uns, bevor die Wellen, die sich da vor uns auftürmen, über uns hereinbrechen, einen noch größeren Damm errichten und diese Welle brechen – das ist meine Meinung.“ *(21. Juli 1997, Yeni Yüzyıl, Nevval Sevindi)*

Die These vom Kampf der Kulturen wurde vom amerikanischen Politikwissenschaftler Samuel Huntington in einem Artikel für die angesehene Zeitung *Foreign Affairs* aufgebracht, ein Journal, das sich im Besonderen der internationalen Politik widmet. Der Artikel trug die Überschrift: „Kampf der Kulturen?“. Huntingtons Meinung nach sei ein einvernehmliches Leben von West und Ost nicht möglich und in naher Zukunft ein Kampf der Kulturen unvermeidlich. Gülen hingegen bringt zum Ausdruck, dass dieser Kampf nicht das unausweichliche Schicksal der Welt sei, dass westliche und östliche Zivilisationen sehr wohl in einen Austausch treten und Seite an Seite friedlich leben können.

Zu guter Letzt ein Auszug aus dem Interview, das *Hodscha-efendi* am 11. Juni 2010 Brian Knowlton, einem Journalisten der *New York Times*, gab:

Die Frage des Journalisten lautete:

„Worin besteht für Muslime die größte Herausforderung, wenn sie versuchen, traditionelle Glaubensansichten und die Lebensanschauungen der modernen Gesellschaft in Einklang zu bringen? Können Sie sich vorstellen oder hoffen Sie, dass die Reibereien und Unstimmigkeiten zwischen den westlichen Staaten eines Tages enden?"

Gülen beantwortete diese Frage wie folgt:

„Der Geist des Islams basiert auf drei Grundsätzen. Lässt man einen von ihnen außer Acht, bremst man die Dynamik der anderen, und dieser Geist gerät aus dem Tritt, wird lahmgelegt. Diese Grundsätze können wie folgt zusammengefasst werden: Wenn man die Zeit, in der man lebt, verstehen will, muss man zunächst einmal die Religion im Licht des Korans und der Sunna [des beispielhaften und nachahmenswerten Verhaltens des Propheten Muhammed] deuten. Zweitens: So wie der Koran das Manifest des Wortes Gottes ist, ist die Schöpfung das Manifest der Macht und des Willens Gottes. Man muss die Gebote dieses universellen Buches zusammen mit dem Koran erarbeiten und erforschen. Drittens: Die Balance zwischen der materiellen und der spirituellen Seite unserer Existenz, zwischen Diesseits und Jenseits, zwischen Metaphysik und Physik.

Bis zu fünf Jahrhunderten nach der Hedschra waren es die Muslime, die die philosophischen, spirituellen, mystischen und sufischen Systeme begründeten, denn sie hatten eine tiefe Liebe zur Wahrheit und begeisterten sich für die Wissenschaft. Allerdings taten sie sich danach schwer, die Epochen, in denen sie lebten, richtig zu deuten und verloren daher ihr intellektuelles Niveau. Infolgedessen entwickelte sich in einigen Gegenden eine starre Geisteshaltung und aus dieser Mentalität heraus entstand dem Westen gegenüber eine bestimmte Einstellung. Dies resultierte nicht aus den Grundlagen des Glaubens, sondern aus einer irregeleiteten Geisteshaltung. Vielleicht haben auch einige Aktionen des Westens zu dieser negativen Anschauung und Haltung beigetragen. Um nun zum zweiten Teil ihrer Frage zu kommen, zur Beendigung der von Ihnen angesprochen Konflikte: Das hängt völlig davon ab, ob die Menschen zusammenkommen, Gespräche führen, sich gegenseitig informieren und Toleranz zeigen.

Wenn wir statt Druck und Gewalt auszuüben eine Diplomatie entwickelten, die auf universellen menschlichen Werten beruht; wenn wir statt aus dem Blauen heraus über Menschen herzufallen ihre guten Seiten suchten, hätten wir höchstwahrscheinlich keine Sorgen mehr mit dem Thema Fundamentalismus. Wenn sie beispielsweise den Wunsch haben, ein Land voranzubringen und zu demokratisieren, dann würden sie es nicht mit roher Gewalt überfallen, sondern mit humanitäre Hilfe versuchen, auf dem Weg der Liebe die Herzen der Menschen zu öffnen. Wenn wirklich der aufrichtige Wunsch zu helfen vorhanden ist, so sollte das, glaube ich, mit Fürsorglichkeit und Barmherzigkeit einhergehen. Wenn wir uns in unserem Auftreten von der Philosophie des Mewlana Dschelaleddin Rumi, der Geisteshaltung des Yunus Emre und den Wegen des Ahmed Yesevi leiten ließen, so vermute ich, dass wir fundamentalistische Ideologien teilweise zerstreuen, abmildern und abschwächen könnten. Rohe Gewalt wird jedoch aller Wahrscheinlichkeit nach das Gegenteil bewirken.

Gewalt wird allen Hass und allen Groll auf die kommenden Generationen übertragen und wird sich darüber hinaus von Kopf bis Fuß in allen Gesellschaftsschichten ausbreiten. Aus dieser Sicht heraus ist es unabdingbar, dass die Welt eine neue Diplomatie entwickelt, die alle negativen Einflüsse bekämpft – etwas, was nur führende Länder wie die USA und Organisationen wie die EU und die NATO sicherstellen können." *(11. Juni 2010, The New York Times, Brian Knowlton)*

5. Die Rolle der Frau

„Eignen sich Frauen für Führungspositionen?“

Diese Frage wird Hodschaefendi im Januar 1995 gestellt, und seine Antwort fällt folgendermaßen aus:

„Nichts spricht dagegen, dass Frauen Führungsrollen übernehmen. Im Rechtsverständnis der hanefitischen Rechtsschule dürfen Frauen sogar Richterinnen werden. Vielleicht fällt es Frauen leichter, manche Dinge einer Richterin zu erzählen.“ *(23. Januar 1995, Sabah, Hulûsi Turgut)*

Wenn es um Frauen und Frauenrechte geht, interessiert natürlich nicht nur die Frage, ob Frauen auch Führungspositionen einnehmen dürfen. Man kann unzählige Themen wie die Stellung der Frau in der Gesellschaft, ihren Status, die Einbindung in staatliche Angelegenheiten und ins Berufsleben, das Verhältnis zwischen Mann und Frau und auch die Kleidungsvorschriften aufzählen.

In der Türkei durften junge Frauen, die ihren Kopf bedeckten, nicht an den Universitäten studieren. Diese Art Kopfbedeckung unterscheidet sich jedoch deutlich von der momentan in Europa diskutierten Form des Niqabs und der Burka. In der Türkei gibt es keine Tradition der Burka oder des Niqabs. Die traditionelle Kopfbedeckung bedeckt lediglich das Haar, lässt aber das Gesicht offen.

Zu der Zeit, als die einleitende Frage an Fethullah Gülen gerichtet wurde, war in der Türkei gerade eine Frau Ministerpräsidentin.

Vielleicht ist es sinnvoll, zuerst die Frage zu betrachten, welchen Platz Gülen der Frau im Verhältnis zu Männern einräumt, bevor man zu den ganzen anderen Themen übergeht. In einem in der Zeitung *Hürriyet* veröffentlichten Interview sagt er 1995:

„Dass ein Mann nicht ohne Frau und eine Frau nicht ohne Mann sein soll, wurde durch die Schöpfung deutlich. Des ehrwürdigen Adams Qual im Paradies vor der Schaffung der Frau und der Umstand, dass das Paradies für ihn erst wirklich zum Paradies wurde, als er mit der Frau zusammenkam, zeigen, dass diese beiden Geschöpfe zusammengehören. Die islamische Sicht zu dieser Angelegenheit: Weder der Prophet, noch der Koran, noch die Lehren des Korans trennen Frau und Mann. […]

Vor 1400 Jahren wurde im Westen gemäß der damaligen gesellschaftlichen Auffassung der Frau überhaupt kein Platz eingeräumt, 500–600 Jahre später wurde heiß darüber debattiert, ob die Frau eine Seele habe oder nicht, ob sie Satan sei oder nicht. Im Gegensatz dazu ist die Frau im Islam voll ins Leben integriert. Āische stand an der Spitze des Heeres. Und im Unterschied zu heute gab es in den Moscheen keinen abgetrennten Gebetsraum für die Frauen, sondern sie standen direkt in der Reihe hinter den Männern. *(27. Januar 1995, Hürriyet, Ertuğrul Özkök)*

Nun zu den Äußerungen Gülens, die im Juni 1998 in der Zeitschrift *Aksiyon* veröffentlicht wurden:

„Eine der drei längsten Suren des Korans trägt den Namen ‚Die Frauen'. Über die ehrwürdige [Jungfrau] Maria und die ehrwürdige Asia wird im Koran lange berichtet, wodurch sie geehrt werden. Auch das gesegnete Geschlecht des größten aller Mensch, unseres Propheten, kam durch seine Tochter, die ehrwürdige Fatima. Der Platz der ehrwürdigen Āische im Islam ist eigentlich jedem hinreichend bekannt. [...] Die Interviews, in denen ich sagte, dass es keine Hindernisse für Frauen gebe, im öffentlichen Dienst zu arbeiten und sogar Richterin zu werden, wurden in den meistverkauften Zeitungen veröffentlicht." *(6. Juni 1998, Aksiyon)*

Hodschaefendi beantwortet im Jahre 2012 die Frage des deutschen Journalisten Rainer Hermann *„Sind Mann und Frau gleich?"* folgendermaßen:

„Auch die Frau ist eine freie und eigenständige Persönlichkeit. Ihre Weiblichkeit hebt keine der Qualifikationen auf, die sie besitzt, verengt sie auch nicht. Wenn eine ihrer Rechte berührt wird, kann sie, wie die Männer, ihre Rechte einfordern. Besitzt sie, was jemand anderes hält, kann sie es zurückholen. Muslime unterschiedlicher Völker hatten ihren historischen Erfahrungsschatz mit dem Kleid des Islam gekleidet, sie präsentierten ihre Gewohnheiten und Traditionen, als gehörten sie zu den Grundlagen der Religion. In dieser Richtung gab es auch einige theologische Gutachten, *Idschtihads*. So wurden die Rechte der Frau veräußert, von Tag zu Tag wurde sie in einen immer engeren Bereich gedrängt und sie wurde, ohne zu erfassen, wohin das Ganze hinausläuft, in einigen Gebieten sogar ganz aus dem Leben ausgeschlossen.

Einen Unterschied der Frau zum Mann gibt es bei keinem der Themen, die die Grundprinzipien des Islams betreffen – etwa bei der Glaubens- und Meinungsfreiheit, den Besitz- und Verbraucherrechten, der Gleichheit vor dem Gesetz, dem Recht auf eine gerechte Behandlung vor dem Gesetz, dem Recht auf Heirat und der Gründung einer Familie, dem Recht auf Intimität und die Unantastbarkeit der Privatsphäre. Wie bei Männern stehen auch ihr Besitz, Leben und ihre Sexualität unter Schutz. Wer das verletzt, dem drohen schwere Strafen.“ *(6. Dezember 2012, Frankfurter Allgemeine Zeitung, Rainer Hermann)*

Die Fragen zweier Soziologinnen

Im Dezember des Jahres 2015 besuchte ich Fethullah Gülen in Pennsylvanien. Am 24. Dezember 2015 kamen vierzehn Soziologen, darunter drei Akademikerinnen, zu einem Gespräch zu ihm.

An diesem Abend richteten sowohl die männlichen als auch die weiblichen Akademiker Fragen an Gülen. In dieser Zeit waren sowohl bei der zur Hizmet-Bewegung gehörenden Zeitung *Zaman* als auch beim Verein *Kimse Yok Mu* Frauen in Führungspositionen gekommen. Eine Akademikerin fragte Gülen, ob diese Entscheidung etwas mit der wirtschaftlichen Entwicklung zu tun hatte oder bewusst so getroffen wurde.

Gülen gab folgende Antwort:

„Nein, das war nicht von der Wirtschaftslage abhängig, dazu ermunterte ich seit fünf bis zehn Jahren. Wir können den Islam [noch] nicht richtig erfassen. Der im Koran enthaltene Ausdruck *kavvamun* (beaufsichtigender Vormund bzw. Beschützer) bedeutet nicht, dass die Männer [den Frauen] überlegen wären. Es geht darum, dass der Mann den bedeutenderen Teil der Last tragen soll. Ich sagte zum Türkischen Industrie- und Unternehmerverband (TUSKON): ‚Beruft eine Frau in den Vorstand.' Die ehrwürdige Äische war Heerführerin. Das Leben der Frauen beschneiden wir selbst durch unsere Bräuche und Überlieferungen. Am Tag, nachdem Hind bint Utbe[52] Muslimin wurde, kämpfte sie als Soldatin. Frauen befanden sich überall in der Gesellschaft. Die Situation im Westen ist heute auch nicht erfreulich. Wie viele Präsidentinnen gibt es, wie viele Generalstabschefinnen, wie viele Kommandantinnen? Der Westen ist auf diesem Gebiet auch nicht frei von Kritik – auch dessen werden sie sich bewusst werden. Frauen und Männer werden sich in jedem Bereich des Lebens immer in diesem Wettkampf befinden. Die Frau zu Hause einzusperren ist nicht richtig, wenn sie selbst zu Hause bleiben möchte, darf sie das [natürlich] tun."

Die Frage einer weiteren Akademikerin an diesem Abend war sehr bemerkenswert: *„Mein Mann und ich sind beide Akademiker. Die Möglichkeiten meines Mannes voranzukommen sind größer als meine, verheiratete Frauen werden in ihrer akademischen Karriere gebremst. Was kann man dagegen tun?"*

Gülen erklärte, dass der Mann in solch einer Situation verpflichtet sei, seiner Frau zu helfen. Die familiären Pflichten müssten entsprechend aufgeteilt werden. Er führt aus:

„Sorgen um den Lebensunterhalt dürfen das nicht verhindern. Der Mann muss seiner Frau helfen und ihr ermöglichen, auf ihrer Karriereleiter voranzukommen. Das Leben muss gemeinsam gemeistert werden."

---

52 Hind bint Utbe: Die berühmte Frau des mekkanischen Führers Muawiye ibn Ebu Sufyan.

Die Frau ist nicht gezwungen, ihr Kind zu stillen

Als das Thema auf die Rechte der Frau kommt, macht *Hodschaefendi* in einem Interview mit der Journalistin und Autorin Nevval Sevindi in New York aus dem Jahre 1997 eine sehr prägnante Aussage: *„In unserer Religion ist eine Frau nicht einmal verpflichtet, ihr Kind zu stillen.“*

Hier der betreffende Teil des Interviews:

„In der Antike gab es Göttinnen, weil die Frauen dominierten; als der Mann die Herrschaft übernahm, kamen männliche Götter auf. Es wurde ein von Männern dominiertes System erschaffen und leider ging das Gleichgewicht verloren. Statt der Gegenseite ihr Recht zu gewähren – ich spreche hier von ‚Recht gewähren‘ im Sinne von Gerechtigkeit und Gleichgewicht schaffen –, gab es Widerstand. Im Grunde sollte man bei Mann und Frau nicht von Überlegenheit, sondern von Arbeitsteilung sprechen.

In unserer Religion ist es nicht einmal zwingend erforderlich, dass eine Frau ihr Kind stillt. Yesevi, Mewlana, Yunus und andere haben dies sehr gut interpretiert. Ebu Hanife hat es ebenfalls gut ausgelegt, danach dürfen Frauen sogar Richterinnen sein. Die Diskriminierungen haben wir in einem Circulus vitiosus von Ursache und Wirkung selbst erschaffen.“ *(20. Juli 1997, Yeni Yüzyıl, Nevval Sevindi)*

Das Recht auf Universitätsbesuch und die Kopftuchfrage

Die Journalistin Nevval Sevindi befragt *Hodschaefendi* auch zum Thema Kopfbedeckung. Gülen erklärt in seiner Antwort, dass der Islam und der Koran nicht nur eine einzige Art der Bedeckung kennen:

„Im Koran wird über Bedeckung gesprochen, aber in welcher Form man sich bedecken soll, wird nicht gesagt. Sich auf die Form zu fixieren, bedeutet die Vielfältigkeit des Islams einzuengen und wäre langweilig. Man würde den Islam gar zu einer Kostümreligion machen, und das ist falsch. Das Kopftuch gehört nicht zu den grundlegenden Forderungen *(usūl-ed-dīn)* des Islams und des Glaubens. Es ist so, als würde man den Menschen losgelöst von seiner Religion sehen, und das widerspräche dem Geist der Religion.[53] Hierbei feste Behauptungen aufzustellen und auf seiner eigenen Ansicht zu beharren ist extrem, ist Nötigung, fördert Hass." *(20. Juli 1997, Yeni Yüzyıl, Nevval Sevindi)*

Als es den kopftuchtragenden jungen Frauen im Jahre 1997 verboten wurde, an den Universitäten zu studieren, zeigte *Hodschaefendi* den Platz des Kopftuches in der Religion auf und sagte, dass die Studentinnen ihre eigene Gewissensentscheidung treffen und das Kopftuch ablegen dürften. In dem Interview, das 2005 in der Zeitung *Milliyet* veröffentlicht wurde, erklärt er diese Haltung folgendermaßen:

„Da wir in einer Zeit leben, in der es Umstände gibt, die den Kindern das Studieren unmöglich machen, habe ich meine Gedanken zum Kopftuch bereits offen dargelegt. Ich näherte mich dem Thema aus dem Blickwinkel der Grundlagen der Religion

53 Der Lehrmeister meint, eine Frau, die kein Kopftuch trägt, als religionslose Person zu betrachten, entspräche nicht dem Geist der islamischen Religion. Denn das Anlegen des Kopftuchs ist kein Bestandteil der islamischen Glaubenslehre und hat keine Gewichtung, wie etwa an die Glaubensgrundsätze – an Gott, die Engel, die Offenbarungen, die Propheten, das Jenseits und das Qadar – zu glauben. Wer an einen dieser Glaubenssätze nicht glaubt, kann nicht als Muslim bezeichnet werden, weil diese den Stamm und die Wurzeln *(usūl)* der Religion ausmachen. Kopftuch zu tragen hingegen ist ein Gegenstand der Zweige und Äste der Religion *(furū')*, deren Unterlassung eine Person des Glaubens nicht beraubt.

(usūl) und der nachrangigen Anliegen (*furū* ʿ: sekundäre, tertiäre Anliegen im Vergleich zu den Grundlagen). Kurz gesagt habe ich betont, dass das Thema nicht so bedeutend ist wie die fünf Grundpfeiler unserer Religion, und das Thema ‚Kopftuch oder Schule' dem Gewissen der Menschen überlassen. Damals neigte ich gewissensmäßig auch dazu, das Studieren dem Kopftuch vorzuziehen. Das schien mir im Hinblick auf die Zukunft der Türkei wichtig und auch um weite Kreise in der Bevölkerung zu beruhigen. […]

Ich wünsche mir, dass die Rechte der Frauen genau wie im Westen mit Meinungs- und Gedankenfreiheit einhergingen. Die Menschen sollten – ohne mit dem Gesetz in Konflikt zu geraten – die Gebote ihrer Religion bis hin zu den untergeordneten Richtlinien ungezwungen ausleben können, in Gewissens- und Glaubensangelegenheiten frei sein. Je mehr wir den Begriff „öffentlicher Raum"[54] erweitern, umso mehr beschneiden wir den Handlungsspielraum der Menschen. Lasst uns in einer Epoche, in der wir uns dem Liberalismus nähern, doch das Recht und die Gewissensfreiheit des Individuums stärken und den Menschen die Möglichkeit geben, sowohl die Grundprinzipien als auch die nachrangigen Regeln ihrer Religion frei auszuleben." *(25. Januar 2005, Milliyet, Mehmet Gündem)*

Sieben Jahre nach dem Interview von Nevval Sevindi mit *Hodschaefendi* stellt ihm eine weitere Journalistin Fragen zur

---

54 Er meint damit den juristisch-soziologischen Begriff „privater und öffentlicher Raum". Dem türkischen Gesetz zufolge dürften Frauen das Kopftuch nur im privaten Bereich tragen. Man forderte von den Frauen in den Militärkasernen, Schulen und Universitäten, das Kopftuch abzulegen. Man ging sogar so weit, dies in den Spitälern fordern zu wollen. Lehrmeister Gülen weist darauf hin, dass eine solche Auslegung dieses Begriffs Grundrechte und Freiheiten verletze.

Stellung der Frau und den Frauenrechten im Islam. Das von Nuriye Akman geführte Interview wurde 2004 über einen Zeitraum von elf Tagen in der Zeitung *Zaman* veröffentlicht. Im Teil vom 24. März sagt Gülen Folgendes:

„Im von der Religion vorgegebenen Ausmaß dürfen Männer und Frauen sich treffen und austauschen. Auch zu unserem Propheten kamen Frauen mit ganz verschiedenen Anliegen. Sie hatten Fragen. Manchmal stellten sie diese ohne die Fürsprache Āisches direkt an ihn. Wenn es intime Dinge waren, weibliche Angelegenheiten, dann fragten sie durch Āische. In den vertrauenswürdigen Hadith-Sammlungen wie denen von Bukhari oder Muslim wird von ähnlichen Fällen berichtet. Was das rituelle Gebet betrifft – Männer und Frauen verrichteten es gemeinsam, aber die Frauen standen gewöhnlich eine Reihe weiter hinten.

Im Besonderen zu Gebeten bei Mond- und Sonnenfinsternissen und um Regen bei Trockenheit (ob dies im Anschluss an das rituelle Gebet geschah, ist eine andere Frage, da sind sich die Gelehrten uneinig) ging jeder zum Gebet hinaus ins Freie, und alle waren zusammen. Wenn man allerdings [in der Moschee] direkt vor Gott versammelt war, wurden [die Geschlechter] getrennt, um die Reinheit des Herzens zu bewahren. Die einen standen hinten, die anderen vorne. Das ist Fakt, das darf man nicht ignorieren. Aber man sollte herausfinden, warum sie es für nötig befanden, so zu entscheiden. In Begriffen der islamischen Rechtsmethodik war das der *ratio legis (tahridch el-menāt)* dieser Vorgehensweise. Meiner Meinung nach können Männer und Frauen auf einem Sofa nebeneinandersitzen, ich habe da keine Bedenken. Sie steigen gemeinsam ins Auto ein, gehen in der Stadt spazieren, besuchen dieselbe Schule, begegnen sich auf dem Weg in die Schule und auf dem Nachhauseweg. In solch einer wichtigen Angelegenheit dürfen sie auch so zusammensitzen." *(24. März 2004, Zaman, Nuriye Akman)*

Polygamie ist kein Gebot der Religion

Im Teil des Interviews von Nevval Sevindi, das am 28. Juli 1997 in der Zeitung *Yeni Yüzyıl* veröffentlicht wurde, äußert sich Gülen ausführlich zum Thema Polygamie. Hier ein Teil der Antwort:

„Nun, es gibt keine Berichte – weder im Koran noch in den Hadithen –, aus denen hervorgeht, dass der Prophet dazu geraten habe, per Trauung durch einen islamischen Geistlichen mehr als eine Frau zu heiraten. In der Sure ‚Die Frauen' wird unter bestimmten Bedingungen nur von der Zulässigkeit, der Genehmigung gesprochen, jedoch – quasi als Erfordernis – zur Monogamie ermuntert. Daher kann niemand die Ehe mit vier Frauen als Erfüllung der religiösen Überlieferung *(sunna)* sehen, kann nicht behaupten, er würde sozusagen ein religiöses Gebot erfüllen. [...] Die Einehe ist das Elementare, und falls die Umstände die Vielehe erfordern, müssen die Frauen gerecht behandelt werden. Der Koran sagt: ‚Wenn ihr befürchtet, unter ihnen nicht für Gerechtigkeit sorgen zu können, reicht eine. [...] Das entspricht der Gerechtigkeit eher' (Koran, 4:3). Deswegen ist die Polygamie nicht Teil der Sunna und schon gar nicht eine gottesdienstliche Handlung. Keiner sollte seine persönlichen Schwächen mit dem Mäntelchen der Religion bedecken und dann als heilige Tat ausgeben. Das ist Missbrauch der Religion.

Diejenigen, die die Polygamie in der Religion billigten, sahen das wohl als Zugeständnis *(ruhsa)*. Im Falle einer Notlage. Im Krieg. Wenn viele Frauen verwitwet und allein blieben."

Brauchtum darf nicht als Islam verkauft werden!

In dem am 25. Januar 2005 veröffentlichten Teil des Interviews in der Zeitung *Milliyet* wird Gülen zu der Meinung einiger Wirtschaftswissenschaftler befragt, die eine Verbindung herstellen zwischen der Beteiligung der Frauen an der Produktion und dem wirtschaftlichen Aufschwung. Seine Antwort:

„Wenn die Physis der Frauen berücksichtigt und die ihr eigenen Gegebenheiten geschützt werden, verbietet der Islam nicht, dass Frauen sich in einigen Gebieten des Lebens einbringen können. Ohnehin waren Frauen zu allen Zeiten gemäß ihren Möglichkeiten involviert ... Sie durften sich am Krieg beteiligen und sie wurden dazu ermuntert, die Schule zu besuchen und sich zu bilden – das wurde gutgeheißen und dem wurde Vorrang gegeben. Ein Beispiel hierfür sind Äische, Hafsa und Umm Salama, die Frauen des Propheten Muhammed: sie zählten seinerzeit zu den Rechtsgelehrten des Islam *(mudschtahid)*.

Das war aber noch nicht alles, in späteren Epochen gab es weiterhin befähigte Frauen, die Lehrerinnen wurden. Im Islam kann demnach von einer Einschränkung und Einengung des Lebens der Frau keine Rede sein.

Wichtig ist, dass die besondere körperliche Beschaffenheit der Frau berücksichtigt und bedacht wird. Muss sie z. B. in schweren Bergbauarbeiten beschäftigt werden, muss sie zum Wehrdienst einberufen werden, muss sie an schwerem Gerät geschult werden? Sollte das einmal nötig sein, wird jeder auf sie Rücksicht nehmen, davon bin ich überzeugt.“ *(25. Januar 2005, Milliyet, Mehmet Gündem)*

Eine verkehrte Gewohnheit, die in vielen Ländern Brauch ist und fälschlicherweise dem Islam zugeschrieben wird, ist die

Beschneidung der Frau. In der Zeit vor dem Islam vergruben die arabischen Völker ihre Töchter bei lebendigem Leib. Der Islam hat die Stellung der Frau aufgewertet und gesteht ihr die gleichen Rechte zu wie dem Mann. In ähnlicher Weise wird in einigen Ländern Mädchen die Schulbildung verwehrt – etwas, was der Islam nicht billigt. Im Gegenteil: Der Islam ermuntert Mann und Frau gleichermaßen dazu, sich Wissen anzueignen und die Rätsel der Natur zu erforschen.

Frauen können an der Spitze des Staates stehen

Gülen bezieht sich auf dasselbe Thema, wenn er auf die Frage des Journalisten Rainer Hermann von der *Frankfurter Allgemeinen Zeitung*: *„Welche Rolle spielt in Ihrem Denken die Frau?“*, eingeht:

„Frauen können nahezu alle Rollen übernehmen, sie können Richterin und Staatsoberhaupt sein. Zu beachten sind zwar die Natur der Frau und religiöse Empfindlichkeiten. Die Rolle der Frau ist aber nicht auf die Beschäftigung zu Hause und auf das Großziehen der Kinder beschränkt. ‚Die Frau im Islam‘ gehört zu den Themen, die im Westen negativ und am häufigsten behandelt werden. Der Grund ist, dass die Muslime Dinge praktizieren, die den Grundwerten des Islams widersprechen.

Einiges, was negativ erscheint, muss man im Zusammenhang mit den Bedingungen der jeweiligen Epochen und Staaten bewerten. Zudem herrschen in einigen Regionen und Gesellschaften weiter Gewohnheiten und Traditionen, die es vor dem Islam gegeben hat und die weitergeführt werden. Das dem Islam anzurechnen, ist nicht richtig. Für die muslimische Religion ist es aber niemals zulässig, die Rolle der Frau in der Gesellschaft und ihren Handlungsspielraum einzuschränken.

Die Muslime missachten dies leider. Ein grobes Verständnis und ein plumpes Denken hat damit das System zerstört, welches auf der gegenseitigen Hilfe von Mann und Frau sowie auf das gemeinsame Teilen aufgebaut war. Mit dieser Zerstörung wurden auch der Familienfrieden und die gesellschaftliche Ordnung zerstört.“ *(6. Dezember 2012, Frankfurt Allgemeine Zeitung, Rainer Herrmann)*

Brian Knowlton von der *New York Times* richtet im Jahre 2010 an Gülen ähnliche Fragen wie Rainer Hermann: *„Was ist in Ihren Augen der passendste Platz der Frau in der Gesellschaft? Welche Rolle spielen Frauen in Ihrer Bewegung?“*

Gülen gibt folgende Antwort:

„Im Islam kann von Limits für Frauen oder Einschränkungen ihres Aktionsradius keine Rede sein. Heutzutage kann die Rolle der Frau nicht auf Haushalt und Kindererziehung reduziert werden.

In Wahrheit trägt sie die Verantwortung, die in ihren Zuständigkeitsbereich fallende Aufgaben zu erfüllen. Dies muss in Übereinstimmung mit ihrer Natur und religiöser Sensibilität geschehen. Nur zu oft wurde das im Laufe der Zeit von echten Muslimen missachtet und rigorose und grobe Denkweisen haben das natürliche Gefüge zugrunde gerichtet.

Es kommt jedoch Bewegung in die Gesellschaft. Ich hoffe, dass hier in kurzer Zeit wichtige Fortschritte erzielt werden. […] Frauen erfüllen sehr wichtige Funktionen im Dienst an der Menschheit. Frauen nutzen wie auch Männer alle ihre Möglichkeiten, sie sind in Einstellung und Handlung anderen ein gutes Vorbild. Wenn nötig, reisen sie bis ans Ende der Welt, um Lehrer und Rollenvorbilder zu sein.“ *(11. Juni 2010, The New York Times, Brian Knowlton)*

„Der Islam hat kein Problem mit Frauen“

Die Journalistin Nicole Pope von der französischen Zeitung *Le Monde* trifft in der Ausgabe vom 28. April 1998 die Feststellung: „*Heute fürchten sich unter den Laizisten augenscheinlich am meisten die Frauen vorm Islam.*“ Gülen zeigt, wie Bräuche und Traditionen mit der Zeit in den Islam Einzug fanden und die Frau an den Rand der Gesellschaft drängten:

„Eine Zeitlang habe ich mich immer wieder bemüht, von den Kanzeln der Moscheen ausführlich das Thema Frau zu besprechen … Der Islam hat kein Problem mit Frauen. Wenn heute Schwierigkeiten existieren, dann kommt das daher, dass in späteren Zeitperioden Menschen auftraten, die den Islam verhärteten, den Zugang erschwerten, vorhandene Möglichkeiten zerstörten, der Frau wenig Raum zuerkannten. In der Epoche unseres Propheten und seiner rechtgeleiteten Kalifen befanden sich die Frauen mitten im Leben, es gab keine Schwierigkeiten.”

Welche Aufgaben kann eine Frau im öffentlichen Dienst des Staates übernehmen und welche nicht? Kann sie z. B. Richterin, Verteidigerin, Soldatin sein? Gülen gibt im Jahr 2005 nachfolgende Antworten auf diese Fragen:

„Die Frau kann alles sein, […] auch Soldatin und Ärztin. Das Wichtigste ist, dass sie ihren Glauben ausleben kann. So wie es Frauen geben kann, die in öffentlichen Ämtern ihre Religion ausüben, kann es auch Frauen geben, die es selbst im häuslichen Bereich nicht tun.“ *(25. Januar 2005, Milliyet, Mehmet Gündem)*

Der Koran ermuntert Eheleute, einander Respekt zu zeigen

Wir möchten uns nun das Interview ansehen, das Prof. Zeki Sarıtoprak und Ali Ünal mit *Hodschaefendi* für die in den USA erscheinende Zeitschrift *Muslim World* geführt haben. Die beiden richten an Gülen folgende Frage: „*Eines der meistdiskutierten Themen im Islam ist das Verhältnis von Mann und Frau zueinander. Dürfen wir um Ihre Ansichten über den Platz der Frau in der Gesellschaft bitten?*"

Gülen gibt auf diese Frage eine wirklich ausführliche Antwort. Darin geht er auf eines der wichtigsten Themen ein: die Rechte der Frau auf Glaubens- und Meinungsfreiheit, auf Leben, Besitztum und Vermögen, auf Gleichheit und gerechte Behandlung vor dem Gesetz, auf Eheschließung und Familiengründung und auf die Unantastbarkeit der Privat- und Intimsphäre. Diese sind in keiner Weise verschieden von denen der Männer. Wie bei Männern werden auch ihr Besitz, ihr Leben und ihre Ehre garantiert, und dem, der dagegen verstößt, drohen schwere Strafen. In juristischem Sinne ist auch die Frau eine freie und eigenständige Persönlichkeit. Nun sehen wir uns Gülens Antwort an:

„Der Koran ermuntert die Menschen dazu, eine Familie zu gründen und zeigt den Sinn und den Nutzen der Ehe auf. Im Koran wird die Ehe als eine Vereinbarung unter den Partnern angesehen und als ernstes Versprechen behandelt. Außerdem spricht der Koran grundsätzlich über in religiöser Hinsicht passendes Verhalten und betont nachdrücklich, dass die Partner miteinander gut auskommen sollten.

Der Ehemann trägt die Hauptverantwortung, die Ehe aufrechtzuerhalten. Im Falle von Unstimmigkeiten überträgt er auch der Gesellschaft eine gewisse Verantwortung. Falls man sich total zerrüttet hat, zeigt er als letzten – und von Gott überhaupt nicht erwünschten – Ausweg die Scheidung auf.

Wie bei allen Themen ist es auch hier so, dass der Koran neben den gegenseitigen Rechten und Pflichten der Partner mit

Nachdruck den grundsätzlichen menschlichen Anstand betont; er fordert sie auf, Gott gegenüber respektvoll zu sein und miteinander redlich umzugehen. Es ist wirklich so, dass zwischenmenschliche und juristische Verhältnisse nur dann gut funktionieren können, wenn solch eine von Achtung und Anstand geprägte Atmosphäre herrscht. Der Islam spricht sowohl Mann als auch Frau an, und hat die Frau durch das Verleihen eines neuen Status auf einen Schlag, in einem Zug, zum gesegneten Wesen erhöht. Er hat sie davon befreit, lediglich ein Mittel zum Gewinn zu sein, sondern sie geehrt, indem er ihr das Paradies zu Füßen gelegt hat.

Diese einzigartigen, wertvollen Wesen durften nicht zu einer Ware degradiert werden, die man kauft und verkauft. Mädchen durften nicht als wertlos betrachtet und schon gar nicht getötet werden.

Die kleinen wenigen physiologischen Unterschiede, die die Frau kennzeichnen, durften nicht dazu führen, dass sie geringgeschätzt wird. Die im Koran wiedergegebene Schöpfungsgeschichte besagt, dass zuerst Adam und danach seine Partnerin aus ihm bzw. aus seiner „Hefe“[55] erschaffen wurde. Dieses Bild legt nahe, dass beide unzertrennlich miteinander verbundene Menschen sind. Und wenn man die Veranschaulichung des Korans bedenkt, erkennt man sofort, dass sie zwei Persönlichkeiten sind, die einander ergänzen sollen. Wenn es doch Unterschiede zwischen ihnen gibt, dann sind das in den meisten Fällen Ge-

55 Hiermit schildert der Lehrmeister zwei Interpretationen gleichzeitig: Nach der Mehrheitsmeinung wurde Eva aus Adam, nach der Meinung einer Minderheit hingegen aus demselben Wesen erschaffen, aus dem auch Adam erschaffen wurde. Der Lehrmeister bezeichnet dies in seinen Ausführungen als „die Protein-Suppe“. Sie beide wurden aus derselben Protein-Suppe erschaffen.

staltungsfragen und keinesfalls Sinnfragen. So wie im Islam von einer Differenz zwischen Mann und Frau im Wert als Mensch oder in der Stellung vor Gott keine Rede sein kann, so gibt es auch keine Sonderstellungen in den Rechten und Verpflichtungen.

Die Rechte der Frau auf Glaubens- und Meinungsfreiheit, auf Leben, Besitztum und Vermögen, auf Gleichheit und gerechte Behandlung vor dem Gesetz, auf Eheschließung und Familiengründung, und auf Unantastbarkeit der Privat- und Intimsphäre unterscheiden sich in keiner Weise von denen des Mannes.

Wie bei Männern werden auch ihr Besitz, ihr Leben und ihre Ehre garantiert, und dem, der dagegen verstößt, drohen schwere Strafen. In juristischem Sinne ist auch die Frau eine freie und eigenständige Persönlichkeit. Ihre Weiblichkeit hebt keine der Qualifikationen auf, die sie besitzt, schränkt sie auch nicht. Wenn eines ihrer Rechte angetastet wird, kann sie dieses, wie Männer auch, einfordern. Besitzt sie, was jemand anderes hält, kann sie es zurückholen.

Im Islam wurden einige juristischen Regelungen im Hinblick auf besonderen Eigenheiten von Mann und Frau getroffen. Zusammengefasst: Die Frau ist befreit von belastenden Verpflichtungen wie Militärdienst, Kriegsdienst und Unterhaltsversorgung ihrer Angehörigen." *(Muslim World, Juli 2005, Zeki Sarıtoprak und Ali Ünal)*

Ein weiteres Problem im Verhältnis von Mann und Frau ist die Ansicht, es sei legitim, seine Frau zu schlagen. Gülen widerspricht dieser Auffassung vehement. Leider gibt es dieses Problem in den meisten muslimischen Ländern, so auch in der

Türkei. Gülen äußert sich hierzu von Zeit zu Zeit mit sehr deutlichen Worten. Er sagt, es sei das natürliche Recht einer Frau, die Opfer von häuslicher Gewalt ist, Kampfsportarten wie Karate zu erlernen, um sich selbst zu verteidigen.

Ist die Frau gemäß dem Islam die „verführerische Schlange"?

Betrachtet der Islam die Frau als Verführerin?

Im Juli 2012 gab *Hodschaefendi* in Pennsylvania im Kreise seiner Studenten Unterricht in der Koranauslegung. Ein Vers, mit dem man sich an diesem Tag beschäftigte, handelte von den Frauen. Ein anwesender Gast flüsterte Ahmet Kurucan, einem Studenten Gülens, ins Ohr, dass dieser Text im Westen herangezogen werde, um zu beweisen, dass die Frau im Islam als Verführerin betrachtet wird. Als Kurucan das weitergab, antwortete der Lehrmeister folgendermaßen:

„Für meine Begriffe ist es genau umgekehrt, hier wird nicht über die Frau als Verführerin gesprochen, sondern über die Schwäche des Mannes ihr gegenüber. […] Weil sie für Männer eine Versuchung darstellen kann, wurde sie schon als Verführerin bezeichnet. Einige Gläubige beten von morgens bis abends: ‚Mein Gott, bewahre uns davor, unserer Männlichkeit und der Versuchung der Frauen zu erliegen und eine Schlechtigkeit zu begehen. Mein Gott, beschütze uns davor, von der Begierde fortgezogen und vom Unglück getroffen zu werden. Mein Gott, behüte uns davor, der Anmut der Frauen zu erliegen und vom rechten Weg abzukommen!' Dass sie sich zu Gott flüchten, kommt daher, dass die Frau potenziell eine Prüfung für sie darstellt. Unser Schöpfer hat der Frau einen Hauch seiner eigenen vollkommenen Schönheit gegeben und sie mit ihrer Anmut, ihrem Liebreiz, ihrem Charme und ihren Formen so erschaffen, dass sie äußerst anziehend auf den Mann wirkt. Einigen mag es angesichts dieser Reize schwerfallen, stark zu bleiben; sie sehen die Frau als Objekt der Versuchung. Um standhalten und nicht schwach zu werden, wenden sie sich – wie gesagt – an Gott um Schutz und Beistand. Aber Gläubige denken niemals, dass Frauen böse, als Fluch oder Verführerinnen erschaffen wurden, sie beten nicht aus Aberglauben so, wie oben beschrieben. In gewissem Sinne ist auch der Mann für die Frau eine Versuchung, und Frauen müssen sich ebenfalls an den Großen Beschützer wenden, um vor Bösem, Übel und Versuchung bewahrt zu werden, die durch den Mann über sie kommen können. Aufgrund der Art der Beziehung von Mann und Frau zueinander werden beide voneinander versucht und stellen für den anderen eine Quelle der Prüfung, der Qualen und der Verführung dar." *(7. Juli 2012, Ahmet Kurucan, https://fgulen.com/tr/turk-basinda-fethullah-gulen/fethullah-gulen-hakkinda-kose-yazilari/2012-kose-yazilari/32835-ahmet-kurucan-zaman-sen-yusuf-ol-kac-kac-ki-gomlegini-arkadan-yirtsinlar)*

6. Toleranz, Dialog und Zusammenleben

„Islam bedeutet nicht, den Menschen Druck zu machen. [...] Nur wer es selbst möchte, bedeckt seinen Kopf. Er hält sich an alle Gebote des Islams. Ein anderer, der nicht an den Islam glaubt und Atheist ist, der an gar nichts glaubt, den muss man sein eigenes Leben leben lassen."

Diese Worte sind dem am 27. Januar 1995 veröffentlichten fünften Teil einer Interviewreihe in der Zeitung *Hürriyet* entnommen, die über einen Zeitraum von sechs Tagen im Januar 1995 durchgeführt wurde.

In jenen Jahren erlebte die Türkei eine unglaubliche Polarisierung. Die Gesellschaft schien in verschiedene Lager gespalten zu sein: Alevit – Sunnit, laizistisch – religiös, Türke – Kurde, Gläubiger – Ungläubiger, Muslim – Nichtmuslim ...

Die Türkei konnte nach Gülens Meinung auf eine Geschichte des [erfolgreichen] Zusammenlebens zurückblicken; auch der Islam forderte dies. Daher musste man über Unterschiede und Andersartigkeiten hinwegsehen. Aus diesem Grund begab sich Gülen auf eine Art „Tour des Dialogs". Er begann seine Gedanken bei Treffen mit Medienvertretern, Intellektuellen, Vorstehern religiöser Gemeinden und Politikern anzusprechen.

Seit 1995 besuchten den damals in Istanbul lebenden Gelehrten Gülen mehr als 90 Medienvertreter und Autoren. Er selbst besuchte Journalisten, Künstler und Geschäftsleute, suchte in Istanbul große Zeitungen auf, sowohl deren Inhaber als auch die Chefredakteure und die Redakteure.

Diskriminierung widerspricht dem Wert, den Gott den Menschen zuerkennt

Am 18. Oktober 1995 besuchte der Gelehrte Gülen beispielsweise die Zeitung *Milliyet* und sprach mit deren Autoren. Taha Akyol wohnte diesem Treffen bei und gab am nächsten Tag, dem 19. Oktober 1995, die Antwort des *Hodschaefendi* auf die Frage nach den Schulen der Hizmet-Bewegung außerhalb der Türkei wie folgt wieder:

„Die Türkei ist von Plagen umringt. Die Türkei muss ihre Nachbarn ihrer Freundschaft vergewissern. [...] Syrien, Irak, Iran, Saudi-Arabien, Armenien erteilen trotz unserer Bemühungen keine Erlaubnis für die Eröffnung unserer Schulen. Wenn sie es erlauben, sollen auch dort ähnliche Schulen eröffnet werden. Auch in Griechenland ... Wie schön wäre es, wenn auch dort Schulen eröffnet werden könnten. [...] Seit der Zeit nach dem *Tanzimat* eröffnen bei uns ausländische Schulen. Auf der ganzen Welt Schulen zu eröffnen, die ein hohes Bildungsniveau haben, die die Attraktivität der Bildung in unserem Land aufzeigen, ist der einzige Ausweg. Plumpe Feindschaft ist keine Lösung."

Ob die Türkei ein Land werden konnte, das seinen Nachbarn Freundschaft zusichern kann, hing vor allem von der Beendigung der internen Streitigkeiten und Unruhen zwischen verschiedenen Lagern ab. Wer mit sich selbst Probleme hat, kann um sich herum keine Freunde sehen.

Gülen sagte den Autoren: „Wir müssen uns in puncto nationaler Interessen vereinen und an das Heute und Morgen der Türkei denken."

Altan Öymen, der ebenfalls an dem Treffen teilnahm, fragte nach der damals hochaktuellen Lagerbildung zwischen Gläubigen und Ungläubigen, und Gülen antwortete:

„Gott misst dem Menschen einen Wert bei. Diskriminierung widerspricht diesem. Der Mensch muss sowohl sein eigener Verteidiger als auch der Anwalt der anderen sein. Das Gegenteil wäre Fanatismus, Stolz und Krankheit. Selbst wenn Menschen zusammenkommen, die nicht im Glauben an Gott vereint sind, gibt es Dinge, über die sie sprechen können. Wir müssen nicht über die Unterschiede, sondern die Gemeinsamkeiten sprechen."

Das Wort auf die politischen Streitpunkte lenkend fährt Gülen fort:

„Sei in deiner Zuneigung zu einem geliebten Menschen maßvoll. Es kann ja sein, dass du eines Tages an ihm etwas Unerwünschtes entdeckst und dich beschämt fühlst. Auch wenn du dich über jemanden aufregst, tu es maßvoll, denn es mag sein, dass er sich ändert und du ihn eines Tages zu lieben beginnst." *(19.10.1995, Milliyet)*

Am 3. Juli 1995, als er im Fernsehkanal TRT in Reha Muhtars Sendung „Ateş Hattı" [Feuerlinie] zu Gast war, äußerte er sich dahingehend, dass das tolerierende Zusammenleben auch ein Erfordernis des Islams sei:

„Meiner Auffassung nach sind Frieden und Sicherheit in unserem Land nur möglich, wenn Toleranz geübt wird. Das erkläre ich im Einklang mit unserem Buch (dem Koran), von dem wir fest glauben, dass es vom Himmel herabgesandt wurde und [auch] in Übereinstimmung mit der Sunna. Wenn andere an dieser Stelle eine andere Überzeugung haben, widerspricht das meiner Auffassung vom Koran und der Sunna. […] Mein Verständnis des Korans und der Sunna entspricht der Koranexegese türkischer Gelehrter der letzten neun Jahrhunderte. Wenn es in diesem Land einen gemeinsamen Nenner für einen Dialog gibt, müssen wir den unbedingt nutzen, uns verständigen und Toleranz üben. Solange es so viele Übereinstimmungen gibt, brauchen wir uns wegen der Unterschiede nicht gegenseitig zum Prügelknaben zu machen. Mit dieser Überzeugung handle ich. Unser Gott ist derselbe, unser Buch ist dasselbe, unsere Religion ist dieselbe, unser Land ist dasselbe, und heutzutage sind [leider] auch unsere Benachteiligung, Unterdrückung und Verurteilung dasselbe."

Religiösen Menschen war bisher nicht einmal ein Zehntel der Demokratie beschieden

Auf der ersten Tagung der Stiftung der Journalisten und Autoren, die am 29. Juni 1994 abgehalten wurde, hielt der als Ehrenvorsitzender amtierende Gülen den Vortrag: „Es gibt kein Zurück von der Demokratie". Hier einige Auszüge:

„Wir sind in der Türkei in einen unumkehrbaren Prozess eingetreten: den Prozess der Demokratisierung. […] Bis jetzt haben einige Menschen nur ein Zehntel [einen Bruchteil] der Demokratie erleben können. In diesem Demokratisierungsprozess, aus dem man global betrachtet nicht mehr zurückkann, werden auch religiöse Menschen Rechte und Freiheiten genießen können, die sich auf ihre Anbetung und ihren Dienst für Gott auswirken werden. Sie finden auf diese Weise ausgedehnte Betätigungsfelder für ihre Dienste. Krisen unter Menschen werden dadurch gelöst, dass man dem Einzelnen und der Kultur Bedeutung bemisst. […] Wir erleben ineinandergreifende, die Gesellschaft bedrohende Krisen. Durch die in den Medien ausgetragene Diskussion, Laizismus oder nicht, Demokratie oder nicht, sollen die Menschen in Lager aufgespalten werden. […] In dieser Stiftung finden gemäßigte Menschen zusammen, und ich glaube, dass man durch sie auch in dieser Epoche, in der sich die Krise vertieft, die Lage entschärfen kann." *(5. Juli 1994, Millî Gazete, Mehmet Metiner)*

Der Gelehrte Gülen hatte bei seiner Aussage „Bis jetzt haben einige Menschen nur einen Bruchteil der Demokratie erleben können" die religiösen Menschen im Sinn. Das war ein Vorwurf an diejenigen, die den Gläubigen die Segnungen der Demokratie vorenthielten. Die Forderungen der Religiösen nach ihren demokratischen Rechten und Freiheiten wurde in der Türkei in dieser Intensität zum ersten Mal von Gülen auf die Tagesordnung gebracht.

Verständigung: nicht durch harte Auseinandersetzung, sondern durch Dialog

Die Anstrengungen der Stiftung auf dem Gebiet der Toleranz und der gesellschaftlichen Verständigung blieb nicht auf diese erste Zusammenkunft beschränkt. Am Abend des 22. Februar 1995 nahm Gülen am Fastenbrechen im Renaissance Polat Hotel in Istanbul teil. In seinem dortigen Vortrag „Einheit nicht duellierend, sondern durch Dialog erreichen" sagte er:

„Ich erflehe von Gott, dass er unseren Wunsch verwirklicht, durch die Stiftung der Journalisten und Autoren und viele anderer ähnlicher Vereinigungen in der Türkei, wieder einen Wind der Toleranz wehen zu lassen; dass er die Gesellschaft, die seit Jahren wie ein zerlegter Kristallleuchter, dessen Einzelteile in verschiedene Regale gelegt wurden, wieder zusammenbringt und den erstorbenen Dialog wiederbelebt. Unsere Gesellschaft hat derzeit mehr als jemals zuvor den Bedarf, dass ihre divergierenden Schichten zusammenwachsen, zu Kompromissen und Übereinkünften finden. Wenn wir das schaffen könnten, hätten wir etwas sehr Wichtiges erreicht.

Unsere Gesellschaft ist von ihrer Geisteshaltung her dieser Angelegenheit gegenüber aufgeschlossen. Aber die Medien müssen hierbei führend vorangehen. Das Fernsehen, die Radiosender, jedes mediale Element muss dieses Ziel in seinem Bereich anstreben. Keiner darf den anderen wegen seiner Überzeugung anklagen, niemand darf einen anderen wegen seiner Religiosität oder Religionslosigkeit kritisieren. Ich glaube, dass die Medien das können. In solch einer Zeit und solch einer Situation ist es unerlässlich, nicht nur als Einzelner mit anderen auszukommen, sondern auch, wie ein Großer [Bediuzzaman Said Nursi] es ausgedrückt hat, dass die religiösen Führer des Islams und die der Christenheit vorübergehend ihre Unstimmigkeiten vergessen und die Möglichkeit des Dialogs erforschen.

Wilde Menschen, bitte verzeihen Sie mir diesen Ausdruck, klären ihre Auseinandersetzungen duellierend, kämpfend. Edle und aufgeklärte Menschen glauben, dieses Ziel denkend und miteinander sprechend erreichen zu können. Ich hege die Überzeugung, dass wir die Zeiten der Brutalität hinter uns gelassen haben. In der Zivilisation erringt man den Sieg über Unwahrheit durch Überzeugen. Ich glaube, dass die audiovisuellen Medien dies erreichen werden." *(15. März 1995, Meydan, Rahmi Turan)*

Nach dem Fastenbrechen rief Gülen während seines Gesprächs mit den Autoren die Politiker zur Annäherung auf und sagte: „Die Türkei erwartet heute solche Selbstlosigkeit."

Die Stiftung der Journalisten und Autoren verlieh 1996 Preise für Toleranz. Lehrmeister Gülen nahm nicht nur an den Veranstaltungen in Istanbul, sondern auch in Ankara teil, zum Beispiel in Verbindung mit dem Fastenbrechen in Istanbul am 27. Januar 1996 und in Ankara am 2. Februar 1996. Am 4. Januar 1996 wurde im Çırağan Palace in Istanbul der Preis für Toleranz verliehen; auch dort war Gülen unter den Anwesenden.

In seinem Vortrag bei der Veranstaltung in Istanbul wies *Hodschaefendi* zum ersten Mal auf Bestrebungen in der Türkei hin, durch die die Toleranz untergraben und die Brücken zwischen den Gesellschaftsschichten niedergerissen werden sollten.

„Eine Sorge treibt mich um. Eine Minderheit am Rande der Gesellschaft wird fortfahren, die Ruhe in der Gesellschaft zu zerstören, indem sie ihrer Schwäche schreiend und brüllend Ausdruck verleiht und so den Eindruck erweckt, sie besäße Macht. Danach werden sie die Toleranz zu untergraben und uns verbindende Brücken zum Einsturz zu bringen suchen. Es ist heute schon klar, dass noch größere Prüfungen auf uns zukommen werden. Wenn wir es schaffen, einander [bereitwillig] zu ertragen, wenn wir unsere Zähne zusammenbeißen, werden wir bestehen. […] *Dem Schlagenden ohne Faust, dem Fluchenden ohne Wort werden wir sein, ohne Groll*[56], alles mit Liebe zärtlich

---

56 Ein Zitat von Yunus Emre, türkischer Dichter und Sufi (13. Jahrhundert).

umarmend – so werden wir dem Morgen gemeinsam entgegengehen.“ *(Abdullah Ergün: Medya Aynasında Fethullah Gülen, Merkür Yayınları, İstanbul 1999, 242, zitiert auf: https://fgulen.com/tr/fethullah-gulen-kimdir/gulen-hakkinda/fethullah-gulen-bir-portre-denemesi/7966-Ali-Unal-Fethullah-Gulenin-Aksiyonunda-Hosgoru-ve-Diyalog)*

Gülen traf am 16. August 1996 in Istanbul zu einer Gesprächsrunde mit Journalisten, Autoren und Akademikern zusammen. Folgende Zeilen sind den Antworten entnommen, die er dort auf Anfragen gab:

„Übereinkunft, Verstehen und Zusammenkommen ist ein wenig verbunden mit der Bereitschaft, einander in der Unterschiedlichkeit der Gedanken und der Positionen zu akzeptieren. Wenn jeder seinen eigenen Standpunkt als den einzig richtigen vertritt und gar einer unser verehrten Universitätsprofessoren und ein Hirte auf den Bergen einander in ihren Positionen nicht akzeptierten, dann sind wir, obwohl wir uns mitten im Einigungsprozess befinden, doch schnell wieder auf der Verliererspur. Wenn wir sagen, die anderen sollen auf uns zugehen, unseren Standpunkt übernehmen, so denken wie wir, dann erwarten wir von den anderen eigentlich Gehorsam. Sie sollen ihre eigene Denkweise aufgeben. Das passt nicht zur Demokratie, nein, überhaupt nicht.“

Aus demselben Gespräch hier noch ein weiteres Zitat:

„Der Prophet verfügt: Bewahre Gott gegenüber deine Ergebenheit, sei respektvoll und verachte die kleinste deiner für Gott verrichteten Taten nicht. Und dann zählt er sie auf: Irgendetwas was dem Menschen Leid verursacht, wegzunehmen – eine Unbill auf dem Weg, ein Hindernis – ist eine gute Tat *(sevap)*, dafür könnt ihr ins Paradies kommen. Er fährt fort: Früher holte man Wasser aus Brunnen oder Zisternen. Den Eimer hinunterlassen, füllen und damit das Gefäß eines anderen füllen, ist ein Almosen *(sadaqa)*. Wenn du aber auch das nicht für ihn tun kannst, dann lächle ihn wenigstens an.

Er sagt: Einen Bissen in den Mund seiner Frau zu legen ist ein Almosen. Der Sinn der Almosen im Islam ist folgender: Sie beweisen jemandes Treue gegenüber Gott und sind gleichzeitig eine Gabe an jemand anderen. Denn *sadaqa, siddīq* und *sadāqat* kommen von demselben Wortstamm. Wenn also die Religion diese Sache so erklärt und sich der Thematik auf diese Art nähert, dann muss man das so – den eigenen Quellen der Religion entsprechend – annehmen. Man darf Güte und Freundlichkeit nicht als unbedeutend betrachten, sie nicht verachten; das ist von grundsätzlicher Bedeutung. Wenn wir dies übersehen und den Islam [nicht in sich selbst, sondern] durch die Lebensführung anderer Menschen [zu verstehen] suchen, dann kommen wir von den Widersprüchen nicht los.

Wir können aber auch die verschiedenen Gesellschaftsschichten, statt sie miteinander zu versöhnen, gegeneinander aufbringen und sie in unnötige Streitereien führen. Leider tun das gewisse Fernsehprogramme, sie sind eine Plattform für Streit und verursachen ernste Spannungen. Sie verfeinden die Menschen miteinander, wo wir doch zurzeit ein so großes Bedürfnis nach Aussöhnung haben.“ *(Oktay Ekşi, Aysel Ekşi, Halit Refiğ, Mithat Bereket, https://fgulen.com/tr/fethullah-gulen-kimdir/gulen-hakkinda/fethullah-gulen-ile-yapilan-roportajlar)*

Wem auch immer wir uns nur einen Schritt näherten, der kam uns tausend entgegen

Am Abend des 1. Oktober 1996 hielt Gülen aus Anlass des dritten Jahrestages der Gründung der Stiftung der Journalisten und Autoren eine Rede, in der er Folgendes sagte:

„Es gab ein, zwei Jahrhunderte, in denen wir uns aneinander aufrieben. Wir akzeptierten einander nicht und verloren damit unsere Einheit, unser Paradies [Harmonie]. Und bis heute liegt das Wiedererlangen des Verlorenen darin, einander anzunehmen. Das ist der Menschen größtes Bedürfnis in der Gegenwart. Seit drei Jahren sehen und erleben wir, dass unsere Gesellschaft für den Dialog und die Toleranz aufgeschlossen ist.

Wem wir uns innerhalb dieses Dialogs auch nur einen Schritt genähert hatten, der kam uns laufend [Tausend] entgegen. Wir erwarten Zeiten, in denen tolerante Menschen aller Gesellschaftsschichten einander umarmen, in denen die Medien und die Intellektuellen darin führend vorangehen, in denen die Regierenden ihre Handlungsweise noch einmal überdenken und künftig ihren Anschauungen und wechselseitigen Beziehungen Toleranz zugrunde legen, und in denen wir der Zukunft Hand in Hand gemeinsam entgegengehen."

Wenn nötig muss sogar für Toleranz der Dschihad ausgerufen werden

Im Jahre 1997, also drei Jahre nachdem Gülen den Prozess der Toleranz und des Dialogs in Gang gesetzt hatte, wurden ihm von der Journalistin und Autorin Nevval Sevindi in New York folgende Fragen gestellt: *„Hat Toleranz als Ihre Methodik Erfolg gehabt? Wie erreicht man Frieden in der Türkei, die vom Kampf der Kulturen heimgesucht wird?"* Hier die Antwort:

„Eingefleischte Bräuche lassen sich nur mit der Zeit verändern. Einige Soziologen und Psychologen sehen die Größe unseres Propheten (Friede sei mit ihm) in Folgendem: Es mutet wie ein Wunder an, dass er die Moral und die Neigungen dieser wilden, primitiven Stämme [der damaligen Zeit] auf ein solch hohes Niveau heben konnte. Die Toleranz ist in der Grundhaltung unserer Gesellschaft [hingegen] bereits vorhanden; um sie zum Vorschein zu bringen, müssen sich alle Gesellschaftsschichten – von der Kunst bis zur Wissenschaft – dafür einsetzen. Um sie gut zu verankern, muss man sich anstrengen. Eine Streitatmosphäre verfliegt nicht plötzlich von allein.

Hier spielen die Medien eine wichtige Rolle. Man muss aufpassen: Etwas zu zerstören ist leicht, es zu reparieren aber schwer. Etwas zu restaurieren geht nicht von heute auf morgen. Ein Gefühl muss entwickelt, eine Überzeugung gewonnen, Gesichtspunkte verändert werden – das alles braucht viel Zeit. Ich sage, die Gesellschaft muss sich der Toleranz widmen. Wenn man auch nicht gegen etwas den Dschihad ausruft, so doch wenn nötig für etwas – für die Toleranz. Nicht gegen die Menschen, sondern gegen schädliche Gefühle und gegen falsche Passionen muss ein zarter spiritueller Kampf geführt und die Menschen von dem Guten und Schönen überzeugt werden.

Ich bin nicht hoffnungslos, doch ich fürchte, wir haben uns in ein sehr umfangreiches Unterfangen gestürzt. Aber was es auch kosten mag, es ist jede Anstrengung wert. Wir brauchen in unserer Zeit einen neuen Menschentypus, einen, der über dem Gestern und über dem Heute steht.“ *(21. Juli 1997, Yeni Yüzyıl, Nevval Sevindi)*

Lasst uns das zerschlagene Kristallcollier wieder zusammensetzen

Am Abend des 3. Februar 1998 sagte Gülen bei einer Festveranstaltung der Künstler und Autoren Folgendes:

„Um in unserer Region ein irdisches Paradies aufbauen zu können, fallen den Geistesarchitekten und Vernunftarbeitern (den Intellektuellen) wichtige Aufgaben zu.“ *(5. Februar 1998, Zaman)*

Er sagte im Januar 1999 Folgendes:

„Unsere Nation ist zersplittert wie eine Kristallkette. Die Kristalle müssen unbedingt wieder zusammengebracht und zu einem Collier zusammengefügt werden. Dagegen darf sich niemand wehren. [...] Sogar mir sehr nahestehende Freunde sagen mir seit Jahren, dass es einen Kampf zwischen Faschisten und Kommunisten gibt, zwischen Religiösen und Nichtreligiösen, und fragen, ob ich denn meine, ihn beenden zu können. Statt aber so schwarzseherisch zu reden, mögen auch sie lieber Schritte in Richtung Einheit unternehmen und so handeln, wie es in einem englischen Sprichwort heißt: Zünde eine Kerze an. Warum fragt ihr, ob ich die Zerstrittenheit beseitigen werde? Ich betrachte das als meine Verantwortung. Ich glaube, ich erfülle damit meine Pflicht gegenüber Gott. Diese Zweifelnden waren vorübergehend wirklich ein paar Schritte hinter unserer Bewegung zurückgeblieben, haben dann aber aufgeschlossen und den Schulterschluss vollzogen.“ *(14. Januar 1999, Aktüel, Necdet Açan)*

Ein guter Mensch verträgt sich sogar mit Skorpionen und Schlangen

Sechs Monate später, am 3. Juli 1995, wurde der Lehrmeister Gülen in einem Interview des Fernsehsenders TRT Folgendes gefragt:

„In Demokratien ist keiner gezwungen, am Ende wie die anderen zu denken, er mag sich nicht überzeugen lassen. Das Leben geht weiter. Aber wie machen wir weiter?"

Gülen gibt folgende Antwort:

„Das mag auch an unserer Haltung zum Überzeugen liegen. Es geht nicht darum, jeden unbedingt von unserer Sicht zu überzeugen. Es geht darum, jeden zuerst einmal in seiner ihm eigenen Haltung anzunehmen. Wenn ich auf wirtschaftlichem oder auf religiösem Gebiet eine herrliche Idee habe, eine, die den Menschen Ruhe und Vertrauen einflößt, die den Eifer und die Liebe der Menschen anregt, ihre Begabungen, ihre Vorlieben oder ihr geistiges Wohl betrifft, die ihnen Freude bereitet, dann werde ich diese Idee mitteilen, ob sie auf Widerhall stößt oder nicht. Ich teile sie mit, weil ich daran glaube und sie als nützlich empfinde.

Wenn sie diese Idee nicht annehmen, muss ich deswegen nicht den Kontakt zu ihnen abbrechen. Grundsätzlich akzeptiere ich jeden, wie er ist, ich suche trotzdem den Dialog mit ihnen. Und das wissen meine mir nahestehenden Freunde. Ein guter Mensch, der viel leistet, ist der, der auch mit Skorpionen und Schlangen zurechtzukommen weiß. Er findet mit jedem einen gemeinsamen Nenner." *(3. Juli 1995, TRT, Sendung „Ateş Hattı" [Feuerlinie], Reha Muhtar)*

Wer die Welt verbessern will, muss bei sich selbst anfangen

Damit sich die Toleranz und die Bereitschaft zum Zusammenleben wirklich überall verbreiten kann, muss nach Meinung Gülens zuerst ein Überlegenheitsgefühl gegenüber den anderen abgebaut werden:

„Das Herz ist sehr wichtig. Das Herz macht den Menschen aus. Ein [gläubiger] Mensch verliert an der Stelle, wo er sich anderen gegenüber, auch wenn es Ungläubige sind, menschlich überlegen fühlt. Er muss für die anderen wie ein Anwalt sein, der sogar ihre geringsten Vorzüge wahrnimmt und sie als möglichen Grund für ihre Rettung am Jüngsten Tag sieht; aber gegen seine eigenen selbstsüchtigen Taten muss er Beweise sammeln wie ein Staatsanwalt. [...] In meiner Jugendzeit gab es in Alvar einen Imam, den ich sehr verehrte. Er hatte einen Spruch, den er oft wiederholte. In seinem aserbaidschanischen Akzent sagte er: ‚Jeder ist gut, ich bin bös', ich bin ein Dorn, jeder ist Ros'.'[57] Ich sage heute ein wenig in derselben Haltung, dass ich nichts von alledem annehme, was die anderen mir zuschreiben, sogar die Leiterschaft, das Haupt einer Bewegung zu sein." *(30. Januar 1995, Sabah, Nuriye Akman)*

Denselben Gedanken wiederholt er am 16. April 1997 im Kanal D in der Sendung von Yalçın Doğan:

„Die Menschen haben mich auf den Kanzeln der Moscheen kennengelernt. Manchmal hatte ich die Gelegenheit, in einem großen Gebiet zu predigen. Es gibt nur ein oder zwei Städte, in denen ich nicht einmal eine Predigt hielt oder an einer Konferenz teilnahm. Dadurch wurde ich in einem großen Umkreis bekannt, obwohl ich mich weder dazu berechtigt noch als befähigt betrachte. Soll man diese Bekanntheit als eine Heimsuchung oder Plage betrachten, der man ausgesetzt ist, oder als eine Gunst sehen – ich weiß es nicht. Mich als Lehrmeister einer Gemeinde, oder – übertrieben – als deren Anführer zu sehen, als jemand, der sie anleitet und lenkt, kommt mir, verzeihen Sie, wie eine Beleidigung vor.

---

57 Ursprünglich: „Jeder ist gut, ich bin bös', jeder ist Weizen, ich bin Stroh."

Ich meine das so, wie ich es sage: Ich empfinde das als respektlos mir gegenüber. Ich bin ein einfacher Mensch und damit auch ganz zufrieden. So wie der ehrwürdige Ali sagte: Sei den Menschen ein Mensch unter Menschen. Schon jetzt sage ich meinem Herrn, wenn ich mit ihm ganz allein bin, in meinen Gebeten und Flehen, dass mir das alles zu viel ist. Oft sage ich ihm, nimm dieses anvertraute Gut [bitte] zurück und befreie mich von dieser schweren Last."

In dem Interview, das in der *Daily Nation* abgedruckt wurde, einer Tageszeitung in Kenia und Ostafrika mit einer Auflage von 3,5 Millionen, sagte Gülen, dass diejenigen, die die Welt verbessern möchten, zuerst sich selbst ändern müssen:

„Nur uns selbst als richtig zu betrachten und die guten Seiten der anderen zu missachten ist Egoismus, und davon müssen wir uns befreien. Wir müssen uns unbedingt darauf konzentrieren, Ursachen, die zu Spaltungen in der Gesellschaft führen, wie Profitdenken, Zerwürfnisse aufgrund von Rasse, Farbe und Ethnie sowie Stammesdenken, zu bekämpfen. Wir müssen ohne Verstimmungen, in aller Ruhe, miteinander umgehen und lernen, dem Gesellschaftsvertrag *[contrat social]* gemäß zu handeln. Wenn man sich noch einmal Gemeinsamkeiten und lebensnotwendige Aspekte, die eine Vereinigung unbedingt nötig machen, vor Augen führt und in die Praxis umsetzt, sollte das möglich sein. […] Wer die Welt verbessern will, muss zuerst versuchen, sich selbst zu verbessern. Wenn sie andere auf dem Weg zu einer besseren Welt anleiten wollen, dann müssen sie zuerst ihr eigenes Inneres von Groll, Hass und Eifersucht befreien und ihr Äußeres mit Tugenden schmücken. Die Worte derer, die sich selbst nicht kontrollieren und disziplinieren und ihre Gefühle nicht reinigen können, mögen zwar auf den ersten Blick verführerisch klingen und andere zu beeindrucken scheinen, werden aber schnell ihre Wirkung verlieren und die geweckten Gefühle werden verfliegen. Wir dürfen nicht mutlos werden. Güte, Freundlichkeit, Recht und Tugend sind das Wesen des Menschseins. Daher wird die Menschheit bestimmt ihr wahres Ich entdecken, und auf der Grundlage des Glaubens, der Liebe, der Barmherzigkeit, des Dialogs, der Akzeptanz der anderen, des gegenseitigen Respekts, des Rechts und der Gerechtigkeit wird auf jeden Fall eine neue Erde gegründet werden.“ *(30. Juli 2004, Daily Nation, Hezron Mogambi)*

Dem Kampf der Kulturen den Krieg erklären

Hodschaefendi behandelt den Gedanken der Toleranz und der Annäherung von Anfang an nicht nur die Türkei betreffend. Einige behaupten, in Zukunft würde auf der Erde ein Kampf der Kulturen zu erwarten sein. Gülens Meinung nach ist dessen Gegenmittel weltweite Toleranz, Dialog und Annäherung. So bezeichnet er denn auch in seinem am 4. Juni 1997 in der Zeitschrift *Time* veröffentlichten Interview den Prozess der Toleranz und des Dialogs als Kriegserklärung gegen den Kampf der Kulturen:

„Wir haben innerlich und äußerlich vom Streit genug, sind erschöpft. Wir überlegen, ob wir diesen Streit nicht völlig abschaffen können oder zumindest für eine lange Weile auf Eis legen können, für einige Jahrhunderte. Die Ansichten einiger Wissenschaftler drängen uns förmlich in diese Richtung, denn sie meinen, in Zukunft werde es einen Kampf der Kulturen geben, Blutvergießen. Wenn ich meine Augen schließe und mir diese Zukunft vorstelle, sehe ich Blutströme, die Menschenkörper mit sich wegtragen. Und wenn sie das jetzt schon vermuten bzw. prophezeien – dann wird dies auch in Erfüllung gehen, wenn sich nur die kleinste Gelegenheit dazu bietet.

Deshalb müssen wir dieser Entwicklung schon jetzt quasi den Krieg erklären. Was für einen Krieg? Wir müssen diesen brutalen Gedanken und Handlungen zivilisiert entgegenwirken; mit Treffen, den Dialog suchend, einander beschnuppernd, mit Verständnis, kompromissbereit. Wir sind alle gleich, wir alle stammen – wie Gott es dem Propheten sagte – von Adam ab, und dieser wurde aus Staub vom Erdboden erschaffen. Wir alle sind gewissermaßen lebendige Statuen aus demselben Ton. Wenn wir eine Botschaft suchen, die die ganze Welt erfahren muss: Ich habe den Glauben nicht verloren, dass wir uns die Erde brüderlich teilen können – auch wenn die Prognostizisten und Wahrsager ein Bild zeichnen[58], das uns erschaudern lässt. Ich denke im Hinblick aufs In- [Türkei] und Ausland schon immer so.“ *(4. Juni 1997, Time, Henry Muller)*

Gülens Meinung nach brauchen wir, um den möglichen Kampf der Kulturen zu verhindern, „Friedensinseln“, die wie Wellenbrecher fungieren:

„Unter denen, die für die Zukunft solche Hasstiraden und Kriegsgetöse vorhergesagt haben, befanden sich sogar sehr seriöse Menschen. Dem müssen wir ‚Friedensinseln‘ entgegenstellen. Wenn die Wellen sich aufbäumen und die Menschheit bedrohen, dann müssen wir uns diesen Wogen entgegenstellen. Diesen Dienst kann – so Gott will – der Prozess der Toleranz und des Dialogs verrichten.“ *(14. Juli 2004, Samanyolu TV, Kemal Gülen)*

Solange Gräben existieren, ist Integration nicht möglich

Gülen bezeichnet 1997 in einem Interview der Zeitung *Yeni Yüzyıl* Toleranz und Dialog als Brücken zur Verständigung zwi-

58 Hier ist die These von Huntington gemeint: der „Clash of Civilisations“.

schen Zivilisationen und Kulturen und unterstreicht eine Sache sehr deutlich: Toleranz bedeutet, die Gegenseite in deren Haltung zu akzeptieren – und davon werden beide Seiten profitieren:

„Toleranz heißt, dass man jedem und jeder Anschauung gegenüber aufgeschlossen ist. Wenn aber Gräben geschaffen werden, bedeutet das, dass einem die Vorteile der Integration versagt bleiben. [...] Toleranz ist so eine überragende Brücke des positiven Austauschs zwischen Zivilisationen und Kulturen – daneben bleibt alles andere farblos. [...] Der Geist der Toleranz bedeutet in unseren Augen, sehr unterschiedliche Positionen und Anschauungen zu akzeptieren. Sofern man das tut, erwächst die Gelegenheit, Gedanken und Ideen vieler Menschen kennenzulernen und daraus zu profitieren. Beispielsweise hat das systematische Denken des Westens – eigentlich ein Charakterzug des gläubigen Muslims – viele nützliche Aspekte.

In der Praxis ist es aber oft nicht so: Man sollte zwar als Gläubiger die Eigenschaften eines Gläubigen besitzen, hat sie aber nicht. Hier geht es um ein wichtiges Detail. Gott handelt zumindest mit den Menschen hier auf der Erde gemäß ihren Eigenschaften. Demnach sind unsere Eigenschaften, unser Verhalten, ausschlaggebend.[59] Zum Beispiel bewundere ich hier in den USA sehr, dass alles reibungslos funktioniert:

59 Hier ist Folgendes gemeint: Nicht jede Eigenschaft eines Gläubigen entspricht den Eigenschaften bzw. Forderungen des Glaubens. Wissen ist eine Eigenschaft des gläubigen Muslims. Unwissen wiederum nicht. Somit unterscheidet Gülen ähnlich wie Nursi zwischen den Eigenschaften einer Person und ihrem Glauben. Ein unwissender Muslim kann zwar in Bezug auf seinen Glauben als „Muslim" definiert werden, obwohl er eine nichtmuslimische Eigenschaft besitzt, nämlich das Unwissen. So ist das systematische Denken eine Eigenschaft eines gläubigen Muslims. Wenn er aber nicht systematisch denken kann, fehlt ihm diese muslimische Eigenschaft.

Die Ärzte in den Krankenhäusern kümmern sich um alle gleichzeitig, sie sind nicht herablassend. Ich habe zwanzig Ärzte und mindestens dreißig Krankenschwestern beobachtet. Außer einer einzigen sah keiner so mürrisch aus wie unsere Ärzte [in der Türkei]. Warmherzig sind sie, überzeugend, sie lächeln. Das ist [eigentlich] der Charakterzug eines Muslims. Unsere Gläubigen sind zwar ständig in der Moschee, aber wenn ihnen die Eigenschaften eines Gläubigen fehlen, dann haben sie den Geist des Glaubens nicht erfasst und ermangeln dessen ein Leben lang. Das ist meines Erachtens sehr wichtig." *(27. Juli 1997, Yeni Yüzyıl, Nevval Sevindi)*

Schulen führen Menschen verschiedener Nationen zusammen

Der kanadische Journalist A. Fred Reed stellt Gülen bei seinem Treffen am 30. November 1999 folgende Frage: *„Was ist Ihr Lösungsvorschlag angesichts dieser ungerechten Weltordnung?"*

Gülen betont in seiner Antwort, dass der Grund für die Krisen auf der Welt darin liegt, dass die verschiedenen Nationen einander nicht kennen, und zieht dann eine Verbindung zu den Schulen, die seiner Ansicht nach die Lösung für dieses Problem sind, da sie dieses Kennenlernen ermöglichen:

„Aufgrund des Globalisierungsprozesses wird es immer notwendiger, eine neue Art des Umgangs der Menschen miteinander zu finden, die der künstlichen Entfremdung entgegenwirkt. Auf diese Weise werden die Menschen zusammenkommen und einander besser kennenlernen können. Vielleicht kommen später noch sehr viel bessere Lösungen zutage, aber nach meiner Auffassung müssen die Staaten zueinander Brücken bauen und für gegenseitige Investitionen und Handel offenbleiben. Nur so können sie die Lebensweise und Gedankenwelt anderer verstehen lernen.

Was im Hinblick auf die zu erwartenden Ergebnisse für die Nationen noch wichtiger erscheint, sind die Bildungssysteme. Auf der ganzen Welt Schulen zu eröffnen, könnte sehr produktiv sein. Die Amerikaner könnten hier Schulen errichten, und wir dort. Die Kanadier könnten in der Türkei Schulen eröffnen und wir in Kanada. Falls die Gesetze und Regelungen keine internationalen Schulen ermöglichen und keinen freien Meinungsaustausch erlauben, dann könnten alternative Kanäle wie ein umfangreicher Schüleraustausch in Betracht gezogen werden. Meiner Meinung nach ist der hauptsächlichste Grund für die heutigen Auseinandersetzungen auf der Welt die Tatsache, dass die Menschen einander nicht kennen.

Diese Bildungsmaßnahmen können weiterhin hier wie dort dabei helfen, Probleme wie Gleichgültigkeit, mangelnde Bildung, Armut und soziale Ungleichheit zu lösen. Diese Probleme sind zwar globaler Natur, haben aber in der südlichen Hemisphäre weit gefährlichere Ausmaße angenommen. Des Weiteren dürfen wir von einem Zusammenfinden von Staaten und Nationen sprechen, die dasselbe Schicksal teilen. […] Die Menschen sind sich nicht bewusst, dass sie von religiösen Dynamiken wie Gottvertrauen und Gotteswillen umgeben sind. Und sie sind nicht mit dem Vorhandenen zufrieden. Sie sind größtenteils wie die Landbewohner unter dem russischen Zaren. Wir beobachten, dass weder sie selbst noch die Kapitäne des Menschheitsschiffes etwas unternehmen, um diese Probleme zu überwinden. Daher gehen die Kampfhandlungen in verschiedenen Gegenden der Welt immer noch weiter. Ich wiederhole noch einmal: Die

Lösung hängt vom aufrichtigen Handeln der Industrieländer ab. Diese müssen zusammenkommen und anerkennen, dass diese Krisen ein Problem der gesamten Menschheit sind, und kooperativ an Lösungen arbeiten. Ich bin Muslim und auch der ehrwürdige Ali, der Lehrmeister Abd al-Qadir al-Dschilani, Ahmed Yesevi, Mewlana Dschelaleddin Rumi und Yunus Emre waren Muslime. Diese Genannten bauten ihre gesamte Denkweise auf der Nächstenliebe und der Idee auf, andere so anzunehmen, wie sie sind. Sie waren für alle offen und haben alle umarmt.

Ein weiteres dominierendes Thema, dem sie sich widmeten, war Frieden und Verständigung. Aber ihr Wirken war niemals künstlich und bewegte sich auch niemals außerhalb der Grenzen des Islams, ein Verwässern der Vorschriften des Islams kam für sie nicht infrage. Ganz im Gegenteil, ihre Haltung ging aus dem ursprünglichen Wesen des Islams hervor." *(30. November 1999, A. Fred Reed, https://fgulen.com/tr/turk-basininda-fethullah-gulen/fethullah-gulenle-gazete-roportajlari/fred-a-reedle/3774-Fred-A-Reed-Fred-A-Reedle-Yeni-Bir-Uzlasi-Hatti-Icinde)*

„Warum sehen Sie Bildung als so wichtig an?"

Im Auftrag der französischen Zeitung *Le Monde* traf die Journalistin Nicole Pope am 28. April 1998 mit Gülen zusammen und stellt ihm folgende Frage: *„Warum so viele Schulen, warum betrachten Sie Bildung als derart wichtig?"* Gülen hebt hervor, dass globale Integration nur durch moderne Bildung möglich ist:

„Schlussendlich hat alles mit Bildung zu tun, ohne Bildung läuft nichts. Sowohl früher als auch heute ist der Hauptgrund für die Schwierigkeiten in der Türkei und auf der ganzen Welt die

Vernachlässigung von lebensnaher und gut fundierter Bildung. Wir haben vor uns hingedämmert, während der Westen die Renaissance erlebte. Und während der wissenschaftlichen und technologischen Revolution haben wir tief geschlafen. Auch darüber sollte einmal in aller Offenheit gesprochen werden.

Dabei kann der Staat seinen Teil tun und hat das sicher auch immer wieder mal getan. Das [Bildungs-]Niveau spielt aber eine wichtige Rolle, denn Bildung ist für das Zusammenwachsen der Welt elementar wichtig. Kein Land kann heute [u. a. im Bildungsbereich] autark agieren.

Globale Integration geht über moderne Bildung. In unserer Geschichte hatten wir nach dem Tanzimat ein engeres Verhältnis mit Frankreich. Damals konnte man in jeder reichen türkischen Familie mindestens einen französischen Erzieher finden. Danach und vor allem in der ersten Epoche der Republik war der englische Einfluss größer. Phasenweise gab es auch einen Einfluss der Deutschen auf die Regierung. Seit dem Zweiten Weltkrieg sind wir mehr mit Amerika verbunden. Wenn wir mit ihnen ein Zusammenwachsen anstreben, können die Bildungseinrichtungen wichtige Plattformen bieten. Als ich mich vor kurzem mit ein paar deutschen Freunden traf, sagte ich dasselbe, auch in Amerika. Und auch im Vatikan brachte ich dasselbe zum Ausdruck.

Ich glaube, dass wir dank dieser Bildungseinrichtungen in eine besser fundierte, anhaltende Beziehung mit dem Westen eintreten und mit ihnen vertrauter werden. Kommt – sofern unsere Regierung es erlaubt – eröffnet hier [in der Türkei] Bildungseinrichtungen und teilt euch mit. Und ermöglicht uns dasselbe, wir möchten in Frankreich, Deutschland und England

Schulen eröffnen. Dann wird deutlich werden, dass die türkische Gesellschaft zum Dialog mit jeder Nation offen ist und die innere Weite und Toleranz besitzt, Menschen aller Nationalitäten zu umarmen.“ *(28. April 1998, Le Monde, Nicole Pope)*

Wir sollten uns um universelle Werte versammeln

Im Interview, das Gülen im Jahre 2010 Brian Knowlton von der *New York Times* gibt, antwortet er auf die Nachfrage nach den Schulen in 170 Ländern Folgendes:

„Man sehnt sich im Allgemeinen nach einer Welt, in der Frieden, Ruhe und Seelenruhe herrscht. Der Grund für unsere Bildungsarbeit liegt genau hierin. Die ganzen Jahre hindurch habe ich in meinen Predigten in den Moscheen, auf Konferenzen und in meinen Schriften dasselbe gesagt: Wir müssen eine Generation heranziehen, die gegenüber jedermann voller Liebe und Respekt ist; eine Generation, die bereit ist, Frieden zu schaffen und mit anderen zusammenzuleben. Ich riet allen, die meine Ansichten teilen, Bildungseinrichtungen zu gründen, und ermutigte sie dazu.

Jedem gegenüber sagte ich Folgendes: In unserem Land und auf der ganzen Welt sind Frieden und Verständigung nur möglich, wenn wir eine Generation heranziehen, die sich bildet, die denken kann, die die Menschen liebt, aufgeschlossen ist, aufnahmebereit und ihre Kenntnisse mit anderen zu teilen geneigt ist. Es gab da etwas, das mir hierbei half: Ich las vor Jahren ein Buch von Bertrand Russell. Da war eine Passage, die mich traf und berührte. Er fragte: Wenn es einen Dritten Weltkrieg gäbe, wie würde er ausgehen? Russell gab folgende Antwort: Die Ermordeten gehen ins Grab, die Mörder auf die Intensivstation.

Diese Aussage ist eigentlich schon älter, aber ihr Wahrheitsgehalt ganz offensichtlich. Wenn wir an alle vorhandenen Atombomben denken, an die Wasserstoffbomben und Nuklearwaffen, dann ist klar, dass die Besitzer dieser Waffen sie jederzeit auf den anderen richten können. Leider scheint es fast unmöglich, den Menschen diese Waffen abzunehmen, und wenn sie einmal ausgerichtet und abgefeuert sind, kann man sie und ihre tödliche Wirkung nicht mehr aufhalten. Sogar Organisationen wie die Vereinten Nationen bemühen sich darum, diese Herausforderungen zu meistern.

Ich habe mich auch gefragt: Wenn wir die Menschen zum Dialog über Wissen, Weisheit, gegenseitigen Respekt und Verstehen motivieren und um universelle Werte versammeln könnten, wenn wir eine gemeinsame Ebene finden könnten, wäre es dann möglich, solch eine schreckliche Zukunft zu verhindern? Diese Fragen brachten mich dazu, über Bildungsmöglichkeiten nachzudenken, und diese Überlegungen spreche ich nach wie vor bei jeder Gelegenheit aus. Ich ermuntere die Menschen zur Bildung. Diejenigen, die an den Wert dieses Bemühens und an den gesunden Menschenverstand glauben, haben überall auf der Welt Schulen eröffnet.

Sie führen ihre Arbeit mit derselben Überzeugung und Sehnsucht und dem gleichen Eifer fort. Sie sehen Bildung als Grundbestandteil und wichtigstes Element des menschlichen Seins an, und deshalb missbrauchen sie Bildung nicht als Waffe, um irgendeine Ideologie, Politik oder religiöse Polarisierung zu verbreiten. Weil diese Schulen sich lediglich auf die gemeinsamen Anliegen der Menschheit konzentrieren, werden sie allerorts von Menschen unterschiedlichster Überzeugung, Hautfarbe und Rasse begrüßt.“ *(11. Juni 2010, The New York Times, Brian Knowlton)*

Jetzt wollen wir einen Auszug aus dem Gespräch wiedergeben, das Gülen am 16. August 1996 in Istanbul mit Journalisten, Autoren und Akademikern führte:

„Mit dem Wunsch, im Umkreis der Türkei Schulen zu errichten, verfolgen wir das Ziel, mit unseren Nachbarländern gut auszukommen. Wir wollen gemeinsam, unter einem Dach, die Gelehrten von Morgen schulen, die Geistesarchitekten der Gedankenwelt. Dass dies unsere Absicht bei der Bemühung um Zusammenarbeit sei, haben wir ihnen dargelegt. [...] Wir werden uns mit Eifer weiterhin um freundschaftliche Beziehungen zu unseren Nachbarn bemühen, das habe ich dem Patriarchen [der orthodoxen Kirche] gesagt, das habe ich dem Oberrabbiner der Juden gesagt, das werde ich bei einem möglichen Treffen auch dem armenischen Patriarchen sagen. [...]

Die Armenier waren die aufrichtigsten Untertanen des Osmanischen Reiches. Diese Feindschaft mit ihnen [den Armeniern] ist sehr konstruiert, sie bringt euch gar nichts. Wir möchten bei euch Schulen eröffnen, und ihr kommt bitte auch zu uns, verwirklicht eure Projekte, so wie dies einige von euch bereits tun. Die Welt ist ein Dorf geworden – wir können diese Feindschaft angesichts der Globalisierung nicht in die Zukunft tragen. Lasst uns daraus stattdessen Freundschaft entwickeln. Ich werde meine Gedanken diesbezüglich offenlegen, dem Patriarchen habe ich sie gesagt, dem Oberrabbiner auch.“ *(Oktay Ekşi, Aysel Ekşi, Halit Refiğ, Mithat Bereket, https://fgulen.com/tr/fethullah-gulen-kimdir/gulen-hakkinda/fethullah-gulen-ile-yapilan-roportajlar)*

Die nächste Generation wird der Repräsentant der Weltsicherheit sein

In einem Interview, das er im Juli 2004 Hezron Mogambi gab, einem Journalisten der *Daily Nation*, sagt Gülen Folgendes:

„Die gefährlichsten Ursachen für Unruhe sind in unseren Tagen Spaltungen aufgrund von Ethnie und Rasse. In einer Zeit, in der die Erde immer mehr einem Dorf zu gleichen beginnt, Länder sich zu Unionen zusammenschließen und universelle Ziele die Menschen jeder Region vereinen, sind diese Spaltungen ziemlich schwer zu verstehen, sie sind unnötig und schädlich.

Als weitere Gründe für Diskrepanzen unter Menschen kann man Ungleichgewichte auf ökonomischem Gebiet nennen, unüberbrückbare Gräben bei der Verteilung von Gewinnen und Einkünften sowie Mangel an Institutionen, die zwischen Individuen und Gruppen vermitteln könnten. Hinzu kommt, dass die Gewaltenteilung der Verwaltungsmechanismen nicht endgültig vollzogen worden ist, das Unvermögen, die Demokratie so zum Funktionieren zu bringen, wie es nötig wäre, und das mangelnde Gleichgewicht zwischen Gesetz, Macht und Weisheit. Wir können noch Partisanentum, Willkür, zu viel Einfluss zu weniger Menschen sowie weitere Fehler und Mängel auf den Gebieten von Verwaltung und Politik anführen. […]

Infolge wichtiger Entwicklungen in der Kommunikation und der Infrastruktur globalisiert sich die Welt immer mehr. Nationen sind wie direkte Nachbarn geworden. Aber das heißt nicht, dass Nationen oder nationale Besonderheiten verschwinden werden. Ganz im Gegenteil, sie werden weiterhin bestehen, aber nicht als Ursachen für Auseinandersetzungen, sondern als

Bestandteile eines schönen Mosaiks, das die Länder und Völker bilden. In unserem Volk gibt es ein Sprichwort: ‚Der Nachbar braucht die Asche des Nachbarn'.[60] Wenn wir keine Asche haben, die wir den Nachbarn geben könnten, werden wir in den Augen anderer wertlos sein. Aber jede Nation hat Dinge, die sie weitergeben kann, und weiß um Dinge, die sie vom Nachbarn braucht.

Die wichtigsten Mittel für diesen wundervollen Austausch sind Bildung und Bildungseinrichtungen. [...] Weil all unsere Probleme dem Menschsein zugrunde liegen, liegt wiederum die Lösung in der Bildung des Menschen, und Bildung ist der wichtigste Weg, um Menschen zu dienen. Weil wir heute in einem globalen Dorf leben, führt der Weg zum Dienst am Menschen und zum Dialog mit anderen Zivilisationen hauptsächlich über die Bildung. Wir müssen eine Generation heranziehen, die der Bildung, dem Verstand und der Erfahrung den gleichen Wert beimisst und hierbei den Wert des Gewissens, der inneren Selbstwahrnehmung, nicht außer Acht lässt. Diese Generation wird überall das Bestmögliche zu erreichen suchen, wird das Diesseits und das Jenseits miteinander verknüpfen sowie das Herz und die Vernunft vereinen. Sie wird denken, forschen, glauben und in geistigen Genüssen frohlocken. Sie wird die modernen Errungenschaften in vollstem Sinne nutzen, dabei aber moralische und geistige Werte nicht vernachlässigen.

Diese Generation ist mit moralischen Aspekten und Tugenden ausgestattet, die den Mensch zum Menschen machen, und

60 Asche ist das Minderwertigste in einem Haushalt, man braucht sie nicht. Es kommen jedoch Zeiten, in denen man selbst der Asche des Nachbarn bedarf. In ärmeren Haushalten hat man in Anatolien die Asche als Seife benutzt, um das Geschirr zu spülen.

wird sich frei von Egoismus gerne zum Wohl des anderen einbringen, voller Hingabe so leben, dass andere leben mögen, und wird, wenn nötig, bereit sein, sich selbst für das Wohl anderer aufzuopfern. Wir müssen im Interesse einer besseren Zukunft die wahren menschlichen Werte entdecken, die uns als Menschen ausmachen.“ *(30. Juli 2004, Daily Nation, Hezron Mogambi)*

Wir möchten noch einmal zu dem Interview zurückkehren, das Gülen der Zeitschrift *Time* gab. Er sagt: „Wir haben uns mit unserer Bildungskampagne der Suche nach Freundschaft in der Welt verschrieben, wir möchten die heranwachsenden Generationen miteinander bekannt machen“, und fährt fort:

„Man kann die Suche nach Freundschaft mittels Handelsbeziehungen beginnen, aber wir sind der Meinung, dass sie auch durch eine klare Erziehung begründet werden kann und dass wir in gewissem Sinne zugunsten einer [besseren] Zukunft in verschiedenen Teilen der Welt Generationen heranziehen und miteinander bekannt machen können, wodurch diese Menschen miteinander vertraut werden und zusammenwachsen.“ *(4. Juni 1997, Time, Henry Muller)*

Die Frage Brian Knowltons von der *New York Times* im Jahre 2010 lautet:

„Sie haben Ihre Jahre dem interreligiösen Dialog und der Zusammenarbeit gewidmet, aber die Welt geht immer gravierenderen Problemen entgegen. Welche Hoffnung und Strategien haben Sie, um den Dialog langfristig weiterzuführen? Wie kann man das schaffen?“

Seine Antwort lautet:

„Ich werde meine Hoffnung nie verlieren, denn ich habe erlebt, dass viele Probleme im Laufe der Zeit gelöst werden können. Noch vor 20 bis 25 Jahren wurden Menschen in der Türkei, beispielsweise Muslime und Angehörige der sog. Minderheiten, auch Angehörige der gleichen Religion, die aber unterschiedliche Lebensstile und Überzeugungen haben, durch Ströme vergossenen Blutes getrennt, durch sinnbildliche Berge und Gräben. Es sah so aus, als sei es unmöglich, diese durch Traditionen und eingefleischte Gewohnheiten entstandene Distanz zu überbrücken. Aber wir sind mit den Menschen, die einen ganz anderen Lebensstil als wir haben, zusammengekommen und haben unsere Ansichten ausgetauscht. Wir haben uns an einen Tisch gesetzt und gemeinsam gegessen. Ich habe meinen bescheidenen Anteil dazu beigetragen und folgende Meinung vertreten: Wir sollten nicht neue Streitigkeiten verursachen, indem wir alte Missverständnisse und Feindschaften diskutieren. Lasst uns diese negativen Ereignisse in der Vergangenheit begraben und große, schwere Steine darauflegen. Lasst sie uns nicht wiederbeleben und auch keine neuen Auseinandersetzungen zulassen. Lasst uns wie Freunde leben und der Zukunft Wellen der Liebe entgegensenden. In der Türkei hat eigentlich jeder diese Gedanken begrüßt." *(11. Juni 2010, The New York Times, Brian Knowlton)*

Lehrmeister Gülen zeigt durch seine Worte: „Wir spekulieren nicht auf Land und Macht. […] Wer möchte, kann Muslim werden, wer nicht möchte, bleibt Schamane", wie wichtig eine demokratische Denkweise ist:

„Wir haben es auf niemandes Herrschaftsgebiet, Land oder Macht abgesehen. Aber wir beabsichtigen, die Dinge, die uns Gott geschenkt hat, in die Welt zu tragen, jedem zuzuflüstern, die Eingebungen unseres Geistes jedem ins Herz zu legen – in diesem Sinne haben wir es von ganzem Herzen auf die ganze Welt abgesehen. Mein Herz schlägt für die ganze Welt. Wir werden jedem Ort unsere Aufmerksamkeit zuwenden, wir werden keinen Ort übersehen …

Unsere Aufgabe ist es, diese Botschaft überallhin zu tragen, einen Beitrag zum wirtschaftlichen, politischen und kulturellen Leben auf der Erde zu leisten. […] In demokratischem Sinne kann jeder, der möchte, Muslim werden; wer nicht möchte, bleibt Schamane; wer will, nimmt Ihre Gefühle und Ideen an, wer nicht will, entscheidet sich für etwas anderes.“ *(17. August 1995, Zaman, Eyüp Can)*

Es gibt zehn Mal mehr vernünftige als radikale Menschen

Gülen gab am 4. Juni 1997 der Zeitschrift *Time* ein Interview und sagte Folgendes:

„Obwohl Streit in der Religion nicht gestattet ist, führen die Auslegungen der Religion zu Streitigkeiten. Die Schuld darf man nicht bei der Religion suchen. Daher gibt es erwartungsgemäß künftig keine Auseinandersetzung zwischen Religionen, sondern um die richtige – bzw. eigentlich falsche – Interpretation der Religion. Der Streit entstammt der entstellten Religion. Auch Gottes Prophet bestätigte dies. Ich denke, dass es auch unter Juden und Christen Gruppen gibt, die sehr hart und eigentlich nicht für Religion sind …

Aus Sicht des wahren ‚Muslimseins‘ gibt es kein gutes und schlechtes Muslimsein. Aber in Gottes Augen gibt es verschiedene Grade oder Tiefen der Gottergebenheit, und die kennt nur Gott selbst. Wenn sich nun radikale Schichten, oder wie es im Westen ausgedrückt wird, ‚Fundamentalisten‘, selbst als gut betrachten und andere als schlecht, so findet das in der Religion keine Stütze. Das dient der Befriedigung des eigenen Egos und dazu, die gegnerische Seite schlechtzumachen, und vielleicht auch dazu, sie ein wenig auf die eigene Seite zu ziehen. Wenn man so will … Spaltungen gibt es im wahren Muslimsein eigentlich nicht, nach dem Motto: Dieser ist gut, jener ist schlecht. Nur Gott weiß, was gut ist. Der Koran gibt eine Richtlinie vor: ‚Inne ekramekum ʿind Allāhi etqākum.' (Der Ehrenwerteste, der Beste unter euch ist der, der mit Gottesbewusstsein erfüllt ist.) Wenn also unbedingt ein Unterschied gemacht werden soll, dann im Verhältnis zu Gott. […] In jeder Gesellschaft, in jeder Nation, in jeder Zivilisation kann es ein paar Extremisten geben.

In unserem religiösen Wortschatz nennen wir sie ‚die Übertreibenden' bzw. ‚Extremisten'. Aber es gibt auch Personen, die sich ganz moderat verhalten. Ich glaube, es gibt ungefähr zehn Mal mehr vernünftig Denkende als Extremisten, als Radikale. […] Und daher hoffen und erwarten wir, dass dieses Chaos wieder aufhören und das Gleichgewicht wiederhergestellt werden wird." *(4. Juni 1997, Time, Henry Muller)*

Er erklärt in dem Interview, das am 29. März 1997 im TV-Kanal Samanyolu ausgestrahlt wurde, seine Ansichten noch genauer:

„Ich möchte nicht glauben, dass es Menschen gibt, die zum Dialog und zur Toleranz Nein sagen können. Zum Dalai-Lama und dem Patriarchen [von Konstantinopel] sowie zu anderen Patriarchen sagen wir: Kommt, lasst uns nicht [einfach nur dasitzen und] warten, bis ein Kampf der Kulturen oder der Religionen ausbricht. Lasst uns die Initiative ergreifen, uns einbringen. Lasst uns versuchen, eine Welt der Liebe, der Toleranz und des [gegenseitigen] Verstehens zu schaffen. Lasst uns das mit drei bis fünf Männern untereinander besprechen und entscheiden. Alles fing mal klein an, mit einem winzigen Punkt im Zentrum. In einigen Jahren wird es enorme Kreise gezogen haben. Wenn wir möchten, dass künftige Generationen unserer wohlwollend gedenken, müssen wir uns heute dafür anstrengen. Dann werden wir auch ihre Gebete verdient haben. Ein Patriarch umarmte mich, und er und sein Assistent, und auch der Papst und sein Assistent, sagten zu mir: Wir beten in unseren Gottesdiensten für dich. Ich kann nicht behaupten, ich sei dieser Gebete würdig; sie sagten es vielleicht so, weil sie von unserer Vision beeindruckt waren. Im Hintergrund wächst eine Generation heran, die solchen Dingen gegenüber aufgeschlossen ist. Sie werden sich sowohl ihrem Glauben verbunden fühlen, als auch der Urteilskraft und dem Verständnis, dem Denken.

Diese Verstandes-, diese Denkergeneration wird auch eine Generation der Toleranz und des Dialogs sein. Ich glaube fest daran, dass es so sein wird. Ich trage die Überzeugung, dass wir uns wie Wellenbrecher, die es mit schrecklich hohen Wellen aufnehmen, diesen Kämpfen der Kulturen – sollten sie bereits heute auftreten – entgegenstemmen und sie brechen werden.“ *(29. März 1997, Samanyolu TV, Osman Özsoy und Mim Kemal Öke)*

Wir wollen dieses Kapitel mit zwei kurzen Zitaten aus zwei verschiedenen Interviews mit Gülen aus den Jahren 2010 und 2014 abschließen:

„Welche grundsätzlichen Werte halten Ihre Anhänger zusammen? Einige detaillierte Glaubensansichten oder Ihr etwas anderer Blick auf die Welt?“ Auf diese Frage des Journalisten Brian Knowlton von der *New York Times* gibt Gülen folgende Antwort:

„Auch wenn es sich umständlich anhört: Um den Charakter dieser Bewegung angemessen darzustellen, könnte man sie ‚Bewegung einer Vereinigung von Menschen mit erhabenen menschlichen Werten' nennen. […] Diese Bewegung hält sich von kriegerischen Auseinandersetzungen fern; setzt sich gegen deren Ausweitung ein; möchte Friedensinseln gründen, die vor extremen Ansichten schützen, die angeborene menschliche Gefühle fördern und in denen jeder in Übereinstimmung mit seinem menschlichen Potenzial leben wird; eine Bewegung, zu der jeder Ja sagen kann, ob arm oder reich. Es ist etwas, zu dem jeder Ja sagen kann.

Im Zentrum, im Herzen, im Kern dieser Bewegung steht der Respekt vor anderen Anschauungen und die Idee, jeden mit den ihm eigenen Ideologien, Philosophien und Glaubenssätzen anzunehmen und mit Verständnis entgegenzutreten und sie so zu nehmen, wie sie sind. Unsere Religion betrachtet aufrichtigen Respekt als Respekt vor der Menschheit, denn jeder ist Gottes Werk und muss deswegen mit Achtung behandelt werden. Mewlana wandte sich in diesem Geist an die gesamte Menschheit mit seinem Aufruf: ‚Komm, wer immer auch du bist, komm!'

Vielleicht unterscheiden wir uns davon ein klein wenig. Wir sagen: ‚Wenn ihr kommen wollt, kommt bitte, unsere Herzen sind offen für euch. Aber fühlt euch bitte nicht verpflichtet, tut es nicht gegen euren Willen. Erlaubt uns, zu euch in eure Häuser und Länder zu kommen. Hört uns ein wenig zu und gestattet uns, euch zuzuhören, vielleicht können wir auf diese Weise schöne Dinge entdecken und dem Gedicht der menschlichen Gedanken einen neuen Vers hinzufügen.'" *(11. Juni 2010, The New York Times, Brian Knowlton)*

In einem Interview der Zeitung *Asharq al-Awsat* erschienen folgende Äußerungen Gülens, die sowohl den Charakter der

Hizmet-Bewegung als auch das breite Spektrum der Menschen aufzeigen, die sie unterstützen:

„Obwohl unsere Gemeinschaft von der Religion inspiriert ist, basieren unsere Projekte auf der Vernunft und sind völlig in Übereinstimmung mit universellen Menschenwerten, sie haben die Freiheit jedes Einzelnen, die Menschenrechte und ein friedvolles Zusammenleben zum Ziel. Daher stehen Menschen aus jeder Nation und jedem Glauben in weltweit 160 Ländern unserer Bewegung aufgeschlossen gegenüber bzw. unterstützen sie aktiv oder passiv, direkt oder indirekt. Daher kann man nicht sagen, dass unsere Bewegung homogen ist, und das nicht nur in Bezug auf die Werte, sondern auch auf die Sympathisanten und die Beteiligung. Da gibt es Leute, die im Ausland unterrichten, andere vergeben Stipendien, wieder andere setzen freiwillig ihre Zeit ein usw.“ *(24. März 2014, Asharq al-Awsat, Manuel Almeida)*

7. Dialog mit Vertretern der Minderheiten der Türkei und ihre Rechte

Wenn man über Minderheiten in der Türkei spricht, fallen einem Juden, griechisch-orthodoxe Christen und Armenier ein. Man verwendet für sie im Allgemeinen den Ausdruck Gemeinde, sagt: die jüdische, die griechisch-orthodoxe, die armenische Gemeinde.

Jedem der drei Gemeinden wurde im Vertrag von Lausanne der Status einer Minderheit gegeben, und wem er damals nicht verliehen wurde, trägt ihn auch heute juristisch gesehen nicht.

Der Vertrag von Lausanne wurde 1923 zwischen den europäischen Staaten und der Republik Türkei im schweizerischen Lausanne unterzeichnet. In diesem Vertrag wurden die bestehenden Grenzen der Türkei und ihre Unabhängigkeit anerkannt.

Aus diesem Grund wird beispielsweise die syrisch-orthodoxe Gemeinde, mittlerweile auf einige Tausend dezimiert, offiziell nicht als Minderheit anerkannt. Genauso besitzen Kurden und Aleviten in der Türkei nicht den Status einer Minderheit.

In den ersten Jahren der Republik gab es eine beträchtliche Anzahl Juden, Armenier und griechisch-orthodoxer Christen in der Türkei.

Die griechisch-orthodoxe Bevölkerung hat sich durch den Bevölkerungsaustausch [1923] zwischen Griechenland und der Türkei stark vermindert, und die jüdische durch die Gründung des Staates Israel im Jahre 1948.

Die gewalttätigen Angriffe vom 5. und 6. September 1955, die als Pogrom von Istanbul in die Geschichte eingingen, waren gegen diese Minderheiten gerichtet. In der Folge war ein weiterer Rückgang der Bevölkerungszahlen dieser drei Gemeinden zu verzeichnen.

Die Gespräche mit führenden Köpfen dieser Minderheiten nehmen einen wichtigen Platz in dem im Jahre 1994 von Fethullah Gülen begonnenen Prozess des Dialogs, der Toleranz und des gemeinschaftlichen Lebens ein.

Zuerst traf sich *Hodschaefendi* im April 1996 in Istanbul mit Bartholomäus I., dem Patriarchen der griechisch-orthodoxen Kirche mit Sitz in Fener. Sein Treffen mit dem Papst am 9. Februar 1998 im Vatikan erregte nicht nur in der Türkei, sondern auch weltweit großes Aufsehen. In derselben Zeit fanden Gespräche zwischen Fethullah Gülen und dem armenischen Patriarchen Mesrop II. Mutafyan sowie dem Großrabbiner der Türkei, David Asseo, statt.

Das Treffen mit dem Papst war eine Gelegenheit zum Dialog

Hodschaefendi berichtete in der Sendung von Taha Akyol und Cengiz Çandar im Fernsehsender NTV am 27. Februar 1998 von seiner Reise in den Vatikan:

„Der Botschafter des Vatikans in Istanbul, Monsignore Georges Marovich, bemühte sich intensiv um ein Treffen mit dem Papst. Ich befand mich plötzlich mitten in solch einem Prozess. Und den Vertreter einer so großen Religion, den Papst im Vatikan, zurückzuweisen, empfand ich als Respektlosigkeit, das konnte ich mit meinem Anstand nicht vereinbaren. So bot sich nun eine Gelegenheit: Wir in der Türkei suchen sowieso den Dialog, warum sollten wir sie nicht wahrnehmen? Aber das Ganze hatte eine Vorgeschichte. Nachdem wir uns mit Bartholomäus I. getroffen hatten, ging dieser nach Amerika und berichtete davon. Danach hatten wir die Gelegenheit, dort mit einem Kardinal zu sprechen.

Unser Verhältnis zur hiesigen jüdischen Gemeinde ist sehr gut. Die Kunde davon vernahm man auch in Amerika, sodass Vertreter der jüdischen Gemeinde in mein bescheidenes Haus kamen, in dem ich mich anlässlich einer medizinischen Behandlung aufhielt. Sie nahmen großen Anteil und sagten: ‚Wir möchten die Schulen unterstützen, die Sie hier eröffnen werden. Angesichts des Kampfes der Religionen und Kulturen, von dem immer wieder gesprochen wird, sehen wir diese [Hizmet-]Bewegung als einen Damm gegen Konfliktwellen an (Wellenbrecher) und wollen an ihrer Seite sein.‘ Diese Angelegenheit wurde auf verschiedenen Plattformen durchgesprochen. Das führte letztlich dazu, dass wir uns mit dem Papst treffen konnten.

Da ich mich ohnehin mitten in einem Prozess des Dialogs befand, sagte ich zu. Sie luden uns ein und wir gingen hin. Marovich hatte die Reise nicht eingeplant, aber als Dolmetscher begleitete er uns doch. [...] Ich bereue diese Begegnung eigentlich nicht. Wenn es sich noch einmal ergäbe, ginge ich erneut hin. Und als wir uns trennten, sagte ich zu meinen Begleitern, dass dieser Prozess weitergeführt werden müsse, ganz gleich, ob ich oder der Papst stürben.“ *(27. Februar 1998, NTV, Sendung „Püf Nokta“ [Der springende Punkt], Taha Akyol und Cengiz Çandar)*

Im Namen der Menschlichkeit müssen wir positiv denken

Am 13. Mai 1998, drei Monate nach seinem Treffen mit dem Papst im Vatikan, kam Hodschaefendi mit einer Gruppe italienischer Journalisten zusammen. Der Journalist Giulio Gealibter von der italienischen Nachrichtenagentur ANSA fragte Gülen, wie er den interreligiösen Dialog und das Treffen mit dem Papst beurteile, worauf er antwortete:

„Wir stehen ohnehin in Beziehung zueinander. Zu den verschiedensten religiösen Festen und Feiertagen besuchen wir uns gegenseitig. Immer wieder zusammenkommen, gemeinsam essen – das ist zu einer guten Gewohnheit geworden. [...] Ein solches Verhältnis zu Anhängern anderer Religionen wurde schon immer gepflegt, das war auch schon vor dem Treffen mit dem Papst so. Wir waren daher übereingekommen, dass solch ein Treffen wünschenswert sei.

Es war nicht so, dass wir dieses Treffen aus heiterem Himmel forderten. Da war vorher ein Wunsch, ein Wille vorhanden. Wir beschlossen, es wäre gut, sich mit Vertretern des Vatikans zu treffen. Danach hat sich der Vatikan etwa ein Jahr lang mit dem Thema auseinandergesetzt. Das Treffen im vergangenen Jahr in Amerika mit einem Kardinal war ein weiterer Schritt auf diesem Weg. Wir befanden uns ohnehin auf einem Weg, von dem wir überzeugt waren, dem Weg des Dialogs, und all dies entwickelte sich als logische Folge dessen. Zu guter Letzt kam dann rasch und ohne Hindernisse das Treffen mit dem Papst zustande. [...]

Wir sind davon überzeugt, dass Religion uns nicht trennt, sondern dass sie uns vielleicht sogar vereinen kann, aussöhnen kann, und zeigen in unseren Treffen mit Vertretern diverser Religionen auf, dass es möglich ist, diesen Gedanken zu verwirklichen. Auch unser Bemühen um ein Treffen mit dem Vatikan diente bis zu einem gewissen Grad einzig und allein diesem Zweck." *(ANSA, Giulio Gealibter, https://fgulen.com/tr/turk-basininda-fethullah-gulen/fethullah-gulenle-gazete-roportajlari/italyan-haber-ajansindan-ansa-giulio-gealibterla/1478-ANSA-Dinlerarasi-Diyalog-ve-Papa-Gorusmesi)*

Wir müssen auch mit Buddhisten und Brahmanen in Dialog treten

Die für die *Le Monde* tätige Journalistin Nicole Pope fragte Gülen, warum er es für nötig befand, bei seinem Treffen mit dem Papst diesem auch noch eine schriftliche Botschaft zu übergeben, und was darin enthalten war. Fethullah Gülen erzählt:

„Der Papst ist betagt; daher mag er nicht alles Gesprochene gut verstehen können. Deshalb haben wir das, was wir ihm sagen wollten, in Form eines Briefes überbracht. [...] Wir haben im Allgemeinen über Theorien wie den Kampf der Kulturen und Religionen gesprochen. Ich vermute, dass diese Theorien aus Missverständnissen oder aber aus bestimmten Absichten heraus entstehen. Sollte das wirklich so sein, wäre es sinnvoll, dem bereits jetzt als eine Art Wellenbrecher entgegenzuwirken. Wenn wir als gläubige Menschen einander die Hände reichen und zusammenarbeiten, wird auch die breite Masse der Menschen auf uns schauen und uns nachahmen.

Wir werden wichtige Schritte unternommen haben, um künftig auf der Welt solche Kämpfe zu verhindern. Derartige Gedanken habe ich [während des Treffens mit dem Papst] zum Ausdruck gebracht. Zweitens habe ich vorgeschlagen, sich von Zeit zu Zeit erneut zu treffen. Um die Annäherung zu verstärken, habe ich [Ideen für] gemeinsame Projekte unterbreitet. Ich schlug beispielsweise vor, in Harran eine Universität zu gründen, an der alle drei großen abrahamitischen Religionen unterrichtet werden: Islam, Christentum und Judentum. All dies wurde vonseiten des Vatikans sehr positiv aufgenommen.

Außerdem boten wir unsere Hilfe auf Gebieten an, auf denen wir nützlich sein könnten – sie beispielsweise auf einer Reise nach Jerusalem zu begleiten, falls sie planten, Palästina zu besuchen. Diese meine Gedanken habe ich auch dem Konsul gegenüber zum Ausdruck gebracht.“ *(28. April 1998, Le Monde, Nicole Pope)*

Taha Akyol stellt Hodschaefendi im NTV in seiner Sendung vom 27. Februar 1998 folgende Frage über dessen Besuch beim Papst:

„Das Treffen mit dem Papst ist im Wesentlichen im Hinblick auf den interreligiösen Dialog wichtig, denn schließlich können sich ein Muslim und ein Christ anderweitig jederzeit treffen. Was erwarten Sie von diesem Dialog? Was wäre, wenn es diesen Dialog zwischen den Religionen nicht gäbe und die seit den Kreuzzügen vorherrschende Einstellung ‚Das sind Heiden, wir sind Muslime‘ oder ‚Sie betrachten uns als Barbaren‘ weiter bestehen bliebe? Und außerdem hat Ihnen der interreligiöse Dialog offensichtlich nicht gereicht. Sie versuchten den Papst dahingehend zu beeinflussen, sich für die Aufnahme der Türkei in die EU einzusetzen. Sie tre-

ten also als Geistlicher, als Vorsteher einer Gemeinde, als Anführer einer islamisch ausgerichteten Bewegung mit dem Papst in einen religiösen Dialog, aber möchten erreichen, dass die Türkei in die EU aufgenommen wird. Weswegen?"

Wir wollen uns nun die Antwort Fethullah Gülens anschauen:

„Es ist zu erwarten, dass die interkulturellen Konflikte der letzten Zeit in Zukunft wieder aufflackern werden. Wenn man an die Zukunft denkt, denkt man förmlich an einen gigantischen Weltuntergang. Auch während des Besuchs beim Papst habe ich dieses Thema angesprochen. Ich habe schon zuvor in Hintergrundgesprächen und später auch dem Papst persönlich von den Befürchtungen und den Träumen der Menschen berichtet. Bevor wir den Papst trafen, hatten wir noch eine noch längere, fast eineinhalbstündige Unterredung im [Vatikanischen] Konsulat [in Istanbul]. Die schriftlichen Aufzeichnungen von diesem Treffen wurden dem Papst übersandt. Dem Papst haben wir diese Angelegenheiten [anschließend] auch persönlich dargelegt.

Um zu verhindern, dass einige dieser Aspekte vergessen werden, habe ich sie zudem in Briefform gebracht und am Abend zuvor einen Bekannten gebeten, sie ins Englische zu übersetzen. Somit wurde der Vatikan über alles unterrichtet. Und er hat es in unerwarteter Intensität begrüßt. Es wurden schon zuvor Anstrengungen zum Dialog unternommen, aber erstmals fand er in diesem Ausmaß statt und das hat auch der Vatikan als innovativ empfunden. […]

Was diese Dialoge betrifft: Das sind ja Dialoge zwischen Angehörigen verschiedener Religionen und müssen daher auf Gemeinsamkeiten aufgebaut werden. Zwischen dem Alten und dem Neuen Testament und uns gibt es so viele Ähnlichkeiten, wenn wir diese aufgreifen, werden wir zusammenfinden. Ein großer Denker unseres Jahrhunderts sagte, wir sollten die strittigen Themen unter uns in der jetzigen Zeit nicht zum Gegenstand der Debatte machen. Die besondere Zeit, in der wir leben, sagt er, erfordere es so.[61] Denn es gibt Personen, die die Erde immerzu in solch einem Chaos sehen wollen. Sie wollen auf der Grundlage ihres Argwohns richten und ein Stück weit sind auch ihre Wünsche und Illusionen Vater des Gedankens. Daher müssen zuerst die Schriftbesitzer *(ehl-i kitap)* zusammenkommen. Danach müssen Treffen mit Vertretern anderer Religionen verabredet werden, also beispielsweise mit Buddhisten, Konfuzianisten und Brahmanen.

Zuerst die gottgegebenen Religionen, denn sie werden in großen Teilen der Welt als maßgebend betrachtet. Solch ein Dialog sollte theologisches Format haben – die Gemeinsamkeiten auf den Tisch legend, allseits respektierte Persönlichkeiten würdigend. Und wenn bei der Verwirklichung dessen eine – wie man früher sagte – zentripetale Dynamik entsteht, so glauben wir, wird der Dialog Zukunft haben. Ich habe festgestellt, dass auch sie das so sehen." *(27. Februar 1998, NTV, Sendung „Püf Nokta" [Der springende Punkt], Taha Akyol und Cengiz Çandar)*

Ein Weltführer der Muslime?

Aus einigen Kreisen in der Türkei kam Kritik an dem Treffen Gülens mit dem Papst. Einige behaupteten sogar, *Hodschaefendi* hege die Absicht, Anführer aller Muslime der Welt werden. Gülen gab am 6. Juni 1998 in dem Interview für

61 Gemeint ist Bediuzzaman Said Nursi (gest. 1960).

die Zeitschrift *Aksiyon* auf diese Anschuldigung folgende Erwiderung:

“Ich brauche keinen Lobbyismus hinter den Kulissen. Aber es gibt nichts Selbstverständlicheres, als im Interesse meines Landes und der ganzen Menschheit als einfacher Mensch in den Dialog mit anderen zu treten. [...] Diejenigen, die diese Behauptung aufstellen (dass Gülen Anführer der Muslime zu werden beabsichtige), verwechseln wohl den türkischen Islam und sogar den Islam als Ganzes mit dem Schiitentum im Iran. Im Islam gibt es keine Einrichtungen und Instanzen für religiöse Führerschaft wie in der Christenheit oder im Schiitentum.

Und überhaupt: Ich halte von Führungsabsichten, Ambitionen auf Staatsposten und Machtkämpfen seit jeher meilenweit Abstand. [...] In einer Zeit, in der vom Kampf der Zivilisationen aufgrund von Religion und Kultur gesprochen und behauptet wird, unser Land sei eines der Zentren dieses Kampfes, trete ich innerhalb und außerhalb der Türkei mit Vertretern anderer Religionen in den Dialog – auch trotz zu erwartender scharfer Kritik. Ich möchte aufzeigen, dass der Islam keine konfliktfreudige, streitsüchtige, gewaltbereite und terroristische Religion ist – ganz im Gegenteil, dass er eine auf Liebe, Barmherzigkeit, Vergebung und Toleranz gründende ist; dass in jeder Religion diese Grundsätze vorherrschen; dass durch das Beenden historischer Streitigkeiten und durch den Beginn eines herzlichen Dialogs wichtige Beiträge geleistet werden, die es möglich machen, die ganze Welt, die Kriege und Konflikte Leid hat, zu einem besseren, friedlicheren und ruhigeren Morgen zu geleiten.

Ich möchte die dem Heute zugewandte Seite des Islams aufzeigen. Wenn einige meinen, das in eine bestimmte Schublade stecken zu müssen, ist das ihr Problem, nicht das meine.“

In dem am 27. Januar 2005 in der Zeitung *Milliyet* veröffentlichten Interview bemerkt Gülen Folgendes:

„Als unser Herrprophet nach Medina kommt, ruft er in seiner Charta von Medina[62] Angehörige verschiedener Religionen zum Dialog auf, trifft Vereinbarungen mit ihnen und nimmt sie unter seinen Schutz. [...] Die rechtgeleiteten Kalifen tun ihm gleich. Die Taten von Saladin, Imad ad-Din Zengi, Alp Arslan und Sultan Mehmed II. sind hinreichend bekannt. Dass Bayezid II. Juden mit Schiffen aus Spanien holte, weiß man ebenfalls. In Erinnerung an dieses Ereignis gründete man die 500-Jahr-Stiftung. In der Zeit der Republik ging es mit derselben Toleranz weiter, und Menschen, die vor dem Nazi-Regime flohen, fanden in Anatolien Schutz. Das ist Teil unserer Kultur. Unter unserer Verwaltung gab es Moscheen, Kirchen, Synagogen und alle lebten ohne Schwierigkeiten zusammen.[63] [...]

Der Terror, die Selbstmordattentäter und unterdrückte, zu Robotern gewordene [entmenschlichte] Wesen verfinstern das Antlitz des Islams. Nun hat ein Prozess des Dialogs begonnen, der den Islam in seiner ihm eigenen Schönheit darstellen wird, und dieser Prozess wird auch weitergehen. [...] Unseren Prophe-

62 Charta von Medina (622): Eine verfassungsähnliche Charta, in der das Verhältnis der Muslime zu Polytheisten und den jüdischen Stämmen von Medina geregelt wird. Die Charta erkennt alle Stämme von Medina und der Umgebung als gleichberechtigte Mitglieder der Gemeinde von Medina an. Sie weist zum Teil einen Vertragscharakter auf. Diese Verträge waren in der vorislamischen Zeit als „*nusra*-Verträge" bzw. Verteidigungsbündnisse bekannt. Weil die Charta von Medina die Gleichberechtigung der jüdischen, polytheistischen und muslimischen Gemeinden erklärt, ist sie für ihre Zeit äußert innovativ und fortschrittlich.

63 Hier geht der Lehrmeister ein wenig selektiv vor. Einige Vorgehensweisen der Osmanen gegen die Aleviten im 16. Jahrhundert sowie das Deportationsgesetz von 1915 gegen die Armenier können nicht als beispielhaft bezeichnet werden.

ten als den Gründer einer Religion darzustellen, zu der Terroristen gehören, wäre ihm gegenüber äußerst ungerecht. Ihn richtig darzustellen, ist im Rahmen des Dialogs mit den Vertretern der Toleranz eine wichtige Aufgabe, die nicht vernachlässigt werden darf. Es bedeutet auch Verrat, wenn sie die schönen Überzeugungen, die sie in Bezug auf sich selbst hatten, niederreißen und anderweitig zu denken beginnen würden. […]

Im Laufe des Prozesses des Dialogs kamen auch [Vertreter anderer Religionen] zu mir; wir sprachen bei verschiedenen Gelegenheiten miteinander. Während eines Zusammentreffens kam die Gebetsstunde, und als wir uns deswegen zurückziehen wollten, wurde das mit Respekt aufgenommen. Bitte schön, sagten sie, während Sie dort beten, beten wir hier." *(27. Januar 2005 Milliyet, Mehmet Gündem)*

Der Dialog und das Missionieren

Der Journalist Marco Ansaldo stellte Fethullah Gülen folgende Frage: *„Einige Kommentatoren in der Türkei und auch in anderen Teilen der Welt deuteten Ihr Verhältnis zu Vertretern anderer Religionen entweder als Zugeständnis oder als Missionieren und publizierten das auch so. Was sagen Sie dazu?"*

Gülen antwortet am 28. März 2014 in der italienischen Zeitung *La Repubblica* folgendermaßen:

„Einige kritisierten den Dialog als Gelegenheit zu religiöser Propaganda, Vereinheitlichung der Religionen oder als Abweichen von der eigenen Religion. Wir sahen das nie so und gingen auch nicht mit solchen Absichten in den Dialog hinein. Wir sahen ihn stattdessen als Anlass, sich gegenseitig als Menschen kennenzulernen, jeder als treuer Anhänger der eigenen Überzeugung, als Möglichkeit, Lösungen für die gemeinsamen Probleme der Menschheit zu suchen, als Aufhänger, sich in Anerkennung hoher menschlicher Werte zusammenzufinden. Wir haben seit jeher immer nur durch das Hörensagen etwas voneinander erfahren – durch den Dialog kennen wir einander jetzt von Angesicht zu Angesicht.

In einer globalisierten Welt sind wir einander nähergekommen, und wir begriffen das als Gelegenheit, vor Gott gute Werke zu verrichten, indem wir unseren Willen gebrauchen und dem Frieden und Wohlbefinden dienende zwischenmenschliche Beziehungen aufbauen. Es gibt historisch begründete Inputs des Unterbewusstseins, falsche Denkweisen und Vorurteile. Es gibt offene Wunden aus der Zeit der Kriege, der Kolonisation und der Unabhängigkeitsbestrebungen. Man sollte historische Ereignisse in ihrer Schublade belassen und nicht ins Heute tragen, eine neue Seite aufschlagen, die Gespenster der Vergangenheit ruhen lassen. Im Gegensatz zu jenen, die religiöse Unterschiede als Vorwand für Konflikt und Streit nehmen, wünschen wir, durch den Dialog den Menschen die Einsicht einzupflanzen, sich gegenseitig als Mensch zu achten und jeden Menschen als heilig zu betrachten."

Dieselben Gedanken brachte *Hodschaefendi* 2014 beim BBC und 2010 in einem Interview der *New York Times* zum Ausdruck. Dem BBC sagt Gülen Folgendes:

„Wir sind wiederholt mit den in der Türkei zurückgewiesenen und fortgestoßenen orthodoxen und armenischen Christen zusammengekommen. Wir saßen am selben Tisch. Durch die Güte Gottes öffneten unsere Freunde, Gleichgesinnte, erstmals diese Tür." *(27. Januar 2014, BBC, Güney Yıldız)*

Folgende Äußerungen stammen aus dem Interview der *New York Times*:

„Wir haben ein von gegenseitigem Vertrauen geprägtes Verhältnis zu allen Vertretern verschiedener christlicher Religionen, zu Armeniern, griechisch-orthodoxen Christen sowie zu Vertretern der jüdischen Gemeinde. Aufgrund dieser persönlichen Bekanntschaften und der Besuche, die dazu dienten, unsere Ansichten auszutauschen, haben wir einander besser kennengelernt. Mit der Bereitschaft, die Menschen zu akzeptieren, wie sie sind, und mit diesen Bemühungen um Dialog schufen wir ein Umfeld, das von gegenseitigem Respekt geprägt ist. Vertreter der Regierung haben diesen Prozess befürwortet und sogar die Schirmherrschaft einiger Initiativen übernommen, um diese Gedanken in ihrer Universalität aufzuzeigen. [...] Ich bin davon überzeugt, dass die in der Türkei so ersehnten und geschätzten Aktionen im Hinblick auf den Dialog mit der Zeit auch in anderen Teilen der Welt Anklang finden werden. Aber solche großen grenzübergreifenden Projekte können nicht in fünf bis zehn Jahren ins Leben gerufen werden. Das sind keine Angelegenheiten, die mal einfach so in sechs Monaten geklärt werden könnten.

Dennoch ist Gott der Garant des Erfolges. Wir können Gott bitten und anflehen, dass er uns hilft, dass wir Menschen einander lieben und umarmen können.“ *(11. Juni 2010, The New York Times, Brian Knowlton)*

Die Handlungsweise des ehrwürdigen Propheten Muhammeds gegenüber Christen

Hodschaefendi verweist in seinem Dialog mit Angehörigen anderer Religionen auf sehr wichtige Beispiele aus der Geschichte des Islams. Gülen erzählt im März 2004 in einem Interview der Zeitung *Zaman* der Journalistin Nuriye Akman, wie der Prophet Muhammed sich gegenüber Nichtmuslimen verhielt:

„Ich traf im Rahmen der Toleranz und des Dialogs auf ganz unterschiedliche Menschen. Manche zweifelten, ob das, was sie tun, richtig ist oder nicht. Unser Prophet war der Erste, der gegenüber Christen sehr gut handelte. Als der ehrwürdige Umar Palästina einnahm, handelte er gegenüber Christen und Juden auch sehr gut. Ebenso Saladin. Als Mehmed II. Istanbul einnahm, sagten die Orthodoxen und die Armenier, als sie die Toleranz und den Großmut der Muslime sahen, dass sie endlich von der Barbarei des Weströmischen Reiches befreit worden seien.

Dieser Generation werden weitere folgen. Wenn ihr diese Klüfte heute nicht überbrückt, werdet ihr morgen keine Gelegenheit mehr dazu finden, euch und eure eigenen Gedanken mitzuteilen. Bis jetzt trennten uns diese Gräben stets, wir verharrten in der Haltung: Sollen sie doch kommen. Aber so geht das nicht. Klüfte müssen überbrückt werden. Das sind Schriftbesitzer. Sie betreffend sagt der Koran: ‚Oh ihr Schriftbesitzer!' Er kommentiert dies, wie es keiner tat, indem er sagt: Oh ihr Leute der *Mektebs*! Ihr seid gebildete Menschen. Lasst uns in einem gemeinsamen Wort, dem Wort „Gott" übereinkommen. So kommentiert er diesen Vers.[64] Das ist allgemein bekannt

64 Gemeint ist der Exeget Bediuzzaman Said Nursi, der den Vers: „Oh ihr Besitzer des Buches, kommt herbei zu einem Wort, das uns und euch gemeinsam ist, dass wir niemandem dienen außer Gott […]" (Koran, 3:64), kommentiert. Das Wort *„ehl-el-kitāb"*, das im Grunde genommen Juden und Christen bezeichnet, wird von Nursi als *„ehl-el-mekteb"* interpretiert – als Menschen, die durch einen Schulbesuch gebildet und intellektuell herangereift sind. Somit bringt er zum Ausdruck, dass der Koran mit dieser Bezeichnung die Juden und Christen als gebildete Menschen respektiere und

und bildet den Rahmen für die Aktivitäten und Initiativen im Hinblick auf Toleranz. Jede Plattform wird genutzt. Über unsere Geistesgrößen wird gesprochen: über Muhyiddin Ibn Arabi, über Mewlana." *(30. März 2004, Zaman, Nuriye Akman)*

Das schönste Beispiel für das Verhalten des Propheten Muhammed gegenüber Christen war seine Gastfreundschaft gegenüber den Christen aus Nedschran, die ihn besuchten und die er in der kleinen Moschee *(mesdschid)* übernachten ließ. Leider behaupten heutzutage einige Muslime trotzdem, es sei bedenklich, mit Christen in Dialog zu treten oder gute Beziehungen zu ihnen aufzubauen. Gülen bemüht sich seit den 1990er Jahren um einen Dialog mit den Führern aller christlichen Gemeinden in der Türkei und wurde von radikalen Islamisten als „heimlicher Kardinal" beschimpft, als er 1998 im Vatikan mit dem Papst zusammentraf. Trotz dieser Bedrohungen und Beschuldigungen hat Gülen seine Haltung nicht geändert und rief alle Muslime dazu auf, mit ihren christlichen Nachbarn in Dialog zu treten.

Der ehrwürdige Ali sagt: Nichtmuslime sind unsere Menschenbrüder

Am 15. Oktober 1996 erschien in der bulgarischen Zeitung *Trud* ein Interview mit Fethullah Gülen. Auf Dinge angesprochen, die das Verhältnis zwischen den orthodoxen Christen und den Muslimen auf dem Balkan trüben, gibt der Gelehrte Gülen folgende Antwort:

„Die Religionen sind nicht dazu da, Menschen zu trennen, sondern zu vereinen. Es gibt viel mehr Linien, die den Islam und

---

ihnen ein Angebot mache, in dem er zum gemeinsamen Nenner zwischen Christen, Juden und Muslimen, nämlich zur „Einheit Gottes", einlade.

das orthodoxe Christentum miteinander verbinden als solche, die sie trennen. In beiden Religionen wird über Gott, Propheten, Engel, das Jüngste Gericht und das heilige Buch gesprochen. In beiden Religionen sind ethische und rechtliche Begriffe gleich. Das ist die Wahrheit. Widerstreit entsteht durch Menschen, die Gott vergessen und politischen Vorteilen nachjagen, oder durch Missverständnisse. Der Koran sagt klipp und klar: ‚Kommt, lasst uns auf jeden Fall vereint sein. Lasst uns zu Gott beten und ihm niemanden gleichstellen.‘[65]

Das möge denen eine Warnung sein, die beabsichtigen, zwischen Religionen Zwietracht zu säen. Denn es gibt Hunderte Brücken, über die wir gehen und uns verbinden können. Nach meiner Überzeugung ist Bildung der einzige Weg, Einheit und einen wirksamen Austausch zu schaffen. Wir wünschen das auch. Unsere Waffe ist die Wissenschaft. In dieser vergänglichen Welt möchten wir den Menschen auf ihrer Suche nach Glück beistehen. Und das ziehen wir der Aussicht, die alleinigen Herrscher eines Landes zu sein, das alle anderen Länder besiegt hat, millionenfach vor. […]

Der ehrwürdige Ali, der in unserer Religion eine wichtige Rolle spielt, sagte: ‚Die Muslime sind unsere Glaubensbrüder. Nichtmuslime sind unsere Menschenbrüder.‘ Menschsein – genau das ist der uns verbindende gemeinsame Nenner. Deswegen müssen Menschen im Geiste des Respekts vor fundamentalen ethischen Werten unterwiesen werden, ihre Herzen müssen gegenüber ihren Brüdern in Liebe überfließen. Nur so schenken wir der jetzigen und den künftigen Generationen eine glücklichere und prosperierende Erde. Der Zweck meines Lebens und Wirkens ist genau das.“ *(15. Oktober 1996, Trud, Ivan Genov)*

---

65 Singgemäße Übersetzung des Koranverses 3:64.

Das Treffen mit dem griechisch-orthodoxen Patriarchen Bartholomeus I.

Hodschaefendi berichtet in der Zeitung *Milliyet* vom 11. Januar 2005 von seinem Treffen mit dem griechisch-orthodoxen Patriarchen Bartholomeos I. Folgendes:

„Mit dem Patriarchen traf ich mich mehrfach. […] So weit ich ihn verstanden habe, ist seine Forderung folgende: Ich bin türkischer Staatsbürger. Man möge mir gestatten, eine Priesterschule zu eröffnen. Diejenigen, die ich in andere Länder senden werde, sollen in der Türkei ausgebildet worden sein … Es ist von Vorteil für die Türkei, wenn orthodoxe Priester, die in die Welt entsendet werden, in der Türkei, in der türkischen Kultur aufgewachsen sind.

Wenn ein Anliegen[66], das in der Zeit Sultan Mehmeds II. entstand und bis heute andauert, so gelöst werden könnte, dann steht es der reifen, etablierten türkischen Nation mit ihrer vorzüglichen Geschichte wirklich nicht zu Gesicht, gefühlsmäßig zu reagieren und daraus Feindschaft erwachsen zu lassen. […] „Ökumenischer Patriarch" ist der Titel, der dem Oberhaupt [der orthodoxen Kirche von Konstantinopel] seit Gründung des Patriarchats gegeben wurde. Sie verwenden den Namen und den Titel auf ganz natürliche Weise. […] Wir mögen es nicht akzeptieren, dass man sie als ökumenisch bezeichnet, aber sie verwenden dieses Wort seit langem untereinander.[67]

---

66 Gemeint ist die Priesterschule. Der Lehrmeister kritisiert die nationalistische Politik der Türkei, die diese Priesterschule geschlossen hatte. Priesterschulen war bis zur Republik ein fester Bestandteil des Osmanischen Reiches, und die Republik hat sie aufgrund ultrakemalistischer Ambitionen geschlossen.

67 Bartholomeus I. wird von den Christen als „ökumenischer Patriarch von Konstantinopel" betitelt, während er nach dem geltenden türkischen Recht nicht mehr als ein Priester ist, der unter der Weisung des Gouverneurs von

Es gibt beispielsweise in der Türkei auch keinen Titel wie *Hodscha Efendi* (Herr Gelehrter), *Vaiz Efendi* (Herr Prediger) oder *Müfti Efendi* (Herr Mufti).[68] Weil das Volk sich aber daran gewöhnt hat, werden sie weiterhin verwendet. Obwohl ich keinen Wert darauf lege, sagen es die Menschen auch zu mir. Ich denke, man hätte diesen Umstand auch mit berücksichtigen müssen.“ *(11. Januar 2005, Milliyet, Mehmet Gündem)*

Der Patriarch seinerseits gibt in der Zeitung Zaman vom 13. Mai 1996 folgendes Statement zu seinem Treffen mit Gülen ab:

„Seit 1971 schicken wir unsere Mitarbeiter nach Saloniki, um an der theologischen Fakultät zu studieren. Obwohl sie von uns ein Stipendium bekommen, kehren sie nicht [in die Türkei] zurück. Von daher sind wir in einer prekären Lage. Wir leiden an akutem Priestermangel. [...] Bis zur Schließung des Priesterseminars hatten wir Schüler, die aus der Türkei und anderen Ländern kamen. Sollte die Schule wiedereröffnet werden, werden wir wie früher erneut Schüler aus der Türkei und von außerhalb aufnehmen. [...]

Bis Lausanne hatte das Patriarchat sehr weitreichende Befugnisse, beispielsweise was die Bildung betrifft oder in Erb- und

---

Istanbul steht. Deshalb akzeptiert die Türkei Bartholomeus I. nicht mit seinem Titel als ökumenischer Patriarch und Gülen kritisiert das, indem er sagt: Wir mögen es zwar nicht akzeptieren, aber es wird in der christlichen Welt so anerkannt.

68 Der Lehrmeister kritisiert das Gesetz der kemalistischen Republik in Bezug auf religiöse Titel. Im Jahre 1934 wurden mit dem Gesetz, das die Nummer 2590 trägt, alle religiös-gesellschaftlichen Titel abgeschafft: *Ağa, Hacı, Hafız, Hoca, Molla, Efendi, Bey, Beyefendi, Paşa, Hanım, Hanımefendi* und *Hazretleri.* Die Menschen in der Türkei verwendeten diese Ehrentitel jedoch weiter. Der Titel *Hodscha Efendi*, mit dem der Lehrmeister Gülen angesprochen wird, ist auch ein gesetzlich verbotener Titel. Die Übertretung dieses Gesetzes wird jedoch nicht sanktioniert. In der türkischen Sprache bezeichnet man solche Gesetze daher als „tote Gesetze“.

Familienrechtsfragen. Im Vertrag von Lausanne wurden das auf religiöse Angelegenheiten reduziert. Aber bei dem Begriff ‚religiöse Angelegenheiten' darf man nicht nur an das Beten in der Kirche denken. Im Rahmen unserer Religion müssen ethische, geistliche und soziale Probleme behandelt werden. Diese kann man von der Religion nicht trennen. Wenn wir uns hierzu äußern, wird das aber falsch verstanden. […]

Ich habe Fethullah Hodscha[69] ab und zu im Fernsehen verfolgt. An diesem Tag hatte ich dann das erste Mal Gelegenheit, ihn persönlich zu treffen. Was mich unter anderem besonders beeindruckt hat, ist, dass er sehr demütig, sehr sympathisch und bescheiden ist. In seiner Kleidung, seinem Reden und seinem Auftreten ist er ein sehr unscheinbarer Mensch. Das zeigt, dass er ein wirklicher Glaubensmann ist, der weltlichen Werten keine Bedeutung beimisst."

Wenn in Griechenland und Armenien Schulen eröffnet würden

Gülen spricht davon, dass wie in anderen Teilen der Erde auch in Griechenland, Armenien und Israel Schulen [der Hizmet-Bewegung] eröffnet werden sollten. Er erklärt das in dem Interview der Zeitschrift *Aksiyon* am 13. April 1996 wie folgt:

„Das ist der Weg zur Freundschaft. Menschen, die unsere Sitten, unsere Kultur und unsere Vergangenheit kennen, bilden zwischen zwei Ländern eine Grundlage für den Dialog. Wir möchten Schüler nach Griechenland schicken; sie mögen Schü-

69 Hier bezeichnet der Patriarch den Lehrmeister Gülen mit seinem Titel „Hodscha".

ler hierher senden. Wir sind Nachbarn, man kann uns nicht trennen. Wir werden immer nebeneinander leben, dasselbe Schicksal teilen …

An anderer Stelle sagte ich bereits einmal, dass wir auch in Armenien Schulen eröffnen möchten, sofern sie sich dazu bereit zeigen. Das ist mein Gedanke. […] Wir möchten gut miteinander auskommen, ohne uns gegenseitig zu beunruhigen. Wir sind Kinder derselben Region – Kinder Mesopotamiens. Soziologen sagen, dass hinter der griechischen Zivilisation, dem Hellenismus, Menschen aus Mesopotamien stehen, also die östliche Zivilisation."

Man darf das Wort Christ nicht als Schimpfwort benutzen

Die am 19. Oktober 1995 an Gülen gerichtete Frage des holländischen Fernsehsenders NMO lautete:

„Würde die Türkei nach islamischen Regeln regiert werden, wäre dann die Lebensform der muslimischen und der nichtmuslimischen Menschen so wie vor 1400 Jahren, also die Abgrenzung der Dhimmi, oder würde eine Gleichstellung gemäß heutigen Standards hergestellt werden?"

Gülen gibt auf diese Frage folgende Antwort:

„Der Titel *Dhimmi*[70] muss in seinem historischen Kontext betrachtet werden. Er bedeutet, diese Menschen unbedingt mit ihrer eigenen Rechtsordnung, mit ihrem eigenen Verständnis

70 *Dhimma* ist eine Institution des islamischen Rechts, das den juristischen Status nichtmuslimischer „Schutzbefohlener" *(ahl adh-dhimma)* festlegt. Der Lehrmeister ist der Meinung, dass dieser Status in seinem historischen Kontext betrachtet werden muss. Das heißt, die Nichtmuslime sollten in unserer heutigen Zeit nicht als *Dhimmi* betrachtet werden.

und mit ihrer eigenen Gedankenwelt zu integrieren und ihre Freiheiten in Bereichen der Religion, des Glaubens, der Arbeit, des Handels und des Unternehmertums zu akzeptieren. Solch eine Akzeptanz dient ihrem Schutz, der Staat fühlt sich für sie zuständig. Man bezeichnete sie als *Dhimmi*, um zu zeigen, dass wir nicht zulassen, dass sie jemand angreift. *Dhimmi* ist ein arabisches Wort.

Aber wenn wir heutzutage ihre Gesetze und ihre Ordnungen, so wie sie sind, akzeptieren und – der Islam gebietet uns, so zu tun – sie mit Toleranz in die Arme schließen würden, bräuchten wir keine derartigen Titel und Bezeichnungen; sie gehören der Vergangenheit an. Und ganz besonders, wenn sie das Wort *Dhimmi* als Beleidigung auffassen, sollten wir es überhaupt nicht benutzen. Und wenn sie gar das Wort ‚Christ' als Beschimpfung ansehen, dann sollten wir das auch nicht sagen.

Das sind die Gebote des Islams, die Gebote unseres Propheten. Kommen wir zum Begriff *Kāfir* – Ungläubiger. *Kāfir* bezeichnet jemanden, der Gott leugnet, der Atheist ist. Wenn er dieses Wort aber als verachtende Bemerkung empfindet, dann können wir das nicht zu ihm sagen. Im Namen des Islams müssen wir so eingestellt sein, das gehört sich so. Es ist ein Zeichen unseres Anstandes. Das ist unsere Art. Auf diese Weise könnte man sich bis zu einem gewissen Grad auch den Problemen unserer Zeit nähern, mit Fingerspitzengefühl, ohne einander verbal zu verletzen. Wenn wir doch nur den Islam in seiner Reinheit wie zu Anbeginn ausleben könnten. Wenn wir doch nur mit dieser inneren Weite leben könnten, so wie es der ehrwürdige Muhammed verstanden hat. Mit denselben offenen Armen wie die rechtgeleiteten Kalifen. Ja, danach sehnen wir uns.

Aber es geht hier um Details der Religion *(teferruʿāt)*. Solche bilateralen Angelegenheiten werden unter Berücksichtigung des Rechtsgefühls und Verständnisses der anderen Seite behandelt und Übereinkommen werden getroffen. Das geht nicht einseitig. Intellektuelle, die das Osmanische Reich oder islamische Verwaltungen aus früherer Zeit angreifen, kann man darauf hinweisen, dass das Osmanische Reich philosophisch betrachtet laizistisch war. Vier Jahrhunderte lang funktionierte das einwandfrei. Das ginge nicht in einem Polizeistaat. Trotz der modernen Kommunikationsmittel, der Infrastruktur und der Telekommunikation haben weder Russland noch Amerika es als Weltpolizei vermocht, ein solches Staatssystem zu konstituieren.

Früher forderte es drei Monate Pferdegalopp, bis man den Ort eines irgendwo auftretenden Ereignisses erreichte. Der Faktor Mensch stand mehr im Vordergrund. Jeder war wirklich zufrieden. Heute verstehen wir das immer besser. Aufgrund des Fehlens eines solchen Staates auf der Waage der Staaten, der sowohl die Macht als auch das Recht vertrat, brach das Gleichgewicht in dieser Region zusammen.[71] Der Westen kann das vielleicht momentan nicht verstehen, aber eines Tages wird er es." *(19. Oktober 1995, Nederlandse Moslim Omroep [NMO], https://fgulen.com/tr/fethullah-gulenin-butun-eserleri/69-fgulen-com-turkce/basindan/Televizyon-Roportajlari/1472-NMO-NMO-Hollanda-televizyonu-ile)*

Wer Nichtmuslime schikaniert, fügt dem Propheten Pein zu

In der religiösen Literatur werden Minderheiten mit dem Titel „Nichtmuslim" bedacht. *Hodschaefendi* gibt auf die Frage

71 Vermutlich meint er den Nahen Osten, der unter der osmanischen Herrschaft über 400 Jahre ohne Konflikte verwaltet wurde.

des holländischen Fernsehens, was er über Nichtmuslime denke, folgende Antwort:

„Unser Prophet verfügte bei seinem Tod: ‚Wer Nichtmuslime quält, peinigt mich.' Da sie uns als ihre Obrigkeit akzeptieren, haben sie sich auch gewissermaßen unserer Gerechtigkeit und unserer Herrschaft anvertraut. Wenn ihr sie ungerecht behandelt, ist es so, als hättet ihr es mir angetan. Das ist nicht allein die Auffassung unseres barmherzigen Propheten.

Bei seinem Tod sprach der ehrwürdige Umar: ‚Ich vertraue die Nichtmuslime eurer Obhut an.' Er vertraut zwei Dinge an – und eines davon sind die Nichtmuslime. Das geschieht mit deren Einverständnis. Die muslimischen Eroberer kamen ins Land, es wurden Vereinbarungen und Kompromisse geschlossen. Nichtmuslime hatten die *Dschizya*[72] zu entrichten, eine Steuer, die so hoch bemessen war wie das *Zekat*[73] oder der *Öschür (uschr)*[74] der Muslime. Und damit vertrauten sie sich dem Schutz der Muslime an. Abkommen zwischen Muslimen und Nichtmuslimen wurden immer wieder auf diese Weise geschlossen. Als die islamischen Eroberer beispielsweise nach Aleppo kamen, nach Damaskus, nach Homs, trafen sie auf Christen. Als die Christen ihrerseits die Muslime näher kennenlernten, akzeptierten sie die Bedingungen des Schutzvertrags der *Dhimma*.

Mewlana Schibli el-Nuʿmānī [gest. 1914] sagt in seiner tiefgehenden Forschung über die Epoche des Propheten Muham-

72 Die vorgesehene Steuer für die Schutzbefohlenen Nichtmuslime, die als Militärdienstablösung entrichtet wurde. Das Osmanische Reich hob die *dschizye* im Jahre 1856 auf.

73 Soziale Pflichtabgabe, ein Grundpfeil des Islams. Staatlich gesehen eine Steuer, die auf Geld, Gold, Silber und Wertsachen erhoben wird und 1/40 des Wertes des Gegenstandes ausmacht.

74 *Uschr* ist das zekat von Getreide; 1/10 des Getreides ist als soziale Pflichtabgabe zu zahlen.

meds, dass einmal Herakleios mit einem sehr großen Heer, dem niemand standzuhalten vermochte, nach Antiochia kam. Ebu Ubeyde, der sich in Damaskus aufhielt, hatte die Christen gegen Kopfsteuer *(dschizya)* unter seinen Schutz genommen. Als er nun bemerkte, dass er diesem großen Heer nicht standhalten konnte, rief er die Häupter der Christen zusammen und sagte ihnen, dass er sie nicht beschützen könne. Er habe ihnen die Kopfsteuer, in gleicher Höhe wie das *Zekat*, aber mit dem Versprechen abgenommen, sie zu beschützen. ‚Kommt, nehmt sie zurück, sonst handle ich unrecht', sagte er. Er gab ihnen die Steuer zurück und zog ab. Danach sind die Christen in die Kirche gegangen und weinten: ‚Gott möge geben, dass ihr zurückkommt.' Das ist Toleranz, damit macht sich eine Regierung beliebt.[75] Dasselbe erlebte man vermutlich auch zu Beginn des Osmanischen Reiches. Bedenkt, sie haben sich sehr nachsichtig, sehr tolerant verhalten. Wo auch immer sie die Botschaft des Islams verbreiteten, schloss man sich ihnen an.

Unter den *Akindschis*[76] gab es einige Häupter der Christen: Gazi Evrenos[77], der seinen Namen nicht änderte und so in die Geschichte einging, und Zaganos[78] Pascha. Zu ihren Ehren wurden Moscheen und Brücken errichtet. Wer Edirne oder Istanbul kennt, weiß das. Köse Mihal[79] zum Beispiel oder die, die an der

75 Diese Begebenheit ist wohlbelegt. Vgl. Samāhat Al-Islām, Al-Qurayschi, Umar ibn Abdulaziz, Riyad, 2006, S. 270–273.

76 Sturmreiter, eine osmanische Militäreinheit, die an den Grenzgebieten des Landes für die Verteidigung zuständig war.

77 Gazi Evrenos (1288–1417): einer der bekanntesten Eroberer des Osmanischen Reiches. Vermutlich turkisierte Form von Uranus oder Auranos.

78 Gazi Zaganos (gest. 1469): Er war der wichtigste Wesir von Sultan Mehmet dem Eroberer. Vermutlich turkisierte Form von Tsaganos.

79 Gazi Mihal (Michael) (gest. 1340): ein zum Islam übergetretener byzantinischer Renegat, der Osman Gazi, dem Gründer des Osmanischen Reiches,

Seite von Osman Gazi kämpften. Es wurde sehr viel Wert auf Toleranz gelegt, diese Menschen wurden nicht gezwungen. Wären sie gezwungen worden, gäbe es keine Christen mehr in den Regionen, in die die Osmanen im Namen des Islams eindrangen. Man kann daher sagen, dass der Islam in Bezug auf Nichtmuslime sehr anpassungsfähig und sehr friedfertig gehandelt hat; und da es zu seinen Prinzipien und seiner Universalität gehört, andere Menschen zu akzeptieren und anzunehmen, umarmt er auch Juden und Christen.[80]

Solange die Nichtmuslime den Schutzvertrag der *Dhimma* ihrerseits nicht aufkündigten, brach die islamische Seite ihn auch nicht. Man reagierte auf die Auflehnung von Nichtmuslimen genauso, wie wenn muslimische Untertanen rebellierten und aufständisch wurden; vielleicht war man Nichtmuslimen gegenüber sogar noch toleranter.“ *(19. Oktober 1995, Nederlandse Moslim Omroep [NMO], https://fgulen.com/tr/fethullah-gulenin-butun-eserleri/69-fgulen-com-turkce/basindan/Televizyon-Roportajlari/1472-NMO-NMO-Hollanda-televizyonu-ile)*

Was das Verhältnis des Lehrmeisters zu Juden betrifft, ist folgendes Zitat aus der *Zeit* bemerkenswert: „Gülen sagte über sein Exil in den USA: ‚Ich [...] vermisse die Türkei jeden Tag.‘ In

---

als Emir diente.

80 Lehrmeister Gülen erwähnt diese Namen, um den nationalistischen Türken zu beweisen, dass ihre Vorfahren die Namen ihrer christlichen Diener nicht einmal turkisiert oder islamisiert haben. Sie behielten ihre Namen und Identität bei, weil die Osmanen sie nicht assimiliert hatten. Der Assimilierungswahn der ultrakemalistischen Türkei entspricht nicht der Toleranz der Osmanen. Der ultrakemalistische Nationalismus änderte die Namen der Dörfer in der Türkei, die römischen, byzantinischen, kurdischen, arabischen oder aramäischen Ursprungs sind. Aufgrund dieser Assimilierungspolitik der kemalistischen Türkei mussten viele Nichtmuslime türkische oder muslimische Namen annehmen, obwohl sie überhaupt keine Türken oder Muslime waren.

Pennsylvania habe er zwar Frieden gefunden. ‚Doch das Heimweh bleibt.‘ Auf die Frage, was er bereue, sagte der Prediger, er habe früher ‚zu pauschal den Westen verurteilt‘. Heute sehe er das anders. Persönliche Begegnungen mit Christen und Juden hätten ihn ‚gelehrt, mein Denken zu korrigieren. In jeder Religion gibt es Menschen, die ein schlechtes Beispiel abgeben, und andere, die ein gutes Beispiel sind. Es kommt nicht darauf an, ob einer Muslim ist, sondern darauf, wie er handelt.‘“ *(28. September 2016, Zeit Online, http://www.zeit.de/politik/ausland/2016-09/fethullah-guelen-prediger-tuerkei-islamist-terrorist)*

Das Einreißen der Stadtmauern Istanbuls hat mit Religion nichts zu tun

1995 forderten einige aus der politischen Szene das Einreißen der Stadtmauern Istanbuls. Istanbul war im Laufe der Geschichte die Wiege einer Reihe von Zivilisationen. Die Stadtmauer von Istanbul ist eines der wichtigsten Bauwerke aus byzantinischer Zeit. Einige der politischen Weggefährten Erdoğans kamen 1994 an die Macht und verfolgten seitdem das Ziel, Istanbul von seinem christlichen und byzantinischen Erbe zu säubern und forderten daher das Niederreißen der Stadtmauer von Istanbul. Leider trägt eine derartige Geisteshaltung immer noch Früchte: Die Taliban in Afghanistan zerstörten Buddha-Statuen und der IS Geschichte in Palmyra – Beispiele für eine fanatische Geisteshaltung, die anderen Zivilisationen kein Existenzrecht zugesteht. Das Traurige ist, dass dies im Namen des Islams getan wird.

Zurück zur Stadtmauer von Istanbul. Die Reaktion Fethullah Gülens auf die Bestrebungen, sie einzureißen, fiel folgendermaßen aus:

„Mehmet II. (der Eroberer), der sehr viel gläubiger war als wir, hat die Mauern Istanbuls bei der Eroberung der Stadt nicht niedergerissen. Wahrscheinlich haben ihn schon die Kanonenlöcher, gleich Grablöchern, gestört, als er in die Stadt einzog. Eigentlich haben wir [in übertragenem Sinn] diese Mauern später selbst niedergerissen. Sie stehen seit fünf Jahrhunderten. In unserer Kultur ist es nicht üblich, historische Gebäude, das Werk anderer, niederzureißen. Troja steht immer noch. Aus der Zeit des Hellenismus beispielsweise stammen die Ruinen der Stadt Sardes, die man auf dem Weg nach Salihli immer noch sehen kann.

Hierbei eine Verbindung zur Religion zu ziehen ist falsch; ich beziehe mich dabei auf die Prinzipien, wie sie in den Hadithen dargelegt werden. Mit anderen Worten: Wenn ihr eine andere Nation besiegt habt – sagen wir, ihr seid in Rom eingezogen –, habt ihr dann nichts Besseres zu tun, als den Vatikan niederzureißen? Das wäre undenkbar! Gäbe es auf der Welt eine Toleranz gleich der des Osmanischen Reiches, wäre vermutlich eine stabile Grundlage für einen guten Dialog nicht nur unter Muslimen, sondern für die gesamte Menschheit gelegt. In einer globalisierten Welt für solch einen Dialog offen zu sein, ist außerordentlich wichtig.“ *(26. Januar 1995, Hürriyet, Ertuğrul Özkök)*

8. Aleviten und Sunniten

Konflikte zwischen Aleviten und Sunniten sind so alt wie das Osmanische Reich – ähnlich wie die Kurdenfrage. In der Geschichte des Islams sind wie in der christlichen Welt verschiedene Strömungen und Konfessionen entstanden. Im Islam kamen nach dem Tod des Propheten zwei Hauptströmungen auf: Sunniten und Schiiten. Im Laufe der Zeit kamen noch Wahhabiten und Salafisten hinzu.

Die Sunniten bezeichnen die dreißig Jahre nach dem Tod des Propheten, die Zeit der vier Kalifen, als goldenes Zeitalter. Die Schiiten hingegen gingen davon aus, dass der Schwiegersohn des Propheten zum ersten Kalifen ernannt werden würde, und fühlen sich um ihr Recht betrogen. Daher erkennen sie auch die folgenden drei Kalifen nicht an.

In der Geschichte des Islams gibt es hierzu eine sehr traurige Episode. Im Ringen um die Vorherrschaft wurde der Schwiegersohn des Propheten, der ehrwürdige Ali, zum Märtyrer und wenige Jahre später in Kerbela, das im heutigen Irak liegt, auch sein Sohn, der ehrwürdige Huseyn.

Das Wort Alevit bedeutet „Anhänger Alis". Die Aleviten betrachten den ehrwürdigen Ali und seine Familie *(Ehl-i Beyt)* wie die Schiiten im Iran als die legitimen Nachfolger des Propheten. In der Türkei leben schon seit dem Osmanischen Reich viele Aleviten. Dieser Umstand führte seinerzeit sogar zu militärischen Konflikten zwischen dem Osmanischen und dem persischen Safawiden-Reich. Als die [schiitischen] Safawiden den Schulterschluss mit den in Anatolien lebenden Aleviten vollziehen wollten, kam es 1514 zwischen dem osmanischen Sultan Selim I. (Yavuz Sultan Selim) und dem safawidischen Schah Ismail I. zur großen Schlacht, die als Schlacht bei Tschaldiran in die Geschichte einging. Die Osmanen trugen den Sieg davon, aber der Graben zwischen Aleviten und Sunniten wurde tiefer denn je.

Aleviten fordern in der Türkei ebenso wie die Kurden ihre Rechte ein. Ihr Hauptanliegen gilt ihren religiösen Zentren *(Dschem-Evi)*. Sie fordern, dass diese als Anbetungsstätten einen rechtlichen Status erhalten, der den staatlichen Moscheen entspricht. In der Türkei übernimmt der Staat die Kosten der Moscheen für Strom und Wasser und bezahlt die Gehälter der Imame in den Moscheen. Diese Imame sind Beamten im Staatsdienst gleichgestellt.

Die Aleviten fordern, dass ihren Geistlichen *(Dede)* ebenfalls vonseiten des Staates ein Gehalt gezahlt wird. Des Weiteren fordern sie, dass aus den Schulbüchern für den Religionsunterricht Passagen herausgenommen werden, die eine klar antialevitische Tendenz zeigen. Leider kam es bisher – ähnlich wie in der Kurdenfrage – zu keiner Lösung.

„Auch ich bin ein Alevit" – diese Aussage stammt von Fethullah Gülen. In den 1990er Jahren äußerte er sich wiederholt in diese Richtung. In einem Interview der Zeitung *Milliyet* vom 8. Juli 1995 sprach er über die Gründe für dieses Statement:

„Die Liebe zur Familie des Propheten Muhammed und die sufischen Einflüsse im Alevitentum waren während meiner Kindheit, der Ausbildung an der Medrese, im Kloster oder später in den Leitlinien des Bediuzzaman stets sehr präsent. Zu Hause glühte die Liebe zur Familie des Propheten so sehr, dass ich dem ehrwürdigen Ali weit mehr zugewandt war als allen anderen Weggefährten Mohammeds. Die Bedeutung aller Gefährten wie des ehrwürdigen Ebu Bekr, des ehrwürdigen Umar und des ehrwürdigen Uthmen ist unbestritten. Auch ihnen gebührt Liebe und Verbundenheit. Daher habe ich mich sehr darum bemüht, dass meine liebevolle Anhänglichkeit zum ehrwürdigen Ali nicht meine Liebe zu den anderen Gefährten in den Schatten stellt. Der ehrwürdige Ali ragt als der „Löwe Gottes", als Schwiegersohn des Propheten, durch seine besonderen Tugenden sowie aufgrund der Tatsache, dass er der Stammvater sehr großer Heiliger ist, die bis zum Jüngsten Tag aus der Linie des Gesandten hervorgehen, unter allen Gefährten heraus. In dieser Hinsicht stechen auch seine Söhne, die ehrwürdigen Hassan und Huseyn hervor. Das ist der Grund, weshalb ich mich im Hinblick auf den Sufismus und die Heiligen des Alevitentums so geäußert hatte. So wie auch die Rechtsschule der Hanefiten, der ich angehöre, sich zu großen Teilen auf den ehrwürdigen Ali gründet, besteht auch eine enge Beziehung zwischen dem ehrwürdigen Ebu Hanife, dem Begründer der Rechtsschule der Hanefiten, und dem ehrwürdigen Dschafer es-Sadiq, dem Begründer der schiitischen Rechtsschule. In unserem Berufsstand spielt Hassan eine grundlegende Rolle. Der ehrwürdige Hassan hat im Streit um das Kalifat dem ehrwürdigen Muawiya nachgegeben, so die Einheit der islamischen Gemeinschaft geschützt und ein Blutvergießen unter Muslimen verhindert. Mit anderen Worten: Er hat durch sein eigenes Handeln gezeigt, dass das eigentlich Wichtige die Einheit der Muslime ist. Ihm ging es nicht um Politik, um gesellschaftliche Stellung und Ämter. Genau in dieser Bedeutung folge ich den Spuren des ehrwürdigen Hassan und denke, dass unsere Herzen allen Aleviten gegenüber offen sind, die den ehrwürdigen Ali, die ehrwürdige Fatima sowie die ehrwürdigen Hassan und Huseyn lieben. Wir öffnen unsere Herzen weit, und ich kann sagen, dass wir Aleviten aus allen gesellschaftlichen Schichten bereitwillig unsere Unterstützung anbieten. Ich würde ohne Weiteres mein Leben in ihre Hände geben.

In diesem Sinne sagte ich in Verbindung mit den Ereignissen von Gaziosmanpascha: ‚Auch ich bin ein Alevit.' Auch meine Mutter war in dieser Hinsicht eine Alevitin. Auch mein Vater war in dieser Hinsicht ein Alevit. Denn mein Vater war es, der mich diese Gefühle und diese Gedanken lehrte. Ja, er war es, der mir die Heldentaten des ehrwürdigen Ali immer wieder erzählte und sie so in meinem Geist und in meinem Gedächtnis fest verankerte."

„Lasst uns nicht zugunsten einer einzigen Brücke alle anderen Brücken niederreißen"

Bevor wir darauf eingehen, wie Fethullah Gülen seine Position zur Aleviten-Frage erklärt, möchten wir noch einen Blick auf die Ereignisse von Gaziosmanpascha werfen. Es war die Nacht des 12. März 1995, als im Istanbuler Bezirk Gaziosmanpascha im Stadtviertel Gazi unbekannte Männer in ein Kaffeehaus stürmten und einen Geistlichen der Aleviten töteten. In dieser Nacht und während des folgenden Tages kam es in den Istanbuler Bezirken Gaziosmanpascha und Ümraniye zu großen Ausschreitungen. 21 Menschen wurden getötet, Dutzende verletzt.

Es gibt noch ein Ereignis, das – wie die Geschehnisse von Gaziosmanpascha – die Aleviten in den 1990er Jahren in den Fokus der politischen Debatte rückte: Der Tod von 37 Menschen, die am 3. Juli 1993 in Sivas in den Flammen des Hotels Madımak qualvoll erstickten. Dies war in der Geschichte der Türkei eine der größten Provokationen mit dem Ziel, den Konflikt zwischen Aleviten und Sunniten anzuheizen.

Wenn man die Themen anordnen würde, die ganz oben auf der Tagesordnung der Fragen stehen, die Gülen seit den 1990er Jahren in den Printmedien und im Fernsehen bis heute immer wieder anspricht, so wäre es wohl die Aleviten-Frage.

Tatsächlich stand im Sommer 2013 das Thema Aleviten rund um die Gezi-Park-Proteste im Istanbuler Stadtteil Taksim, in Verbindung mit dem Projekt für Moscheen und alevitische Gebetshäuser *(Dschem-Evi)* in Ankara im Stadtteil Mamak und im Zusammenhang mit der Namensgebung der dritten Bosporus-Brücke „Yavuz Sultan Selim" erneut ganz oben auf der Agenda der Türkei.

Die Demonstrationen im Istanbuler Stadtteil Taksim begannen zunächst als Reaktion auf die Pläne zur Bebauung des Gezi Parks. Dann wurde jedoch den Medien per „stille Post" folgende Meldung zugespielt: „Hinter den Demonstrationen stecken die Aleviten. Die meisten der Festgenommenen sind Aleviten."

Danach kam es zu Unmut in der alevitischen Gemeinde, als bekannt wurde, dass die dritte Bosporus-Brücke nach Yavuz Sultan Selim (Sultan Selim I.) benannt werde. Auf dem Höhepunkt der Spannungen in der Türkei sagte Gülen am 18. Juni 2013:

„Der Ton macht die Musik. Daran sollte man immer denken. Sie mögen sich einer Sache erfreuen, die ihrer Lebensart und ihrem Naturell entspricht; wenn sie jedoch beginnen, dies zu verallgemeinern, mag es sein, dass ungewollt Antipathien entstehen. Es ist falsch, Sachlagen, die lediglich Details betreffen, derart Bedeutung einzuräumen. Bestehende Brücken werden niedergerissen. Wenn solche Detailfragen Menschen entfremden, sollte man meiner Meinung nach davon Abstand nehmen. Man sollte sich mit den Menschen auf der Grundlage von Gemeinsamkeiten verständigen. [...] Worin unterscheidet sich beispielsweise der Derwischtanz *(sema)* des ehrwürdigen Mewlana Dschelaleddin Rumi von den rituellen alevitischen Tänzen *(semah)*? Ihr führt den *sema*-Tanz bei euren Folklore-Abenden auf und beklatscht ihn. Was wäre denn, wenn zwei sunnitische Gläubige an einem rituellen Tanz der Aleviten teilnehmen würden? So könnte man mal im Monat Muharrem[81], mal im Monat Ramadan[82] zusammenkommen, gemeinsam das Fasten brechen und dem Tanz der Derwische und dem Tanz der Aleviten zusehen. Lasst uns doch angesichts dieser Gemeinsamkeiten zwischen Aleviten und Sunniten nicht für ein paar Nebensächlichkeiten – eine Brücke – die Grundlagen[83] opfern. Wir beten den Einen Gott an, glauben an den einen Propheten und haben die eine Religion; eins, eins, eins – wir sind eins.

---

81 Der Monat Muharram ist der erste Monat des islamischen Kalenders. In diesen Monat fällt das Aschura-Fest, bei dem Massaker von Kerbela und ihrer Opfer gedacht wird, unter denen sich auch der Enkel des Propheten, Huseyn, und seine Familie befanden. In diesem Monat fasten die Aleviten zwischen drei und zwölf Tagen.

82 Ramadan ist der Fastenmonat der Muslime. Es gibt Aleviten, die nicht den Monat Ramadan, sondern den Monat Muharrem fastend verbringen.

83 Ar. *usūl*: die wichtigsten Grundlagen der Religion.

Wenn wir anfingen aufzuzählen, würden wir sehen, dass viele Brücken zwischen uns bestehen: Gott, der Prophet und der Koran. Und wir würden sehen, dass uns Brücken verbinden, die auf gemeinsamen Werten wie denen des Ahmed Yesevi, Mewlana Dschelaleddin Rumi und Yunus Emre basieren. Indem man eine Brücke baut, die die beiden Seiten des Bosporus miteinander verbindet, und ihr den Namen Yavuz Sultan Selim gibt bzw. ein solches Detail in einer Art und Weise betont, dass es in aller Munde ist, als wäre es das entscheidende Thema schlechthin, missachtet man all diese [Werte-]Brücken. [...] Näherst du dich deinen Mitmenschen, nähern auch sie sich dir. Bist du ihnen gegenüber höflich, werden sie es dir gegenüber auch sein; akzeptierst du sie, werden sie auch dich akzeptierten. Vergiss nie, dass deine Mitmenschen von dir das Gleiche erwarten, was du von ihnen erwartest." *(20. Juni 2013, Zaman)*

Aleviten und Sunniten erkennen sich gegenseitig nicht an

Wenn man die Äußerungen Gülens zur Aleviten-Frage betrachtet, kann man sehen, dass er seit den 1990er Jahren bis hin zu seiner Äußerung vom 18. Juni 2013 zur dritten Bosporus-Brücke („Lasst uns nicht um einer Brücke willen alle anderen niederreißen") folgende drei Themen besonders betont:

1. Aleviten und Sunniten erkennen sich gegenseitig eigentlich nicht an. Trotz der Brücken, die zwischen ihnen bestehen, herrscht eine ernste Entfremdung vor. Dieser Entfremdung muss ein Ende gesetzt werden.

2. Die hauptsächlich auf mündlicher Überlieferung beruhende Kultur der Aleviten wird missbraucht und man verhin-

dert die Auseinandersetzung der jüngeren Generation mit den schriftlichen Quellen des Alevitentums; eine solche Auseinandersetzung muss herbeigeführt werden.

3. Alevitische Gotteshäuser *(Dschem-Evi)* müssen eröffnet werden. Mehr noch: Als Symbol des alevitisch-sunnitischen Miteinanders sollten Moscheen und alevitische Gotteshäuser nebeneinander errichtet werden.

Den Gedanken, eine Moschee und ein *Dschem-Evi* nebeneinander zu errichten, äußerte *Hodschaefendi* sowohl in den 1990er Jahren als auch in seiner Rede im Jahr 2013.

Schließlich wurde am 8. September 2013 in Ankara der Grundstein für dieses Projekt gelegt. Der Name des Projekts: „Moschee, *Dschem-Evi* und Kulturzentrums-Komplex".

Sollte die Türkei unfähig sein, eine Moschee neben einem *Dschem-Evi* zu errichten, wo doch seit Jahrhunderten Moscheen, Synagogen und Kirchen nebeneinander existieren? Waren nicht wir es, die 600 Jahre lang die Existenz von nahezu 20 Nationalitäten sowie annähernd 20 Religionen und Konfessionen sicherte?[84]

Moscheen und alevitische Gotteshäuser – die Bedeutung des Projekts

Fethullah Gülen sagte in einem Interview der Zeitung *Milliyet* vom 8. Juli 1995 bezüglich des gemeinschaftlichen Projektes

---

84 In Berlin entsteht ab 2019 etwas weltweit Einmaliges: Juden, Christen und Muslime bauen gemeinsam ein Haus, unter dessen Dach sich eine Synagoge, eine Kirche und eine Moschee befinden. Siehe: https://house-of-one.org/de

einer Schule, einer Moschee und eines *Dschem-Evis*, welches er Anfang der 1990er Jahre in Izmir-Narlıdere initiierte, Folgendes:

„Wir saßen mit einer Abordnung der alevitischen Gemeinde, unter ihnen auch einige alevitische Geistliche *(Dede)*, an einem Tisch zusammen und erörterten einige Themen. Sie boten mir die Zusammenarbeit beim Bau eines *Dschem-Evis* an. [...] Hierzu kann ich Folgendes sagen: Das Alevitentum hat seine mündlich überlieferte Kultur über Jahre hinweg bewahrt. Ich bin der Meinung, dass sie nun im Zeitalter der Wissenschaft zu ihren schriftlichen Quellen zurückkehren sollten. Darüber hinaus werden meine alevitischen Mitbürger meinen Gefühlen und Gedanken gegenüber Respekt zeigen, so wie ich ihren Gotteshäusern gegenüber Respekt bekunde. [...] In einer Zeit, in der innerislamische Machtkämpfe und diverse Vorkommnisse zwischen den Gefährten Mohammeds der Vergangenheit angehören, ist ein Konflikt zwischen Aleviten und Sunniten ganz klar fehl am Platz, und gegenwärtig ist auch keine Rede von irgendwelchen Tatbeständen, die einer solchen Spaltung Vorschub leisteten."

Auf diesen Umstand geht Gülen erneut im Januar 2014 in einem Interview des Fernsehsenders BBC ein. Der Journalist der BBC fragte ihn:

„Sie sprechen auf internationaler Ebene vom Dialog zwischen den Glaubensüberzeugungen; allerdings gibt es in der Türkei schon eine tiefe Kluft zwischen Sunniten und Aleviten. Man begegnet schon in den 1995er Jahren Äußerungen Ihrerseits zu einem gemeinschaftlichen Projekt von Dschem-Evi und Moschee. Als man jedoch daranging, das Projekt zu verwirklichen, brachten

einige Kreise innerhalb der Aleviten die starke Befürchtung zum Ausdruck, sie könnten assimiliert werden. Was sagen Sie zu derartigen Befürchtungen?"

Gülen antworte wie folgt auf diese Frage:

„Sie erwähnten es bereits, es muss so in den 1995er Jahren gewesen sein, als dieses Moschee-Dschem-Evi-Projekt angegangen wurde. Wir glaubten, dass dies im Hinblick auf das friedliche Miteinander von Aleviten und Sunniten in der Türkei ein wichtiger Schritt sei. Vielleicht hatten wir uns getäuscht, der Mensch kann sich in allem täuschen. Aber viele befürworteten das Projekt. Einige sahen es als ‚Assimilation'.

Bei dem Moschee-*Dschem-Evi*-Projekt ging es niemals um Assimilation von irgendjemandem. Allerdings wurde den Sunniten seit Jahren suggeriert, die Aleviten würden sie – Gott bewahre – wie die Kannibalen fressen; auch den Aleviten wurde suggeriert, die Sunniten würden sie wie die Kannibalen fressen. Da der türkische Staat den Aleviten gegenüber solch eine Haltung zeigte – wenn man an die Ereignisse der Jahre 1937/1938 in Dersim[85] denkt –, und vor dem Hintergrund dieses Traumas, hat man diesen unbegründeten Gerüchten Glauben geschenkt. So sind die Menschen: Der eine geht in die Moschee und verrichtet das rituelle Gebet, der andere geht ins *Dschem-Evi* und tanzt *semah*. Manchmal essen sie, wenn sie Ausgehen, an den gleichen Orten, sitzen in den Teegärten und trinken Tee und sehen, dass keiner den anderen frisst. Dieser Kannibalismus-Gedanke hat

---

85 Der Dersim-Aufstand bzw. das Dersim-Massaker geschah in den Jahren 1937 und 1938. In der Provinz Dersim (heute Tunceli) kam es unter der Führung von Seyyid Riza zum Aufstand, welcher brutal niedergeschlagen wurde. Hierbei wurden schätzungsweise 5–10 % der 65 000 Einwohner der Region getötet.

sich förmlich ins Unterbewusstsein eingebrannt. Die Zeit wird zeigen, wie weit man mit diesen Trugbildern weiterleben kann.

Eigentlich war das Projekt vor 15 bis 20 Jahren bereits beschlossene Sache. Sogar die Medien berichteten darüber. Das ist also nichts Neues. Aber es entstand ein medialer Hype, der vielleicht auch von Nutzen war. Man hätte ähnliche Projekte auch anderenorts verwirklichen können; was in Ankara möglich war, wäre auch in Izmir und Istanbul denkbar, in allen Gegenden, in denen vorwiegend alevitische Mitbürger leben.

Diesen Projekten würden seitens der Religionsbehörde die gleichen Möglichkeiten eingeräumt werden, die auch der sunnitischen Gemeinschaft gewährt wurden. Dies wurde schon geprüft. Alevitische Geistliche *(Dede)* mögen kommen und die Verantwortung in ihren Gemeinden übernehmen, und man würde ihnen ein monatliches Gehalt bewilligen. Sie mögen ihre Werte dort ausleben und repräsentieren. Auch die Sunniten mögen ihre Werte repräsentieren. Es war ein verbindender Ansatz, um Brüderlichkeit in die Praxis umzusetzen. Niemand dachte auch nur im Geringsten an Assimilation.“ *(27. Januar 2014, BBC, Güney Yıldız)*

Die alevitische Kultur stellt eine besondere Bereicherung dar

Im Juli 1997 unterstrich Gülen in einer Serie von Interviews für die Zeitung *Yeni Yüzyıl* die Bedeutung des 1994 begonnenen Prozesses des Dialogs und der Toleranz für den alevitisch-sunnitischen Zusammenhalt; im neunten Teil der Serie, der am 28. Juli 1997 veröffentlicht wurde, äußerte er sich wie folgt:

„Ich kenne einige, deren Forschungsgebiet speziell das Alevitentum ist. Ihrer Meinung nach stellt das Alevitentum in der

Tat eine besondere Bereicherung dar. Ich denke, diese Kultur sollte nicht aufgrund sunnitischer Bedenken abgelehnt werden, man sollte sie würdigen.

Wenn man einmal von alledem absieht und wir zwischen ihnen und uns erneut eine Einheit und eine Brüderlichkeit aufbauen, deren eine Nation bedarf, so denke ich, dass sich Kulturfluss und Kulturaustausch von allein ergeben werden. Das heißt, es werden Möglichkeiten erwachsen, die uns gegenseitig bereichern. Sich auf diese Art und Weise anzunähern und kennenzulernen erfordert besonderes Fingerspitzengefühl. In die Seele und Geisteswelt des anderen tief einzutauchen und daraus gegenseitig zu profitieren, ist eine weiterer Aspekt dieses Themas. Im Hinblick auf diesen Zusammenhalt und diese Bereicherung sollten auch die Aleviten sich den Sunniten gegenüber öffnen. Gegenwärtig scheint diese Thematik jedoch von einigen Kreisen noch missbraucht zu werden.

Wie oben bereits erwähnt: Toleranz und Dialog mögen in der Türkei zwar einigen Kreisen manche existenziell wichtigen Dinge verheißen, aber der eigentliche Nutzen, so scheint mir, erschließt sich für die alevitisch-sunnitischen Beziehungen: Der künstlich geschaffene Eisberg zwischen uns wird zum Schmelzen gebracht.“ *(28. Juli 1997, Yeni Yüzyıl, Nevval Sevindi)*

Streit in der Moschee, Frieden im Hof

Gülen sagte im Juni 1995 in einer Gesprächsrunde mit Redakteuren und Geschäftsführern der Zeitung *Zaman*: „Meine Bestrebungen gelten der Verbrüderung von Rechten und Linken, von Aleviten und Sunniten.“ *(24. Juni 1996, Zaman)*

Im August des gleichen Jahres formuliert *Hodschaefendi* in einem Interview mit Oral Çalışlar, einem Redakteur der Zeitung *Cumhuriyet*, wie in der Türkei die Gefahr eines Konfliktes zwischen Aleviten und Sunniten abgewendet werden könnte:

„Wenn wir wenigstens auf einer Seite den Gedanken an gewalttätige Zusammenstöße ausmerzen könnten, würden die Fäuste der gegnerischen Seite ins Leere schlagen." *(22. August 1995, Zeitung Cumhuriyet, Oral Çalışlar)*

In einer Gesprächsrunde mit einer Gruppe von Autoren und Journalisten sagte Gülen im März 1995:

„Die Wellen in der Türkei brechen sich selbst, sie ergänzen sich nicht. Diese Wellen, die sich vereinigend stärker werden sollten, kreuzen sich stattdessen und neutralisieren sich so." *(19. März 1995, Akşam, Ömer Çavuşoğlu und Meriç Köyatası)*

Gülen zufolge war genau dies das Ergebnis, das man mit der Polarisierung säkular - anti-säkular, kemalistisch - religiös eigentlich erreichen wollte. Gülen sagte im Januar 1997: „Diese Spaltungen sind Bemühungen, den Aufstieg der Türkei zu sabotieren. Eigentlich müsste die Türkei zurzeit förmlich nach oben katapultiert werden - stattdessen stutzt man unsere Flügel."[86] *(24. Januar 1997, Sabah, Hulûsi Turgut)*

Sofern sich alle Gesellschaftsschichten in der Türkei aufeinander zubewegten und die Mauern zwischen ihnen niederris-

86 Gülen ist für eine Türkei, die in Harmonie lebt, in der sowohl kemalistisch als auch religiös orientierte Menschen zusammenleben können. Dabei steht er für eine stärkere Türkei ein, die auf ihrem Weg in die EU Harmonie zwischen der islamischen und der christlichen Welt schaffen soll. Der Lehrmeister ist gegen Spaltungen. Er spricht sich nicht gegen Meinungsunterschiede aus, wohl aber gegen Spaltungen aufgrund von Ethnie oder religiösen Überzeugungen. In einem harmonischen Staatsgefüge gebe es Raum für viele Überzeugungen.

sen, würde die Polarisierung ein Ende finden und man würde auch denen keine Chance auf Erfolg geben, die Vorfälle wie die in Gazi oder Madımak erneut organisieren wollen. *Hodschaefendi* bringt dies prägnant auf den Punkt:

„Wenn wir in den Moscheen übereinander herfallen, sollten wir uns bemühen, noch auf dem Weg in die Moschee, im Hof, nach Wegen zur Versöhnung zu suchen."

Gülen glaubt, dass den Intellektuellen bei der Bewältigung dieser kritischen Phase in der Türkei eine entscheidende Rolle zufällt. Das ist jedoch nur möglich, wenn sich alle Intellektuellen der Türkei unabhängig von ihren Anschauungen an einen Tisch setzen und miteinander in Dialog treten. Nur so kann man nach Jahren der Anarchie und des wirtschaftlichen Niedergangs, die durch Konflikte zwischen Linken und Rechten hervorgerufen wurden, die gegenwärtigen Lagerkämpfe zwischen Türken und Kurden, Aleviten und Sunniten, säkularen und antisäkularen Kräften überwinden. Jedem Linken zu unterstellen, er sei ein totalitärer und kommunistischer Träumer; jedem Nationalisten zu unterstellen, er sei Rassist, Chauvinist, Faschist und ein Nazi; jedem religiös Frommen zu unterstellen, er sei reaktionär und fanatisch, bringt das Land nicht voran.

„Die auf mündlicher Tradition beruhende alevitische Kultur sollte sich ihren schriftlichen Quellen zuwenden"

Fethullah Gülen regt in einem Interview der Zeitung *Yeni Yüzyıl* vom 28. Juli 1997 an, dass die Aleviten, deren Kultur sich auf mündlich überlieferte Traditionen gründet, auch eine aus ihren schriftlichen Quellen heraus gespeiste Identität entwickeln:

„Das Alevitentum ist eine Kultur, die von mündlicher Überlieferung geprägt ist. Ich habe angeregt, in allen *Dschem-Evi* deren schriftliche Quellen auszulegen, damit ihre Identität einen wissenschaftlichen Charakter gewinnt. Das, was vom Vater an den Sohn weitergegeben wurde, mag an die kommende Generation nicht mehr so weitergegeben werden können. Daher: Sie brauchen Lokalitäten, in denen gelesen wird, Bildungszentren und Lesesäle … Hier sollten in den Bücherregalen das *Maqālāt* des Hadschi Bektasch Weli stehen, die Werke von Mewlana Dschelaleddin Rumi, Yunus Emre und Niyazi Misri – also die Werke all derjenigen, die ihr liebt, und lasst uns die alevitische Kultur, die eine auf mündlicher Tradition beruhende Kultur ist, in eine Buchkultur verwandeln, die überdauert. Es braucht Koordinaten, an denen ihr euch orientieren könnt, wenn ihr miteinander redet. Andernfalls ist der Untergrund zu glatt, man rutscht aus und hat Verständigungsprobleme. Das waren meine Gedanken und meine Anregung.

Ich habe sogar beispielsweise meine Bekannten in Tunceli dazu angeregt, die alevitischen Gotteshäuser *(Dschem-Evi)* dahingehend zu unterstützen. In Izmir Narlıdere wurde ein gemeinsames Schulprojekt angedacht. Dort lebt ein ehemaliger Abgeordneter, ein alevitischer Geistlicher; wir schätzen uns gegenseitig sehr. Wir sprachen darüber, ein *Dschem-Evi* und nebenan eine Moschee zu bauen … Die Toleranz der Osmanen: neben der Kirche eine Moschee, neben der Moschee eine Synagoge … All das war Realität und sehr erfreulich. Dies ist sehr wichtig, um die Härten und Schärfe, die durch Ignoranz und Unvernunft entstehen, aufzubrechen." *(28. Juli 1997, Yeni Yüzyıl, Nevval Sevindi)*

Die größte Gefahr: ein Konfessionskonflikt

Hodschaefendi sagte in einer Rede im August des Jahres 1993: „Der schrecklichste Terror, den die Türkei der Zukunft erwartet, ist der Konfessionskonflikt."

Diese Warnung sprach Gülen bereits zwei Jahre vor den Geschehnissen in Gazi, Istanbul, aus.

Eineinhalb Monate vor den Ereignissen von Gaziosmanpascha teilte Fethullah Gülen der damaligen Ministerpräsidentin Tansu Çiller seine Befürchtungen und Gedanken im Hinblick auf eine Lösung der Alevitenfrage mit. Nach Gülens Meinung befand sich die Türkei damals in einem Prozess des Zerfalls. Dieser Zerfall hätte die Türkei in die blutigen Auseinandersetzungen der Zeit vor 1980 treiben können. Menschen in der Türkei standen sich wie zwei verfeindete Lager gegenüber, die sich, zu beiden Seiten eines gewaltigen Abgrundes stehend, hasserfüllt beäugten. Jedoch war dies ein künstlicher, von uns selbst geschaffener Abgrund, wofür es keinen rationell nachvollziehbaren Grund gab.

Ein Tag nach den Ereignissen von Gaziosmanpascha gab Fethullah Gülen am 13. März 1995 dem Fernsehsender Samanyolu TV ein Interview. Hier die relevanten Teile:

Die erste Frage lautete:

„Gestern gab es in Gaziosmanpascha, Istanbul, erneut Verbrechen, deren Täter unbekannt sind. Während des Amoklaufs in vier von alevitischen Mitbürgern gerne frequentierten Cafés gab es Tote und eine erhebliche Zahl von Verletzten. Was denken Sie über diesen Vorfall?"

Ich bin ein Alevit, der mit Liebe zu Ali erfüllt ist.

Hodschaefendi antwortete ausführlich auf diese Frage. Er sagte:

„Es lohnt sich, sich diesem Thema aus verschiedenen Perspektiven zu nähern. Man kann sagen, dass es jahrhundertelang in einer aus Sunniten und Aleviten bestehenden geeinten Gesellschaft keine Schwierigkeiten gab. In letzter Zeit sind an verschiedenen Orten kleinere Vorkommnisse zu verzeichnen gewesen. Ich bin mir sicher, in Zukunft wird man mit [entzweienden Unternehmungen] keinen Erfolg haben. Diejenigen, die meinen, sie könnten Aleviten und Sunniten gegeneinander aufhetzen, werden ihre Ziele nicht erreichen. Ihre Gier wird ihnen im Halse stecken bleiben.

Man kann sagen, dass die türkische Gesellschaft in gewisser Hinsicht als Gesamtheit alevitisch ist. Selbst in Gegenden, in denen der alevitische Glaube sehr bewusst ausgelebt wird, ist die aufrichtige Liebe zu Ali nicht so ausgeprägt wie in der Türkei. Jeder unserer Gläubigen fühlt sich zum ehrwürdigen Ali ebenso stark hingezogen wie zum Islam selbst und den rechtgeleiteten Kalifen. Wenn man die Thematik aus dieser Sicht auf den ehrwürdigen Ali bezieht, kann man sagen, dass alle Muslime Aleviten sind und ein Konflikt zwischen Aleviten und Sunniten gegenstandslos ist.

Ich verabscheue diesen niederträchtigen Angriff auf alevitische Mitbürger in Gaziosmanpascha zutiefst. Die Aleviten sind unsere Brüder.

Wie bereits dargelegt, trage ich wie jeder aufgeschlossene Alevit die Liebe zu Ali in meinem Herzen. Wegen Kerbela habe ich ein Meer an Tränen vergossen. In keinem alevitischen Heim, in keinem *Dschem-Evi* wurde vermutlich so sehr darum getrauert. Daher entspricht es meinem Naturell, auch Abscheu für die Ereignisse [in Gaziosmanpascha] zu empfinden. [...] Und ich denke, dass auch unser Volk diese Gefühle teilt. Ich denke, das Volk wird mit seiner Abscheu eine solche Entwicklung im Keim ersticken. [...]

Ich vermute, dass diese Angriffe auf die Aleviten von irgendjemand geplant wurden, um daraus einen Konflikt zwischen Sunniten und Aleviten erwachsen zu lassen. Besonnene Menschen können mit ihrer Gelassenheit dieses Problem in der Weite ihres Herzens ersticken. Allerdings sollte man auch den Geisteszustand und die Stimmung der Massen nicht unterschätzen. [...]

In der Gegenwehr gegen solch eine Anarchie sollte man selbst nicht zu anarchischen Mitteln greifen. Sonst würde jeder zu den Waffen greifen, um sein Recht durchzusetzen; nach eigenem Gutdünken für Gerechtigkeit zu sorgen führt nur zu weiterem Unrecht, und die Rechte aller würden mit Füßen getreten. Es gibt den Staat, es gibt die Sicherheitskräfte. In Bezug auf den Rechtsstaat mag manch einer seine Bedenken haben, aber es bedarf der Sicherheit.“ *(13. März 1995, Samanyolu TV, Hidayet Karaca)*

Hätte doch Sultan Selim I. den Weg der Diplomatie beschritten

Zu guter Letzt wollen wir noch einen Teil der Rede Gülens vom Juni 2013 wiedergeben, in der er davon sprach, „keine Brücken einzureißen". Er bezieht sich auf den Widerstreit zwischen Sultan Selim I.[87] und Schah Ismail I.[88] wie folgt:

„Ich habe schon immer gesagt: Gab es für Sultan Selim denn, als er in der Schlacht bei Tschaldiran Schah Ismail gegenüberstand, keine Möglichkeit, den Konflikt diplomatisch zu lösen? Hätten sie doch den Weg der Diplomatie bis zum Ende beschritten. Dann wäre das Unglück nicht wie ein Schmiedehammer auf sie niedergefahren. Wäre doch daraus kein Hass, Groll und Zorn entstanden." *(20. Juni 2013, Zaman)*

Der Konflikt zwischen Aleviten und Sunniten ist mehr eine politische denn eine religiöse Frage. Es gibt keinen rationell nachvollziehbaren Grund, weshalb Aleviten und Sunniten in der Türkei nicht wie viele andere Religionen auch friedlich zusammenleben könnten. Leider gibt es wie bei der Kurdenfrage als Erbe der Geschichte festgefahrene Probleme, die immer noch für Spannungen zwischen Aleviten und Sunniten sorgen. Seit Gründung der Republik vertieften blutige Auseinandersetzungen mit Hunderten von Opfern die Gräben weiter. Um einen Neuanfang in den Beziehungen von Aleviten und Sunniten zu gewährleisten, müssten den Forderungen der Aleviten Aufmerksamkeit geschenkt und Lösungen erarbeitet werden. Da es in der Türkei keine statistischen Erhebungen über die Konfessi-

---

87 Sultan Selim I. (gest. 1520): Er wird als der größte Sultan der osmanischen Dynastie betrachtet. In seiner achtjährigen Regierungszeit verfolgte er eine erfolgreiche Ostpolitik und führte das Reich militärisch, territorial und wirtschaftlich zu nie dagewesenem Glanz.

88 Schah Ismail (Hatā'ī) (gest. 1524): Der bekannteste und erfolgreichste Schah der turkmenischen Safawiden, dessen Sprachgewandtheit bis heute in seiner berühmten türkischen Sufi-Lyrik fortlebt. Er zählt zu den wichtigsten sieben Dichtern des Alevitentums und ist unter dem Pseudonym Schah Hatā'ī bekannt.

onszugehörigkeit gibt, stehen keine belastbaren Daten über die Größe der alevitischen Bevölkerung zur Verfügung. Man schätzt sie auf fünf bis zehn Millionen. Das Gleiche trifft auch auf die Bevölkerungszahlen der Kurden zu, denn bei den Volkszählungen wird nicht nach ethnischer Zugehörigkeit gefragt.

Aleviten und Kurden besitzen in der Türkei nicht den Status einer Minderheit. Im Vertrag von Lausanne wurde Griechen, Armeniern und Juden der Status einer Minderheit zugesprochen. Nun liegt es an der Türkei, Aleviten und Kurden ihre Rechte zu gewähren, damit diese sich als Bürger erster Klasse fühlen können. Leider unternimmt die Politik seit Jahren keine Schritte in diese Richtung.

2007 schien es einen Durchbruch zu geben. Erdoğan und der alevitische Intellektuelle und Romanautor Reha Çamuroğlu nahmen sich der Problematik an und es begann ein Prozess der Öffnung. Damals war Çamuroğlu Parlamentsabgeordneter und Berater Erdoğans. Man setzte sich wiederholt mit Religionswissenschaftlern, Soziologen, Politologen und Interessenvertretern verschiedener alevitischer Verbände zusammen. Leider kam man zu keinem Ergebnis. Reha Çamuroğlu trennte sich daraufhin von Erdoğan. Çamuroğlu, der Autor des Romans „Schah Ismail", beziffert die Kosten, die der Staat für die Besoldung alevitischer Geistlicher *(Dede)* und die Anerkennung der *Dschem-Evis* als Anbetungsstätte aufbringen müsste, auf drei Millionen Dollar – ein geringer Betrag angesichts des immensen Nutzens, den eine Befriedung des Konflikts mit sich bringen würde. Stattdessen wird die Lösung Jahr für Jahr weiter verschleppt.

9. Die Kurdenfrage

Im Osmanischen Reich lebten eine Vielzahl von ethnischen Gruppen und Religionen miteinander. Nachdem 1923 die Republik Türkei gegründet wurde, gab man dem Modell „Nationalstaat" den Vorzug und die Kurden gelten seitdem offiziell nicht mehr als eigene ethnische Gruppe. Die Definition des Staatsbürgers in der Verfassung basiert auf dem „Türkentum", und es wurden sogar Thesen vorgebracht, die Kurden seien die alten „Bergtürken". In den ersten Jahren der Republik bis in das Jahr 1938 gab es im Osten der Türkei viele Aufstände der kurdischen Bevölkerung, die blutig niedergeschlagen wurden. Prominente kurdische Familien wurden schrittweise gezwungen, ihre Heimat zu verlassen und in westlich gelegene Provinzen umgesiedelt. In den 1970er Jahren kam die Kurdenfrage besonders in universitären Kreisen wieder auf die Tagesordnung. Nach dem Militärputsch am 12. September 1980 beschloss die Militärjunta harte Maßnahmen: Alle kurdischen Bewegungen wurden als kurdisch-separatistische Umtriebe betrachtet und für illegal erklärt. Es kam zu vielen Verhaftungen. Es wurde sogar ein Gesetz verabschiedet, das es untersagte, Kurdisch zu sprechen. 1978 wurde die PKK (*Partiya Kerkerên Kürdistanê* – Arbeiterpartei Kurdistans) gegründet [die auch in Deutschland als Terrororganisation eingestuft wird]. Ihr bewaffneter Widerstand begann im August 1984 mit dem Angriff auf einen Militärposten und die Wohngebäude von Soldaten in Siirt, einer Provinz im Osten der Türkei. Das war der Beginn einer sehr blutigen Phase in der Türkei. Über den östlichen Provinzen, in denen viele Kurden leben, wurde der Ausnahmezustand verhängt. Seit 1984 kamen bei bewaffneten Übergriffen der PKK Tausende Soldaten und Polizeibeamte ums Leben und Zehntausende Anhänger der PKK wurden bei Operationen des türkischen Militärs in der Türkei und im Nordirak getötet.

Der Anführer der PKK, Abdullah Öcalan, fand über einen Zeitraum von dreißig Jahren in Syrien Unterschlupf, musste gegen Ende des Jahres 1998 Syrien verlassen und wurde im Februar 1999 vom amerikanischen Geheimdienst in Kenia festgenommen und an die Türkei ausgeliefert. Das war aber nicht das Ende der PKK. Öcalan wurde zwar zu lebenslanger Haft verurteilt und auf eine Gefängnisinsel im Marmarameer verbannt, doch die PKK begann 2004 nach fünf Jahren, in denen sie sich verpflichtet hatte, keine Aktionen durchzuführen, erneut mit bewaffneten Überfällen. Für die Türkei bedeutete das aufs Neue eine Phase des Blutvergießens.

Unter dem Druck führender Intellektueller in der Türkei begannen im Januar 2013 Gespräche zwischen der Regierung und der PKK, die als „Lösungsprozess" bezeichnet wurden. Abgeordnete der im Parlament vertretenen kurdischen Partei HDP versuchten, zwischen der Regierung und der Führung der PKK, die sich in die Kandil-Berge im Irak zurückgezogen hatte, zu vermitteln. Während die Gespräche im Gang waren, kam es zu relativ wenigen bewaffneten Übergriffen. Allerdings kündigte Präsident Tayyip Erdoğan nach den Wahlen vom 7. Juni 2015 den Lösungsprozess auf; die Kurdenpartei HDP war mit 80 Abgeordneten ins Parlament eingezogen. Erdoğan erwartete, dass die Kurdenpartei an der 10 %-Hürde scheitern würde und er so mit den Stimmen der Abgeordneten seiner eigenen Partei das Präsidialsystem in der Türkei einführen könnte. So fand der bereits zweieinhalb Jahre andauernde Lösungsprozess ein jähes Ende und die blutigen Auseinandersetzungen mit der PKK begannen erneut. Die PKK äußerte sich dahingehend, dass Erdoğan sie für seine politischen Ziele missbraucht und zweieinhalb Jahre hingehalten habe. In den vergangenen Jahren haben von der PKK unterstützte syrische Kurden im Norden Syriens einige Gebiete unter ihre Kontrolle gebracht; in der Stadt Kobane erklärten sie die Autonomie dieser Region. Die Türkei erkennt die Autorität der syrischen Kurden in diesem Gebiet jedoch nicht an. In den vergangenen Jahren spielten Anhänger der PKK aus Syrien bei Bombenanschlägen, die in verschiedenen Städten in der Türkei Hunderte von Toten forderten, eine immer größere Rolle. Syrische Kurden behaupten, die türkische Armee sei in Syrien einmarschiert, um die Entstehung eines kurdischen Autonomiegebietes zu verhindern.

Nach dem gescheiterten Militärputsch vom 15. Juli 2016 erhöhte Erdoğan den Druck auf die Kurden noch einmal. Zusammen mit Selahattin Demirtaş, dem Vorsitzenden der kurdischen Parlamentspartei, wurde eine Reihe Abgeordneter festgenommen. Mehr als Zehntausend Parteimitglieder wurden ebenfalls festgenommen und inhaftiert.

Es war der 10. Oktober 2011, fünfzehn Monate bevor die Regierung den „Lösungsprozess“ zur Beendigung des Terrors in

Gang setzte. Fethullah Gülen sprach mit engsten Vertrauten, als das Thema auf die Kurdenfrage kam und er sagte:

„Wenn noch ein paar Jahre so vergehen, wird der Staat Schwierigkeiten haben, die Kurdenfrage zu lösen."

In seiner Ansprache an jenem 10. Oktober 2011 zeigte Gülen die Rahmenbedingungen für eine Lösung der Kurdenfrage in der Türkei auf. Besonderes Gewicht legte er dabei auf den menschlichen Aspekt:

„Es bedarf dort der Empathie. [...] Man muss das Grundproblem erkennen und es mit solider Diplomatie lösen. [...] Man darf die Gefühle der Menschen, mit denen wir seit Jahrhunderten zusammenleben, nicht mit Füßen treten. [...] Gewalt ist keine Lösung. [...] Der wirtschaftliche Aufschwung in der Region muss schnellstens vollzogen werden. Wenn die Menschen in der Region weiterhin unter der jahrelangen Vernachlässigung leiden, während es im Nordirak wirtschaftlich schnell aufwärtsgeht, ist das die Ursache diverser Probleme. Ich habe in Bezug auf den Osten und den Südosten [der Türkei] nie die Hoffnung aufgegeben, aber man sollte nicht vergessen, dass man dort Menschen mit Mitgefühl braucht. Menschen im Geist von Yunus[89] und Mewlana[90]. [...] Man muss sich der Gesellschaft

89 Yunus Emre (gest. um 1321): berühmter türkischer Dichter und Sufi des anatolischen Humanismus. Emre bzw. Imre bedeutet „vorbildhafter Verliebter" *(äschiq)*, der voll Gottesliebe erleuchtet ist. Einige Gedichte von Yunus Emre wurden von Annemarie Schimmel ins Deutsche übersetzt.

90 Mewlana Muhammed Dschelaleddin Rumi (gest. 1273): berühmter türkischstämmiger Lehrmeister, Sufi, Dichter und Erneuerer, der seine Werke hauptsächlich in der persischen Sprache verfasste. Er beherrschte die türkische, arabische, persische und griechische Sprache und lebte in Konya. Bekannt wurde er aufgrund seiner Gottes- und Menschenliebe, die er auf beeindruckende Weise in seinen Werken thematisierte. Rumi ist weltbekannt als Lehrmeister der Liebe und Toleranz.

dort in ihrer Gesamtheit annehmen." *(24. Oktober 2011, http://www.herkul.org/bamteli/teror-ve-izdirap)*

„Keine Reaktion auf meinen Brief an die Regierung"

Am 27. Dezember 2015 besuchte ich [F. Mercan] Fethullah Gülen in Pennsylvania. An jenem Tag gab es aus der Türkei wieder Nachrichten über gefallene Soldaten. *Hodschaefendi* wies darauf hin, dass er vor zehn Jahren bezüglich der Lösung der Kurdenfrage einen Brief an die Regierung schrieb:

„Vor zehn Jahren schrieb ich einen Brief. Sorgt für Wirtschaftswachstum in der Region. Der Nordirak gewinnt zunehmend an Bedeutung. Gewährt ihnen im Parlament ihre Rechte. Mir wurde gesagt, es gebe in Istanbul Tausend praktische Ärzte. Eröffnet Gesundheitszentren, diese Ärzte sollten in den Schulen Gesundheitskurse leiten und die Kinder sollten das Gelernte in ihre Familien tragen. Die Polizei sollte in der Kurdenregion offen auf die Menschen zugehen und unbedingt ein paar Sätze in deren Muttersprache sprechen. [Gülen verwendete an dieser Stelle einige Formulierungen wie ‚Wie geht es dir' und ‚Wie heißt du' auf Kurdisch.] Kurdische Richter und Landräte sollten ernannt werden. Die Geistlichen der Moscheen sollten ihre eigenen Leute sein – an ihren Medresen[91] ausgebildete Imame, die

91 Medrese: wörtlich „Studienort". Dieser *Terminus technicus* bezeichnet einen Ort, an dem primär islamische Wissenschaften unterrichtet werden. An den Medresen wurden Koranwissenschaften, Hadithwissenschaften, *Fiqh* und *Usūl el-Fiqh* (islamische Normenlehre und Rechtsmethodik bzw. Philosophie), Sprachwissenschaften, Logik und Mathematik unterrichtet. Das osmanische Schulsystem erkannte sowohl säkulare Schulen *(mekteb)* als auch religiöse Schulen *(medrese)* an. Mit dem Gesetz zur Vereinheitlichung des Schulwesens *(Tevhid-i Tedrisat Kanunu)* im Jahre 1924 hob die säkulare Republik alle Medresen auf. Dennoch setzten sie besonders in Ostanatolien ihre Tätigkeit fort.

auch die Freitagspredigt halten sollten. Alle, die im Auftrag des Staates dorthin entsandt werden, sollten ein paar Sätze Kurdisch beherrschen. Vor zehn Jahren hatte ich diesen Brief geschickt. Da diese Vorschläge jedoch von mir kamen, wurden sie rundweg abgewiesen. Irgendwann wird das nochmal zur Sprache kommen. […] Turgut Özal hatte einige vielversprechende Versuche unternommen. Ich weiß nicht, was sie mit ihm gemacht haben, ob sie ihn vergiftet haben? Der Rechtsmediziner sagte, man habe ihn vergiftet, er könne daher das Gutachten so nicht erstellen. Das Flugzeug des Kommandanten Eşref Bitlis wurde abgeschossen; auch er wollte wie Turgut Özal zu einer Lösung beitragen und hatte einen Plan entwickelt.“[92]

Es gibt keine Staatsräson, die die Vergangenheit angemessen berücksichtigt

Fethullah Gülen äußerte diese Gedanken eigentlich schon Anfang der 1990er Jahre in den Medien. Das Thema, auf das er immer wieder eindringlich hinwies, war: Vergesst nicht die menschliche Dimension der Kurdenfrage.

Schließlich weist er in einem Interview der Zeitung *Zaman* vom 5. November 1993 darauf hin, dass man aufgrund fehler-

92 Das erste Gutachten besagte, dass Turgut Özal 1993 an einem Herzinfarkt gestorben sei. Der damalige Gutachter vermied ein derartiges Gutachten und sagte, dass Turgut Özal aufgrund einer Vergiftung verstorben sei. Das Gutachten wurde manipuliert. Auf Nachfrage seiner Verwandten wurde der Leichnam des ehemaligen türkischen Präsidenten erneut untersucht. Die Gerichtsmediziner wurden von Unbekannten bedroht, dennoch schrieben sie in ihrem Gutachten, dass eine Vergiftung Özals belegt sei. Siehe: http://www.turkiyegazetesi.com.tr/gundem/50316.aspx. Fethullah Gülen weist darauf hin, dass diejenigen, die für die Kurdenfrage greifbare Lösungen anboten, auf mysteriöse Weise ums Leben kamen.

hafter Politik in den Jahren seit Gründung der Republik auf den Begriff „Kurde“ immer gereizter reagiere:

„Bis heute und insbesondere seit Gründung der Republik verdrängte man im Rahmen einer ernsthaften Staatspolitik, die sich unserer Vergangenheit geziemt, das Thema ‚Südosten‘. Im Gegenteil, das Problem breitete sich wie Gangrän aus. Und jetzt ist, wie viele bestätigen, eine Atmosphäre entstanden, in der Gewalt mit Gewalt erwidert wird. Diese Vorgehensweise ist außerordentlich hässlich und beunruhigt unsere Mitbürger im Osten [der Türkei]. So wie Pollen Juckreiz hervorrufen, wenn sie den Körper berühren, führt allein der Begriff ‚Kurde‘ schon zu allergischen Reaktionen. Meiner Meinung nach sollte man den Stil ändern und die Politik der vergangenen Jahre überdenken.“

Das Heil liegt im Frieden – Frieden ist immer heilbringend

20 Jahre nach den Worten Gülens „Wenn ihr die Teilung des Landes verhindern wollt, müsst ihr die Sache anders angehen“ startete die türkische Regierung im Dezember 2012 den „Lösungsprozess“.

Gegen Ende des Jahres 2012 wurden Gespräche mit dem auf der Insel Imrali inhaftierten Führer der kurdischen PKK geführt.

In jenen Tagen fragte sich jeder, wie wohl Fethullah Gülen den von der Regierung eingeleiteten „Lösungsprozess“ betrachtet. Am 9. Januar 2013 sagte Gülen in einem Gespräch: „Das Heil liegt im Frieden, Frieden ist immer heilbringend.“ Hier ein Auszug aus seiner Rede des gleichen Tages, die in den Medien und politischen Kreisen große Resonanz hervorrief:

„Man sollte offen sein für Verständigung mit jedem; besser: man sollte – auch wenn es schwerfällt – für den Frieden offen sein. Ein derart aufgeschlossener Mensch ist auch offen für Strategien, die im Rahmen des gesetzlich Erlaubten dem Frieden dienen. [...] Man muss sich für den Frieden in allen Gesellschaftskreisen einsetzen und deutlich machen, dass man gemeinsam friedlich leben kann. Nehmen wir die Türkei: Auf welchen Gebieten bemüht ihr euch um gesellschaftlichen Frieden? Hier haben wir die unterschiedlichsten Ansichten: Gläubige und Nichtgläubige, also Monotheisten, Atheisten, Deisten und diejenigen, die sich im Limbus befinden ... Es muss deutlich gemacht werden, dass sogar ein Zusammenleben dieser Personengruppen möglich ist. Diesbezüglich müssen Strategien entwickelt werden. Allerdings zeigen die aktuellen Probleme, dass man weit davon entfernt ist: Man denke an die Konflikte zwischen Aleviten und Sunniten, Kurden und Türken, Lasen und Tscherkessen ... Eigentlich sollte man heutzutage in der Lage sein, Frieden zwischen diesen Gruppen zu stiften. Alles Menschenmögliche sollte getan werden; wenn nötig sollte man auch behaupten, man habe Kirschsaft getrunken, wenn man Blut spuckt. Solange Respekt vor diesen Idealen bekundet wird, ohne den nationalen Stolz und die nationale Ehre mit Füßen zu treten, wird man sich meiner Meinung nach auch Andersdenkenden gegenüber respektvoll und ehrerbietig verhalten können. [...] Das Heil liegt im Frieden, Frieden ist immer heilbringend. [...] Manche Dinge mögen uns quergehen. Hätte es doch dieses Treffen nicht gegeben, wäre doch jenes Abkommen nicht getroffen worden, wäre doch jener Kompromiss nicht geschlossen worden, wir haben doch als türkische Nation unsere Ehre und unseren Stolz, wir müssen uns doch nicht allem beugen, zu allem und jedem Amen sagen –

könnte man meinen. Auch wenn man vielleicht auf diese Art ein paar Probleme lösen könnte, sollte man doch den Frieden von Hudeybiye[93], seine Räson und seine Beschlüsse bedenkend das tun, was zu tun nötig ist." *(9. Januar 2013, http://tr.fgulen.com/content/view/21600/11)*

Das, was wir uns selbst wünschen, auch anderen wünschen

Sechs Monate nach diesen Erklärungen begrüßte Fethullah Gülen den Lösungsprozess mit folgenden Worten, die er am 24. Juni 2013 in einem Interview für die in der nordirakischen Stadt Erbil herausgegebene kurdische Zeitung *Rudaw* und den gleichnamigen Fernsehsender äußerte:

„Bemühungen, die dem Ende des jahrelangen Blutvergießens und der Tränen in der Region dienen nicht zu unterstützen, ist undenkbar. Zu verhindern, dass die Leiden der Vergangenheit die Zukunft verbauen und sich für konstruktive Initiativen mit Perspektive einzusetzen, ist von elementarer Bedeutung. Aufrichtigkeit und gegenseitiger Respekt, so wie es in einem Hadith

---

93 Friedensvertrag von Hudeybīye: Im Jahre 628 begab sich der Prophet Muhammed mit 1400 Gefährten auf den Weg nach Mekka, um friedlich die Pilgerfahrt zu vollziehen. Die Mekkaner versperrten ihm jedoch den Weg und verweigerten ihm und seiner Gemeinde die Pilgerfahrt. Die Gemeinde des Propheten wollte gegen die Erzfeinde, die polytheistischen Mekkaner, kämpfen. Der Prophet bot den Mekkanern jedoch einen Friedensvertrag an, den diese aber nicht akzeptieren wollten. Die Vertreter von Mekka wollten den Propheten provozieren, Krieg zu führen – der Prophet jedoch beharrte auf dem Frieden. Obgleich mehrere Vertreter aus Mekka als befugte Friedensstifter nach Hudeybīye kamen, heizten sie die Atmosphäre weiter an. Ein Vertreter ergriff den Bart des Propheten und gebrauchte Worte, die sich nicht ziemen. Selbst bei der Verschriftlichung des Vertrages provozierten sie den Propheten. Trotz alledem blieb er standhaft und unterzeichnete ein Friedensabkommen, das zehn Jahre lang Gültigkeit besitzen sollte.

zum Ausdruck gebracht wurde, nämlich das, was wir uns selbst wünschen, auch anderen zu wünschen, wird die Probleme an der Wurzel packen, sie verdorren und eingehen lassen – davon bin ich überzeugt.“ *(24. Juni 2013, Rudaw, Rebwar Kerim)*

In einem Fernsehinterview der BBC, das am 27. Januar 2014 ausgestrahlt wurde, wurde Gülen u. a. gefragt:

„Ich möchte Ihnen eine weitere Frage stellen, vielleicht können Sie Ihre Ansichten zur Kurdenfrage konkretisieren. Sie sagen, Sie hätten schon früher zu einer Lösung der Kurdenfrage beigetragen, Sie hätten Schulen eröffnet. Später sagten Sie dann, dass dies in jenen Tagen mit wenig Wohlwollen aufgenommen worden sei. Später, besonders in den vergangenen vier bis fünf Jahren, wurde Ihnen zunächst in Verbindung mit den Untersuchungen zur KCK (Gemeinschaft der Kommunen Kurdistans) und auch danach, als bei den Konsultationen von Oslo Details an die Öffentlichkeit gelangten, und schließlich in Zusammenhang mit der Operation gegen den türkischen Geheimdienst (MIT) im Februar dieses Jahres unterstellt, etwas damit zu tun zu haben. Sie haben sich in einem Interview einmal dahingehend geäußert, dass es nicht nötig sei, eine Diskussion über die kurdische Muttersprache zu führen. Sind Sie also insbesondere gegen die Gespräche, die mit der Organisation [PKK] geführt werden?“

Hodschaefendi antworte darauf:

„Wir sprechen in der Republik Türkei oft vom ‚Anatolier‘ und meinen damit den Kurden, den Türken, den Lasen, den Tscherkessen und den Abchasen als ein Volk. Wenn wir Einigkeit und Einheit erzielen wollen, spielt unsere Wortwahl eine große Rolle. Wir waren nie gegen die Konsultationen von Oslo, gegen die Gespräche mit dem Führer der PKK auf seiner Gefängnisinsel und auch nicht gegen Gespräche mit den Partisanen in den Bergen. Anlässlich eines Interviews vor kurzem sagte meine Wenigkeit: ‚Der Frieden ist das Fundament, das Übereinkommen ist die Grundlage.' Sicherlich 80 % jener Gemeinschaft [der Kurden] respektieren das. [...] Ich habe den Menschen, die sich mit meiner Wenigkeit getroffen haben, immer gesagt und auch vorgeschlagen, dass im Fernsehen Kurdisch-Unterricht gegeben werden sollte, dass ein Fernsehkanal gegründet werden sollte, der sich ihrer annimmt. Des Weiteren sollte Kurdisch als Wahlpflichtfach an den Schulen und Universitäten angeboten werden. All diese vernünftigen Vorschläge wurden unsererseits unterbreitet. Würde man sie alle zusammentragen, könnte ein Buch daraus werden. Jedoch wurde die Angelegenheit, aus welchem Grund auch immer, von bestimmten Gruppen und Medien, die gegen den Lösungsprozess waren, verdreht dargestellt – vielleicht um die [Hizmet-]Bewegung und die geleistete Arbeit in ein schlechtes Licht zu rücken. [...] Ich habe auch den Eindruck, dass die türkische Regierung statt im Namen der Zukunft mit den Menschen in jener Gegend gut auszukommen, ja voller Wohlwollen auszukommen und sich ihre Kraft zunutze zu machen, alles daransetzt, die Angelegenheit wieder einer Gruppe von Menschen anzulasten, die sie als *cemaat, camia* und *hareket* bezeichnet. [...] Vor über 10 Jahren hatten wir schon vor ihnen unsere Vorschläge unterbreitet. [...] Warum auch immer wurde es diffamierend so dargestellt, als wären diese Vorschläge gegen den Lösungsprozess gerichtet. Das Gegenteil ist der Fall!" *(27. Januar 2014, BBC, Güney Yıldız)*

Der Staat muss seine Bürger gerecht behandeln

Im dritten Teil eines fünftägigen Interviews, das in der Zeitung *Zaman* vom 20. März 2014 veröffentlicht wurde, befragte man Gülen nach seiner Meinung zum Lösungsprozess und dem bisher Erreichten. Seine Antwort:

„Ich habe mich zuvor schon wiederholt dazu geäußert. Ein gläubiger Muslim steht auf der Seite des Friedens. Er verhält sich so, dass es dem Frieden dient. Hier haben sich eine Menge Probleme aufgestaut. Jedes Mal hat man versucht, sie mit Waffengewalt zu lösen. So potenzierten sich die Probleme. Jetzt haben wir einen Prozess des Friedens und der Ruhe. Diesen Prozess sollte man nicht stören. Das ist nun eine gute Gelegenheit für beide Seiten, ihre Feindseligkeiten zu vergessen und ihre Fehler zu analysieren. Der Staat sollte seinen Bürgern gegenüber zuallererst gerecht sein. Grundrechte und Freiheiten dürfen nicht verhandelbar sein und gegen andere Komponenten ausgespielt werden. Schon bevor der Lösungsprozess begann, hat meine Wenigkeit seine Einschätzung zum Thema Unterricht in der Muttersprache kundgegeben. Es wurde aber irgendwie nie umgesetzt. Es wird immer noch verschleppt. Es muss so schnell wie möglich damit begonnen werden, fähige Lehrer auszubilden, die kurdischen Unterricht geben können. Das ist nicht die Sache des Volkes, der Staat muss aktiv werden. Wenn hier Schritte eingeleitet werden, muss darauf geachtet werden, dass nicht durch Worte, Haltung oder Handlung der Eindruck entsteht, es würde eine besondere Gunst erwiesen. Diese Region war in der Geschichte immer wieder die Wiege von Zivilisationen, beheimatete viele intelligente Menschen. Die Türkei darf sich nicht zurückhalten, auch den Kurden, die in anderen Gegenden leben, die helfende Hand auszustrecken; es reicht nicht, den kurdischen Mitbürgern die nötigen Rechte und Freiheiten einzuräumen. Auch mit diesen Menschen sind wir kulturell und historisch verbunden und dieses Band sollte gefestigt werden und nie wieder zerreißen. Den

Menschen, die dort leben, muss die Möglichkeit gegeben werden, ihre Probleme selbst zu lösen. Geht man hier zu langsam vor, so befürchte ich, dass der Lösungsprozess zum Stillstand kommen könnte. Es reicht angeblich, wenn wir sagen: ‚Hauptsache, es fließt kein Blut.' Sogar das beinhaltet einen gewissen Pragmatismus. Aber wir sollten mehr erreichen wollen: Frieden, Glück und Wohlstand für die Menschen in dieser Region; für die Türken, die Kurden, Sunniten, Aleviten, Araber und Aramäer eine Atmosphäre schaffen, die sie als Glieder der gleichen Familie leben lässt." *(20. März 2014, Zaman, Ekrem Dumanlı)*

Im Islam ist kein Platz für Rassismus; Nationalismus ist kein Ersatz für Religion

Fethullah Gülen betont seit den 1990er Jahren in seinen Reden ganz besonders Folgendes:

„Im Islam ist kein Platz für Rassismus."

Zum Beispiel antwortete er auf die Frage *„Im Islam gibt es keinen Rassismus. In der Praxis funktioniert das jedoch nicht. Woher kommt das?"*, die ihm am 19. Oktober 1995 in einem Interview des holländischen Fernsehsenders NMO gestellt wurde:

„Gott hat einige Emotionen in die Natur des Menschen gelegt. […] Sein eigenes Volk zu lieben, liegt in der Natur des Menschen. Gott sagt, ich habe euch Zweig für Zweig, Stamm für Stamm gebildet. Es gibt verschiedene Nationen und verschiedene Gedanken. Dieser Umstand ist für das universelle Miteinander der Menschheit essenziell. […] Diese Gefühle tragen wir also in uns, sie wurden uns gegeben. Wenn diese Liebe durch die Grundsätze der Religion und ein modernes, fortschrittliches

Rechtssystem modifiziert und abgemildert ist, ist sie harmlos. Wenn man sie jedoch wie Gier und Starrsinn überschäumen lässt, entsteht furchtbarer Rassismus. So wie man es seinerzeit in Italien und Deutschland erlebte. So wie man es heute immer noch an verschiedenen Orten wie in Serbien gegen Bosnien und in Russland erleben kann … Das alles kann zu einer Menge schlechter Eigenschaften, Katastrophen und Leere führen, und das erleben wir auch so. Der Ansatz des Islams zu diesem Thema: in der Zuneigung und Liebe zur eigenen Nation leben ohne Feindseligkeit anderen gegenüber zu hegen. Genau das ist *positiver Nationalismus.*[94] Auch dieser darf den Platz der Religion nicht einnehmen. Vielleicht sollte er als eine Art Schutzschild oder Schutzraum der Religion fungieren. Er sollte der Religion helfen, aber sie nicht ersetzen. Denn ihre Leitsätze und Prinzipien sind wie Diamanten. Ich glaube, man versucht momentan rassistische Nationen, die keinen Anteil am Islam fanden, durch verschiedene juristische Systeme und verschiedene politische Bündnisse zu modifizieren. Dass alle diejenigen, die keinen Anteil am Islam finden, so sind, ist völlig normal. Auch diejenigen, die dem Anschein nach Muslime sind und trotzdem rassistisches Gedankengut in sich tragen, haben meiner Einschätzung nach den Islam nicht verstanden. Man kann auch sagen, sie haben die Universalität des Islam nicht verstanden.“ *(19. Oktober 1995, Nederlandse Moslim Omroep [NMO], https://fgulen.com/tr/fethullah-gulenin-butun-eserleri/69-fgulen-com-turkce/basindan/Televizyon-Roportajlari/1472-NMO-NMO-Hollanda-televizyonu-ile)*

---

94 Ein Terminus, der von Bediuzzaman entwickelt wurde, um den ultrakemalistischen Nationalismus bzw. Rassismus zu modifizieren und in eine Bahn zu lenken, in der die Nationalisten zwar ihre eigene Nation lieben, aber die anderen nicht hassen dürfen.

Unterricht in der Muttersprache – ein Erfordernis für den gerechten Staat

Während die in den Jahren 2012 und 2013 vom Parlament eingesetzte und von vier Parteien unterstützte Kommission zum Thema „Kurdischer Unterricht" keine Einigung erzielte, äußerte sich Fethullah Gülen im Juni 2013 wie folgt:

„Gerechtigkeit des Staates gegenüber seinen Bürgern bedingt die schulische Erziehung in der Muttersprache als Eckpfeiler des Konzepts."

Diese Aussage Gülens entstammt einem Interview, das in Erbil in der Zeitschrift *Rudaw* am 24. Juni 2013 auf Kurdisch veröffentlicht wurde.

Gülen betont, dass die mit der Lösung dieser vielschichtigen Sachlage betrauten Regierungsbeamten mit Menschen aus alles Schichten der Gesellschaft in einen breit angelegten Dialog treten sollten:

„In einer Welt, in der sich jeder selbst der Nächste ist, man denkt, man könne alles überwinden und sein Leben entsprechend einrichtet, können sie niemandem sogar eindeutig richtige Dinge vermitteln, können sie Verantwortliche und Beauftragte mit einer solchen Geisteshaltung nicht überzeugen. Das ist ein echtes Handicap; selbst wenn wir ernstzunehmende Strategien und Lösungsansätze entwickelten – es hört leider keiner zu! Das ist heutzutage gar nicht mehr möglich. Das war eine Gnade, die nur den Propheten beschert wurde, aber selbst wenn sie heute Botschaften, die auf Offenbarungen oder Inspiration beruhen, überbrächten, würde sie keiner anhören."[95]

---

95 Der islamischen Theologie zufolge bekommen lediglich die Propheten eine

Unterricht in der Muttersprache und die Muttersprache als Unterrichtssprache ist ein Thema, das seit langem diskutiert wird und stellt einen Hauptaspekt der Kurdenfrage dar. Gülen äußerte sich ganz offen zu der Thematik, als er im Juni 2013 in einem Interview für die im Nordirak auf Kurdisch erscheinende Zeitschrift *Rudaw* ausführte, dass Unterricht in der Muttersprache das ureigenste Recht eines jeden Menschen sei und kein Gnadenerweis des Staates.

Hodschaefendi antwortete auf die Fragen des Journalisten Rebwar Kerim wie folgt:

„Die Rechte und Freiheiten des Menschen werden ihm nicht von irgendeiner Macht verliehen und man erwartet daher auch nicht, sie von Menschen gewährt zu bekommen. Stattdessen sind es Rechte und Freiheiten, die von Gott, dem Schöpfer und Erhalter des Lebens, allen Menschen gewährt wurden. Als Mensch und Geschöpf ist jeder, und sei er auch ein Prophet, wirklich jeder, gleich. Wenn diese Gleichheit nicht von vornherein gewahrt ist, kann es kein Recht und keine Gerechtigkeit geben. Daher ist es dringend notwendig, dass nicht durch Wort oder Tat der Eindruck erweckt wird, es handele sich um eine Gunstbezeugung, wenn Recht und Freiheit gewährt wird; desgleichen dürfen die Grundrechte und Freiheiten gegenüber anderen Werten nicht aufgerechnet werden. Auf der anderen Seite bedeutet es auch unbedingt Abstand zu nehmen von unrechtmäßigen Mitteln und Wegen, die außerhalb der Grenzen des universellen Rechts

---

unmittelbare Offenbarung *(wahy)*. Da mit dem letzten Propheten Muhammed der Kreis der Propheten vollendet wurde, ist es aus islamischer Sicht unmöglich, dass jemand noch eine unmittelbare Offenbarung bekäme. Eine unmittelbare Offenbarung bekundet absolute Wahrheiten, in die sich kein Fehler einschleichen kann. Inspirationen hingegen sind mittelbare Offenbarungen und epistemologisch nicht so sicher wie die Erstere.

liegen, und insbesondere von Methoden, die, mit welchem Ziel und Zweck auch immer, Gewalt einschließen."[96] *(24. Juni 2013, Rudaw, Rebwar Kerim)*

Eine militärische Lösung heizt den Konflikt nur weiter an

Gülen wies 1993 in einem Interview darauf hin, dass man sich der Kurdenfrage über einen langen Zeitraum hin ausschließlich aus militärischer Sicht näherte. Das Militär ist mit all seiner Macht seit Langem in der Region präsent, was sich in letzter Zeit zu einem weiteren Handicap entwickelte:

„Wie lange wird der Staat noch dort seine Soldaten stationiert halten? Wie lange wird der Ausnahmezustand noch andauern? Man weiß es nicht.[97] Der Staat braucht eine klare Linie in dieser Frage. Meiner Meinung nach sollten die Soldaten in naher Zukunft von dort abgezogen werden. Der Abzug der Soldaten ist sehr wichtig, um Abnutzungserscheinungen zu vermeiden, denn es ist zu erwarten, dass das Volk dem Militär gegenüber Ressentiments entwickelt, und das wäre außerordentlich bedenklich. Es gibt ohnehin keine harmonische und adäquate Zusammenarbeit, welche aber zwingend notwendig ist – koste es, was es wolle." *(5. November 1993, Zaman)*

---

96 Gülen denkt ähnlich wie die Gründerväter, die 1776 die Unabhängigkeitserklärung der Vereinigten Staaten von Amerika verfassten, dass die Menschenrechte von Gott gewährt worden seien, weshalb sie universelle Gültigkeit besitzen, unabhängig von Staatsverfassungen und normativen Rahmenbedingungen.

97 Der Ausnahmezustand in den kurdischen Gebieten der Türkei wurde im Jahre 1987 ausgerufen und erst 2002 wieder aufgehoben. Nach dem sogenannten Putschversuch im Juli 2016 wurde erneut landesweit der Ausnahmezustand ausgerufen.

Leider wurde dies bis heute nicht vollständig umgesetzt. Gülen wiederholt seine Gedanken am 3. September 1997 gegenüber der Zeitung *Zaman* wie folgt:

„Wenn man über den Südosten [der Türkei] spricht, wäre es sowohl den Menschen in der Region als auch der Region gegenüber ungerecht, die Ursache des Problems auf alle Menschen in der Region abzuwälzen. Ich bin davon überzeugt, dass man das in der Vergangenheit nicht ausreichend verstanden hat. Der Staat hat sein Militär dort stationiert. Das Militär agiert aus einer Position der Stärke und Macht heraus. Man sucht bei Lösungen, die auf Macht und Stärke basieren, vergeblich nach rationalen, ausgewogenen und originären Lösungsansätzen. Machtmenschen benutzen selten ihren Verstand und ihr Denkvermögen. Im Südosten gibt es einige Angelegenheiten, die zur Abschreckung mit Gewalt gelöst werden. Wenn aber mit Gewalt gelöste Angelegenheiten nicht nachträglich durch Vernunft, Verstand und gesundes Urteilsvermögen untermauert werden und ihnen keine politische Lösung folgt, haben wir ein Bildungsproblem; und wenn das nicht gelöst wird …“ *(3. September 1997, Zaman, Ali Halit Aslan)*

Hodschaefendi weist in einer Rede am 10. Oktober 2011 darauf hin, dass es Gruppierungen gibt, die darauf aus sind, einen „Türken-Kurden-Konflikt“ zu entfesseln:

„Seit jeher haben böse Kräfte Menschen gegeneinander aufgehetzt, indem sie auf der einen Seite einige dazu anstiften, auf die Straße zu gehen, auf der anderen Seite wiederum andere dazu aufstacheln, gegen ebendiese gewaltsam vorzugehen; auf diese Weise haben sie versucht, ihre Interessen durchzusetzen. So fing es schon vor dem 27. Mai an, und auch nach dem Militärputsch 1980 ging es mit ähnlichen Provokationen weiter;

die gleichen Hände entzweien die Menschen, indem sie sie als rechts oder links klassifizieren, reizen sie auf und lassen die Kinder dieser Heimaterde sich gegenseitig hinschlachten, um später auf diesem Blut ihre eigene Herrschergewalt zu errichten.[98] Es ist nicht unwahrscheinlich, dass auch heute angesichts der sich vor unseren Augen entwickelnden Umstände ähnliche Szenarien aufgeführt werden, ein Kurden-Türken-Konflikt geschürt wird, um dann letztendlich noch die Vereinten Nationen dazu aufzurufen, zu schlichten. Ein jeder, der alle Ecken, Farben, Muster, Verschiedenartigkeiten und Dialekte unseres Landes und unserer Menschen liebt, muss sehr aufmerksam und wachsam sein, um sich nicht aufstacheln und dazu hinreißen zu lassen, nach dem grausamen Prinzip ‚mit gleicher Münze zurückzuzahlen'. Durch das Skandieren von Parolen wie ‚Märtyrer sterben nicht, das Vaterland ist unteilbar' wird das Problem nicht gelöst. Diejenigen, die den Machenschaften und der Hetze etwas entgegensetzen wollen, können ihre wegweisende Kritik und Vorschläge verantwortlichen Funktionsträgern in Form von gut recherchierten Berichten und Mitteilungen angemessen vortragen. Nicht laut Parolen skandierend, brandschatzend, zerstörend und mordend, sondern mit Vernunft, klarem Verstand und Freundlichkeit." *(24. Oktober 2011, http://www.herkul.org/bamteli/teror-ve-izdirap)*

Gülen stellt einen Bezug zur Geschichte her, indem er im Hinblick auf die Lösung der Kurdenfrage sagt:

„Zu Zeiten Sultan Selims I. hat man sich mit den kurdischen Fürsten zusammengesetzt und verhandelt – die Folge war, dass es vierhundert Jahre lang kaum Schwierigkeiten gab. Sie lebten

98 Gülen meint damit die Tradition der Militärputsche von 1960, 1971, 1980, 1997 und letztendlich 2016.

als Fürsten und waren gleichzeitig dem Staat gegenüber loyal." *(13. Mai 1998, ANSA, Giulio Gealibter)*

Terror ist kein Weg, um Rechte einzuklagen

Nach Gülens Worten gibt es Mittel und Wege angesichts von Ungerechtigkeiten sein Recht zu suchen. Allerdings gehört dazu unter keinen Umständen Anarchie und das Blutvergießen unschuldiger Menschen:

„Menschen zu töten, um sein Ziel zu erreichen, steht im Buch keines Propheten und keines Freundes des Herrn. Trotz Unterdrückung über einen Zeitraum von 13 Jahren in Mekka tat der Gesandte Gottes Muhammed keiner Fliege etwas zu Leide; er verhielt sich all diesen halsstarrigen, despotischen und tyrannischen Menschen gegenüber human. Genau diese Geisteshaltung muss man diesen Menschen vermitteln, um zu verhindern, dass sie zu den Guerillas in die Berge ziehen. Menschen töten und mit Blutvergießen Ziele erreichen zu wollen ist bestialisch, ist ein Verbrechen, ist Tyrannei, ganz gleich welche Seite sie verübt und wird für die Menschheit nie etwas Gutes bewirken." *(24. Oktober 2011, http://www.herkul.org/bamteli/teror-ve-izdirap)*

Hodschaefendi erwähnt des Weiteren Beispiele aus dem Leben Bediuzzamans[99], der in der Region lebte:

„Unser verehrter Bediuzzaman ist ein Kind dieser Region. Dieser Mann, der einst seine Schüler hinter sich versammelte, um

---

99 Gemeint ist der berühmte kurdischstämmige Universalgelehrte Bediuzzaman Said Nursi (gest. 1960). Gülen lernte Nursi nie persönlich kennen, aber er ist der Lehrmeister, der ihn am meisten prägte. Gülen kennt sowohl die alten als auch die neuen Schriften Nursis nahezu auswendig und ordnet sie in seinen Schriften systematisch ein.

freiwillig gegen armenischen Daschnaken[100] zu kämpfen, der als Oberst in den Kampf gegen die russischen Besatzer zog, sich das Bein brach, in Gefangenschaft geriet, im Gefängnis von Kostroma war, dem auf abenteuerliche Weise die Flucht und die Rückkehr in die Türkei gelang, der die Unabhängigkeitsbewegung unterstützte, dem sich der Weg ins Parlament eröffnete, der jedoch erkannte, dass er der Politik nicht dienen könne, woraufhin er sich in die Erek-Berge zurückzog – dieser Mann wurde unter den verschiedensten Vorwänden jahrelang drangsaliert. Er erlebte so viel Leid und Kummer, dass er sagte: ‚Ich bin jetzt etwas über 80 Jahre alt, habe aber nichts erlebt, was mir die Freuden des Lebens erahnen ließe. Mein ganzes Leben habe ich auf den Schlachtfeldern des Krieges verbracht, in den Kerkern der Kriegsgefangenschaft oder den Gefängnissen im eigenen Land. Es gibt keine Qual und keine Pein, die ich nicht selbst erlebt hätte. Vor den Kriegsgerichten wurde ich wie ein Verbrecher behandelt; wie ein Landstreicher zog ich durch die Länder meines Exils. In den Gefängnissen der Heimat wurde mir monatelang jeglicher Kontakt mit der Außenwelt verweigert. Ich wurde mehrfach vergiftet. Ich musste die verschiedensten Beleidigungen ertragen. Es gab Zeiten, da ich den Tod tausendfach dem Leben vorzog. Hätte meine Religion mich nicht vom Selbstmord zurückgehalten, wäre mein Körper bis heute wohl schon unter der Erde verwest.‘ Aber er hat niemals eine negative Haltung gezeigt und nie zugelassen, etwas zu tun, das die Ruhe und Ordnung der Nation gefährdet hätte.“

Anschließend lenkt Gülen das Thema wieder auf sich und fährt fort:

---

100 Eine Militäreinheit des russischen Militärs, die nicht im Gebiet des Osmanischen Reiches stationiert war. Während des Ersten Weltkrieges griffen sie zusammen mit der russischen Armee Anatolien an. Bediuzzaman rettete über 1 500 armenische Zivilisten, Frauen und Kinder, vor dem Massaker gerettet. Das ist in den französischen Militärprotokollen gut belegt.

„Ich bin nicht einmal würdig, sein Schüler, sein Diener oder sein Knecht zu sein,[101] aber auch ich lebe hier seit Jahren schon fern der Heimat. Da meine Anwesenheit dort die allgemeine Ordnung stören könnte, lebe ich freiwillig hier. [...] Es gibt in der Geschichte kein Beispiel dafür, auf seinem Recht zu bestehen. Weder im glanzvollen Leben der Propheten, noch im Leben eines Teils der Führer der Gesellschaft, oder im Leben des Zarathustra, des Hermes, des Buddha und der Brahmanen gab es so etwas. [...] Unser verehrter Bediuzzaman hat trotz der Pein, die er erlitt, niemals irgendjemanden auch nur im Ansatz gekränkt oder zur Vergeltung aufgerufen. Im Gegenteil. Denen, die ihn dazu aufforderten, erwiderte er: ‚Die türkische Nation war jahrhundertelang der Bannerträger des Islams. Viele Heilige gingen aus ihr hervor und sie gab viele Märtyrer. Gegen die Enkel solch einer Nation erhebt man nicht das Schwert. Wir sind Muslime, sind ihre Brüder, wir können nicht zum Brudermord aufrufen. Das wäre nach dem Gesetz der Religion nicht zulässig. Man erhebt das Schwert gegen einen fremden Feind. Im Innern zieht man kein Schwert.' Diesen gesunden Gedanken sollte man jedem vermittelt haben, aber leider war man auf diesem Gebiet nicht erfolgreich." *(24. Oktober 2011, http://www.herkul.org/bamteli/teror-ve-izdirap)*

Die Kurden nehmen die Schulen im Nordirak an

Zum Schluss noch einmal ein Auszug aus dem Interview für die kurdischen Zeitung *Rudaw*, die in Erbil im Nordirak erscheint:

---

101 Diese für den Lehrmeister Gülen typische Bescheidenheit mag im abendländischen Sinne sehr übertrieben klingen. Allerdings ist dies ein für ihn charakteristisches Verhalten den großen Gelehrten gegenüber. Des Weiteren führt er aus, dass er um des friedlichen Zusammenlebens in der Türkei willen außerhalb seiner Heimat lebe.

„Im Irak und in Kurdistan gibt es seit 1994 Schulen, die zu Ihrer Hizmet-Bewegung gehören. Zurzeit hört man ab und an in einigen Kreisen den Vorwurf, in diesen Schulen werde ‚ideologische Propaganda' betrieben. Haben Sie irgendein ideologisches Ziel? Wie denken Sie darüber?"

„Im Laufe der Geschichte wurde so ziemlich allen Bewegungen, die sich zum Ziel gesetzt hatten, der Menschheit von Nutzen zu sein, vorgeworfen, eine bestimmte Weltsicht zu oktroyieren. Sogar Unternehmungen und Projekte, die der Förderung von allseits geschätzten Eigenschaften wie Fleiß, Ehrlichkeit und Altruismus dienen, wurden von einigen als Indoktrination bezeichnet. Seit mehr als einem halben Jahrhundert bin ich durch meine Predigten, Gesprächsrunden, Konferenzen, Schriften und Besuche, die meine Wenigkeit empfing, mitten unter meinem Volk. Während all der Jahre wurden mir immer wieder die von Ihnen erwähnten Vorwürfe gemacht. Vielleicht hatten andererseits die Anregungen meiner Wenigkeit zum Teil den Effekt, dass sich Menschen besonders mit Hilfe der Bildungseinrichtungen öffneten und überall auf der Welt verbreiteten. Heute gibt es diese Bildungseinrichtungen nach Medienberichten in über 140 Ländern – in Ländern deren Sprachen, Religionen, Weltanschauungen, Glaubensansichten, Ideologien, Historien, Bräuche, Rassen und Hautfarben unterschiedlicher nicht sein könnten.

Mit einigen dieser Länder standen wir seit Jahrhunderten im Krieg. Ein großer Teil derjenigen, die halfen, diese Einrichtungen aufzubauen, am Leben zu erhalten und in diesen Einrichtungen arbeiten, haben es nie zu verbergen versucht, dass sie Muslime sind und dem Islam nahestehen. Natürlich sind die Länder, in denen diese Einrichtungen aktiv sind, ‚ideologischer Propaganda' gegenüber äußerst kritisch eingestellt. Das, was einige Muslime im Namen des Islams Unschönes tun, schadet dem Ansehen des Islams, fördert und verstärkt diese kritische Haltung. Sollte es eine konträre Ideologie geben und diese Ideologie propagiert worden sein – könnte das in einer Welt, in der man Einzelpersonen bis in ihre Privatsphäre hinein beobachten und beschatten kann und in der den Geheimdiensten alle Möglichkeiten der Überwachung und Beschattung offenstehen, verborgen geblieben sein? Seit über einem halben Jahrhundert konnte kein einziger Anhaltspunkt für die Richtigkeit dieser Anschuldigungen vorgelegt werden. Daher überlasse ich es getrost dem feinen Verstand und dem Gerechtigkeitsempfinden jedes einzelnen, für sich zu urteilen, was mit diesen Anschuldigungen immer noch ausgedrückt werden soll.

Zudem sollte daran erinnert werden, dass ‚ideologische Propaganda' nicht zu unserer Terminologie zählt. Die Ziele der Hizmet-Bewegung sind ethische Weiterentwicklung, Verbreitung des Friedens und qualitativ hochwertige Bildung, die an das Niveau der Industrieländer heranreicht, unter Berücksichtigung der Werte und Gesetze vor Ort. Die Ziele im Irak und in Kurdistan sind die gleichen. Ideologische Propaganda entstammt einem Weltbild, das nicht das unsere ist. Wir kennen das nicht. Für Konfliktlösung, Dialog und Konsens, den Kampf gegen mangelnde Bildung, ein passendes Umfeld für wissenschaftlichen und technologischen Fortschritt, für Ruhe, Frieden und Sicherheit einzutreten und gleichzeitig ideologische Propaganda zu betreiben, passt nicht zusammen. Ohnehin stehen die Schulen dieser freiwilligen Bewegung in engem Kontakt zu den örtlichen Behörden, legen ihnen den Lehrplan zur Bewilligung vor und legen Wert auf Transparenz gegenüber der Aufsicht der Behördenvertreter und Erziehungsberechtigten. Des Weiteren, wie schon eben angesprochen, beobachtet jeder Staat ganz legitim, was an diesen Schulen vor sich geht, und wird sicher nicht die Augen vor Aktivitäten verschließen, die den Interessen seines Volkes schaden. Wenn daher keine konkreten Beweise vorliegen, man stattdessen oberflächliche Bewertungen vornimmt und Verschwörungstheorien bedient, um diese Einrichtungen zu verdächtigen, für die sich Tausende selbstlose Menschen einsetzen, so ist dieses Vorgehen sowohl ungerecht als auch rechtswidrig.

Soweit ich es verfolgen konnte, agieren die Schulen in der autonomen Region Kurdistan im Irak nach dem Prinzip Integration mit der Welt unter gleichzeitiger Bewahrung der lokalen Kultur. Unter anderem zeigen Aktivitäten wie die kurdischen Festivals, die von den Schulen organisiert werden, dass ideologische oder anders geartete separatistische Bestrebungen von der Gründungsphilosophie dieser Schulen meilenweit entfernt sind. Offen gesagt trug die Besonnenheit unserer Freunde und Brüder in der Region während der vergangenen 20 Jahre wesentlich dazu bei, dass diese Schulen in der Region angenommen wurden. Die Kurden, die seit jeher unseren Glauben und unser Leid teilen, haben allem Gerede zum Trotz diese Schulen, die auserlesen aus der reinen Brust Anatoliens kommend die Felder Kurdistans zum Erblühen bringen, stets von ganzem Herzen angenommen und so erneut unsere Brüderlichkeit unter Beweis gestellt." *(24. Juni 2013, Rudaw, Rebwar Kerim)*

Die Hizmet-Bewegung bietet ein Modell des Zusammenlebens an

„In der Türkei findet gerade ein Friedensprozess[102] *seinen Anfang. Wir beobachten, dass Kurden und Türken diesen Prozess von*

102 Zwischen 2012 und 2014.

ganzem Herzen unterstützen. Wie denken Sie über die Anstrengungen, die beide Brudervölker im Hinblick auf ihre Koexistenz unternehmen? Die Völker des Nahen Ostens bedürfen mehr denn je einer Kultur des Zusammenlebens – wie könnte eine solche Kultur in der Region konstituiert werden?"

„Wir können nicht anders, als die Bemühungen zu unterstützen, dem jahrelangen Blutvergießen in der Region ein Ende zu bereiten und dafür zu sorgen, dass keine Tränen mehr vergossen werden. Zu verhindern, dass die Leiden der Vergangenheit die Zukunft verbauen, und sich für konstruktive Initiativen mit Perspektive einzusetzen ist von elementarer Wichtigkeit. Man muss in diesem Zusammenhang unbedingt davon absehen, den guten Ruf anderer aufgrund ihrer ethnischen Herkunft und Konfession zu schädigen, zu provozieren, den Boden für Streit, Kampf und Unruhen zu bereiten und sich für diese Zwecke missbrauchen zu lassen. Zudem ist es äußerst wichtig, darauf zu achten, dass sowohl in den Ländern als auch in der gesamten Region nicht noch mehr Abspaltung und Unfriede gesät wird oder gar zum Sprossen gebracht wird. Derartige Initiativen und Aktivitäten werden auch für die Regierungen der Region richtungweisend sein.

Insbesondere die Bildungseinrichtungen und die Zivilgesellschaft als solches spielen eine wichtige Rolle bei der Etablierung einer solchen Kultur. Diese beiden Faktoren – besonders die moderne Erziehung – sind für die Entwicklung pazifistischer gesellschaftlicher Werte notwendig. Im Gegensatz zu den Ereignissen der jüngeren Vergangenheit haben die Völker des sog. Nahen Ostens eine starke Tradition und Historie des friedlichen Miteinanders. Kurden, Türken, Araber, Christen, Muslime und Juden haben eine Kultur des Zusammenlebens. Um diese Kultur wieder zu entdecken und wieder zu beleben, bedarf es ‚Bildungsmodellen und zivilgesellschaftlicher Einrichtungen'. Junge Menschen sollten ihre Hoffnung nicht auf Gewalt, Krieg und Terror setzen. Gibt man ihnen stattdessen die Möglichkeit, Vergleiche zu alternativen Wertesystemen herzustellen, werden die Bemühungen um das friedliche Zusammenleben in der Region eher von Erfolg gekrönt sein.

Von der [einheimischen kurdischen] Gemeinschaft wurde das Bildungsmodell, das die Hizmet-Bewegung mit ihren Schulen ins Leben rief, angenommen; Schulen, die beispielhaft darstellen, wie man ungeachtet der Religion, Sprache, Rasse, Konfession und ethnischer Herkunft zusammenleben kann. Kinder und Jugendliche aus Gruppierungen, die in der Welt draußen eher Feindschaft pflegen, finden in diesen Schulen, im selben Klassenzimmer, im selben Garten, in derselben Sporthalle, im selben Labor eine Atmosphäre des Friedens vor und Lehrer, die ihnen unterschiedslos eine fürsorgliche Hand reichen. Mögen sie – so Gott will – diese Werte auch auf ihrem weiteren Lebensweg und in ihrem sozialen Umfeld am Leben erhalten.

Das Ziel der Hizmet-Bewegung ist es im Grunde ohnehin, Werte, die das Fundament für ein friedliches und vereintes Zusammenleben unterschiedlicher Gruppen legen, zu vermitteln und wiederzubeleben."

Inmitten des politischen Chaos der vergangenen Jahre wird eine Lösung der Kurdenfrage in der Türkei immer unwahrscheinlicher. Vielleicht hat die Türkei in den Jahren 2013–2015 eine historische Chance verpasst. Nach dem gescheiterten Militärputsch am 15. Juli 2016 wirkt die Lage noch hoffnungsloser, schloss Erdoğan doch alle kurdischen Zeitungen und Fernsehsender. Damit nicht genug, wurden eine Vielzahl von legalen kurdischen Kulturzentren und Vereinen geschlossen. Die Kommandozentrale der PKK befindet sich immer noch in den Kandil-Bergen im Norden des Irak und die irakische Regierung wünscht keine militärischen und operativen Übergriffe des türkischen Militärs auf irakisches Hoheitsgebiet. Die Anführer der autonomen Region Kurdistan im Irak verurteilen das Vorgehen Erdoğans in der Türkei mit Festnahmen kurdischer Politiker und den Druck, den er ausübt. Die syrischen Kurden ergreifen immer mehr für die PKK Partei, und Erdoğans Haltung den syrischen Kurden gegenüber heizt wiederum den Terrorismus in der Türkei an.

Leider schenkte Erdoğan den Vorschlägen Fethullah Gülens zur Lösung der Kurdenfrage keine Beachtung. Obgleich Gülen Erdoğan bereits 2006 in einem Brief dazu aufrief, auf das kurdische Volk zuzugehen, kam der Lösungsprozess erst 2013 aufgrund des hohen öffentlichen Drucks in Gang. Obwohl den zwei hauptsächlichen Forderungen der Kurden mit nur einer einzigen vom Parlament verabschiedeten Gesetzesänderung hätte nachgekommen werden können – schulische Bildung in der Muttersprache und die Änderung des Bürgerbegriffs in der Verfassung – verliefen die Gespräche ergebnislos. Erdoğans Partei hatte die parlamentarische Macht und die nötige Zeit dafür. Leider unternahm man keine Schritte und in der Türkei begannen die blutigen Auseinandersetzungen von Neuem. Die Türkei zahlt in den 33 Jahren seit 1984 einen hohen Preis dafür, und wie es scheint, wird sich das so schnell nicht ändern.

10. Terror und Dschihad

Der Terror kennt keine Grenzen. Der IS trägt den Terror auch auf den europäischen Kontinent. Terroranschläge in europäischen Metropolen wie Berlin, Paris, Nizza und Brüssel tragen die Handschrift des IS.

Bedauerlicherweise behaupten die Terroristen, dies im Namen des Islams zu tun, wo doch Europa seit Jahren nicht wenigen Muslimen eine Heimat geworden ist.

Als vor Jahren der Führer von Al-Qaida, Osama bin Laden, der Welt den Dschihad erklärte, war es Fethullah Gülen, der ihm als islamischer Gelehrter am lautesten widersprach. Gülen sagte: „Ich verabscheue Bin Laden, er befleckt das reine Antlitz des Islams." Gülen wies ferner darauf hin, dass Bin Laden weder das Recht noch die Befugnis habe, einen Dschihad auszurufen.

Heute übernimmt der IS die Rolle Al-Qaidas. Seit Anbeginn warnt Gülen muslimische Jugendliche und die islamische Welt vor diesen Terroristen. Er sagt in Bezug auf die Selbstmordattentäter, denen der IS das Paradies verheißt: „Diejenigen, die für den Tod dieser unschuldigen Menschen verantwortlich sind, kommen nicht ins Paradies, sie kommen mitten in die Hölle."

Wenn doch Islam und Terror nicht miteinander vereinbar sind, wie kommt es dann, dass Osama bin Laden im Namen des Islams auftrat und Al-Qaida jahrelang Terror verbreiten konnte? Wie kann es sein, dass der IS heute in gleicher Weise mit dem Terror fortfährt?

In allen seit 2001 mit Fethullah Gülen geführten Interviews war dies eine der Hauptfragen.

Denn nach den vor allem gegen die USA gerichteten Anschlägen vom 11. September steht der Islam und das Thema Dschihad ganz oben auf der Tagesordnung der Welt.

Gülen äußerte sich in fast jedem Interview auf bemerkenswerte Weise zum Thema Terror und Dschihad:

„Ein Muslim ist kein Terrorist, ein Terrorist ist kein Muslim. Durch Töten kommt man nicht ins Paradies."

„Ich verabscheue Bin Laden. Er befleckt das reine Antlitz des Islams."

„Wenn man mit Terror überhaupt etwas erreichen kann, dann Elend im Diesseits und die Hölle im Jenseits."

„Einzelpersonen können nicht den Dschihad ausrufen."

Durch Töten erlangt man nicht Gottes Wohlgefallen

Die folgenden Aussagen *Hodschaefendis* sind einem Interview entnommen, das er im Juli 2005 der Zeitschrift *Muslim World* gab, die in den USA seit 1911 erscheint:

„Man kennt den Islam heutzutage nicht genug. Die Muslime hätten auftreten und sagen müssen, dass es im wahren Islam keinen Terror gibt. Ihr dürft Menschen nicht töten. Selbst im Krieg dürft ihr Unschuldige nicht angreifen. Niemand kann eine *Fetwa*[103] hierzu erlassen. Niemand hat das Recht, ein Selbstmordkommando zu bilden, sich Bomben um den Leib zu binden und sich unter unschuldige Menschen zu mischen. Das ist islamisch nicht legitim, egal welcher Religion diese Menschenansammlung auch angehören mag.

Selbst im Kriegsfall – und da fällt Ausgeglichenheit besonders schwer – wurde dafür keine Erlaubnis gegeben. Es wurde gesagt, belästigt Kinder nicht, lasst betende Menschen in der Kirche in Ruhe. Es ist nicht so, dass das seinerzeit mal so gesagt wurde, aber heute nicht mehr gilt. Was unser Herrprophet Muhammed gesagt hat, sagte auch der ehrwürdige Ebu Bekr, was der ehrwürdige Ebu Bekr sagte, sagte auch der ehrwürdige Umar, was dieser gesagt hat, wurde später von Sultan Saladin, nach diesem von Alp Arslan, dann von Kilitsch Arslan und sogar von Mehmed II. gesagt. Und genau aus diesem Grund konnte aus dem chaotischen Durcheinander in Konstantinopel Istanbul werden. Da fügten sich die Griechisch-Orthodoxen und die Armenier gegenseitig kein Leid zu und auch die Muslime ihnen nicht.

Nachdem Istanbul eingenommen war, hing im Patriarchat ein riesiges Gemälde von Mehmed II. dem Eroberer. Das haben sie damals anfertigen lassen. Man rief seinerzeit den Patriarchen und übergab die Schlüssel. Man gedenkt dessen mit Respekt.

---

103 *Fetwa:* „Rechtsgutachten des Muftis, in dem festgestellt wird, ob eine Handlung mit den Grundsätzen des islamischen Rechts vereinbar ist" (Definition des Duden).

Man war allen Ideen gegenüber respektvoll eingestellt, aber heute wird so viel falsch dargestellt, und in gewisser Hinsicht missinterpretiert man auch den Islam.

Ich muss bedauernd feststellen, dass in der muslimischen Welt einige fanatische verbohrte Gelehrte *(Hodscha)*, unreife Muslime, keine andere Waffe zur Verfügung haben. Der Islam ist eine Religion der Wahrheit und muss richtig gelebt werden. Man kann sich auf dem Weg des Islams nicht gleichzeitig unrechter Mittel bedienen. Das Ziel ist recht, dann müssen auch die Mittel, dorthin zu gelangen, rechtschaffen sein.

Von daher gesehen kommt man durch Blutvergießen nicht ins Paradies. Kein Muslim kann sagen, ich töte jemanden und komme dafür ins Paradies. Man erlangt Gottes Gunst nicht durchs Töten. Die wichtigsten Ziele eines Muslims sind, Gottes Wohlgefallen zu erlangen und seinen erhabenen Namen bekannt zu machen.“ *(Muslim World, Juli 2005, Zeki Sarıtoprak und Ali Ünal)*

Gülen gibt in dem am 22. März 2004 in der Zeitung *Zaman* veröffentlichten Interview auf die Fragen *„Betrachten diejenigen, die im Namen des Islams Terror verbreiten, das als Krieg, als Dschihad? Denken sie, dass sich ihnen dadurch die Türen des Paradieses öffnen?“* folgende Antwort:

„Die Gebote des Islams sind eindeutig. Einzelpersonen können keinen Krieg ausrufen. Auch kleinere Parteien bzw. Gruppen oder Organisationen dürfen das nicht. Krieg kann nur ein Staat ausrufen. Bevor nicht der Präsident oder das Militär einen Krieg erklärt, kann man nicht beginnen zu kämpfen. Andernfalls hätten wir ja Kriege ohne Ende. Da schart einer drei bis fünf Plünderer um sich und bildet eine Kriegsfront. Ein anderer versammelt andere Mitstreiter um sich. Denken Sie an die Türkei. Sogar Menschen mit gesundem Menschenverstand könnten gegeneinander in Stellung gehen, wenn sie am anderen Seiten entdecken, die sie nicht ertragen können.

Die stehen auf und sagen, ich erkläre hiermit dem und jenem den Krieg. Da gibt es jemanden, der aufsteht, um Menschen zu helfen, die den Christen gegenüber tolerant sind, hilft den Christen und schwächt den Islam. Der Muslim sagt nun wiederum, den müsse man bekämpfen und töten und erklärt seinerseits den Krieg. Man zieht nur in den Kampf, wenn der Staat den Krieg erklärt. Alles andere wäre dem Geist des Islams zuwider, der Islam sieht sowohl für den Frieden als auch für den Kriegszustand Regeln vor." *(22. März 2004, Zaman, Ekrem Dumanlı)*

Wer im Namen der Religion terrorisiert landet mitten in der Hölle

Rainer Hermann, ein deutscher Journalist und Autor des Buches „Wohin geht die türkische Gesellschaft?", fragt im Jahr 2012 *Hodschaefendi* mit Bezug auf islamistische Terroristen: *„Aber sie führen doch Krieg und töten im Namen des Islams?"*

Gülen erklärt, dass Terroristen, die im Namen des Islams morden, mitten in der Hölle landen werden:

„Auch in der westlichen Welt hat es ihn gegeben: den Terror um Kapital, Arbeit, Wohlstand. Bei uns werden sie angeblich im Namen der Religion geführt. Ich halte es jedoch für ausgeschlossen, dass es dabei um Religion geht. Persönliche Interessen spielen eine Rolle, das Ego der Menschen. Sie lassen im Namen der Religion morden. In Wahrheit sind es Morde gegen die Religion.

Ein Professor, der auch Priester ist, fragte mich, ob es der feste Glaube an die Existenz von Hölle und Paradies sei, was diese Menschen zu Morden und zu Selbstmordattentaten ermutige. Ohne zu zögern, antwortete ich, diese Menschen gelangen nicht ins Paradies, sondern mitten in die Hölle. So etwas kann nicht im Namen der Religion sein. Im Namen der Religion darf man nicht töten, Recht und Gerechtigkeit übergehen, Sachen entwenden, die Religion als etwas Bestialisches zeigen. Das kann nicht mit der Religion rechtfertigt werden." *(6. Dezember 2012, Frankfurt Allgemeine Zeitung, Rainer Hermann)*

Im Interview mit der *New York Times* aus dem Jahre 2010 hebt Gülen diese Gedanken ebenso deutlich hervor:

„Bei einer früheren Gelegenheit äußerte ich mich dahingehend, dass jeder echte Muslim ein Symbol für Frieden, innere Gelassenheit und Ruhe ist. Im wahren Islam gibt es keinen Platz für Terror. Die Religion gestattet es nicht, zu töten, um irgendeinen Zweck zu erreichen. Man kommt durch Töten nicht ins Paradies. Selbst in Kriegszeiten darf man unschuldige Menschen nicht schädigen. Diese Aspekte sind nicht von der Hand zu weisen, sie sind hieb und stichfest. Das wurde bisher so vertreten und wird auch weiterhin so vertreten werden." *(11. Juni 2010, The New York Times, Brian Knowlton)*

Steht die islamische Welt dem islamischen Geist konträr gegenüber?

Wenn doch die Verhaltensregeln im Falle eines Krieges im Islam geregelt sind und Morden im Namen der Religion nicht zulässig ist, warum stellt sich dann die islamische Welt so gar nicht dem Geist des Islam entsprechend dar?

Die Antwort, die *Hodschaefendi* im Jahre 2004 auf diese Frage gibt, ist erschütternd:

„Meiner Meinung nach gibt es nicht einmal eine islamische Welt, es gibt nur Gegenden, in denen Muslime leben, mancherorts mehr, mancherorts weniger. Hier geht es allerdings mehr um den kulturellen Islam, denn es gibt Muslime, die den Islam nach ihren eigenen Ideen neu konstruieren. Damit meine ich nicht die radikalen, extremen Muslime. Der Mensch muss an das, was er glaubt, so glauben, wie es wirklich ist, und es dann auch in rechter Form ausleben. Er muss sich des Islams [in seiner Ursprünglichkeit] annehmen.

Man kann nicht sagen, dass es in der geografischen Region der Erde, die wir als islamische Welt bezeichnen, Gesellschaften gibt, die diese Geisteshaltung, diese Philosophie vertreten. Das Gegenteil zu behaupten, wäre eine Verleumdung des Islams. Wenn man aber sagt, es gäbe gar keinen Islam, dann würde man die [gläubigen] Menschen verleumden. Ich gehe allerdings nicht davon aus, dass die Muslime im Moment zu internationalem Gleichgewicht und Harmonie beitragen. Ich sehe die dazu nötige vernünftige Haltung bei den muslimischen Staatsführern nicht. Ungeachtet der neuerdings in begrenztem Maße stattfindenden Aufklärung, fehlt es der islamischen Welt im Großen und Ganzen doch an Bildung.

Das sehen Sie bei dem Hadsch. Das sehen Sie – soweit Sie diese verfolgen können – bei Konferenzen, bei Podiumsdiskussionen, im TV und in den Parlamentssitzungen. Es herrscht eine ernstzunehmende Niveaulosigkeit vor. Sie können die Weltprobleme nicht lösen. Vielleicht später einmal.“ *(22. März 2004, Zaman, Nuriye Akman)*

Der Islam befürwortet nicht den Krieg, geschweige denn Terror

Der Korrespondent der kenianischen Zeitung *Daily Nation* richtet am 30. Juli 2004 folgende Frage an Gülen: „*Manche behandeln Islam und Terror so, als gehörten sie zusammen. Wie ist Ihre Meinung hierzu?*"

Hodschaefendi spricht von fünf Grundwerten, die der Islam hochhalten müsse, und einer davon sei das Recht auf Leben. Einen Menschen zu töten betrachte der Koran so, als töte man die gesamte Menschheit. Der Islam ermuntere nicht mal zum Krieg, geschweige denn zum Terror. Gülen unterstreicht ganz besonders, dass es von Anbeginn an im Islam „Kriegsregeln" gab:

„Zuerst muss ich betonen, dass es undenkbar ist, dass eine Religion göttlichen Ursprungs, heiße sie nun Islam, Judentum oder Christentum, den Terror gestatte, geschweige denn ihn befehle. In Gottes Augen ist das Leben sehr wertvoll. Deshalb hat Gott den Auftrag, es zu schützen und zu bewahren, in die fünf Grundwerte der gottgesandten Religion aufgenommen.

Das geht so weit, dass der Islam, der jeden einzelnen Menschen im Vergleich zu anderen Wesen als eine eigene Gattung betrachtet, das Töten eines Einzelnen so sieht, als töte man alle, und das Retten eines Einzelnen so, als rette man alle. Auf dem Gebiet des Rechts gibt es keine untergeordneten oder übergeordneten Rechte. Daher ist das Recht des Einzelnen das Recht der gesamten Gesellschaft, man kann nicht eines zugunsten des anderen opfern. Zweitens fordert der Islam, dass jeder Einzelne in seinen Handlungen und Tätigkeiten ein legitimes Ziel haben sollte, und betont eindringlich, dass auch die Wege, die dorthin führen, legal zu sein haben. Es sei daran erinnert, dass, wer auf illegalem Weg ein [lobenswertes] legitimes Ziel zu erreichen sucht, dafür nicht belohnt, sondern im Gegenteil bestraft wird.

Aus diesem Gesichtspunkt können wir sagen, dass der Terror unmöglich ein Mittel darstellen kann, islamische Ziele zu erreichen. Und gerade weil bzw. obwohl der Islam eine Realität der Menschheit und eine der herausragendsten Tatsachen der menschlichen Geschichte ist, befürwortet er den Krieg nicht. Er hat ihn früher zur Verteidigung zugelassen, und ihn erst später – im Rahmen des koranischen Prinzips ‚Unordnung und Zwang ist schlimmer als Totschlag‘[104] – als legal zu betrachten begonnen, um Kriege und Kriegsursachen wie Anarchie, Unordnung, Unterdrückung und Defätismus zu verhindern. Damit einher gingen aber auch zum ersten Mal in der menschlichen Geschichte wichtige Einschränkungen und der Islam verkündete in dieser frühen Epoche zwischenstaatliche juristische Prinzipien.

Islamische Gelehrte, die auf diesem Gebiet Experten sind, schrieben darüber vor 1 300 Jahren Abhandlungen. Vergesst die Gottesfurcht nicht. Zertretet nicht bebaute Felder und Obstgärten. Zollt den in Gotteshäusern lebenden Priestern und Mönchen, den Menschen, die sich Gott gewidmet haben, Respekt und kränkt sie nicht. Tötet keine Zivilisten, verhaltet euch Frauen gegenüber nicht ungehörig und verletzt die Gefühle der Unterlegenen nicht. Nehmt keine Geschenke des einheimischen Volkes an. Versucht nicht, eure Soldaten in den Häusern der Landesbevölkerung unterzubringen. Passt auf, dass ihr eure

104 Der Begriff „fitne“ im Koran hat mehrere Deutungsebenen. Ibn Umar zufolge bedeutet „fitne“ Vernichtung der Religionsfreiheit. Denn die polytheistischen Araber pflegten die neuen Muslime mit Zwang zu bekehren. Jemanden unter Zwang zu bekehren ist schlimmer, als ihn zu töten, denn durch den Unglauben wird er ewig sterben.

fünf Gebetszeiten nicht verpasst. Fürchtet Gott und vergesst niemals, dass der Tod euch zu irgendeiner Zeit, auch Meilen von der Kriegsfront entfernt, ereilen kann.

Daher haben die gesamte Geschichte hindurch fast alle muslimischen Staatsführer ihre Kommandanten mit Geboten wie ‚Seid allzeit für den Tod bereit' an die Front gesandt, und daran hielt man sich. Diese Prinzipien sind in die Geschichte eingegangen. Es ist ganz klar, dass der Islam sinnlosem Terror keinen Platz einräumt, der die von der Menschheit zu schützenden Grundrechte angreift und die Sicherheit völlig zerstört. Der Islam gesteht ja schon Staaten nur innerhalb bestimmter Regelungen und nur im Notfall das Recht zu, Krieg auszurufen, so wie es Einzelpersonen oder Organisationen nicht gestattet ist, im Namen des Islams oder der Muslime zu den Waffen zu greifen.

Wenn – sei es nun in der islamischen Welt, sei es in anderen Gegenden – Terroranschläge verübt werden und das so weitergeht, muss jeweils zunächst eine gut fundierte Diagnose gestellt werden, um anschließend eine entsprechende Therapie einzuleiten." *(30. Juli 2004, Zeitung Daily Nation, Hezron Mogambi)*

Die Religion fordert keine Aggression und Feindschaft

Der Lehrmeister gab in dem Interview, das die Journalistin und Autorin Nevval Sevindi im Jahre 1997 mit ihm führte, zwei Gründe an, warum der Islam mit Terror im selben Atemzug genannt werde. Erstens die Vorurteile gegenüber dem Islam, die sich historisch bedingt im Unterbewusstsein des Westens festgesetzt haben und zweitens die Art, wie Muslime in verschiedenen Gegenden der Welt den Islam zugunsten ihrer eigenen Interessen auslegen und an die Stelle der Religion Begehrlichkeiten und persönliche Neigungen stellen:

„Die Einstellung des Westens baut auf sehr alten Erfahrungen auf. Ich denke, als sie das erste Mal auf den Islam trafen, also die Weltenlenker, nicht das Heer oder die Kommandanten, hätten sie den Islam, so wie er ist, einmal gut untersuchen sollen, statt ihr Verhalten von Vorurteilen leiten zu lassen. Sie erklärten dem Islam in der Folge den Krieg. Hätten sie ihn doch nur in seiner grundlegenden Dynamik und seinen fundamentalen Prinzipien untersucht.

Je nach der Auslegung der Zeit und der Rahmenbedingungen änderte sich die Erscheinungsform des Islams und der Gestalt nach wurde ein afghanischer, ein irakischer Islam geboren. Es reicht nicht, sich darauf zu beschränken, lediglich weitere Formen wie die saudi-arabische und die syrische hinzuzufügen. Westliche Denker, Forscher und Orientalisten nähern sich dem Thema mit Schubladendenken, Christ/Muslim, ihr/wir – und dann findet man auch leicht Dinge, die man kritisieren kann.

Mit dieser Einstellung verkannte der Westen sowohl die Realität als auch den Osten. Was kann man dagegen tun? Das ist eine gute Frage. Es gibt auch noch eine Seite des Problems, die die Muslime angeht. Sie haben den Islam den Bedingungen angepasst, in denen sie sich befinden, gemäß ihrem eigenen Empfinden, gemäß ihren eigenen Interessen. Das sieht man ganz deutlich anhand der Ereignisse in der Türkei in der letzten Zeit. Es sieht so aus, als habe das Wunschdenken den Platz der göttlichen Leitung, die Stelle vernünftigen Denkens und rechter Einstellung eingenommen. Die Menschen halten ihre eigenen emotionalen Stimmungen für Vernunft und Urteilskraft, und nennen sie Religion. Wenn es sich im Gefühlsleben um religiöse Dinge handelt, sagen sie Religion dazu.

Daher halten sie sogar Aggression und Feindschaft für ein Erfordernis der Religion.

An einigen Stellen in der islamischen Welt haben Emotionen und Absichten die Gestalt von Ansichten eingenommen. Sie nähern sich der Religion irrational und getrieben von persönlichen Vorlieben; also nicht im Rahmen der göttlichen Offenbarungen, nicht mit Vernunft, nicht abwägend. Ein guter Korankommentator unserer Zeit sagt: ‚Der Koran wendet sich mit seinen Prinzipien und Grundsätzen an den Verstand der Menschen. Es gibt darin keine Prinzipien, die der Vernunft widersprechen.' Wenn man sich dagegen dieser Angelegenheit affektiv und impulsiv nähert, geht die göttliche Führung dabei verloren. Jeder führt seinen eigenen Kampf im Namen seiner eigenen Absichten und Neigungen. Da steht also einerseits die Sicht des Westens, andererseits die irrationale Auslegung von Menschen, die sich von vorübergehenden Neigungen beherrschen lassen.

Der Westen näherte sich dem Islam voller Vorurteile, das steht fest. Und es passieren leider ständig immer wieder Dinge, die sie in ihren Ansichten und Überzeugungen bestärken." *(28. Juli 1997, Yeni Yüzyıl, Nevval Sevindi)*

Al-Qaida und Bin Laden haben im Islam nichts zu suchen

Der Journalist Rainer Hermann fragt Gülen, wie es sein kann, dass man den Islam so unterschiedlich auslegen kann. Gülen erklärt, dass es im Islam Angelegenheiten gibt, die für

Idschtihad[105] offen sind, aber dass es einen Mangel an *Mudschtehids*[106] (Auslegern) gibt, die rechtsverbindliche Interpretationen bieten:

„In der Religion ist vieles offen für Auslegung und Exegese. Der Grund dieser Offenheit liegt in den Erfordernissen des Zeitgeistes. Wir haben zum einen feste Grundprinzipien *(muhkemât, nass)*, zum anderen aber flexible Interpretationen, worauf je nach Zeitalter normative Urteile begründet werden können. Die Anforderungen ändern sich mit der Zeit. Wir nennen diese Auslegung *Idschtihad*. Wenn sich heute niemand findet, der den *Idschtihad* vornehmen kann, dann weil es an Menschen mit der entsprechenden Kompetenz und Qualifikation mangelt. Das Tor zum *Idschtihad* steht vollkommen offen. Berücksichtigt man die Zeit, die wissenschaftlichen und technologischen Entwicklungen sowie die internationalen Verhältnisse, gibt es viele Gründe, weshalb ein *Idschtihad* durchgeführt werden muss. Wegen des *Idschtihads* gab es in der Vergangenheit Abspaltungen. Jemand sagte einmal: ‚Die Wege zu Gott sind so viele wie der Atem der Geschöpfe.'" *(6. Dezember 2012, Frankfurter Allgemeine Zeitung, Rainer Hermann)*

Gut. Wie kann man sich dann den Terror von Osama bin Laden und Al-Qaida aus Sicht des Islams erklären? Gülen erklärt, dass es hierfür keinen Raum im Islam gibt:

„Bin Laden kann behaupten, dass er sich auf den Koran und die Sunna stützt. Wir hingegen – wenn Gott mir die Gnade erweist und mich als eines der kleinsten Individuen der Muslime

---

105 *Idschtihad* (der): „Im Islam das juristisch-theologische Prinzip zur individuellen Meinungsbildung in Rechtsfragen, die nicht im Koran und im Hadith geklärt sind" (Definition des Duden).

106 *Mudschtehid*: derjenige, der die Kompetenz zum Idschtihad hat.

aufnimmt – stützen uns auf die Meinung islamischer Gelehrter (Denker, Soziologen, Juristen). Und die große Mehrheit der aus den Reihen der Muslime hervorgegangenen Philosophen, Soziologen und der Islamexperten stimmen mit uns überein.[107]

Wenn man die Verhaltensmuster des Propheten Muhammeds und der rechtgeleiteten Kalifen zur Grundlage nimmt, ist Bin Laden nicht einmal wert, erwähnt zu werden; die Taten des einen passen nicht zu denen des anderen. Wenn man die würdigen militärischen Einsätze *(seriye-i seniyye)* des Propheten aus Sicht der Sira-Philosophie[108] untersucht, sieht man, dass er sein Recht zur Gegenwehr nutzte, um seinen eigenen Pakt gegen all jene zu verteidigen, die ihn auf eine Seite ziehen wollten. Oder er hat diejenigen zur Ordnung gerufen, die illoyal waren und sein Gefüge und sein Bündnis brachen – und das ist völlig legitim. Die Einnahme Mekkas erfolgte nach solch einem Verrat.

Wenn man die Praktiken des Propheten zugrunde legt, wird klar, dass Bin Laden die Sache nicht vollständig überblickt. Offensichtlich betrachtet er den Koran, die Sunna und das Verständnis der Muslime der ersten drei Generationen *(selef-i salihin)* nicht als einheitliches Ganzes, er geht ganz selektiv vor.

Genauso reißt man Aussagen des Korans aus dem Zusammenhang und beachtet beispielsweise nur den Teil: ‚Wo ihr die

---

107 Der Lehrmeister Gülen meint damit, dass Bin Laden nach eigenem Gutdünken vorgeht, er sich hingegen auf die Tradition der Gelehrten vom Gefährten des Propheten bis heute stütze

108 Die Sira-Philosophie *(siyer felsefesi)* ist ein häufig verwendeter Begriff des Lehrmeisters Gülen und besagt, dass die historisch-chronologischen als auch die soziologischen Begebenheiten in der Wissenschaft der Prophetologie berücksichtigt werden müssen, damit die tatsächlichen Beweggründe des Propheten festgestellt werden können. Er ist der Meinung, dass 80 % der aus den Sira abgeleiteten normativen Aussagen neu überdacht werden müssen.

Ungläubigen seht, tötet sie.' Auf ähnliche Weise zieht man noch weitere falsche Schlüsse.

Die [wahre] Bedeutung dieser Aussage ist, dass man das Verhalten von Leuten ahnden soll, die sich zuerst zu uns gesellten, sich dann aber auflehnten, rebellierten und Verrat begingen. Gegen solche Rebellen schützt sich jedes Land und maßregelt Aufrührer. Sollten diese dann jedoch umkehren und zurückkommen, das rituelle Gebet verrichten, fasten und auf ihren alten Weg zurückfinden, dann lasst von ihnen ab, heißt es. Wenn man also ein Thema aus dem Zusammenhang reißt und einzelne Worte herauspickt, dann tritt die Denkweise Bin Ladens und seiner Gesinnungsgenossen zutage. [...]

Wenn man die vorbildliche Handlungsweise des Propheten, den Koran und die Sunna hinter dem Wort Muslim nicht mehr erkennen kann, als wären sie wie von einem Vorhang unserer groben und rohen Handlungen verdeckt und ihr Antlitz verdunkelt, dann heißt das, dass wir nichts Gutes erreicht, sondern viel falsch gemacht haben. Ob Bin Laden heute noch lebt oder nicht, weiß man nicht. Ich wünsche mir, er sei tot. Mögen wir Muslime von solch verdrehtem Gedankengut befreit werden." *(18. Januar 2005, Milliyet, Mehmet Gündem)*

Die Buddhisten nahmen den Islam als Religion des Krieges wahr

Hodschaefendi erinnert sowohl daran, dass die divergierenden Auslegungen des Islams in verschiedenen Gegenden der Erde dem Ansehen des Islam geschadet haben, als auch daran, dass die buddhistischen Mönche eine Weile den Islam als Kriegsreligion bezeichneten:

„Da tritt in Algerien jemand auf und tut etwas in der Meinung, das sei so richtig ... Das Gleiche geschieht in Syrien. Auf den Philippinen formiert sich die islamische Befreiungsfront der Moros. In Bangladesch und in Kaschmir passiert Ähnliches … Da sagt der Westen: Seht, haben wir es euch nicht gesagt. Die Kirche und sogar die Buddhisten sagen: Seht Ihr!

Als unsere Freunde zum ersten Mal mit den Buddhisten zusammentrafen, war deren Reaktion: ‚Doch nicht etwa diese Kriegsreligion?' Ja, so sehen sie uns. Es mag zwingende Gründe für einen Krieg geben. Daher muss es auf diesem Gebiet Regeln und Gesetze geben. Was, wenn die Umstände einen Krieg bedingen? Ein Krieg darf niemals ohne Gesetze und Regelungen stattfinden. Die Kreuzfahrer haben, weil in den Evangelien keine Regeln für den Kriegsfall enthalten sind, sich über alle Regeln und Gesetze hinwegsetzend Gräueltaten begangen.[109] Auf dem Weg nach Palästina haben sie in den Wäldern 70 000 Menschen aufgehängt. Diese Begebenheit kennt jeder, sie ist gut belegt. Die Sache nur aus diesem Blickpunkt zu beurteilen und den Islam – im positiven oder negativen Sinne – mit Krieg und Streit gleichzusetzen ist falsch.

Aber leider ist es so, dass die Ereignisse auf der Welt die Überzeugungen der Menschen scheinbar bestätigen, die den Islam so sehen möchten. Einige Unachtsame wissen eben nicht, wann sie sich wem gegenüber wie verhalten sollen … Dinge werden falsch angegangen, es werden Fehler gemacht und der Islam schließlich in ein schlechtes Licht gerückt." *(28. Juli 1997, Yeni Yüzyıl, Nevval Sevindi)*

---

109 Der Lehrmeister weist darauf hin, dass der Grundsatz des Kriegsverbotes im Christentums im Falle eines Krieges zu unvorstellbaren Gräueltaten führt. Weil Krieg an sich verboten ist, gönnt man sich jedes Unrecht, weil man sich sowieso im Bereich des Unerlaubten befindet. Ähnlich verhält es sich bei den Muslimen, wenn es um den Alkoholkonsum geht: Weil dies verboten ist, kennt man keine Grenzen, wenn man das Verbot einmal außer Acht lässt.

Die Türken haben die universelle Seite des Islams erfasst

Unter Berücksichtigung der muslimischen Landkarte auf der Welt bemerkt Gülen, dass er in Anatolien am besten ausgelegt werde. In kultureller Hinsicht könnte man „türkisches Muslimentum" sagen, aber aus religiöser Hinsicht sind Ausdrücke wie türkischer, kurdischer oder arabischer Islam nicht richtig. Ein Teil des ausführlichen Interviews von Nicole Pope für die französische Zeitung *Le Monde* dreht sich um dieses Thema:

„Der Islam als die Religion eines Reiches, das über Jahrhunderte die Region beherrschte, wurde in Anatolien immer so interpretiert, wie wir es heute auch kennen – wenn nicht sogar noch weicher, noch annehmender. Wenn dem nicht so wäre, hätte das Osmanische Reich nicht so lange und in so weitem Gebiet Bestand haben können – von Wien bis China (außer dem Iran), von Moskau bis in die Mitte Afrikas, die Gebiete eingeschlossen, die unter ihrem Schutz und ihrer Verwaltung standen. Sie haben sich den Menschen gegenüber sehr gut verhalten, sich in deren Religion und Anbetung nicht eingemischt. [...]

In einem Erlass Mehmeds II. heißt es: ‚Jeder kann in seiner Kirche so beten, wie er es möchte, kann leben, wie es seine Religion verlangt, da darf sich niemand einmischen.' Das ist sehr wichtig. Was den so jungen Eroberer Istanbuls dazu brachte, nicht aus gewissen Rachegefühlen heraus zu handeln, sind der Koran und die Taten des Propheten, die er als Richtlinie für sein Denken und Handeln nahm.

Mehmed II. rührte die Bilder in der Hagia Sophia nicht an, hat die dort versammelten Menschen in Frieden gelassen. Er handelte nach heutigem Verständnis äußerst demokratisch. Sein Staatswesen glich der äußeren Form nach zwar einem Imperium, war aber außerordentlich demokratisch. Bereits vor den Osmanen handelten die Seldschuken auch so. Bei den Ilchanen war es so, auch bei den Karachaniden. Die Türken haben also, als sie den Islam annahmen, ihn sofort in dieser Form auszuleben begonnen; die Iraner, die ihn etwa zur selben Zeit annahmen, dachten wiederum ganz anders.[110]

Auf die vier sog. rechtgeleiteten Kalifen, die dem Propheten nachstanden, folgten beispielsweise die Umayyaden, die es jedoch anders handhabten. Sie unterschieden sich von den Türken, auch die Abbasiden waren anders. Die Türken jedoch haben die der Auslegung offenen Aspekte des Islams reformiert und dynamische Prozesse wie den *Idschtihad* angestoßen, sind aber bei alledem den Grundprinzipien des Islams treu geblieben. Sie hatten den universellen Geist des Islams erfasst und waren so in der Lage, angemessen auf die sich mit der Zeit ändernden Lebensbedingungen zu reagieren. Sie haben den Islam gut interpretiert. Daher denke ich, dass diese Weichheit in dieser Region, zu der auch die Türkei gehört, eigentlich immer schon vorhanden war. Aus diesem Grund denke ich, ist es angemessen, von einem ‚türkischen Muslimentum' zu sprechen, auch wenn man dies nicht religiös begründen kann. Denn aus religiöser Sicht gibt es keinen türkischen, kurdischen oder arabischen Islam.

Die Türken haben Staaten gegründet, die über Jahrhunderte hinweg über weite Gebiete herrschten, haben aus ihrer religiösen Überzeugung heraus Anwendungspraktiken für das ge-

---

110 Die Sicht des Lehrmeisters auf die seldschukisch-osmanische Geschichte ist aus didaktischen Gründen teilweise idealisierend. Aus einer historisch-wissenschaftlichen Perspektive betrachtet entsprechen weder die Seldschuken noch die Osmanen, die Ilchanen oder die Karachaniden dem modernen Demokratieverständnis.

sellschaftliche, das soziale und das wirtschaftliche Leben sowie das Handelswesen entwickelt, Gesetzeswerke verfasst und sich ernsthaft bemüht, bei alledem stets den universellen Geist des Islams zu erfassen.“ *(28. April 1998, Le Monde, Nicole Pope)*

11. Politik

In diesem Kapitel werden Sie nun die Ansichten Fethullah Gülens zum Thema Politik kennenlernen, wie er sie seit den 1990er Jahren in Interviews zum Ausdruck bringt.

Nach dem kontrollierten bzw. inszenierten Putschversuch vom 15. Juli 2016 in der Türkei interessierten sich die ausländischen Medienvertreter in ihren Interviews mit Fethullah Gülen vor allem für eine Frage:

„Früher haben Sie Erdoğan unterstützt. Warum haben sich ihre Wege getrennt?“

Evelyn Finger, verantwortliche Redakteurin der *Zeit* im Ressort Glauben und Zweifeln, fragte Fethullah Gülen in diesem Zusammenhang u. a. Folgendes:

„Warum haben Sie Recep Tayyip Erdoğan und seine Partei AKP unterstützt, die doch aus einer islamistischen Bewegung erwuchs?“

Gülen antwortete darauf:

„Weil er versprach, unserem Land den Weg in die EU zu ebnen. Ganz am Anfang, als ich für einen EU-Beitritt argumentierte, verdammten Erdoğans Anhänger mich noch als unislamisch. Ihrer Meinung nach sei der EU-Beitritt unislamisch. Dann änderte der Präsident seine Meinung. Er hoffte, dass Hizmet ihn als Führer aller Muslime preist, weltweit für ihn wirbt."

Die Journalistin der *Zeit* hakt nach:

„Was verband Sie persönlich mit ihm?"

Gülens Antwort wirft Licht auf die Entwicklungen der letzten Jahre:

„Weder ich noch meine Freunde standen Erdoğan je wirklich nahe, auch wenn das jetzt behauptet wird. Ich selbst traf ihn nur wenige Male, noch bevor er 2003 Ministerpräsident wurde. Als er die AKP gründete, versprach er Freiheit und Demokratie, wollte die Menschenrechte stärken und die politische Macht des Militärs einschränken. Deshalb hat Hizmet ihn unterstützt. Aber nach dem dritten Wahlsieg der AKP im Jahr 2011 brach er seine Versprechen und machte einen U-Turn [wandte sich gegen die Demokratie]: weg vom Verfassungsstaat hin zum Präsidialsystem." *(29. September 2016, Die Zeit, Evelyn Finger)*

Wie Gülen bemerkt, versprach die Regierung Erdoğan in den ersten Jahren nach ihrer Wahl, die Reformen auf dem Weg der Türkei in die Europäische Union, die Regierungen vor ihnen eingeleitet hatten, fortzuführen, und sie unternahm sogar einige Schritte in dieser Richtung. Erdoğan gab sich den Anschein, als sei er gegen das „türkische Gladio", gegen einen militärischen Staat im Staat. Allerdings verließ er sehr schnell diese Linie, als das Referendum zur Verfassungsänderung am 12. September 2010 die Vormachtstellung des Militärs beschnitt und er die Wahlen vom 12. Juni 2011 gewann. Erdoğan, der das Machtvakuum, das durch die Entmachtung des Militärs entstand, durch ein Präsidialsystem mit ihm als alleinigem Herrscher der Türkei zu füllen gedachte, bezieht seit diesem Zeitpunkt offen Stellung gegen Fethullah Gülen.

Man begann, die Schulen und Nachhilfezentren, die von Anhängern Gülens in der Türkei betrieben werden, zu schließen, und der Geheimdienst MIT wurde beauftragt, im Staatsapparat umfangreiche Listen mit dem Ziel anzulegen, Sympathisanten von Gülen und seiner Bewegung festzustellen und sie aus ihren Ämtern zu entfernen.

Seither stellt Erdoğan Gülen als den Drahtzieher eines jeden negativen Ereignisses dar und versucht so, den Einfluss Gülens auf die türkische Bevölkerung zu brechen.

Der Höhepunkt war das, was nach dem Militärputsch vom 15. Juli geschah. Erdoğan behauptete, Gülen habe den Befehl zum Putsch erteilt. Daraufhin wurde der Ausnahmezustand verhängt und der Geheimdienst MIT begann damit, anhand seiner in den vergangenen Jahren erstellten Listen Tausende von Staatsbediensteten zu suspendieren und zu verhaften. Zum Zeitpunkt der Vorbereitung dieses Buches betrug die Zahl der aus fast jeder Behörde entlassenen Staatsbediensteten 146 674. Unter ihnen Richter an den höchsten Gerichten, Gouverneure, Professoren, Lehrer, Generäle, Direktoren der Staatssicherheitsdienste, Offiziere und Geschäftsleute. 126 158 wurden festgenommen, 58 889 von ihnen inhaftiert. Um für sie Platz in den Gefängnissen zu schaffen, wurden zuvor 30 000 niederträchtige Verbrecher freigelassen. Erdoğan sorgte auch dafür, dass 17 000 Frauen festgenommen wurden. Einige Frauen wurden als Geisel für ihre Männer festgehalten, die sich im Ausland befanden.

Der Kolumnist Thomas Friedman fragte am 20. Juli 2016 in Bezug auf diese Hexenjagd Erdoğans in einem Beitrag für die *New York Times:* „Erdoğan entfernte unmittelbar nach dem Putsch 2 750 Richter und Staatsanwälte aus ihren Ämtern. Wie konnte er innerhalb von nur zwei Tagen nach dem Putsch all ihre Namen ermitteln?“

Die Frage ist berechtigt. Es wurden im Vorfeld Listen über diese Menschen angelegt und Erdoğan wartete nur auf eine passende Gelegenheit, um sich ihrer zu entledigen. Der Militärputsch vom 15. Juli eröffnete ihm diese Gelegenheit. Ohnehin bezeichnete er diesen Putsch offen als „Gnade Gottes“.

Erdoğan ergriff die Gelegenheit beim Schopf und schloss über 1 000 Schulen, Hunderte Wohnheime für Studenten und 17 Universitäten, die von Anhängern Gülens betrieben wurden. Des Weiteren schloss Erdoğan Hunderte von Vereinen und zivilgesellschaftlichen Einrichtungen und nahm Hunderte Geschäftsleute fest, die mit Gülen sympathisierten, und übernahm 800 namhafte Firmen in der Türkei, die ihnen gehörten. Erdoğan enteignete per Gerichtsbeschluss auch Wohnungen und Häuser von Journalisten, die festgenommen wurden.

Erdoğan weitete seine Säuberungsaktion, die zunächst auf Fethullah Gülen abzielte, immer weiter aus. Er inhaftierte Hunderte kurdischer Politiker und entfernte sie aus dem Staatsdienst. Er verhaftete den Vorsitzenden der kurdischen Parlamentspartei, Selahattin Demirtaş, und einige ihrer Abgeordneten. Alle Bürgermeister dieser Partei wurden abgesetzt. Dann kamen die Laizisten an die Reihe. Das größte laizistische türkische Medienorgan, die Zeitung *Cumhuriyet*, wurde Ziel von Operationen der Sicherheitskräfte. Auf den aus der Haft entlassenen Chefredakteur der *Cumhuriyet*, Can Dündar, wurde ein Attentat verübt. Bevor Erdoğan ihn ein weiteres Mal festnehmen lassen konnte, verließ Can Dündar das Land und lebt seitdem in Deutschland.

Erdoğan, der einst Gülen beschuldigte, einen Parallelstaat aufbauen zu wollen, hat nun selbst begonnen, die Gerichtsbarkeit und alle anderen staatlichen Einrichtungen mit ihm treu Ergebenen zu füllen. Nach den Worten Kemal Kılıçdaroğlus, des Vorsitzenden der größten Oppositionspartei CHP, beginnen die Gerichte bereits damit, Urteile gemäß Anordnung aus dem Präsidentenpalast Erdoğans zu treffen.

Jeder, der in Opposition zu Erdoğan steht, wird als Terrorist abgestempelt und inhaftiert. Einige Tausend Menschen, die ihrer Meinung Ausdruck verliehen, wurden unter dem Vorwand der Beleidigung Erdoğans in aller Frühe in ihren Wohnungen festgenommen und inhaftiert. In der Türkei Erdoğans, in der im Rahmen des Ausnahmezustandes die mögliche Dauer einer Untersuchungshaft auf 30 Tage ausgeweitet wurde, kommt es in Polizeigewahrsam und den Gefängnissen immer häufiger zu Folter und ungeklärten Todesfällen.

„Ich habe mich nie politisch betätigt, ich war nie in der Politik"

Dies antwortete Fethullah Gülen am 25. Januar 1995 auf die Frage der Zeitung *Hürriyet: „Von außen betrachtet wirkt es immer so, als würden Sie die Ziele einer politischen Vereinigung verfolgen. Haben Sie sich je politisch betätigt?"*

Seit den 1990er Jahren werden in fast allen Interviews mit Herrn Gülen zwei Themen immer wieder angesprochen: Erstens das Verhältnis des Islams zur Demokratie – passt der Islam zur Demokratie –, und zweitens Gülens persönliches Verhältnis zur Politik.

In einer am 3. Juli 1995 ausgestrahlten Sendung des TRT sagte Gülen beispielsweise zum Moderator Reha Muhtar:

„Meine Aufgabe ist es lediglich, die Menschen über Gott aufzuklären. Mein Ziel ist es, mit Geschick und freundschaftlicher Zuneigung die Herzen der Menschen an den Glauben an Gott zu binden, indem ich ihnen die Wege Gottes erläutere. Das bereitet mir tiefe innere Genugtuung. Ich teile seit jeher die Ansichten von Denkern wie Mewlana, Ahmed Yesevi, Yunus Emre, Hadschi Bektasch Veli und Bediuzzaman Said Nursi. Ich denke, dass der Glaube an Gott elementar wichtig ist, um die Menschen zu vereinen. Daher möchte ich meine reinen, lauteren Gedanken und mein Verhältnis zu meinem Gott nicht durch politische Erwägungen trüben. Das wäre in meinen Augen respektlos und käme einem primitiven Kuhhandel gleich.

Ich gehe sogar so weit zu sagen, dass mein Leben auf der Erde sinnlos wäre, wenn diese meine Mission, meine Aufgabe, beendet wäre; eine Aufgabe, die ich, wie bereits gesagt, mit familiärer Hingabe, Geschick und tiefer innerer Genugtuung ausübe. Diese Aufgabe besteht darin, die Menschen in ihrem Innern zu befestigen, sie danach in ihrem Willen zu bestärken, um sie schließlich in ihren Unternehmungen zu vereinigen."

Geschworen, nicht in die Politik zu gehen

Nach diesen Ausführungen Gülens ging es in der Sendung mit folgenden Fragen des Moderators Reha Muhtar weiter:

Frage: „*Sie werden also wirklich nicht in die Politik gehen?*"

Gülen:

„Ich habe noch nie einen Gedanken daran verschwendet. Es wären in meinen Augen vielmehr ein paar Schritte zurück, wenn ein Mensch, der Gott gefunden hat und ein Verhältnis zu Ihm aufgebaut hat, sich wieder solchen Dingen zuwenden würde."[111]

Frage: „*Wenn nun jemand aus ihrem engsten Umfeld von Ihren Gedanken inspiriert in die Politik gehen wollte?*"

Gülen:

„Fragte mich jemand, der in die Politik gehen möchte, nach meiner Meinung, würde ich ihm genau so meine Bedenken kundtun. Tatsächlich wiederhole ich diese Gedanken in Gesprächen mit Freunden, die mich häufig besuchen, immer wieder. Ich habe sogar feierlich gelobt, nicht in die Politik zu gehen und hoffe, mit der Hilfe Gottes, diese Haltung zu bewahren. Der Gedanke daran, in die Politik zu gehen, erscheint mir angesichts unserer aufrichtigen, ehrlichen Bemühungen für eine Lösung der menschlichen Probleme als völlig überflüssig. Ich betrachte die Zuneigung meiner Freunde als eine Art Vertrauensvorschuss, den wir nutzen, um Bildung und Kultur zu fördern. So wie Goethe es in seinem ‚Faust' zum Ausdruck bringt: Das Problem des Menschen ist er selbst und seine Kultur. Also müssen wie die Probleme der Menschen auch auf diesem Wege lösen.

---

111 Hier ist anzumerken, dass der Lehrmeister Parteipolitik, öffentliche Posten und weltliches Ansehen nicht als Ziel definiert. Einige wollen ihn vehement zum Politiker erheben, der sich Erdoğan widersetzt und vergessen dabei, dass der zivile Islam immer in Konflikt mit dem politischen Islam stand; nicht, weil der zivile Islam die Politik bestimmen wollte, sondern genau umgekehrt: Der politische Islam will den zivilen Islam unterjochen. Ideale Politik definiert der Lehrmeister in einem Aphorismus wie folgt: „Wer unter Politik politische Parteien, Wahlkampf, Wahlen und den Kampf um die Macht versteht, liegt falsch. Die Politik ist die Kunst einer Verwaltung, die mit weiter Perspektive das Heute, das Morgen und das Übermorgen berücksichtigt – einer Verwaltung, die die Zufriedenheit der Menschen und die Zufriedenheit Gottes in Erwägung zieht." (Gülen, Fethullah, *Ölçü veya Yoldaki Işıklar*, S. 85.)

Ich kann es wirklich nicht verstehen, wie es manche für denkbar halten, dass wir uns in das Kleinklein der Tagespolitik begeben könnten, wo wir doch mit dieser großen Aufgabe beschäftigt sind." *(3. Juli 1995, TRT, Sendung „Ateş Hattı"[Feuerlinie], Reha Muhtar)*

In einem Interview der *New York Times* äußert sich Gülen am 11. Juni 2010 dem Journalisten Brian Knowlton gegenüber wie folgt:

„Ich unterhielt zu Vertretern aller Parteien stets gleich gute Beziehungen und habe zu Themen von allgemeinem Interesse jederzeit meine Meinung geäußert. Ich habe stets diejenigen unterstützt, die unsere Werte achteten, denen etwas am spirituellen Leben lag und die etwas zu den weltlichen und ewigen Sehnsüchten der Menschen zu sagen hatten. Hierbei spielt Parteizugehörigkeit keine Rolle. Daher kann man nicht sagen, ich stünde einer Partei nahe und sei einer anderen fern; ich pflege zu allen gleich gute Beziehungen."

Beziehung zu den Machthabern

Brian Knowlton fragte Gülen weiter: *„Sofern Sie Kontakt zu Regierungskreisen haben – wie ist Ihre Beziehung zur derzeitigen türkischen Regierung? Gibt es Dinge, die Sie anders angehen würden?"* Gülens Antwort:

„Meiner Einschätzung nach ist die schlechteste Regierung immer noch besser als Regierungslosigkeit und Chaos, denn das führt zu Anarchie und Nihilismus. Positive Beziehungen zum Staat zu pflegen ist daher in meinen Augen eine staatsbürgerliche Pflicht und ein Statement gegen Anarchie. Ich habe immer darauf Wert gelegt, auf der Seite des Rechtsstaats zu stehen.

Ich glaube aber auch, dass es wichtig ist, Vertretern des Staates Überlegungen kundzutun, die dem Wohl des Landes dienen. Daher habe ich mich um eine angemessene Nähe zum Staat, um respektvollen Umgang mit seinen Vertretern und um ein positives Verhältnis zu ihnen bemüht – ganz gleich, wer gerade an der Macht war. In Anbetracht dessen haben wir uns nie abwertend über die jeweiligen Machthaber geäußert.

Natürlich sind wir darum bemüht, die positiven Bemühungen von Personen zu begrüßen und zu unterstützen, die unsere Ansichten und Gefühle teilen. Wir begrüßen und schätzen Bemühungen um die Stabilisierung der Demokratie, die Wahrung des Primats des Rechts und die Gewährung von Freiheiten auf dem Niveau universeller Normen." *(11. Juni 2010, The New York Times, Brian Knowlton)*

Hatte Sokrates recht?

Im Mai 2010 sprach Joe Lauria vom *Wall Street Journal* mit Gülen und richtete ausgehend von einer Aussage des griechischen Philosophen Sokrates eine politische Frage an ihn. Die Frage als auch die Antwort Gülens sind aufschlussreich.

Die Frage des amerikanischen Journalisten lautete:

„Pflichten Sie dem Ausspruch des Sokrates bei, wenn er sagt, dass diejenigen, die politische Macht anstreben, zu Despoten werden, wenn ihnen die philosophische Grundlage fehlt, und diejenigen, die sich der Philosophie hingeben, bedeutungslos und klein bleiben, wenn sie keine politische Macht besitzen?"

Hodschaefendi erwiderte darauf:

„Sokrates möge mich entschuldigen, aber dass politische Macht einen Menschen groß machen würde – dem kann ich nicht beipflichten. Auch wenn ich mit dem ersten Teil der bedeutungsvollen Rede des großen Sokrates einiggehe, so kann ich ihm doch, so leid es mir tut, im zweiten Teil nicht folgen. Wie sie wissen, gibt es verschiedene Disziplinen der Philosophie, sie beschäftigt sich auch mit politikfremden Themen wie dem Glauben, dem Sinn des Lebens, der Frage nach einem höheren Wesen, der Erkenntnistheorie, Schönheit und Ästhetik, Ethik und Religion. Vielleicht hat der große Philosoph im zweiten Teil seines Ausspruchs in einem engeren Sinn von der politischen Philosophie gesprochen." *(4. Juni 2010, The Wall Street Journal, Joe Lauria)*

Jeder ist in seiner politischen Wahl frei

So sehr Gülen darauf Wert legt, selbst unpolitisch zu bleiben, so sehr betont er auch die Wichtigkeit, dass jeder an der Wahlurne frei zu seinen politischen Überzeugungen stehen sollte. Er erläutert dies in einem Interview des Fernsehsenders Star, das am 6. Juli 1995 ausgestrahlt wurde:

„Nun, ich finde es nützlich, der Einheit meines Landes, meiner Religion und meinem Glauben zu dienen und dabei auf jede Art politischen Denkens und politischer Anschauung zurückzugreifen. Meiner bescheidenen Meinung nach sollte keine Gesellschaftsschicht außen vor bleiben. Ich glaube, dass die Einheit des Landes und der Zusammenhalt von einer unpolitischen Haltung[112] nur profitieren kann. Ich möchte die Zuneigung, die

112 Hiermit meint Gülen, dass er im Hinblick auf Parteipolitik unpolitisch sei, d. h. jeder Partei gleich nah oder fern stehe. Dies bedeutet jedoch nicht, dass er die Politik im Allgemeinen nicht gutheiße. Als Gelehrter vertritt er den Standpunkt, die Religion dürfe nicht von Parteien monopolisiert werden. Als Gelehrter steht er allen Seiten neutral gegenüber und war daher

mir mein Volk entgegenbringt, dazu nutzen, Bildungs- und Kulturprojekte voranzutreiben. Ich möchte aber keine politische Propaganda betreiben, sie nicht auf eine bestimmte Seite ziehen und auch nicht unter Druck setzen. Das wäre mir ohnehin nicht möglich."

Hodschaefendi merkt an, dass der Gang zur Wahlurne eine staatsbürgerliche Pflicht sei und er dazu ermuntere, zur Wahl zu gehen:

„Ich habe von der Kanzel der Moschee aus immer dazu aufgerufen, zur Wahl zu gehen und die Stimme abzugeben. Das ist ein Bürgerrecht.[113] Ich habe gesagt: Verleiht eurer politischen Überzeugung Ausdruck, tragt die Kranken auf Bahren zur Wahl. Ganz gleich wen und was ihr wählt, gebt eure Stimme ab. Unser Volk soll sich an die Demokratie gewöhnen." *(25. Januar 1995, Hürriyet, Ertuğrul Özkök)*

Wenn man über die Jahre hinweg Gülens Äußerungen zu politischen Frage betrachtet, kann man sehen, dass er immer wieder denselben Punkt betont. Dies wird anhand des folgenden Beispiels deutlich: gleiche Frage, zwei Antworten – eine aus dem Jahr 1995 und gleich im Anschluss eine aus dem Jahr 2005.

Am 25. Januar 1995 fragte ihn die Zeitung *Hürriyet: „Haben Sie für die Zukunft ein politisches Ziel, eine Erwartung?"* Die Antwort Gülens:

---

nie Mitglied einer Partei. Jedoch äußert er zu gewichtigen Themen auf der politischen Agenda als Bürger seine Meinung.

113 Artikel 67 der türkischen Verfassung definiert das aktive und passive Wahlrecht als Bürgerrecht, wohingegen Artikel 175 für die Nichtteilnahme an Wahlen Ordnungsstrafen zulässt. Mittelbar ist das Wählen somit sowohl ein Bürgerrecht als auch eine Bürgerpflicht.

„Nie und nimmer. Nicht nur politisch, auch in Bezug auf mein privates Leben hege ich keine Wünsche. Ich bin ein anderer Typus. Ich habe Menschen wie Sie getroffen, viele Freunde gewonnen. Sogar die Menschenansammlung in diesem Saal ist mir zu viel. Ich sage mittlerweile, entweder ist die Askese in der Zurückgezogenheit das Beste für mich oder das Jenseits. Zum Beispiel war ich 1986 das letzte Mal zur Hadsch in Mekka, ein Bekannter hatte mir die Reise ermöglicht. Dort wurde mir aufgrund unseres vielfältigen Engagements in der Türkei viel Aufmerksamkeit zuteil. Seitdem wurde ich von Freunden, die aus der Türkei nach Mekka ausgewandert sind, vielleicht zwanzigmal eingeladen, erneut dorthin zu reisen. Es ist mir unangenehm, ich kann die Einladungen nicht annehmen. Der berühmte Fethullah Hodscha zu sein, ist mir mittlerweile zu viel. Früher war ich ein Prediger, ein Imam in der Moschee. Der heutige Fethullah Hodscha ist viel mehr als jener Fethullah Hodscha damals in der Moschee. Er ist mir selbst zu viel. Ich fühle mich einfach unwohl. Daher möchte ich gar nicht daran denken, wie es mir ginge, würde ich auch noch in die Politik gehen. Nur wenn ich zu Themen, die das Schicksal meines Volkes betreffen, eine Meinung habe, halte ich mich nicht zurück, diese Gedanken an andere weiterzugeben. Ich betrachte dies zeitlebens als ein Teil der Obliegenheiten, die Gott mir als Mensch wie jedem anderen auch aufgetragen hat. Sonst wäre ich vor Gott verantwortlich."
(25. Januar 1995, Hürriyet, Ertuğrul Özkök)

Religion und Politik

Lassen Sie uns einen Blick auf eine Aussage werfen, die am 20. Januar 2005 in der Zeitung *Milliyet* veröffentlicht wurde:

„Wird die Religion zu einem Diener der Politik degradiert, spielt man mit den religiösen Gefühlen der Menschen. Das wäre sowohl respektlos der Religion gegenüber als auch ein Unterfangen, welches zum Scheitern verurteilt ist.“ *(20. Januar 2005, Milliyet, Mehmet Gündem)*

So sehr Gülen auch davon entfernt ist, sich in die Politik verstricken zu lassen, so sehr ist er auch gegen einen anarchischen „staatsfreien“ Raum, der ins politische Chaos führte. Auch wenn Gülen aufgrund dieser Haltung von Zeit zu Zeit als „Etatist“ bezeichnet wird, weist er darauf hin, dass er weit davon entfernt sei, ein Etatist zu sein oder den Staat heilig zu sprechen. Das kann man gut aus seinen Worten erkennen, die am 4. September 1997 in der Zeitung *Zaman* veröffentlicht wurden:

„Wir sind von der abscheulichen Idee des Etatismus, der das Individuum dem Staat opfert, so weit entfernt, wie der Sonnenaufgang vom Sonnenuntergang. [...] Etatismus ist das eine; sich dem Staat entgegenzustellen das andere. Wenn man über einen Etatisten spricht, denkt man im Allgemeinen an die etatistischen Regierungen, die nach Gutdünken handelnd die persönlichen Freiheiten und Rechte jedes Individuums hintanstellen. Ein Etatismus, dem es nur um den Fortbestand der Nation oder des Staates geht, und der in seinen Erwägungen das Wohlergehen des Einzelnen außer Acht lässt, ist widerlich. Von diesem Gedanken sind wie so weit entfernt wie der Sonnenaufgang vom Sonnenuntergang. Allerdings hat jede Nation ihren Staat. Dieser Staat regiert das Volk. Der Staat ist ein Projekt, ein Fundament, auf dem Regierungen über das Volk regieren.

Ich kann mich nicht erinnern, mich je als Etatist bezeichnet zu haben. Aber ich habe immer dies gesagt: Gegen die Regierung Agitation zu betreiben, kann die Regierung schwächen, es kann den Staat in seinen Grundfesten erschüttern. Der Zusammenbruch eines Staates oder sein Wanken bedeutet für das Volk eine Katastrophe. Diejenigen, die sich diesem Ansatz aus dem Blickwinkel des Etatismus her nähern, täuschen sich erneut. Ich kann natürlich freie Gedanken, freie Initiativen, individuell Erreichtes, in gewissem Maß den Liberalismus und in gewissem Maß auch seine heutige Haltung zu sozialen Themen kritisieren. An dieser Stelle erneut ein Beispiel aus dem Leben des vorbildhaften Propheten Mohammeds: Der Prophet Gottes hat auf den Marktplätzen und den Bazaren Handel getrieben. 1400 Jahre später spricht man heute von der Ökonomie der Märkte, von der Marktwirtschaft. Muhammed lehrte die Muslime, wie man Handel betreibt.“ *(4. September 1997, Zaman, Ali Halit Aslan)*

Gülen äußert sich im Rahmen der 22-tägigen Interviewreihe in der Ausgabe der Zeitung *Milliyet* vom 15. Januar 2005 eingehend zu den Themen Heiligkeit des Staates, Etatismus, Staatsstreich und den Gründen, weshalb er sich von der Politik fernhält. Ein Punkt, den er besonders hervorhebt, ist der Umstand, dass der Etatismus die Meinungsfreiheit, die Religions- und Gewissensfreiheit, ja die Achtung vor den Grundrechten außer Kraft setzt:

„Wenn ich davon spreche, dass wir den Staat brauchen und er sich nicht abnutzen dürfe, bekunde ich ihm gegenüber meine Wertschätzung – ich spreche bewusst von Wertschätzung – und habe klar und deutlich konstatiert, dass sogar der schlechteste Staat besser ist als ‚Staatsfreiheit‘; allerdings habe ich den Staat nicht heiliggesprochen. Dazu sehe ich auch keinen Anlass. Ohne staatliche Ordnung jedoch herrscht Anarchie, Chaos und Disziplinlosigkeit. Andere Gesinnungen würden nicht respektiert, ganz zu schweigen von Religions- und Gewissensfreiheit, und von Respekt vor Gott könnte gar nicht die Rede sein.

Zudem haben einige von uns unter dem Etatismus außerordentlich gelitten. Aus Gründen wie diesem betrachte ich es als meine staatsbürgerliche Pflicht, an der Seite des Staates zu stehen. Wenn es zudem noch Menschen gibt, die sie respektieren, Achtung vor ihren Worten und Anschauungen haben, so ist es ihre Aufgabe, zu verhindern, dass diese Menschen betrogen werden und von einem Extrem ins andere fallen. Jedoch gilt es, etwas Wichtiges zu beachten: Trotz mancher Fehler, die wir sehen, müssen wir wohl oder übel eine Entscheidung treffen: Entweder bemühen wir uns um schöne Betrachtungsweisen, schönes Denken, um zu schönen Bewertungen zu kommen, oder wir bauen so, wie einige Oppositionelle dies heute tun, unablässig auf Kritik, Zerstörung, Gegnerschaft, Hass und Feindschaft. Ich stand noch nie auf dem Standpunkt, der Staat sei fehlerfrei, prophetengleich rein, alles, was er tut, sei angebracht. Auch der Staat kann sich irren. Der Weg, den Bewerber um ein politisches Amt gehen müssen, ist klar definiert; auch ich hätte diesen Weg beschreiten können. Bitte entschuldigen Sie, wenn ich hier ein wenig aushole. Ich habe meinen Freunden immer gesagt – mal offen und mal durch die Blume: Lasst uns die Bande zu allem Weltlichen lösen, unser Leben dem Bestreben um die Gunst Gottes weihen, lasst uns kein anderes Ziel verfolgen, als den Namen Gottes und des Propheten weithin zu verkünden. Wären es weltliche Bestrebungen, die mich antrieben, der Wunsch, an die Spitze des Staates zu gelangen, hätte ich von Jugend an darauf geachtet, mich entsprechend zu positionieren. Meine Wahl stand jedoch fest. Was mag wohl einem Menschen durch den Kopf gehen, der in der Hitze des jugendlichen Drangs seine Nase am Fenster der Moschee plattdrückte – noch heute schmerzt mir beim Gedanken daran mein Nasenbein – und sein jugendliches Leben in einer Holzhütte verbrachte? Damals gab es eine Reihe von Angeboten von Menschen, die mich liebten und mir zugeneigt waren. [...] Mir wurden Dinge angeboten, die meine Möglichkeiten bei weitem überstiegen, nicht nur in der Politik. Bitte entschuldigen Sie mich, es ist mir unangenehm, darüber im Einzelnen zu sprechen. Nun, warum sollte sich ein Mensch, der all diese Möglichkeiten, die sich ihm schon in seiner Jugend boten, zurückwies und sich stattdessen in eine Holzhütte zurückzog und jede Nacht befürchtete, diese könnte seine letzte sein, der Politik zuwenden? Die Dinge, die mich erfüllen, die meinen Träumen Schönheit verleihen, sind anderer Natur. Ich möchte so leben wie Ahmad Sirhindi[114], El-Gazali[115], El-Harrani[116], Aqil Menbedschi[117], im Bemühen um eine Lebensfüh-

114 Imam Rabbānī (Ahmed Fārūq Sirhindī) (1564–1624) war ein indischer Sufi und Theologe, der dafür bekannt wurde, den sunnitischen Islam in Indien wiederbelebt zu haben, und der die synkretistischen religiösen Tendenzen, die unter dem Mogul-Kaiser Akbar vorherrschten, ablehnte. Daher verlieh man ihm nach seinem Tod den Titel *mudscheddid ul-elf eth-thēnī* (Erneuerer des zweiten [islamischen] Jahrtausends). Der Naqschbendī-Sufiorden, zu dem Imam Rabbānī gehörte, ist in Indien, China, Zentralasien, der Türkei und Malaysia beheimatet.

115 Imam Ghazali (1028–1085) war einer der größten Denker und Universalgelehrten, der über 75 Bücher zu fast allen Themengebieten verfasste. Er war der Rektor der Universität von Nizamiye in Bagdad und im mittelalterlichen Europa als Al-Ghazali bekannt, der sich gründlich mit Philosophie, Logik, Mathematik, Medizin, Rechtslehre, Rechtsphilosophie, Mystik, Ethik, Koranwissenschaften und Kelam-Wissenschaften beschäftigte. Er ist der Erste, der über die Notwendigkeit des Zweifelns sprach und die reine Vernunft mit vernünftigen Argumenten kritisierte. Später wandte er sich dem Sufismus zu und starb als einer der größten Lehrmeister in Tus.

116 Hayat ibn Qays el-Harrani (501–581): ein berühmter Gottesfreund, der sowohl von Nureddin El-Zengi als auch von Salahaddin el-Eyyubi geschätzt wurde. Wohlbekannt ist er durch seine Frömmigkeit und Wunder.

117 Aqil El-Menbedschi: ein großer Lehrmeister aus Manbidsch in Syrien. Sufis halten Aqil el-Menbeschi und Hayat el-Harrani für Menschen, deren Verfügungsgewalt auch nach dem Tod wirken. Vermutlich ist der Grund warum der Lehrmeister diese wichtige Gelehrten ins Feld führt, der Um-

rung wie die des Propheten ihnen nacheifern und auf diesem Weg das Wohlwollen Gottes erlangen – das ist meine Wahl. Mögen sich die Bürger unseres Landes, deren Herzen rein sind, die ein gesundes Urteilsvermögen besitzen, ein weites Gewissen haben und die geistige Reife dazu besitzen, um politische Ämter bewerben und den Staat lenken. Und wir werden sie ideell dabei unterstützen. Wir werden sie auf Punkte hinweisen, aus denen sie Nutzen ziehen können. Damit wäre unser Ziel erreicht. […] Uns geht es darum, dass Rahmenbedingungen geschaffen werden, die die Würde des Staates wahren, unsere Religion nicht angreifen und uns unsere Religion ausleben lassen." *(15. Januar 2005, Milliyet, Mehmet Gündem)*

Eine eigene Partei gründen?

Im September 1997 gab es in den USA eine Gesprächsrunde mit Fethullah Gülen. Im Hinblick auf die Gerüchte, er sei dabei, eine Partei zu gründen, erklärte er, dass er derartiges Gerede als persönliche Beleidigung betrachte:

„Ich habe meinen eigenen Standpunkt. Daher sage ich: Es mag so wirken, als würde ich diejenigen, die sich mit Politik befassen, nicht ernst nehmen. Für mich sind die Behauptungen, ich würde eine Partei gründen und in die Politik gehen, die größte Beleidigung, die man mir je machen könnte. Ich habe für mich einen eigenen Weg gefunden. Und das ist der Weg der Suche nach Gott. Ich betrachte meine Anstrengungen in dieser Suche noch nicht als ausreichend. Das meine ich ernst.

---

stand, dass sie alle zu den Regierungen und Königen ihrer Zeit Distanz hielten und keine politische Posten akzeptierten.

Das waren auch die Gedanken, die mir durch den Kopf gingen, als ich an der Grabstätte des Propheten Muhammed in Medina stand und betete. Ich sagte zu mir, o Prophet Gottes, wenn ich doch ein vor Sehnsucht nach dir brennendes Herz hätte, würde es mir hier wie *Medschnun* ergehen.[118] Wie falsch ist es, zu glauben, ein Mensch, der seinen Weg derart gefunden hat, wäre noch auf der Suche nach etwas anderem? Wer Gott gefunden hat, hat gewissermaßen alles gefunden. Darüber hinaus etwas anderes zu suchen wäre absurd. Natürlich braucht dieses Land Politiker, Menschen, die das Land regieren. Davon gibt es mehr als genug und jeder von ihnen kennt sich auf diesem Gebiet besser aus als ich. Es gibt in diesem Land einiges, was vernachlässigt wurde. Wir haben unsere Werte. Diese muss man ausleben, zum Leben erwecken. Dies wurde in meinen Augen vernachlässigt.

Ich würde mich lieber in von Freiwilligen geführte Institutionen einbringen und mich Themen annehmen, die bisher links liegen gelassen wurden, um unsere Kultur, unsere Geschichte und unsere Werte, von denen die Welt profitieren kann, wieder zum Leben zu erwecken und sie als Mörtel, als Bindestoff im Aufbau einer neuen Welt einzubringen – das sind meine Überlegungen.

Dies füllt meinen Horizont vollständig aus – manchmal schaut man doch auf einen Punkt, malt sich in seiner Phantasie etwas anderes aus und sieht den eigentlichen Punkt nicht mehr. So zieht auch mich der Punkt, auf den ich konzentriert bin, so sehr in seinen Bann, dass ich die Politik gar nicht mehr

---

118 Medschnun (Qais): der berühmte Verliebte in der Erzählung von Laila und Medschnun, den orientalischen Romeo und Julia. In seiner Liebe zu Laila verliert Medschnun den Verstand und begibt sich in die Wüste, wo er mit den wilden Tieren lebt.

wahrnehme, selbst wenn sie mit all ihrem Streit und ihrem Blutvergießen zu einer blutigen Arena würde." *(4. September 1997, Zaman, Ali Halit Aslan)*

Besonders seitdem man im November 2013 begann, über die Schließung der Hochschulvorbereitungsklassen zu diskutieren und im Anschluss an die im Dezember jenes Jahres eingeleiteten Ermittlungen in Verbindung mit den Korruptionsvorwürfen [gegenüber Personen aus dem engsten Umfeld der türkischen Regierungspartei AKP] gab es im In- und Ausland eine Reihe von Interviews mit Gülen.

Vollständiger Bruch mit der AKP?

Die Antworten Fethullah Gülens auf die Fragen der Journalisten Joe Parkinson und Jay Solomon wurden im *Wall Street Journal* vom 21. Januar 2014 veröffentlicht.

Auf die Frage: *„Ministerpräsident [Erdoğan] griff Sie und ihre Hizmet-Bewegung in letzter Zeit häufig an. Denken Sie, dass Ihr Bündnis mit der AKP nun vollständig beendet ist?"*, antwortete Gülen:

„Wenn überhaupt von Bündnissen gesprochen werden muss: Bündnisse werden im Rahmen der Demokratie, der Menschenrechte und Freiheiten geschlossen, nicht zwischen politischen Parteien oder Kandidaten. Ich hatte angekündigt, die [republikanische Volkspartei] CHP zu unterstützen, sofern sie bereit wäre, die demokratischen Reformen, die 2010 parallel zum Verfassungsreferendum im Rahmen der Beitrittsverhandlungen der Türkei mit der Europäischen Union auf den Weg gebracht wurden, einzuleiten. Viele Freiwillige der Hizmet-Bewegung sowie die Mehrheit des türkischen Volkes hatte sich für demokratische

Reformen ausgesprochen, für ein Ende der Bevormundung der Politik durch das Militär und für ein Voranbringen der Beitrittsverhandlungen der Türkei mit der Europäischen Union und die AKP in diesem Bemühen unterstützt. Wir haben schon immer Bestrebungen unterstützt, von deren Richtigkeit wir überzeugt waren und die demokratischen Prinzipien entsprachen.

Allerdings haben wir auch die Dinge kritisiert, die wir als falsch betrachteten oder demokratischen Prinzipien zuwiderliefen. Unsere Werte und unsere Haltung hat sich nicht geändert. Wir werden weiter die Demokratie verfechten. Was die Haltung der politischen Akteure im Hinblick auf ihre Qualifikation und ihre Leistung betrifft: hier müssen das türkische Volk und unabhängige Beobachter urteilen. [...] Wir haben in der AKP-Ära demokratische Reformen unterstützt, demokratiefeindliche Aktivitäten kritisiert und uns ihnen entgegengestellt.

Beispielsweise haben wir den Entwurf des Anti-Terror-Gesetzes kritisiert, denn er fasste den Begriff Terror sehr weit und barg ein Risiko für die bürgerlichen Freiheiten. In den Jahren 2003 und 2010 gab es einen allgemeinen Trend zu demokratischen Reformen und ein Großteil des türkischen Volkes hat diese Reformen unterstützt – dass 2010 58 % für das Verfassungsreferendum stimmten, ist hierfür ein Beleg.

Zudem hat sich die Türkei in den vergangenen 15 Jahren wirtschaftlich und demokratisch weiterentwickelt. Wir wünschen uns, dass diese demokratischen Reformen fortgeführt werden. Eine neue, zivile und demokratische Verfassung würde den Demokratisierungsprozess festigen und die Türkei an die demokratischen Werte der Europäischen Union binden. Leider hat [die Regierung] aufgehört, sich hier weiter einzubringen.“ *(21. Januar 2014, The Wall Street Journal, Joe Parkinson und Jay Solomon)*

„Es war mir nur ein einziges Mal vergönnt, meine Stimme abzugeben"

Ein der Fragen, die der Journalist Güney Yıldız Gülen am 27. Januar 2014 für den Fernsehsender BBC stellte, lautete:

„Sie haben die Regierungspartei AKP eine ganze Weile lang auf einigen Ebenen unterstützt und eine gemeinsame Linie verfolgt. Kommentatoren weisen auf den Lösungsprozess in Verbindung mit der Kurdenfrage und Differenzen im Umgang mit Israel nach dem Angriff auf die Mavi Marmara hin, wenn es um die Gründe für das Zerwürfnis geht."

Die Antwort Gülens auf diese Frage:

„Wir hatten noch nie mit irgendeiner politischen Partei vollständige Übereinkunft in allen Punkten, ganz gleich ob es die MHP war oder die CHP. Gleiches gilt auch für die AKP und zwei Parteien, die es inzwischen nicht mehr gibt, die DYP und die ANAP. Wir betrachteten es als unsere menschliche Pflicht, die trefflichen und notwendigen Vorhaben dieser Parteien zu unterstützen. Ich ging sogar so weit, in Verbindung mit dem Verfassungsreferendum etwas auszusprechen, was ich noch nie zuvor sagte: Das ist ein demokratischer Durchbruch. Das ist ein demokratisches Referendum. Hierzu sollte jeder mit Ja stimmen. Der Hohe Rat der Richter und Staatsanwälte und andere staatliche Einrichtungen müssen nach demokratischen Rahmenbedingungen umgeformt werden.

Schon vor zwanzig Jahren sorgte eine Aussage von mir für Aufregung. Ich bezeichnete damals die Demokratie als einen Prozess, von dem es kein Zurück mehr gibt. Auch Menschen, die heute offen eine gegenteilige Meinung vertreten, tobten damals: ‚Was soll denn das heißen, was hat der Islam mit der Demokratie zu schaffen?‘ […] Außer der Tatsache, dass wir wählen gehen, gab es keinerlei Verbindungen zu irgendeiner politischen Partei. Vielleicht gab es den einen oder anderen, der sich zu einer Partei hingezogen fühlte und ihr auf eigenen Wunsch beitrat. Ansonsten hätte man andere auch entsprechend beeinflusst können. Sie würden heute das Rückgrat dieser Partei bilden und das Gesicht der Partei mitprägen. Dies war aber nicht unser Bestreben.“

Eine weitere Frage des BBC-Journalisten Güney Yıldız lautete: *„Würden Sie für die AKP oder für Erdoğan als Präsidentschaftskandidaten stimmen, wenn Sie sich zur Wahl in der Türkei aufhielten?“*

Auf diese Frage antwortete *Hodschaefendi*:

„Es war mir bislang nur ein einziges Mal vergönnt, meine Stimme abzugeben. Entweder war ich im Gefängnis oder auf der Flucht oder es war zu einer Zeit, als mir diese bürgerlichen Rechte verwehrt wurden – ich habe nur ein Mal gewählt. Ein weiteres Mal war es mir nicht vergönnt. Ich war nicht gegen Wahlen, ich war kein Nichtwähler. Es ist ein demokratisches Recht und ich wünschte, jeder ginge wählen.

Ich bin nicht geneigt, mich wieder so zu äußern, wie ich es in Verbindung mit dem Referendum tat. Das war damals eine andere Sache. Wenn ich etwas sagen würde, dann vielleicht: ‚Wer vor dem Recht und dem Gesetz aufrecht zu stehen vermag, rechtschaffen ist, die Demokratie achtet und mit seinen Mitmenschen friedlich auskommt‘ – wenn ich etwas sagen würde, dann dies. Ich werde mir Gedanken machen, ob ich nicht tatsächlich etwas sagen sollte. Ich könnte sagen: ‚Gebt dieser oder jener Partei eure Stimme.‘ Es wäre allerdings eine Beleidigung ihres Scharfsinns, Urteilsvermögens, Verstandes und logischen Denkvermögens, wenn ich vorschreiben würde, welche Partei sie zu wählen hätten. Die Dinge sind doch glasklar vor aller Augen offensichtlich. Es steht mir nicht zu, Einfluss auf die Wahlentscheidung anderer zu nehmen.“ *(27. Januar 2014, BBC, Güney Yıldız)*

In diesem Zusammenhang wurde in der *Financial Times* vom 10. März 2014 ein Artikel Gülens veröffentlicht. Unter der Überschrift „Um die Demokratie zu erhalten benötigt die Türkei eine neue Verfassung“ stechen folgende Aussagen hervor:

„Diese Menschen, deren Bekanntschaft gemacht zu haben eine Ehre für mich ist, haben seit mehr als vierzig Jahren ihre finanziellen Möglichkeiten und ihre Energie in Bildung, Dialog und humanitäre Hilfe investiert. Gleichzeitig blieben sie bewusst politischen Ämtern und dem Geschacher darum fern. Das ist ein Beleg dafür, dass sie nicht darauf aus sind, politische Macht oder die daraus resultierenden Privilegien zu erlangen. Ich hatte noch nie vor, und werde das auch in Zukunft nicht anders handhaben, irgendeine Partei zu unterstützen oder zu behindern; ich rate jedem Bürger lediglich seine von der Verfassung geschützten Rechte zu gebrauchen, um seine eigene freie Wahl zu treffen. Ich vertraue der Besonnenheit und dem Scharfsinn unseres Volkes und hoffe, dass sie über Parteizugehörigkeiten hinausblicken und statt einer Partei das Wohl der Nation und des Landes voranstellen.“

„Wir sind keine politische Partei und werden es auch nie sein“

Während die Diskussion um die Hochschulvorbereitungsklassen und die Ermittlungen in der Korruptionsaffäre im Gange waren, veröffentlichte die Zeitung *Zaman* vom 18. bis 22.

März 2014 über einen Zeitraum von fünf Tagen Interviews des Chefredakteurs Ekrem Dumanlı mit Fethullah Gülen. Hier ein Auszug aus diesen Interviews mit Bezug auf die Aussagen Gülens zur Politik:

„Wir sind keine politische Partei und werden es auch nie sein. Demnach sind wir auch kein Gegner irgendeiner Partei. Wir stehen allen Parteien gleich nah. Trotzdem teilen wir der Öffentlichkeit unsere Bedenken und Hoffnungen, die die Zukunft unseres Landes betreffen, mit. Das ist sicher unser natürliches und demokratisches Recht. Es würde mich befremden, sollte das jemanden stören. Warum sollte es ein Vergehen sein, den Führern des Landes zu sagen: ‚Ich habe da eine Idee.' In fortschrittlichen Demokratien äußern Einzelpersonen und zivilgesellschaftliche Organisationen ihre Ideen und ihre Kritik in aller Öffentlichkeit und niemand stört sich daran. […]

Wir haben mit niemandem eine Interessengemeinschaft gegründet. Wir halten seit jeher Abstand, da uns der Koran und auch die Lehren, die wir aus der Sunna ziehen, uns diese Notwendigkeit nahelegen. Ich habe die Bewerbung um ein politisches Amt stets als Verrat an unseren Werten betrachtet. Wie andere dazu stehen, kann ich nicht beurteilen. Ich habe es jedoch im Hinblick auf das Jenseits immer für gefährlich gehalten, weltliche Bestrebungen zu verfolgen, sowie nach Bewunderung und Beifall zu streben. Meine Freunde denken ebenso. Wir haben niemals ein Amt als Generaldirektor, Landrat, Gouverneur oder Minister angestrebt.

Sollte jemand doch solche Ämter begehrt haben – ich erinnere mich an keinen – dann hatte das mit uns nichts zu tun. Im Augenblick jedenfalls tut das keiner von uns. Die Würdenträger des Staates wissen um meine Einstellung dazu, ich hatte sie ihnen bei einer passenden Gelegenheit dargelegt. Wir haben uns aufrichtig bemüht, sie bei Themen wie der Demokratie und der Förderung von Grundrechten und Freiheiten zu unterstützen. Wir stehen hinter allen Parteien, die Schritte dahingehend unternehmen, antidemokratische Phasen zu beenden und eine pluralistische demokratische Kultur zu etablieren. Blinde Parteianhängerschaft ist etwas anderes. Uns geht es um die Unterstützung demokratischer Maßnahmen.

Unsere Position ist heute die gleiche wie gestern. Es stellt sich die Frage, wer sich entfernt hat. Eine politische Partei, die noch bis vor ein paar Jahren den Weg hin zu Grundrechten und Freiheiten beschritten hat, verbietet heute, ohne mit der Wimper zu zucken, das Internet und erlässt Gesetze, die an einen Überwachungsstaat erinnern. Es ist für uns undenkbar, Bestrebungen zu unterstützen, die mit spitzer Zunge das soziale Gefüge zerstören und demokratische Traditionen an den Nagel hängen.

Sollte es hier nur um die Hizmet-Bewegung gehen, könnte man versuchen, dies irgendwie zu ertragen. Man sollte den Punkt, an dem wir mittlerweile angekommen sind, aus einer weiter gefassten Perspektive bewerten. Die Türkei koppelt sich leider von der übrigen Welt ab und isoliert sich zunehmend. Eine Türkei, die sich in sich zurückzieht und ihre demokratische Vielfalt verliert, schadet nicht nur den Menschen in der Türkei, sondern auch all jenen, die im Laufe der Jahre Vertrauen in die Türkei aufgebaut haben und sie zum Vorbild nehmen."

Die Unterstützung des Referendums

Auf die Aussage Ekrem Dumanlıs: *„Es wird darüber spekuliert, welcher Partei die Bewegung ihre Stimme gibt"*, antwortete

Gülen:

„Es gehört sich meines Erachtens für gläubige Menschen nicht, ständig nur über die Wahl zu sprechen, als ob der Sinn des Lebens in einer Wahlurne bestünde. Natürlich spielt die Wahlurne im Hinblick auf die Zukunft des Landes eine wichtige Rolle; aber sie ist nicht alles. Es stimmt traurig zu sehen, wie Menschen nur auf die Wahlurne fixiert sind, angeben, hemmungslos lügen und betrügen und darüber vergessen, dass es auch eine Urne, eine Truhe gibt, in der unsere guten Taten aufbewahrt werden.

Um zum Thema ‚Wem geben wir unsere Stimme?' zu kommen: Meine Wenigkeit hat schon seit jeher gesagt, hört auf euer Gewissen. Ich betrachte es als falsch, Druck auszuüben, indem man zur Wahl einer bestimmten Partei aufriefe. Auch das Engagement in einer Partei käme einer Isolation von allen anderen gesellschaftlichen Schichten gleich. Daher war unsere klare Haltung in Verbindung mit dem Referendum nicht an eine Partei gebunden, sondern wir wollten, dass demokratische Schritte eingeleitet werden. In der Tat kommt heute heraus, dass man diese Haltung wohl nicht zu schätzen weiß … Jeder schaut sich um und beurteilt die Bewerber um das Amt des Bürgermeisters. So wie bei einer Parlamentswahl stehen die Bewerber im Mittelpunkt und nicht die Parteien. Jede Partei hat diensteifrige, begabte und wertvolle Kandidaten – wählte man irgendeine Partei nicht, würde man sich sozusagen versündigen.“ *(21. März 2014, Zaman, Ekrem Dumanlı)*

Das Referendum, von dem hier gesprochen wurde, fand am 12. September 2010 statt. Dieses Referendum, bei dem es um eine Verfassungsänderung zu wichtigen Themen wie Menschenrechte, Demokratisierung und Unabhängigkeit der Justiz ging, wurde mit einer Mehrheit von 58 % angenommen. Fethullah Gülen rief zuvor die Bevölkerung der Türkei dazu auf, mit Ja zu stimmen.

Am 24. März 2014 veröffentlichte die Zeitung *Asharq al-Awsat*, eine der größten Tageszeitungen der arabischen Welt, ein Interview mit Gülen. Er wurde gefragt: „*Sie sagen, Sie verfolgten keine politischen Ziele. Sie haben jedoch unter den Politikern Anhänger. Denken Sie, dass dies in der Türkei für Sie von Vorteil ist?*" Gülens Antwort:

„Diese Bewegung ist von Anbeginn an nicht politisch ausgerichtet, sondern mit dem Gedanken aufgebrochen, der Menschheit mit Bildung, sozialem und kulturellem Engagement zu dienen, und hat alle seine Energie darauf verwendet. Die Bewegung bevorzugt als individuellen Lösungsansatz der sozialen Missstände den Weg der Bildung. Meine Wenigkeit ist nicht müde geworden, in seinen Predigten immer wieder dazu zu ermuntern, Schulen zu bauen; Moscheen haben wir schon genug und die meisten stehen leer.

Hätten wir politische Ambitionen, etwa die Gründung einer Partei, so hätten sich sicher während der vergangenen 40 bis 50 Jahre viele Gelegenheiten dazu ergeben. Meinen Freunden und mir wurden zu verschiedenen Zeiten immer wieder politische Ämter oder Würden angetragen – wir haben sie stets zurückgewiesen. 2001 hätte sich eine hervorragende Gelegenheit dazu ergeben, als die etablierten Parteien allesamt zusammenbrachen und viele neue Parteien gegründet wurden. Diese Gelegenheit nutzten wir jedoch nicht.

Hätten wir es darauf angelegt – wir hätten gestern wie heute eine ganze Reihe von Sympathisanten in den Regierungsparteien sitzen. Aber wie jeder weiß, gibt es außer zwei unserer Freunde keinen.[119] Ich war noch nie dazu geneigt, im Namen der Religion Politik zu betreiben oder die Religion für die Belange der Politik zu instrumentalisieren, mit religiösen Slogans Wahlkampf zu betreiben. Allerdings sind politische Bestrebungen legitim, und wir würden niemanden daran hindern dies zu tun, nur weil wir selbst nicht in die Politik gehen oder eine Partei gründen. Denn in einer Demokratie kann man ohne Parteien keine Politik machen. Unsere Bewegung hat, was das Gründen einer Partei betrifft, keinerlei politische Ambitionen.

Jedoch gibt es natürlich unter den Themen, die zu den grundsätzlichen Dynamiken der Bewegung und den universellen Werten zählen, auch politische Aspekte. Jeder Unternehmer, jeder einfache Bürger, jeder Lehrer und jeder, der sich sozial engagiert, stellt Erwartungen an die Politik; so auch die Bewegung. Diese legitimen Interessen wurden stets mit legalen Mitteln verfolgt, die Bewegung hat sich niemals illegaler und unethischer Methoden bedient.

Natürlich erwarten die Bürger, die der Bewegung nahestehen – so wie jeder andere auch – von ihrer Regierung, dass sie das Primat des Gesetzes, Menschenrechte, Freiheiten, Frieden sowie Gedanken- und Handelsfreiheit wahrt, den Bestand und die Ordnung des Landes aufrechterhält sowie Chaos und Anarchie entgegenwirkt. Etwaige Defizite werden stets auf zivildemokratischen Wegen angesprochen. Darauf hinzuweisen ist sowohl

119 Erdoğan drängte Gülen, ihm 50 Namen von Personen zu nennen, die er zu Abgeordneten machen sollte; Gülen ging jedoch nicht darauf ein. In Erdoğans Partei wurden nur zwei Politiker, die Gülen nahestehen, als Abgeordnete aufgestellt und gewählt: Der Abgeordnete İlhan İşbilen (Izmir) und der Abgeordnete Muhammed Çetin (Istanbul). (Anm. F. Mercan.)

eine staatsbürgerliche Pflicht als auch ein zivilgesellschaftliches Anliegen.

Dazu muss man keine Partei gründen und man muss nicht in die Politik gehen, um diese Dinge anzusprechen. Über diejenigen, die dies tun, kann man aber nicht sagen, sie wollten mit der Regierung gemeinsame Sache machen oder die außerparlamentarische Opposition nehme Einfluss auf gewählten Abgeordnete. In jeder fortschrittlichen Demokratie auf der Welt ist das so. Ohne Parteien und Wahlen können keine demokratischen Abläufe stattfinden, aber Demokratie ist mehr als das. Zivilgesellschaftliches Engagement ist ebenso wichtig. Politiker sollten den Wählern nicht nur von Wahl zu Wahl Rechenschaft ablegen.

Die Zivilgesellschaft beobachtet die politischen Machthaber beständig und achtet darauf, inwieweit sie ihre Versprechungen einlösen; hierbei bedienen sie sich der Medien, Vereinigungen, juristischer Aktionen, Unterschriftenkampagnen und Mitteilungen über die sozialen Netzwerke. Das Prinzip, keiner politischen Partei anzugehören und keine politischen Ämter anzustreben, eint diejenigen, die der Bewegung nahestehen. Das bedeutet aber nicht, dass wir darauf verzichten, unserer Befugnis und Verantwortung als Zivilgesellschaft nachzukommen und ein wachsames Auge auf die Politik zu richten.“ *(24. März 2014, Asharq al-Awsat, Manuel Almeida)*

Die Behauptung, es gebe einen Parallelstaat

Ein Thema, das wir hier aufgreifen möchten, ist die immer wiederkehrende Behauptung, es gebe einen „Parallelstaat“. *Hodschaefendi* betont in seinen Antworten auf die Fragen von Journalisten einige wichtige Aspekte diesbezüglich.

Die Journalisten Joe Parkinson und Jay Solomon vom *Wall Street Journal* fragten ihn: „*Wie beurteilen Sie die Umstrukturierung der Führungsebene der Polizei, die Premier Erdoğan anstrengte?*“ Gülens Antwort:

„Niemand heißt es gut, wenn Polizeikräfte oder auch Glieder der Regierung die Gesetze des Landes oder die Vorschriften der Institutionen brechen; es sollten seitens der Behörden Ermittlungen eingeleitet werden. Haben jedoch diese Personen nichts Illegales getan und die Vorschriften der Institutionen nicht gebrochen, dann ist ein solches Vorgehen nicht mit demokratischen Prinzipien, geltendem Recht und den Menschenrechten vereinbar, insbesondere, wenn sie lediglich aufgrund ihrer Weltanschauung oder persönlicher Vorlieben gelistet und stigmatisiert wurden.

Aufgrund von Weltanschauung, Ideologie und Vorliebe Personen von ihren Ämtern abzusetzen und eine ‚Säuberung‘ durchzuführen, gehört zum Programm der derzeitigen Regierungspartei und wurde schon vor den Wahlen angekündigt. Es ist blanke Ironie, wenn man mitten im Winter ohne zuvor Ermittlungen einzuleiten Richter und Polizeikräfte versetzt bzw. abberuft, die man noch vor ein paar Monaten als Helden feierte.“

Eine weitere Frage der beiden Journalisten lautete: „*Weshalb ermutigen Sie die Anhänger Ihrer Bewegung, bei Polizei und Justiz Karriere zu machen?*“

Gülen antwortete darauf:

„Lassen Sie uns zunächst einmal die Frage anders formulieren. Ich kann mich zu meiner eigenen Verteidigung äußern und diese Verteidigung schließt die türkische Gesellschaft im Allgemeinen mit ein. Ich glaube seit jeher, dass Bildung der beste Weg ist, um eine Gesellschaft auf feste Grundlagen zu stellen und den Einzelnen in seiner persönlichen Entwicklung voranzubringen. Jedes soziale Problem beginnt beim Individuum und wird auf lange Sicht nur auf der individuellen Ebene gelöst werden können. Vernachlässigt man den Einzelnen, sind systemische, institutionelle und politische Lösungsversuche zum Scheitern verurteilt.

Deshalb bin ich ausschließlich ein Verfechter der Bildung. Und deshalb gründen Personen, die meine Vorstellungen teilen, Studentenwohnheime, Zentren zur Prüfungsvorbereitung, Privatschulen und kostenfreie private Bildungszentren. Diese Einrichtungen sorgen für hochwertige Bildung, die einer breiten Gesellschaftsschicht zugänglich ist; bisher stand der Weg zu hochwertiger Bildung nur einigen wenigen privilegierten Schichten offen. Ich habe dazu ermuntert, dass alle Gesellschaftsschichten in den Institutionen des Landes repräsentiert werden. Es ist wichtig, dass diese Einrichtungen die Vielfalt der Gesellschaft widerspiegeln. Jedoch prägen verschiedene Faktoren die Entscheidung der Schüler und ihrer Eltern.

Zu diesen Faktoren zählen die Perspektiven auf dem Arbeitsmarkt und die Karrieremöglichkeiten. Ich weiß nicht im Einzelnen, welche Art von Karriere die Absolventen der Einrichtungen der Hizmet-Bewegung wählen.“ *(21. Januar 2014, The Wall Street Journal, Joe Parkinson und Jay Solomon)*

In der Hizmet-Bewegung gibt es keine einheitliche politische Ideologie

Gülen äußerte sich hierzu in der Zeitung *Asharq al-Awsat* wie folgt:

„Da die Hizmet-Bewegung kein homogenes, zentral hierarchisch geführtes Gebilde ist, gibt es auch keine einheitliche politische Ideologie. Daher ist es auch undenkbar, uns in einer bestimmten Partei zu engagieren. Jeder, der die Bewegung unterstützt, hat seine eigenen politischen Ansichten. Aber darüber wird in der Bewegung nicht diskutiert. Unsere Agenda bestimmen nicht die Wahlen und politische Arbeiten, sondern Projekte, die sich um gemeinsame universelle menschliche Werte drehen. […]

Es ist offensichtlich, dass es heute viele Menschen in diversen staatlichen Institutionen gibt, die diese Anschauungen teilen. Das steht jedoch nicht auf ihrer Stirn geschrieben und deshalb ist es rechtswidrig und unethisch, sie auf die Schwarze Liste zu setzen. Zudem unterstehen alle diese Personen den Verordnungen der Institutionen, in denen sie arbeiten, unterstehen ihren Vorgesetzten, und all ihr Tun wird von Gesetzen geregelt. Ich wiederhole: Es mag Personen im Staat geben, die meiner Wenigkeit und der Bewegung nahestehen, so wie es ganz natürlich ist, dass es dort auch Sympathisanten anderer Vordenker oder ideologischer Bewegungen gibt. Niemand hat das Recht, sich in die persönlichen Überzeugungen, Glaubensansichten und Weltanschauungen anderer einzumischen.

Es wird von allen Absolventen der Bildungseinrichtungen der Bewegung und denen, die diese Ansichten teilen, erwartet, ganz gleich wo sie beschäftigt sein werden, das Primat des Gesetzes, Ehrlichkeit, Menschenrechte und demokratische Prinzipien zu achten. Sollte es, wie behauptet wird, Personen im Staatsapparat geben, die – statt sich den Direktiven ihrer Vorgesetzten und des Gesetzes unterzuordnen – ideologischen Direktiven oder einer bestimmten Gruppe Folge leisten, dann sollten sie benannt und bestraft werden, ungeachtet ihrer angeblichen Zugehörigkeit zu meiner oder irgendeiner anderen Bewegung.

Sofern jemand behauptet, der Bewegung nahezustehen und in der Öffentlichkeit Straftaten begeht, sollten umgehend die nötigen Ermittlungen eingeleitet und die Person der Gerechtigkeit zugeführt werden. Unsere Bereitschaft zur Transparenz und zum Übernehmen von Verantwortung war stets eindeutig und wird es auch in Zukunft sein.“ *(24. März 2014, Asharq al-Awsat, Manuel Almeida)*

„Hatten Sie Ihre Hände im Spiel?“

In einem Exklusivinterview für das ZDF sprach Kamran Safiarian wenige Wochen nach dem gescheiterten Militärputsch in der Türkei mit Fethullah Gülen.[120] Der Journalist weist darauf hin, dass der türkische Präsident Gülen vorwerfe, Drahtzieher dieses Putsches zu sein, die Staatsanwaltschaft fordere zweimal lebenslänglich – 1 900 Jahre Haft. Auf die Frage des Journalisten *„Hatten Sie Ihre Hände im Spiel“*, antwortete Gülen:

„Ich bin seit 15 bis 16 Jahren hier. Falls ich mit denen, die diesen Putschversuch unternommen haben, gesprochen oder telefoniert haben soll, sollen sie das beweisen. Dann bin ich bereit, alles in Kauf zu nehmen, was sie fordern. Das ist das Eine. Zum Zweiten habe ich einen sehr vernünftigen Vorschlag gemacht. Eine internationale Organisation soll die Sache untersuchen. Wenn ihre Vorwürfe stimmen, dann akzeptiere ich mit

---

120 Ausgestrahlt im ZDF „heute-journal“ vom 23. September 2016. Der Beitrag der Sendung ist im ZDF Youtube-Kanal abrufbar unter https://www.youtube.com/watch?v=O6GBtFpPI8E, das Interview in voller Länge unter https://www.youtube.com/watch?v=Tdsv0pGPYrE.

Kusshand, was sie fordern. Aber weder ist es ihnen gelungen, irgendetwas Handfestes vorzuweisen, noch konnten sie eine Antwort auf meinen Vorschlag geben. Deswegen sind das alles bloße Behauptungen. All die Akten, die sie hierherschicken, enthalten nichtssagende Papiere.[121] Das Justizministerium oder das Außenministerium hat diese Akten an die hiesige Justiz weitergegeben. Die Justiz wird sie überprüfen und entscheiden, ob die Vorwürfe stimmen. [...] Ich habe schon einmal anlässlich des 28. Februar [1997] vor der Staatsanwaltschaft in New Jersey ausgesagt, damals hatten mich die Militärs angeklagt, die Putschisten. Ich wurde freigesprochen und das Kassationsgericht hat es bestätigt."

Angesichts der Säuberungswelle nach dem Putschversuch fragte Kamran Safiarian: *„Wohin steuert Ihr Land?"*. Gülen antwortete darauf:

„Das war schon vorher geplant, man hat nur einen überzeugenden Vorwand gebraucht. Wenn man den hat, wird die Weltöffentlichkeit die Sache akzeptieren – so hat man gedacht. Eigentlich kamen regelmäßig Listen von der Justiz, vielleicht auch vom Militär. Aber man hat abgewartet. Man brauchte eine Begründung, einen Vorwand. Das Szenario eines Putsches ließ die Sache vernünftig erscheinen. Allein, dass sie gleich am nächsten Tag damit angefangen haben, macht deutlich, worum es ihnen ging.

---

121 Auch der Präsident des Bundesnachrichtendienstes (BND), Bruno Kahl, teilt diese Einschätzung und sieht keine Anzeichen dafür, dass die Hizmet-Bewegung für den Putsch verantwortlich ist. Dem Spiegel gegenüber sagte er, dass der Putsch „wohl nur ein willkommener Vorwand" gewesen sei. Die Hizmet-Bewegung sei eine „zivile Vereinigung zur religiösen und säkularen Weiterbildung". Siehe: http://www.spiegel.de/politik/ausland/tuerkei-putschversuch-laut-bnd-chef-wohl-nur-vorwand-fuer-radikalen-kurs-erdogans-a-1139271.html.

Wohin die Türkei steuert, wissen Sie besser als ich, weil Sie sehr gut erkennen, was in der Welt vor sich geht. Wenn Sie die Geschehnisse analysieren, wird Ihnen bestimmt klar, dass es sich nur um ein Szenario handelt. Der Staatspräsident hat gleich am Tag nach dem Putsch gestrahlt und gesagt: ‚Gut, dass es passiert ist, das kommt uns gelegen.' Auf der anderen Seite hat man die Menschen bewaffnet und gesagt: ‚Schießt auf Zivilisten!' All das erscheint wie ein Szenario, das völlig schiefgelaufen ist.

Entwickelt sich die Türkei zum Positiven? Die Türkei hat auch in der Vergangenheit einige dunkle Zeiten überwunden: den 27. Mai [1960], den 12. März [1971]. Und ich gehörte immer zu denen, die unter den Repressionen leiden mussten. Auch den Putsch am 12. September 1980 hat die Türkei überwunden und den 28. Februar [1997]. Zu jener Zeit bin ich hierhergekommen. Ich glaube daran, dass sie mit Gottes Hilfe auch das überwinden wird, was wir heute erleben."

Abschließend führt Gülen noch Folgendes zu seiner Person und der Hizmet-Bewegung aus:

„Alle reden von ‚Gülen'. Aber diese Sache hat mit „Gülen" rein gar nichts zu tun. Ich habe über diese Themen in Moscheen und auf Konferenzen gesprochen und in der einen oder anderen Zeitschrift geschrieben, um wissenschaftliches Denken, zwischenmenschliche Harmonie, Brüderlichkeit und ein besseres Verständnis zu fördern, zur Bekämpfung der Armut beizutragen – immer fest davon überzeugt, dass alle Probleme nur im Licht der Wissenschaft gelöst werden können. Da sind andere herkommen und haben meine Worte so oder so ausgelegt und haben dafür Bezeichnungen gefunden. Eigentlich gibt es keinen ‚Gülenismus', es gibt auch keinen ‚Fethullahismus'. Wenn ich das, was ein Resultat des Denkens und der Arbeit unzähliger Menschen ist, zu meinen eigenen Gedanken, zu meinem Eigentum erklären würde, würde ich mich dem Allmächtigen gleichsetzen.

Mir selbst gefalle ich nicht. Mir gefallen auch diejenigen nicht, die Gefallen an mir finden. Wenn man mir sagt, was ich Großartiges gemacht hätte, empfinde ich das als Beleidigung. Es geht nur um die Arbeit und Leistung derer, die diese Ideen richtig finden. Natürlich mit Beistand Gottes. Das hat mit meiner Person gar nichts zu tun." *(23. September 2016, Kamran Safiarian, https://www.youtube.com/watch?v=TdsvOpGPYrE)*

Quellenverzeichnis

Die meisten Interviews aus dem vorliegenden Buch können auf der offiziellen Webseite von Fethullah Gülen in voller Länge eingesehen werden: https://fgulen.com/tr/.

Hier eine nach Art der Medien sortierte alphabetische und chronologische Übersicht der Interviews, auf die in diesem Buch Bezug genommen wurde:

Zeitungen und Zeitschriften

Akşam (Türkei)
19.03.1995, Ömer Çavuşoğlu und Meriç Köyatası

Aksiyon (Türkei)
13.04.1996
22.11.1996
06.06.1998

Aktüel (Türkei)
14.01.1999, Necdet Açan

Asharq al-Awsat (Großbritannien)
24.03.2014, Manuel Almeida

Cumhuriyet (Türkei)
22.08.1995, Oral Çalışlar

Daily Nation (Kenia)
30.07.2004, Hezron Mogambi

Die Zeit (Deutschland)
29.09.2016, Evelyn Finger

Financial Times (Großbritannien)
10.03.2014, Fethullah Gülen

Frankfurter Allgemeine Zeitung (Deutschland)
06.12.2012, Rainer Hermann

Hürriyet (Türkei)
25.01.1995, Ertuğrul Özkök
26.01.1995, Ertuğrul Özkök
27.01.1995, Ertuğrul Özkök

La Repubblica (Italien)
28.03.2014, Marco Ansaldo

Le Monde (Frankreich)
28.04.1998, Nicole Pope

Meydan (Türkei)
15.03.1995, Rahmi Turan

Millî Gazete (Türkei)
05.07.1994, Mehmet Metiner

Milliyet (Türkei)
08.07.1995
19.10.1995, Taha Akyol
11.08.1997, Hakan Yavuz
13.08.1997, Hakan Yavuz
02.09.1997, Yasemin Çongar
25.06.1999, Taha Akyol
08.01.2005, Mehmet Gündem
09.01.2005, Mehmet Gündem
11.01.2005, Mehmet Gündem
15.01.2005, Mehmet Gündem
16.01.2005, Mehmet Gündem
17.01.2005, Mehmet Gündem
18.01.2005, Mehmet Gündem
20.01.2005, Mehmet Gündem
24.01.2005, Mehmet Gündem
25.01.2005, Mehmet Gündem
27.01.2005, Mehmet Gündem

Muslim World (USA)
Juli 2005, Zeki Sarıtoprak und Ali Ünal

Rudaw (Autonome Region Kurdistan - Irak)
24.06.2013, Rebwar Kerim

Sabah (Türkei)
23.01.1995, Hulûsi Turgut
28.01.1995, Nuriye Akman
30.01.1995, Nuriye Akman
24.01.1997, Hulûsi Turgut

The Atlantic (USA)
August 2013, Jamie Tarabay

The New York Times (USA)
11.06.2010, Brian Knowlton
20.07.2016, Thomas Friedman

The Wall Street Journal (USA)
04.06.2010, Joe Lauria
21.01.2014, Joe Parkinson und Jay Solomon

Time (USA)
04.06.1997, Henry Muller

Trud (Bulgarien)
15.10.1996, Ivan Genov

Yeni Yüzyıl (Türkei)
20.07.1997, Nevval Sevindi
21.07.1997, Nevval Sevindi
22.07.1997, Nevval Sevindi
23.07.1997, Nevval Sevindi
25.07.1997, Nevval Sevindi
26.07.1997, Nevval Sevindi
27.07.1997, Nevval Sevindi
28.07.1997, Nevval Sevindi

Zaman (Türkei)
05.11.1993
24.06.1995
15.08.1995, Eyüp Can
17.08.1995, Eyüp Can
20.08.1995, Eyüp Can

21.08.1995, Eyüp Can
22.08.1995, Eyüp Can
13.05.1996
03.09.1997, Ali Halit Aslan
04.09.1997, Ali Halit Aslan
05.02.1998
22.03.2004, Nuriye Akman
24.03.2004, Nuriye Akman
30.03.2004, Nuriye Akman
31.03.2004, Nuriye Akman
20.06.2013
18.03.2014, Ekrem Dumanlı
19.03.2014, Ekrem Dumanlı
20.03.2014, Ekrem Dumanlı
21.03.2014, Ekrem Dumanlı
22.03.2014, Ekrem Dumanlı

Fernsehsender

BBC (Großbritannien)
27.01.2014, Güney Yıldız

NMO (Niederlande)
19.10.1995

Kanal D (Türkei)
16.04.1997, Yalçın Doğan, Sendung „Güncel" (Aktuelles)

NTV (Türkei)
27.02.1998, Taha Akyol und Cengiz Çandar, Sendung „Püf Nokta" (Der springende Punkt)

Samanyolu TV (Türkei)
13.03.1995, Hidayet Karaca
29.03.1997, Osman Özsoy und Mim Kemal Öke
14.07.2004, Kemal Gülen

Star TV (Türkei)
06.07.1995

TRT (Türkei)
03.07.1995, Reha Muhtar, Sendung „Ateş Hattı“ (Feuerlinie)

ZDF (Deutschland)
23.09.2016, Kamran Safiarian

Im Internet veröffentlichte Interviews und Reden des Lehrmeisters

04.01.1996
Abdullah Ergün, Medya Aynasında Fethullah Gülen, Merkür Yayınları, İstanbul 1999, S. 242
https://fgulen.com/tr/fethullah-gulen-kimdir/gulen-hakkinda/fethullah-gulen-bir-portre-denemesi/7966-Ali-Unal-Fethullah-Gulenin-Aksiyonunda-Hosgoru-ve-Diyalog

16.08.1996
Oktay Ekşi, Aysel Ekşi, Halit Refiğ und Mithat Bereket
https://fgulen.com/tr/fethullah-gulen-kimdir/gulen-hakkinda/fethullah-gulen-ile-yapilan-roportajlar

13.05.1998
Giulio Gealibter (italienische Nachrichtenagentur ANSA)
https://fgulen.com/tr/turk-basininda-fethullah-gulen/fethullah-gulenle-gazete-roportajlari/italyan-haber-ajansindan-ansa-giulio-gealibterla/1478-ANSA-Dinlerarasi-Diyalog-ve-Papa-Gorusmesi

30.11.1999
A. Fred Reed
https://fgulen.com/tr/turk-basininda-fethullah-gulen/fethullah-gulenle-gazete-roportajlari/fred-a-reedle/3774-Fred-A-Reed-Fred-A-Reedle-Yeni-Bir-Uzlasi-Hatti-Icinde

24.10.2011
http://www.herkul.org/bamteli/teror-ve-izdirap

24.11.2001
https://fgulen.com/tr/fethullah-gulen-kimdir/fethullah-gule-nin-mesajlari/1459-Fethullah-Gulen-Papa-II-John-Paule-Verdi-gi-Mesaj

23.12.2011
https://fgulen.com/tr/fethullah-gulenin-butun-eserleri/fasil-dan-fasila/fethullah-gulen-fasildan-fasila-3/11200-Fethullah-Gu-len-Ekoloji

07.07.2012
Ahmet Kurucan
https://fgulen.com/tr/turk-basininda-fethullah-gulen/fethul-lah-gulen-hakkinda-kose-yazilari/2012-kose-yazilari/32835-ah-met-kurucan-zaman-sen-yusuf-ol-kac-kac-ki-gomlegini-arka-dan-yirtsinlar

09.01.2013
http://tr.fgulen.com/content/view/21600/11

28.09.2016
http://www.zeit.de/politik/ausland/2016-09/fethul-lah-guelen-prediger-tuerkei-islamist-terrorist